VERSUS

Rechnungswesen · Finanzierung
Investition · Unternehmensbewertung

Prof. Dr. Jean-Paul Thommen
Dr. Aldo C. Schellenberg

5., überarbeitete Auflage

Versus · Zürich

Die Deutsche Bibliothek – CIP-Einheitsaufnahme
Thommen, Jean-Paul :
Rechnungswesen, Finanzierung, Investition, Unternehmensbewertung
/ Jean-Paul Thommen ; Aldo C. Schellenberg.
– 5., überarb. Auflage – Zürich : Versus, 2002
(Wirtschaft + Management ; 4)
ISBN 3-908143-94-2

Das Buch *Rechnungswesen, Finanzierung, Investition, Unternehmensbewertung*
(ISBN 3 908143 94 2) ist aus dem zweiten Band der dreibändigen *Betriebswirt-schaftslehre* (ISBN 3 908143 40 3) von Jean-Paul Thommen entstanden.
In der 5. Auflage erscheint es *neu* in der Reihe Wirtschaft + Management und
ersetzt *Betriebswirtschaftslehre, Band 2: Rechnungswesen, Finanzierung, Investition*
(ISBN 3 908143 37 3, gebunden, 4. Auflage 1996) der dreibändigen Ausgabe.

Informationen über Bücher aus dem Versus Verlag finden Sie unter
http://www.versus.ch

Umschlagbild und Kapitelillustrationen: Susanne Keller · Zürich
Satz und Herstellung: Versus Verlag · Zürich
Druck: Comunecazione · Bra
Printed in Italy

ISBN 3 908143 94 2

Vorwort

Dieses Buch ist die aktualisierte und ergänzte Neuauflage von Band 2 (Rechnungswesen, Finanzierung, Investition) der dreibändigen Betriebswirtschaftslehre von Jean-Paul Thommen. Da die drei Bände in der 5. Auflage neu in *einem* Band erscheinen (Thommen, Jean-Paul: Betriebswirtschaftslehre, Zürich 2002), hat sich eine Neugestaltung zur besseren Abgrenzung aufgedrängt.

Die Struktur und die wesentlichen Inhalte haben sich mit Ausnahme von Aktualisierungen und kleineren Ergänzungen nicht geändert. Die Unternehmensbewertung wurde neu zu einem eigenen Teil ausgebaut und um moderne Bewertungsmethoden erweitert. Das Buch erscheint neu in der Reihe «Wirtschaft + Management». Damit wächst diese Reihe um einen Band, der sämtliche Bereiche des Finanz- und Rechnungswesens abdeckt.

Umschlagbild und Kapitelillustrationen wurden von Susanne Keller gestaltet. Ihr möchten wir an dieser Stelle nicht nur für ihre hervorragenden Bilder und ihr grosses Engagement danken, sondern auch für ihre Geduld und Frustrationstoleranz bei – wahrscheinlich unnötigen – Fragen und Einwendungen der Autoren!

Der Dank geht auch an Frau Prof. Dr. Dr. Ann-Kristin Achleitner, die uns freundlicherweise einige Texte zur Verfügung gestellt hat, sowie an die Mitarbeiterinnen des Versus Verlags, die uns einmal mehr hervorragend unterstützt, die Arbeit sehr erleichtert und somit auch die rechtzeitige Herausgabe des Buches ermöglicht haben.

Zürich, im Juli 2002   Jean-Paul Thommen und Aldo C. Schellenberg

Inhaltsverzeichnis

Teil 2 | Finanzierung

Kapitel 1: Grundlagen

Teil 3	Investition

Kapitel 1: Grundlagen

Kapitel 2: Investitionsrechenverfahren

Teil 4	Unternehmensbewertung

Kapitel 1: Grundlagen

Kapitel 2: Unternehmensbewertungsverfahren der Praxis

Abkürzungsverzeichnis

Abs.	Absatz
AG	Aktiengesellschaft
AGF	Bundesgesetz über den Anlagefonds
AHV	Alters- und Hinterlassenenversicherung
ALV	Arbeitslosenversicherung
APV	Adjusted Present Value
Art.	Artikel
AV	Anlagevermögen
CAPM	Capital Asset Pricing Model
CFROI	Cash-flow Return On Investment
CVA	Cash Value Added
DB	Deckungsbeitrag
DCF	Discounted Cash-flow
EDV	Elektronische Datenverarbeitung
EK	Eigenkapital
et al.	et alii [lat.] (und andere)

EURL	EU-Richtlinie
EVA	Economic Value Added
FCF	Free Cash-flow
F&E	Forschung und Entwicklung
FER	Fachkommission für Empfehlungen zur Rechnungslegung
FK	Fremdkapital
GmbH	Gesellschaft mit beschränkter Haftung
GS	Genussschein
GV	Generalversammlung
HGK	Herstellgemeinkosten
HRegV	Handelsregisterverordnung
HWP	Schweizer Handbuch der Wirtschaftsprüfung
IRR	Internal Rate of Return
KMU	kleine und mittlere Unternehmen
KR	Kotierungsreglement

lit.	litera [lat.] (Buchstabe)
MBO	Management-Buyout
Mio.	Million
MVA	Market Value Added
NOPAT	Net Operating Profit After Tax
NPV	Net Present Value
NUV	Nettoumlaufvermögen
OCF	operativer Cash-flow
OR	Obligationenrecht
OTC	Over the counter
p.a.	per annum [lat.] (pro Jahr)
PS	Partizipationsschein
ROI	Return on Investment
SchKG	Schuldbetreibungs- und Konkursgesetz
US-GAAP	Generally Accepted Accounting Principles (Buchhaltungs- und Rechnungslegungsvorschriften der USA)
UV	Umlaufvermögen
VVGK	Verwaltungs- und Vertriebsgemeinkosten
WACC	Weighted Average Cost of Capital
ZGB	Zivilgesetzbuch
Ziff.	Ziffer

TRANS FORM

Teil 1

Rechnungswesen

Inhalt

Kapitel 1

Grundlagen

1.1 Einleitung

In jedem Unternehmen nimmt das Rechnungswesen eine zentrale Stellung ein. Es dient der quantitativen (zahlenmässigen) Erfassung, Darstellung, Auswertung und Planung des betrieblichen Umsatzprozesses und widerspiegelt damit die finanziellen Auswirkungen vergangener oder geplanter unternehmerischer Tätigkeiten im Sinn einer Vergangenheits-, Gegenwarts- und Zukunftsrechnung.

Nach Käfer (1977, S. 25) umfasst das Rechnungswesen eines Unternehmens alle von seinen Trägern vorgenommenen Zählungen und Rechnungen wie auch die für die Erfassung und Verwendung geschaffenen Einrichtungen. Es liefert insbesondere Informationen über die Erreichung der wichtigsten Erfolgs- und Finanzziele des Unternehmens: Produktivität, Wirtschaftlichkeit, Gewinn und Rentabilität, Zahlungsbereitschaft (Liquidität) sowie Kapital- und Vermögensstruktur.

In Anlehnung an Boemle (1996, S. 33 f.) und Meyer (1996, S. 16 f.) erfüllt das Rechnungswesen die folgenden Funktionen:

- **Dokumentation:** Durch die lückenlose und planmässige Erfassung und systematische Ordnung aller vermögensrelevanten Geschäftätigkeiten werden die Veränderungen von Zahlungsmitteln, Gütern und Dienstleistungen dokumentiert und nachgewiesen. Die Dokumentation der Geschäftsfälle liefert die Grundlage für die weiteren Aufgaben des Rechnungswesens.

- **Darstellung der Vermögens- und Ertragslage:** Die periodisch oder auf bestimmte Anlässe hin erstellten Rechnungen und die eventuell dazugehörigen Ergänzungen (Bilanz, Erfolgsrechnung, Anhang, Jahresbericht, Konzernrechnung, Revisionsbericht usw.) dienen unternehmensinternen und -externen Interessen, d.h.
  - der **Rechenschaftsablage des Managements** gegenüber den relevanten Anspruchsgruppen des Unternehmens im allgemeinen (Aktionäre, Mitarbeiter, Steuerbehörden, Öffentlichkeit usw.);
  - dem **Gläubigerschutz** im speziellen, indem insbesondere die Kreditgeber (z.B. Lieferanten, Kunden, Darlehensgeber) vor dem Verlust ihrer Forderungen geschützt werden sollen;
  - als **Führungsinstrument,** denn als Planungs-, Entscheidungs- und Kontrollinstrument ist das Rechnungswesen das wichtigste Element des Management-Informationssystems eines Unternehmens.

- **Rechtshilfe:** Ordnungsmässig geführte Bücher sind dank der vollständigen und nachvollziehbaren Dokumentation, die alle Zusammenhänge zwischen Inventar, Bilanz und Erfolgsrechnung aufzeigt, ein wichtiges Beweismittel im Rahmen von rechtlichen Auseinandersetzungen.

- **Bestimmung des steuerbaren Vermögens und Einkommens:** Bei Steuerpflichtigen, die eine ordnungsmässige Buchführung vorweisen, berechnet sich das steuerbare Einkommen und Vermögen (bzw. der steuerbare Gewinn und das steuerbare Kapital) unter Vorbehalt der steuerrechtlichen Bestimmungen aufgrund der Buchhaltung.

Das Rechnungswesen steht damit sowohl im Dienste des Unternehmens selbst als auch im Dienste externer Anspruchsgruppen, welche ein Interesse am wirtschaftlichen Wohlergehen des Unternehmens haben. Während ein Teil der nach aussen gerichteten betrieblichen Rechnungslegung gesetzlich geregelt ist, bestehen für die Ausgestaltung der nach innen gerichteten Führungsinformationen keine Vorschriften.

1.2   Teilbereiche des Rechnungswesens

Das Rechnungswesen lässt sich in zwei Hauptbereiche gliedern: die Finanzbuchhaltung (Unternehmensrechnung) und die Betriebsbuchhaltung (Kosten- und Leistungsrechnung). Daneben werden in der Praxis weitere, sogenannte «ergänzende Bereiche» unterschieden.

1.2.1 Überblick Finanzbuchhaltung

In der **Finanzbuchhaltung** geht es primär darum, die wertmässigen Beziehungen des Unternehmens nach aussen darzustellen. Es wird der gesamte vermögensrelevante Geschäftsverkehr mit Mitarbeitern, Kunden, Lieferanten, Banken, Staat und anderen Institutionen festgehalten. Ziel ist es, einerseits die Bestände (und deren Veränderungen) an Geldmitteln, Forderungen, Vorräten, Mobilien, Immobilien, Finanzvermögen und immateriellem Vermögen sowie anderseits die Verpflichtungen des Unternehmens und damit das Eigenkapital und den Unternehmenserfolg zu ermitteln.

Aufgrund dieser allgemeinen Charakterisierung können der Finanzbuchhaltung im wesentlichen zwei Aufgaben zugewiesen werden:

- **Finanzbuchführung:** chronologische und systematische Erfassung und Aufzeichnung aller vermögensrelevanten Geschäftsvorgänge anhand von Belegen.

- **Rechnungslegung:** Darstellung der aus der Finanzbuchführung entstandenen Ergebnisse anhand der
  - **Bilanz:** Ermittlung der Vermögens- und Schuldverhältnisse zu einem bestimmten Zeitpunkt;
  - **Erfolgsrechnung:** Ausweis des Erfolges einer einzelnen Geschäftsperiode im Sinn einer Zeitraumrechnung;
  - **Mittelflussrechnung:** Nachweis der Ursachen der Veränderung einzelner, ausgewählter Bilanzpositionen während einer Geschäftsperiode.

Beide Aufgaben können im Sinn einer Vergangenheitsrechnung (Erfassung tatsächlicher Geschäftsfälle) oder einer Planungs- bzw. Vorgaberechnung (Ermittlung zukünftiger Geschäftsfälle, Budgetierung[1]) erfüllt werden.

1.2.2 Überblick Betriebsbuchhaltung

Die **Betriebsbuchhaltung** (Kostenrechnung oder Kosten- und Leistungsrechnung) bezieht sich auf betriebsinterne Vorgänge und erfasst den durch die betriebliche Leistungserstellung bedingten Verbrauch bzw. Zuwachs von Werten. Im Vordergrund stehen damit die einzelnen Bereiche des Unternehmens (Abteilungen, Produktgruppen usw.). Die Betriebsbuchhaltung will die Zusammenhänge zwischen den betriebsinternen Bereichen aufzeigen und dient der Lenkung des Betriebs sowie der Gestaltung des Berichtwesens.

---

1 Vgl. dazu Abschnitt 1.3 «Budgetierung und Business-Plan».

Der Zweck der Betriebsbuchhaltung besteht darin, Planungs-, Entscheidungs- und Kontrollinformationen für die Beurteilung von Produkten und Leistungs- erstellungsprozessen zu liefern. Dazu erfüllt sie folgende Aufgaben:

- **Detaillierte Erfassung und Darstellung der Kosten** der betrieblichen Leistungs- erstellung:
  - **Kostenartenrechnung:** Ermittlung und Gliederung aller angefallenen Kosten einer Betrachtungsperiode.
  - **Kostenstellenrechnung:** Verteilung der angefallenen Kosten auf die betrieb- lichen Teilbereiche (Abteilungen, Betriebe, einzelne Maschinen usw.) und Ermittlung der Gesamtkosten dieser Kostenstellen.
  - **Kostenträgerrechnung:** Verursachergerechte Belastung der Kostenträger (Produkte, Dienstleistungen, Kunden usw.) mit den angefallenen Kosten der Betrachtungsperiode im Sinn einer Periodenrechnung (Kostenträgerzeit- rechnung) oder einer Stückrechnung (Kostenträgerstückrechnung oder Kal- kulation).

- **Ermittlung des Betriebsergebnisses:** Vergleich der Kosten mit den entsprechen- den Erlösen je Kostenträger oder Kostenträgerbereich.

- **Bereitstellung von Unterlagen für die Kontrolle** der Kosten und der Wirtschaft- lichkeit.

- **Führungsinstrument** im Sinn einer Vergangenheits-, Planungs-, Vorgabe- und Kontrollrechnung.

Im Unterschied zur Finanzbuchhaltung liegt die Ausgestaltung der Betriebsbuch- haltung weitgehend im Ermessen der Unternehmensleitung und ist nicht an inhaltliche oder formale rechtliche Vorschriften gebunden.

1.2.3 | Ergänzende Bereiche des Rechnungswesens

Die **ergänzenden Bereiche** des Rechnungswesens leiten sich aus den beiden Hauptbereichen ab. Die «Rohdaten» der Finanzbuchhaltung und der Betriebs- buchhaltung werden zielgruppengerecht zu entscheidungsrelevanten Informatio- nen weiterverarbeitet. Typische Beispiele für solche sekundäre Rechnungen und Darstellungen sind:

- **Betriebsstatistiken:** Analyse von Bilanz, Erfolgsrechnung, Mittelflussrechnung und Kostengrössen, indem mit Hilfe von Kennzahlen und Kennzahlensystemen folgende Vergleiche durchgeführt werden:
  - **Zeitvergleich:** Analyse der Entwicklung wichtiger Kennzahlen (z. B. Umsatz, Liquidität) über die Zeit;

Hauptbereiche	Teilbereiche	Vergangenheits-rechnung	Planrechnung
Finanz-buchhaltung	Finanz-buchführung	Erfassung aller ver-mögensrelevanten Vorgänge anhand von Belegen	Schätzung bzw. Vorgabe aller vermögensrelevanten Vorgänge aufgrund von An-nahmen über die erwartete Entwicklung und aufgrund von Zielen
	Rechnungs-legung	Ermittlung von Bilanz, Erfolgsrechnung und Mittelflussrechnung anhand tatsächlicher Daten	Ermittlung von Planbilanz, Planerfolgsrechnung und Planmittelflussrechnung aufgrund von Schätzungen und Vorgaben (Budgetie-rung)
Betriebs-buchhaltung	Kostenarten-, Kostenstellen-, Kostenträger-rechnung	Ermittlung der tatsächlichen Kosten von Kostenstellen und/oder Kosten-trägern pro Periode	Schätzung oder Vorgabe zukünftiger Kosten, geglie-dert nach Kostenarten (Kostenbudgets), Kosten-stellen (Kostenstellenbud-gets) oder Kostenträgern (Kostenträgerbudgets) aufgrund von Trends oder Vorgaben
	Kalkulation	Ermittlung der tatsächlichen Kosten pro Leistungseinheit (Nachkalkulation)	Schätzung der Kosten einer Leistungseinheit aufgrund von Vergangenheitszahlen oder Planzielen (Vorkalku-lation)
Ergänzende Bereiche			
■ Betriebsstatistiken ■ Abweichungsanalysen ■ Sonderrechnungen			

▲ Abb. 1   Teilbereiche des Rechnungswesens

- □ **Soll-Ist-Vergleich:** Vergleich der budgetierten (geplanten) Zahlen mit den tatsächlichen Ergebnissen und Ausweis der Abweichungen;
- □ **Zwischenbetrieblicher Vergleich:** Vergleich der Zahlen des eigenen Unternehmens mit denen gleichartiger Unternehmen oder mit den Durchschnittszahlen der Branche.

- ■ **Abweichungsanalysen:** Ermittlung der Ursachen für festgestellte Abweichungen (z.B. Analyse von Budgetabweichungen).

- ■ **Sonderrechnungen:** Diese werden von Fall zu Fall vorgenommen. Ein Beispiel sind die Investitionsrechnungen, deren Aufgabe darin besteht, die Wirtschaftlichkeit bzw. Vorteilhaftigkeit verschiedener Anlageinvestitionen zu prüfen.[1]

| 1.2.4 | Zusammenfassung |

Eine Zusammenfassung der verschiedenen Aufgaben der Teilbereiche des Rechnungswesens findet sich in ◄ Abb. 1.

| 1.3 | Budgetierung und Business-Plan |
| 1.3.1 | Budgetierung |

> Unter einem **Budget** wird in der Regel eine systematische Zusammenstellung der während einer Periode erwarteten Mengen- und Wertgrössen verstanden. (Meyer 1996, S. 246)

Die Budgetierung hat die Aufgabe, den unternehmerischen Erfolg auf der Basis von Annahmen über die zukünftige Entwicklung der Umwelt und des Unternehmens zu schätzen. Sie dient damit in zweifacher Hinsicht als Entscheidungsgrundlage für Eigentümer, Management und Gläubiger:

1. Mit Hilfe von Budgets können die finanziellen Auswirkungen (z.B. Gewinn, Liquidität, Investitionen) verschiedener Annahmen über die erwartete Umweltentwicklung, insbesondere über die geschätzten Absatzzahlen, untersucht

---

1 Die verschiedenen Verfahren der Investitionsrechnungen werden ausführlich in Teil 3, Kapitel 2 «Investitionsrechenverfahren», besprochen.

werden. Dies erlaubt eine quantitativ abgestützte Entscheidung über die zu verfolgenden Unternehmensziele und die zu wählenden Massnahmen.

2. Das Budget wird in der modernen Managementlehre als eines der wichtigsten Führungsinstrumente begriffen, das verbindliche quantitative (mengen- und wertmässige) Zielvorgaben und Restriktionen aufstellt.

Das Budget umfasst in diesem Sinn

- die Gesamtheit der Ressourcen (Finanzen, Personal, Betriebsmittel usw.),
- die einem organisatorischen Verantwortungsbereich (z.B. Abteilung, Stelle)
- für einen bestimmten Zeitraum (langfristig, mittelfristig, kurzfristig)
- zur Erfüllung der ihm übertragenen Aufgaben
- durch eine verbindliche Vereinbarung zur Verfügung gestellt wird.

Unterschieden wird zwischen starren und flexiblen Budgets. **Starre Budgets** enthalten Grössen, die während einer Budgetperiode unbedingt eingehalten werden müssen, während **flexible Budgets** mit Vorgaben arbeiten, die bei sich verändernden Rahmenbedingungen (z.B. Beschäftigungsschwankungen) angepasst werden können.

> Das **Budgetierungssystem** eines Unternehmens besteht aus einer Anzahl interdependenter Teilpläne, die sowohl objektbezogen (z.B. Produktlinien, Filialen) als auch funktionsbezogen (Beschaffung, Produktion, Absatz, Investitionen, Personal usw.) formuliert werden können.

Die Zusammenfassung aller Teilpläne führt zum Unternehmensbudget (Plan-Bilanz, Plan-Erfolgsrechnung und Plan-Mittelflussrechnung, Plan-Liquiditätsrechnungen).

Durch den Prozess der Budgetierung werden die verantwortlichen Führungskräfte veranlasst, ihre Annahmen über die Umweltentwicklung sowie die angestrebten Ziele und Massnahmen soweit offenzulegen und zu operationalisieren (d.h. zu konkretisieren und zu präzisieren), dass sie in wertmässigen Grössen (Kosten, Erlöse, Gewinn) ausgedrückt werden können. Das Budget hat damit einen massgeblichen Einfluss auf das zielkonforme Verhalten der Führungskräfte. Im einzelnen können ihm folgende Funktionen zugewiesen werden:

- **Orientierungs-** und **Entscheidungsfunktion:** Das Budget vermittelt den Handlungsrahmen und stellt ein verbindliches Entscheidungskriterium für die Messung der Zielwirksamkeit von Entscheidungen dar.
- **Integrations-** und **Koordinationsfunktion:** Das Budget ist ein sehr wichtiges Instrument zur Verteilung und Abstimmung der Ressourcen im Unternehmen. Ausgehend von den langfristigen Unternehmenszielen und -strategien sowie

von den zur Verfügung stehenden Ressourcen, können konkrete Teilbereichs-
budgets sowohl über verschiedene Zeithorizonte als auch für bestimmte
organisatorische Verantwortungsbereiche (z.B. für Abteilungen bis zu einzelnen Stellen) abgeleitet werden.

- **Motivationsfunktion:** Das Budget beschneidet ohne Zweifel die Handlungsfreiheit der Führungskräfte. Die Identifikation mit den Zielvorgaben (die z.B. im
  Rahmen eines Management by Objectives entwickelt werden und als Basis für
  die Leistungsbeurteilung dienen können) sowie vorhandene Freiräume im Rahmen der konkreten Umsetzung des Budgets wirken jedoch tendenziell motivie-
  rend.

- **Kontrollfunktion:** Budgets sind genau definierte operationale Zielgrössen (Um-
  sätze, Kosten, Erträge usw.) und erfüllen damit in idealer Weise die Bedingungen der Überprüfbarkeit und Messbarkeit. Im Rahmen von Abweichungsanalysen können zudem weitere Erkenntnisse über Produkte, Märkte und das
  eigene Unternehmen gewonnen werden.

Die Anwendung von Budgets zur Verhaltenssteuerung der Führungskräfte beinhaltet jedoch auch Risiken:

- Gefahr der **Ressourcenverschwendung:** Werden Budgetbeträge aufgrund vergangener Budgetausschöpfungen festgelegt, so entsteht die Tendenz, dass
  überschüssige, noch nicht in Anspruch genommene Beträge am Ende der Budgetperiode noch ausgegeben werden, obwohl sie eigentlich für die Aufgaben-
  erfüllung nicht erforderlich wären («budget wasting»). Zudem können im Rahmen der Budgetplanung bewusst oder unbewusst durch zu pessimistische
  Schätzungen Reserven aufgebaut werden («budgetary slack»). Beide Phäno-
  mene führen zu einem nicht optimalen Einsatz der zur Verfügung stehenden
  Ressourcen.

- Gefahr der **mangelnden Flexibilität:** Eine starre Beurteilung der Führungskräfte
  anhand von Budgetvorgaben fördert tendenziell die mechanistische und un-
  reflektierte Orientierung an diesen Vorgaben, auch wenn deren Prämissen sich
  in der Zwischenzeit geändert haben. Dies kann dazu führen, dass versucht wird,
  das Budget ohne Rücksicht auf die späteren Folgen einzuhalten. Initiative und
  Innovationsbereitschaft leiden dann unter diesem starren Budgetdenken.

- Gefahr des **Ressortegoismus:** Durch die starke Bereichs- und Verantwortungs-
  orientierung von Budgets besteht die Gefahr, das Budget unter allen Umständen erreichen zu wollen, auch wenn dies auf Kosten der übrigen Teilbereiche
  des Unternehmens geschieht. Ein solches Verhalten kann zu Konflikten führen
  und vermindert die Kooperationsbereitschaft.

Einen Ansatz, diesen Gefahren teilweise zu begegnen, stellt das **Zero Base Budgeting** dar. Die Kernidee dieser Methode ergibt sich daraus, dass das Budget nicht als Fortschreibung vergangener Perioden betrachtet wird, sondern aus den tatsächlich geplanten Aktivitäten eines organisatorischen Teilbereiches abgeleitet wird. Damit können die knappen Ressourcen aufgabengerecht ermittelt und verteilt werden. Diese Art der Budgetierung ist jedoch viel aufwendiger und erfordert genauere Informationen und eine präzisere Planung. Sie ist deshalb eher im Abstand von mehreren Jahren einzusetzen mit dem Ziel, eine schleichende Aufblähung von Aufgaben und Personal zu vermeiden.

1.3.2 | Business-Plan

Im Zusammenhang mit einem geplanten Auf- und/oder Ausbau geschäftlicher Aktivitäten hat sich der Begriff des Business-Plans eingebürgert.

> Der **Business-Plan** (Unternehmensplan/Geschäftsplan) zeigt im Sinne eines ausführlich kommentierten Budgets die Ausgangslage des Unternehmens, die erwartete Entwicklung (Unternehmen/Umwelt), die kurz- bis mittelfristigen Ziele des Managements (Zeithorizont ca. 1 bis 3 Jahre), die geplanten Massnahmen zur Zielerreichung (z.B. Darstellung des Projektes) sowie die daraus resultierende finanzielle Situation bezüglich Erfolg und Kapitalbedarf.

Ein Business-Plan ist damit immer dann von grossem Nutzen, wenn ein Unternehmen vor einer wichtigen strategischen Entscheidung steht (z.B. Aufbau einer neuen Produktelinie, Expansion ins Ausland, Akquisition eines anderen Unternehmens). Er zeigt in einer solchen Situation die Chancen und Risiken des zukünftigen Erfolges.

Der Inhalt eines Business-Plans kann nach dem Schema in ▶ Abb. 2 gegliedert werden.

1. Zusammenfassung (Management Summary)	6. Marketing
■ Umschreibung des Geschäftes bzw. des Projektes ■ Zusammenfassung Umsatz- und Gewinnaussichten ■ Finanzbedarf und Rolle des Finanzpartners ■ Hauptsächliche Risiken	■ Zielmärkte und Kundengruppen ■ Absatzkanäle, Absatzorganisation In- und Ausland ■ Marktbearbeitung, Werbung, Verkaufsförderung ■ Kaufentscheidungsprozess beim Kunden, Kaufhindernisse
2. Unternehmen	7. Herstellung und Betrieb
■ Chronologische Firmen- oder Projektgeschichte ■ Ausgangslage und geplante Schritte ■ Übersicht über Produkte und Märkte ■ Übersicht über Rechtsstruktur und Tochtergesellschaften ■ Aktionäre und Verwaltungsräte ■ Bestehende und geplante Kapitalstruktur	■ Ablauf des Produktionsprozesses ■ Produktionsanlagen und Infrastruktur ■ Kapazitäten und Engpässe ■ Durchlauf- und Lieferzeiten ■ Lager und Beschaffung ■ Lieferanten und Auswärtsvergabe ■ Herstellkosten und Kalkulation
3. Produkte/Dienstleistungen	8. Organisation und Management
■ Detaillierte Beschreibung der Produkte/Dienstleistungen ■ Vorteile gegenüber Konkurrenzprodukten ■ Vorteile aus Kundensicht ■ Geplante Weiterentwicklung ■ Noch vorhandene Schwachstellen ■ Patent- und Markenschutz	■ Aufbauorganisation (Organigramm Ist und Soll) ■ Verantwortlichkeiten, Ausbildung und Berufserfahrung des Management-Teams ■ Personalplanung
4. Märkte	9. Finanzielle Angaben
■ Wichtigste Absatzmärkte und Kundengruppen (Potential, Wachstum) ■ Geplante Verkaufszahlen bzw. Marktanteile (inkl. Begründung) ■ Kundenliste ■ Potentielle Kunden (inkl. Korrespondenz, Absichtserklärungen) ■ Aussichten auf Aufträge, Auftragsbestand	■ Bilanzen und Erfolgsrechnungen der letzten 2–3 Jahre ■ Planerfolgsrechnungen für die nächsten 1–3 Jahre ■ Finanzplan (Finanzbedarf, Plan-Liquiditätsrechnung) für die nächsten 1–3 Jahre ■ Planbilanzen für die nächsten 1–3 Jahre
5. Konkurrenz	10. Anhang/Beilagen

■ Liste der wichtigsten in- und ausländischen Konkurrenten mit
  □ Namen, Standort, Tätigkeit; evtl. Umsatz, Gewinn, Mitarbeiter
  □ Produktevergleich, Stärken und Schwächen
  □ erkennbare Strategien und mögliche Konkurrenzreaktionen
	■ Prospekte des Unternehmens und Produkte
	■ Relevante Artikel aus Zeitschriften
	■ Produkt-, Markt- und Konkurrenzanalysen
	■ Pläne, Organigramme usw.

▲ Abb. 2   Checkliste Business-Plan (Geilinger 1991, S. 10f.)

Kapitel 2

Finanzbuchhaltung

2.1 Einleitung

Wie bereits in Kapitel 1 erwähnt, geht es in der Finanzbuchhaltung primär darum, die wertmässigen Beziehungen des Unternehmens nach aussen darzustellen.[1] Es wird der gesamte Geschäftsverkehr mit Kunden, Arbeitnehmern, Lieferanten, Banken, Staat und anderen Organisationen festgehalten. Damit wird es möglich, die Bestände (und deren Veränderungen) an Gebäuden, Maschinen, Vorräten, Forderungen und Geldmitteln auf der einen Seite und die Verpflichtungen des Unternehmens auf der anderen Seite und somit das Eigenkapital und den Unternehmenserfolg zu ermitteln.

Da sich die Finanzbuchhaltung an eine Vielzahl von Anspruchsgruppen richtet (Management, Anteilseigner, Gläubiger, Fiskus, Mitarbeiter, Kunden, interessierte Öffentlichkeit) und letztlich der Erfüllung der handelsrechtlichen Buchführungspflicht dient, haben sich im Verlaufe der Zeit allgemeine Grundsätze einer ordnungsmässigen Rechnungslegung herausgebildet.

Grundsätze ordnungsgemässer Buchführung lassen sich als ein System von Regeln verstehen, die dazu bestimmt sind, den Informationsfluss im Rechnungswesen des Unternehmens zu lenken und die gewünschte Qualität der Informationen – Wahrheit, Klarheit und Rechtzeitigkeit – zu gewährleisten. (HWP 1998a, S. 12)

---

1 Vgl. Kapitel 1, Abschnitt 1.2.1 «Überblick Finanzbuchhaltung».

Die Jahresrechnung soll einen möglichst sicheren Einblick in die wirtschaftliche Lage bieten; dabei darf die Lage des Unternehmens in der Jahresrechnung als Ganzes nicht besser dargestellt werden als sie tatsächlich ist.

Zwar existieren auch im schweizerischen Recht Vorschriften über die Ausgestaltung der Rechnungslegung.[1] Diese Vorschriften lassen jedoch in der Anwendung einen gewissen Spielraum. In der Schweiz wurde deshalb 1984 eine private «Fachkommission für Empfehlungen zur Rechnungslegung» gegründet, welche das Ziel verfolgt, Fachempfehlungen herauszugeben, welche die Aussagekraft und die Vergleichbarkeit der Jahresrechnungen erhöhen und eine Annäherung an internationale Rechnungslegungsgrundsätze erreichen sollen. Die Fachempfehlungen ergänzen und konkretisieren die geltenden gesetzlichen Bestimmungen zur Rechnungslegung und setzen Richtlinien zu Einzelthemen (FER Nr. 0).

In Anlehnung an FER Nr. 3 ist die Erstellung der Jahresrechnung (Buchführung, Bilanzierung und Erfolgsermittlung) dann ordnungsgemäss, wenn sie nachstehenden minimalen Bedingungen genügt:

- **Anwendung angemessener Bewertungsprinzipien:** Die Prinzipien, nach denen die einzelnen Bilanzpositionen bewertet werden, sind im Anhang zur Bilanz zu umschreiben (z.B. Abschreibungsmethoden). Unter Vorbehalt der geltenden gesetzlichen Höchstbewertungsvorschriften kann dabei nach betriebswirtschaftlichen Grundsätzen vorgegangen werden.

- **Vollständigkeit:** Die für die Erfolgsermittlung und Vermögensfeststellung erheblichen Sachverhalte und Ereignisse müssen lückenlos erfasst werden.

- **Klarheit:**
  - Alle buchungspflichtigen Tatbestände und Ereignisse müssen in den Konten und Auswertungen sachgemäss zum Ausdruck kommen. Der Zusammenhang zwischen Inventar, Bilanz und Erfolgsrechnung ist lückenlos und nachvollziehbar über Belege, Erfassung und Verarbeitung nachzuweisen.
  - Die Auswertungen und Darstellungen sollen für den systemkundigen Leser in allen Teilen mühelos verständlich sein (eindeutige Bezeichnung und sachgerechte Gliederung der einzelnen Informationen).
  - Nur gleichartige Aktiven und Passiven sowie Aufwände und Erträge dürfen unter einem Posten zusammengefasst werden (vertikale Verrechnung).

- **Vorsicht:** Das Prinzip der Vorsicht verlangt, dass die Chancen, welche sich aus der Geschäftätigkeit ergeben, vorsichtig, Risiken hingegen reichlich bemessen werden müssen. Grundsätzlich ist dabei von der Fortführung des Unternehmens auszugehen (Going concern). Konkretisiert wird das Prinzip der Vorsicht durch nachfolgende Prinzipien:

---

1   Vgl. Abschnitt 2.2 «Gesetzliche Vorschriften zur kaufmännischen Buchführung».

- **Niederstwertprinzip:** Vorräte und angefangene Arbeiten dürfen höchstens zum Anschaffungs- bzw. Herstellungswert oder zum tieferen Marktpreis bilanziert werden. Als Marktpreis gilt für die Roh-, Hilfs- und Betriebsstoffe sowie fremdbezogene Halbfabrikate der Wiederbeschaffungspreis (Tageswert) auf dem Beschaffungsmarkt. Für alle anderen Vorräte (z.B. Handelswaren) gilt der Tageswert auf dem Absatzmarkt. Die Positionen des Anlagevermögens dürfen höchstens zu Anschaffungs- bzw. Herstellungskosten abzüglich den notwendigen Abschreibungen bewertet werden.

- **Mindestwertprinzip** für **Verbindlichkeiten:** Schulden und andere Verbindlichkeiten gegenüber Dritten müssen mindestens zum Nominalwert bilanziert werden. Zukünftig zu erwartende Verbindlichkeiten gegenüber Dritten, die zum Bilanzierungszeitpunkt noch nicht in Forderung gestellt sind, mit denen aber mit einer gewissen Wahrscheinlichkeit zu rechnen ist, sind vorsorglich in Form von Rückstellungen zu erfassen (z.B. Garantierückstellungen, Prozessrückstellungen, versicherungstechnische Rückstellungen, Rückstellungen für drohende Verluste aus schwebenden Geschäften). Dies gilt auch für Risiken, welche nach dem Bilanzstichtag, aber vor Erstellung der Bilanz bekannt werden, sofern deren Ursachen im Vorjahr liegen.

- **Imparitätsprinzip:** Erträge und Aufwendungen sind ungleich zu behandeln:
  - **Erträge** dürfen erst erfasst werden, wenn der zugrundeliegende Sachverhalt eingetreten ist (Produkte geliefert, Leistungen erbracht, Forderungen bestehen usw.). Man spricht deshalb vom **Realisationsprinzip.**
  - **Verluste** und **Risiken,** soweit sie auf das Geschäftsjahr oder frühere Jahre zurückgehen, müssen als Aufwendungen verbucht werden, sobald die Aufwandsrisiken erkannt werden (z.B. drohende Debitorenausfälle, Rückstellungen für zu erwartende Garantieleistungen).

- **Stetigkeit:** Jeder Jahresabschluss soll nach den gleichen Grundsätzen bezüglich Darstellung, Offenlegung und Bewertung aufgestellt werden. Abweichungen von diesem Prinzip müssen im Anhang zum Jahresabschluss dargelegt werden.

- **Bruttoprinzip:** Aktiven und Passiven (z.B. Forderungen und Schulden oder Bankguthaben und Bankschulden) sowie Aufwände und Erträge dürfen nur in sachlich begründeten Sonderfällen miteinander verrechnet werden, sofern dadurch keine irreführende Darstellung der Jahresrechnung entsteht (horizontales Verrechnungsverbot).

- **Periodengerechte Abgrenzung:** Aufwendungen und Erträge sind jener Periode zu belasten, in welcher sie begründet liegen. Insbesondere sind sämtliche Aufwendungen, die zur Erzielung von in der Berichtsperiode verbuchten Erträgen erforderlich waren, zu berücksichtigen.

■ **Wesentlichkeit:** Bilanz und Erfolgsrechnung müssen – positiv ausgedrückt – sämtliche relevanten Posten aufführen. In diesem Sinn sind alle Sachverhalte wesentlich, welche die Aussage der Jahresrechnung so verändern, dass sie aussenstehende Dritte in ihren Schlussfolgerungen über die wirtschaftliche Situation des Unternehmens beeinflussen. Diese Sachverhalte müssen unabhängig von gesetzlichen Vorschriften Eingang in die Jahresrechnung oder ihren Anhang finden. Auf der anderen Seite dürfen unwesentliche Tatsachen weggelassen werden (z. B. Büromaterial) oder vereinfacht ermittelt und dargestellt werden (z. B. Werkzeuge, Hilfsmaterial, transitorische Posten), sofern dadurch ohne wesentlichen Informationsverlust die Übersicht und Klarheit der Darstellung verbessert wird und/oder unnötige Kosten beim Unternehmen entfallen. Eine Abweichung von gesetzlichen Mindestgliederungsvorschriften für Bilanz und Erfolgsrechnung ist jedoch nicht zulässig. Dagegen kann beispielsweise eine Sammelbewertung von gleichartigen Bilanzpositionen vorgenommen werden, welche zwar nicht einem Einzelinventar entspricht, jedoch die für den Bilanzleser relevanten wesentlichen Informationen hinreichend genau enthält.

2.2   Gesetzliche Vorschriften zur kaufmännischen Buchführung

Die gesetzlichen Vorschriften zur kaufmännischen Buchführung[1] sind stark geprägt vom Gedanken des **Gläubigerschutzes.** Erst in zweiter Priorität sollen die berechtigten Interessen anderer Anspruchsgruppen wie zum Beispiel der Anteilseigner (Aktionäre) oder einer breiteren Öffentlichkeit geschützt werden:

■ Das Unternehmen muss jederzeit in der Lage sein, seine finanziellen Verpflichtungen uneingeschränkt und fristgerecht zu erfüllen. Gelingt es ihm mangels genügender Zahlungsmittel nicht, seine Gläubiger bei Fälligkeit der Forderungen zu befriedigen, so droht ihm die Betreibung.

■ Das Unternehmen soll sein Geschäft nicht auf Risiko der Kreditgeber betreiben. Das risikotragende Kapital (Risikokapital) ist das Eigenkapital. Kapitalbezogene Gesellschaften unterliegen dabei besonderen Vorschriften über die Erhaltung des Risikokapitals (vgl. Art. 725 OR). Gelingt es dem Unternehmen nicht, das Haftsubstrat (Eigenkapital) für Verpflichtungen gegenüber Dritten zu erhalten, droht ihm der Konkurs (Art. 725a OR und Art. 171 SchKG).

Wer also im wirtschaftlichen Kontakt mit einem Unternehmen steht, soll sich darauf verlassen können, dass das Unternehmen in der Lage ist, seine finanziellen

---

1 Eine ausführliche Darstellung der Schweizerischen Buchführungs- und Rechnungslegungsvorschriften findet sich in Huguenin/Schellenberg (2000).

Verpflichtungen fristgerecht zu erfüllen, und dass seine Forderungen durch entsprechende Vermögenswerte der Gesellschaft gedeckt sind.

Neben den allgemeinen Buchführungsvorschriften und den verschärften Regelungen für Aktiengesellschaften im schweizerischen Obligationenrecht (OR) bestehen für bestimmte Branchen und Betriebe (Banken, Versicherungen, Anlagefonds und konzessionierte Transportunternehmen, staatliche Sozialversicherung usw.) einschlägige Spezialgesetze. Nachstehend wird auf die Vorschriften im Rahmen des OR eingegangen.

2.2.1 Allgemeine Buchführungsvorschriften

Aufgrund der persönlichen, solidarischen und oft unbeschränkten Haftung der Eigenkapitalgeber für die Verpflichtungen des Unternehmens gelten für die personenbezogenen Gesellschaftsformen (Kollektivgesellschaft, Kommanditgesellschaft, Genossenschaft) bzw. für das Einzelunternehmen nur sehr allgemeine Vorschriften über die kaufmännische Buchführung. Diese sind in Art. 957 OR bis Art. 964 OR verankert.

2.2.1.1 Pflicht zur Buchführung (Art. 957 OR)

«Wer verpflichtet ist, seine Firma in das Handelsregister eintragen zu lassen, ist gehalten, diejenigen Bücher ordnungsgemäss zu führen, die nach Art und Umfang seines Geschäftes nötig sind, um die Vermögenslage des Geschäftes und die mit dem Geschäftsbetriebe zusammenhängenden Schuld- und Forderungsverhältnisse sowie die Betriebsergebnisse der einzelnen Geschäftsjahre festzustellen.»

Nach Art. 934 OR sind alle nach kaufmännischer Art geführten Gewerbe in das Handelsregister einzutragen. Diese sind in Art. 52 bis 56 HRegV näher umschrieben. Als Gewerbe im Sinn dieser Verordnung ist eine selbständige, auf dauernden Erwerb ausgerichtete Tätigkeit zu betrachten, wobei Kleinstbetriebe mit einem Umsatz von weniger als 100 000 Fr. von der Eintragungspflicht ausgenommen sind. Ein nach kaufmännischen Grundsätzen betriebenes Gewerbe muss nicht zwingend gewinnorientiert sein: Es genügt, dass die organisierte, auf Dauer angelegte und wirtschaftlich ausgerichtete Tätigkeit einen gewissen Erwerb (im Sinn von Umsatz) erzielt. Trotz wirtschaftlicher Tätigkeit und eines Jahresumsatzes von über 100 000 Fr. werden nicht als kaufmännische Unternehmen betrachtet (nach Käfer 1981, S. 337f.):

- Betriebe der Land- und Forstwirtschaft (inkl. Wein- und Gemüsebau) sowie der rohstoffgewinnenden Urproduktion, sofern nicht ein Grosshandel der gewonnenen Produkte und Rohstoffe und/oder keine zusätzliche Handelstätigkeit verbunden sind;
- kleine Handwerksbetriebe;
- die Tätigkeit von Angehörigen wissenschaftlicher Berufsarten und freie Berufe wie Arzt, Anwalt oder Künstler;
- die Verwaltung des eigenen Vermögens.

| 2.2.1.2 | Pflicht zur Erstellung von Inventar, Bilanz und Erfolgsrechnung (Art. 958 OR) |

> «Wer zur Führung von Geschäftsbüchern verpflichtet ist, hat bei der Eröffnung des Geschäftsbetriebes ein Inventar und eine Bilanz und auf Schluss eines jeden Geschäftsjahres ein Inventar, eine Betriebsrechnung und eine Bilanz aufzustellen.
> Inventar, Betriebsrechnung und Bilanz sind innerhalb einer dem ordnungsmässigen Geschäftsgang entsprechenden Frist abzuschliessen.»

Der Begriff «Betriebsrechnung» ist synonym zum Begriff «Erfolgsrechnung» zu verstehen. Eine genauere Bestimmung der gesetzlichen Abschlussfrist ist nur indirekt über den Publikationstermin der Jahresrechnung, welcher für einige Gesellschaften vorgegeben ist, möglich. Gemäss Art. 699 Abs. 2 OR hat die ordentliche Generalversammlung innerhalb von sechs Monaten nach Schluss des Geschäftsjahres stattzufinden, wobei der Geschäftsbericht (Jahresrechnung, Jahresbericht und Konzernrechnung) und der Revisionsbericht mindestens 20 Tage vor der Generalversammlung den Aktionären zur Einsicht aufzulegen ist. Die Frist von sechs Monaten gilt auch für die Abhaltung der Gesellschafterversammlung der GmbH (Art. 801 Abs. 1 OR). Daraus ergibt sich eine maximale Abschlussfrist für die Jahresrechnung von etwa 5 Monaten.

| 2.2.1.3 | Allgemeine Buchführungsgrundsätze: Bilanzwahrheit und -klarheit (Art. 959 OR) |

> «Betriebsrechnung und Jahresbilanz sind nach allgemein anerkannten kaufmännischen Grundsätzen vollständig, klar und übersichtlich aufzustellen, damit die Beteiligten einen möglichst sicheren Einblick in die wirtschaftliche Lage des Geschäftes erhalten.»

Als konkrete Grundsätze erwähnt der Gesetzestext in der Marginalie zum Art. 959 OR «Bilanzwahrheit und -klarheit».

Eine absolute **Wahrheit** kann es im Rahmen der Rechnungslegung nicht geben. «Die Jahresrechnung kann höchstens wahr sein in bezug auf das, was sie aussagen will oder soll, also in Abhängigkeit von ihrem Zweck.» (Käfer 1981, S. 876) Wahrheit kann dabei von einer formellen und von einer inhaltlichen (materiellen) Seite betrachtet werden. Formelle Bilanzwahrheit verlangt, dass Bilanz und Erfolgsrechnung rechnerisch korrekt ermittelt werden und die aufgeführten Zahlen mit ihren Quellen wie Inventar, Belegen und Konten übereinstimmen. Die materielle Wahrheit betrifft die Beziehung zwischen den in Bilanz und Erfolgsrechnung angegebenen Daten und den zugrundeliegenden Fakten. So müssen die in den Jahresrechnungen verzeichneten Bestände und Vorgänge auch tatsächlich unternehmensbezogen sein (z.B. Verbot der Verbuchung nicht vorhandener oder fremder Aktiven oder von Privatbezügen des Inhabers eines Einzelunternehmens als unternehmensbedingter Aufwand). Das Wahrheitsgebot verlangt zudem eine wahrheitsgemässe Bezeichnung der Posten der Jahresrechnung, welche zu keinen Täuschungen Anlass geben darf. Das Hauptproblem in der Praxis ist letztendlich die Forderung, dass die in den Jahresrechnungen aufgeführten Beträge zutreffend sein müssen. Die Jahresrechnung verlangt vom Bilanzierenden Bewertungen von Vermögen und Schulden des Unternehmens, welche in Art. 960 OR nur teilweise geregelt werden. Danach werden für die Aktiven im Sinn der Bilanzvorsicht Wertobergrenzen festgelegt. Nachdem Art. 669 OR ausdrücklich die Schaffung stiller Reserven durch entsprechende Bewertung der Bilanzpositionen gestattet, ist das Gebot der Bilanzwahrheit insofern zu interpretieren, dass dem Leser der Jahresrechnung kein zu günstiges Bild der wirtschaftlichen Lage (vor allem Vermögens- und Schuldverhältnisse) gezeigt werden darf. Bewusste Unterbewertungen, d.h. zu ungünstige Darstellung der Vermögenssituation, sind dementsprechend auch unter dem Aspekt der Bilanzwahrheit gestattet. Hingegen wird es als willkürlich betrachtet, wenn beliebige Aktiven weggelassen oder nicht existierende Verbindlichkeiten vorgetäuscht werden (vgl. dazu auch Käfer 1981, S. 882 ff.).

Der Grundsatz der **Bilanzklarheit** bezieht sich auf die Form der Jahresrechnung. Für die Aktiengesellschaft bestehen dazu ausführliche Vorschriften in Art. 663, 663a und 663b OR (Mindestgliederungsvorschriften für Erfolgsrechnung, Bilanz und Anhang). Art. 959 OR umschreibt für jene Unternehmen, welche nicht von den Bilanzierungsvorschriften des Aktienrechts betroffen sind, das Klarheitsgebot nur sehr vage. Als allgemeine, praxisorientierte Auslegung gilt in Anlehnung an Käfer (1981, S. 907 ff.), dass die Posten in Bilanz und Erfolgsrechnung klar und verständlich bezeichnet, übersichtlich strukturiert und gegliedert und für jeden sachkundigen Leser verständlich sein müssen.

2.2.1.4	Allgemeine Bewertungsregel (Art. 960 OR)

«Inventar, Betriebsrechnung und Bilanz sind in Landeswährung aufzustellen.

Bei ihrer Errichtung sind alle Aktiven höchstens nach dem Werte anzusetzen, der ihnen im Zeitpunkt, auf welchen die Bilanz errichtet wird, für das Geschäft zukommt.

Vorbehalten bleiben abweichende Bilanzvorschriften, die für die Aktiengesellschaften, Kommanditaktiengesellschaften, Gesellschaften mit beschränkter Haftung sowie Versicherungs- und Kreditgenossenschaften aufgestellt sind.»

Der primäre Wert eines Bilanzgegenstandes wird durch seinen Nutzwert bestimmt: Ein Aktivum hat nur einen Wert nach Massgabe seiner erwarteten «Beitragsleistung zur Förderung der Wirtschaftsziele der Unternehmung.» (Käfer 1981, S. 948) Trotz dieser subjektiv anmutenden Wertdefinition von Art. 960 OR und der damit verbundenen weitgehenden Bewertungsfreiheit des Bilanzierenden darf dieser bei der Bewertung jedoch nicht willkürlich vorgehen, sondern hat objektive Wertmassstäbe zugrundezulegen. Insbesondere gelten die gesetzlichen Buchführungsgrundsätze (Art. 958 und Art. 959 OR) sowie die allgemein anerkannten kaufmännischen Grundsätze (Prinzip der Vorsicht, der Stetigkeit und der Wesentlichkeit). Der Veräusserungs- oder Zerschlagungswert (Liquidationswert) einer Bilanzposition kommt als Nutzwert nicht in Frage. Vielmehr ist vom Prinzip der Unternehmensfortführung auszugehen (Going Concern). Damit stehen die «historischen» Anschaffungs- oder Herstellungskosten der einzelnen Bilanzposten als grundsätzlicher Wertansatz im Vordergrund. Liegt der Tageswert oder der (subjektive) Wert für das Geschäft zum Zeitpunkt der Bilanzierung tiefer als der Anschaffungswert, ist der tiefere als Bilanzwert zu verbuchen (Niederstwertprinzip). Das Hauptproblem ist jedoch die Frage, ob die gebuchten Werte unter Berücksichtigung des Vorsichtsprinzips auch *über* die historischen Anschaffungswerte hinaus erhöht werden dürfen, wenn die Tageswerte auf dem Beschaffungsmarkt bzw. der Wert für das Geschäft gestiegen sind. Die herrschende Lehrmeinung und Revisionspraxis bejaht die Frage, indem sie auf die bewusste Abgrenzung der allgemeinen Bewertungsregel von Art. 960 OR zu den Höchstbewertungsvorschriften nach Aktienrecht (Art. 665 ff. OR) hinweisen und damit das Niederstwertprinzip für Unternehmen, welche nicht den aktienrechtlichen Bewertungsvorschriften unterstehen (Art. 960 Abs. 3 OR), nur eingeschränkt anwenden. Damit ist nach Art. 960 Abs. 2 OR die Bewertung zu Tageswerten im Sinn von Fortführungswerten grundsätzlich zulässig. (Käfer 1981, S. 992f., und HWP 1998a, S. 49)

| 2.2.1.5 | Weitere Bestimmungen (Art. 961 bis Art. 964 OR) |

Diese Artikel enthalten Vorschriften über die Unterzeichnungs-, Aufbewahrungs- und Editionspflicht sowie Strafbestimmungen.

- **Art. 961 OR:** «Inventar, Betriebsrechnung und Bilanz sind von dem Firmeninhaber, gegebenenfalls von sämtlichen persönlich haftenden Gesellschaftern und, wenn es sich um eine Aktiengesellschaft, Kommanditaktiengesellschaft, Gesellschaft mit beschränkter Haftung oder Genossenschaft handelt, von den mit der Geschäftsführung betrauten Personen zu unterzeichnen.»
- **Art. 962 OR:** «Wer zur Führung von Geschäftsbüchern verpflichtet ist, hat diese, die Geschäftskorrespondenz und die Buchungsbelege während zehn Jahren aufzubewahren.

  Betriebsrechnung und Bilanz sind im Original aufzubewahren; die übrigen Geschäftsbücher können als Aufzeichnungen auf Bildträgern, Geschäftskorrespondenz und Buchungsbelege als Aufzeichnungen auf Bild- oder Datenträgern aufbewahrt werden, wenn die Aufzeichnungen mit den Unterlagen übereinstimmen und jederzeit lesbar gemacht werden können. Der Bundesrat kann die Voraussetzungen näher umschreiben.

  Die Aufbewahrungsfrist beginnt mit dem Ablauf des Kalenderjahres, in dem die letzten Eintragungen vorgenommen wurden, die Geschäftskorrespondenz ein- oder ausgegangen ist und die Buchungsbelege entstanden sind.

  Aufzeichnungen auf Bild- oder Datenträgern haben die gleiche Beweiskraft wie die Unterlagen selbst.»
- **Art. 963 OR:** «Wer zur Führung von Geschäftsbüchern verpflichtet ist, kann bei Streitigkeiten, die das Geschäft betreffen, angehalten werden, Geschäftsbücher, Geschäftskorrespondenz und Buchungsbelege vorzuzeigen, wenn ein schutzwürdiges Interesse nachgewiesen wird und der Richter diese Unterlagen für den Beweis als notwendig erachtet.

  Aufzeichnungen auf Bild- oder Datenträgern sind so vorzulegen, dass sie ohne Hilfsmittel lesbar sind.»
- **Art. 964 OR:** «Vorbehalten bleiben Strafbestimmungen über die Verletzung der Pflicht zur Buchführung sowie zur Aufbewahrung von Geschäftsbüchern und Geschäftskorrespondenz.»

| 2.2.2 | **Buchführungsvorschriften des Aktienrechts** |

Die Vorschriften über die Buchführung im Aktienrecht gelten auch für die Kommanditaktiengesellschaft, die GmbH und für Versicherungs- und Kreditgenossenschaften (vgl. Art. 960 Abs. 3 OR). Im Vergleich zu den allgemeinen Buchführungsvorschriften verfolgt das Aktienrecht folgende drei Ziele:

- **Gläubigerschutz:** Durch Höchstbewertungsvorschriften, Regelung der Massnahmen bei drohender Überschuldung und durch normiertes Einsichtsrecht für Gläubiger in die Geschäftsbücher soll der Gläubigerschutz im Vergleich zu den personenbezogenen Gesellschaftsformen und den Einzelunternehmen verstärkt werden.
- **Informationsgehalt:** Der Informationsgehalt der nach aussen gerichteten Rechnungslegung wird durch die Verstärkung der Aussagekraft von Jahresrechnung und Geschäftsbericht im Vergleich zu den allgemeinen Vorschriften von Art. 959 OR verbessert (z.B. Mindestgliederungsvorschriften für Bilanz und Erfolgsrechnung, Angabe der Vorjahreszahlen, Verankerung erweiterter Grundsätze ordnungsmässiger Rechnungslegung, Obligatorium der Konzernrechnung, Offenlegung der Auflösung stiller Reserven in bestimmten Fällen).
- **Erweiterung der Publizität:** Die allgemeine Offenlegungspflicht der Jahresrechnung für börsenkotierte Gesellschaften und solche, welche Anleihensobligationen ausstehend haben, sowie das Recht jedes Aktionärs auf Aushändigung von Jahresrechnung, Geschäftsbericht und Revisionsbericht zielen auf eine Erweiterung der Publizität.

Kapitel 3

Bilanz

3.1 Definitionen

> Die **Bilanz** ist die auf einen bestimmten **Stichtag** hin erstellte übersichtliche Zusammenstellung aller Aktiven und Passiven eines Unternehmens: Sie zeigt die Vermögenslage des Unternehmens durch eine umfassende Darstellung von Art, Grösse und Zusammensetzung des Vermögens (Aktiven) sowie des Fremd- und Eigenkapitals (Passiven).

Die Bilanz dient zudem dem Ausweis der Schuld- und Forderungsverhältnisse sowie der Finanzlage des Unternehmens, indem die kurzfristig verfügbaren Mittel (liquide Mittel), Guthaben und Verbindlichkeiten nach Art, Umfang und Verfall aufgeführt werden (vgl. auch Käfer 1981, S. 855).

3.1.1 Betriebswirtschaftliche Interpretation von Aktiven und Passiven

Für das Verständnis von Wesen und Zweck der Bilanz ist die Interpretation der beiden Hauptbegriffe Aktiven und Passiven notwendige Voraussetzung. Als Momentaufnahme im Unternehmensgeschehen zeigt die Bilanz das Resultat vergangener vermögensrelevanter Ereignisse (z.B. Investitionen in Maschinen und

Gebäude, soweit daraus noch Einnahmen erwartet werden) und gibt gleichzeitig einen Ausblick auf zukünftig erwartete Geschehnisse (z. B. erwartete Zahlungen von Kunden oder zu leistende Kreditrückzahlungen). Die umfassendste und betriebswirtschaftlich überzeugendste Definition stammt von Käfer (1976, S. 26). Demnach bilden die zu erwartenden künftigen Zugänge und Abgänge als Aktiven und Passiven den eigentlichen Inhalt der Bilanz:

- **Aktiven:** Mit Geld bewertete, künftig zu erwartende Nutzenzugänge in Form von Zahlungsmitteln, Sachgütern oder Leistungen ohne weitere Gegenleistung des Unternehmens.
- **Passiven:** Mit Geld bewertete Risiken künftiger Zahlungsmittel-, Sachgüter- oder Leistungsabgänge an Dritte ohne zu erwartende Gegenleistungen der Empfänger.

Aktiven dienen also dazu, künftigen Nutzen für den Wirtschaftszweck zu stiften. (Meyer 1993, S. 74) Diese erwarteten Nutzenzugänge können in Form von **Geld** (z. B. Zahlungen von Debitoren, Rückzahlung gewährter Darlehen, Verkauf von Handelswarenbeständen oder Wertpapieren), **Sachleistungen** (z. B. Güterlieferungen im Umfang der Anzahlung an einen Lieferanten) oder **Dienstleistungen** (z. B. Wohnrecht aufgrund vorausbezahlter Miete, Produktionsleistung von Maschinen) erfolgen. Da das Unternehmen bereits Leistungen erbracht hat, stehen den erwarteten Nutzenzugängen keine entsprechenden Gegenleistungen des Unternehmens gegenüber (Produkte wurden bereits an Kunden versandt, Darlehen sind ausgezahlt, Wertpapiere sind im Besitz des Unternehmens, Handelswaren sind an Lager, Geld für Lieferantenanzahlung ist überwiesen, Miete ist bezahlt, Maschinen und Anlagen sind erstanden usw.).

Die Passiven stellen das Gegenstück zu den Aktiven dar: Sie beschreiben die Natur künftiger Nutzenabgänge. Auch diese Nutzenabgänge können die Form von **Geld** (z. B. zukünftige Zahlung an Kreditoren, erwartete Steuerschuld [Steuerrückstellungen], Rückzahlung erhaltener Darlehen oder ausgegebener Anleihen), **Sachleistungen** (z. B. Güterlieferung aufgrund von Kundenanzahlungen, zukünftig erwarteter Ersatz von Produkten aus Garantiefällen [Garantierückstellungen]) oder **Dienstleistungen** (z. B. zu leistende Garantiearbeiten) annehmen. Da das Unternehmen bereits eine Leistung erhalten hat, stehen diesen Nutzenabgängen keine weiteren Gegenleistungen der künftigen Nutzenempfänger gegenüber (bestellte Güter sind eingetroffen, der steuerbare Gewinn ist erwirtschaftet, Darlehens- oder Anleihensbetrag ist gutgeschrieben worden, Kundenanzahlungen sind eingetroffen, der Verkaufspreis für die Produkte ist bezahlt).

3.1.2   Praxisorientierte Interpretation von Aktiven und Passiven

Die betriebswirtschaftlich korrekte Definition von Aktiven und Passiven nach Käfer hat sich in der täglichen Praxis – oder zumindest im Sprachgebrauch – kaum durchgesetzt. Aktiven und Passiven werden pragmatisch vereinfachend oft mit einer Mischung aus Finanzierungsbetrachtungen und rechtlichen Überlegungen erklärt. Danach zeigen die

- **Passiven,** wer dem Unternehmen **Kapital** zur Verfügung gestellt hat bzw. wer rechtliche **Ansprüche** auf Teile des Vermögens hat (deshalb wird die Passivseite der Bilanz auch Kapital- oder Finanzierungsseite genannt), und die
- **Aktiven,** wie die Summe der verfügbaren Mittel (das Kapital) **angelegt** wurde (Aktivseite als Investitionsseite oder Vermögen).

Die Problematik dieser zwar sehr anschaulichen Interpretation besteht darin, dass sie nicht alle Bilanzpositionen befriedigend zu erklären vermag. So bedeuten zum Beispiel die Rückstellungen auf der Passivseite der Bilanz keine Finanzierungsvorgänge (niemand hat effektiv Kapital zur Verfügung gestellt) oder Verrechnungsposten zwischen Filiale und Hauptgeschäft stellen keine wirklichen Ansprüche an das Unternehmen dar.

Die Summe der Aktiven stimmt zu jedem Zeitpunkt mit der Summe der Passiven überein (Bilanzgleichheit). Gerade die praxisorientierte Definition von Aktiven und Passiven zeigt deutlich, dass es sich hier um die Betrachtung der zwei Seiten derselben Münze handelt: Das zur Verfügung stehende Kapital wird in seinem ganzen Umfang in Vermögenswerte investiert.[1]

3.2   Grundfragen der Bilanzierung

Die Erstellung der Bilanz, also die Gegenüberstellung von zukünftig erwarteten Geld-, Güter- und Dienstleistungszu- und -abflüssen ohne weitere Gegenleistung zu einem bestimmten Zeitpunkt, wirft zwei grundlegende Fragen auf:

1. Welche Bedingungen müssen erfüllt sein, damit eine in die Zukunft gerichtete Erwartung eines Nutzenzu- oder -abganges unter Berücksichtigung des Grundsatzes der Bilanzvorsicht und damit auch im Sinn des Gläubigerschutzes als Aktiv- oder Passivposition des Unternehmens aufgeführt werden darf (Problem der Bilanzierungsfähigkeit)?
2. Mit welchem Betrag (Wertansatz) sollen die Positionen in der Bilanz erfasst und aufgeführt werden (Bewertungsproblematik)?

---

1   Vgl. dazu die Ausführungen in Teil 2 «Finanzierung», insbesondere ▶ Abb. 47 (S. 178).

3.2.1	Das Problem der Bilanzierungsfähigkeit

Die Frage nach den Bedingungen, welche erfüllt sein müssen, damit ein zukünftig erwarteter Nutzenzu- oder -abgang in der Bilanz als Aktivum oder Passivum aufgeführt werden kann, stellt die Frage nach der Bilanzierungsfähigkeit von solchen Sachverhalten.

Aufgrund der Definition der Aktiven und des Gebotes der Bilanzvorsicht dürfen nur jene materiellen und immateriellen Güter in der Bilanz erfasst werden, welche einen in Geld messbaren Nutzenzugang versprechen. Das Aufführen von Geldbeständen, Forderungen, Vorräten, Anlagen und Gebäuden u.ä. sowie von verbrieften Schulden und anderen Ansprüchen stellt (abgesehen von der konkreten Bewertung) kein Problem dar. Bei immateriellen Vermögenswerten auf der Aktivseite (Patente, Lizenzen, Know-how) und bei Geschäftsrisiken auf der Passivseite (zukünftig erwartete Garantieleistungen an Dritte, Prozesskosten und Bussen) stellt sich jedoch die Frage nach deren Bilanzierbarkeit.

Ein guter Unternehmensstandort, eine effiziente Organisation, die Leistungsfähigkeit von Mitarbeitern und Geschäftsinhabern, eine umsatzfördernde Unternehmenskultur, eine pfiffige und kreative Werbestrategie, hervorragende Kunden- und Lieferantenbeziehungen, ein gutes Image, einzigartiges Know-how und eine Vielzahl anderer nicht direkt in Geld messbarer Werte stellen kein Vermögen im bilanziellen Sinn dar. Die Gesamtheit dieser Werte wird als **selbsterarbeiteter Geschäftsmehrwert** oder **originärer Goodwill** bezeichnet.[1] Obwohl sie einen entscheidenden Einfluss auf das wirtschaftliche Wohlergehen des Unternehmens haben, können sie grundsätzlich nicht bilanziert werden.

Eine Ausnahme liegt dann vor, wenn im Rahmen eines Unternehmenskaufes ein Preis bezahlt wurde, der den Nettowert der Vermögensteile (Substanzwert) übersteigt. In diesem Falle wurde offensichtlich ein sogenannter Geschäftsmehrwert oder Goodwill bezahlt. Dieser ergibt sich daraus, dass sich der Wert eines Unternehmens eben nicht (nur) aus der Summe aller Vermögensteile abzüglich der Schulden ergibt, sondern auch aus der Fähigkeit, mit diesen Werten erfolgsorientiert zu arbeiten und sich auf dem Markt zu bewähren. Die Differenz zwischen dem Buchwert der übernommenen Aktiven und Passiven sowie dem bezahlten Kaufpreis wird als **erworbener** oder **derivativer Goodwill** bezeichnet. Er kann zum Anschaffungswert (Kaufpreis) bilanziert werden.

Die Bilanzierung von Forschungs- und Entwicklungskosten (F&E-Kosten) als selbsterarbeitetes Know-how, welches in Zukunft gewinnbringend genutzt werden kann, ist theoretisch vertretbar. Die Bilanzvorsicht verlangt jedoch eine äusserst vorsichtige Schätzung des zu erwartenden wirtschaftlichen Nutzens aus die-

---

1   Zum Goodwill vgl. auch Teil 4, Kapitel 1, Abschnitt 1.2.3 «Goodwill».

sem Know-how (z. B. in Form von Patenten und Lizenzen). Eine Bilanzierung solcher F&E-Kosten ist nur dann möglich, wenn sie einem bestimmten Produkt zugeordnet werden können und – gestützt auf eine sorgfältige Planung – einen wirtschaftlichen Nutzen versprechen. Aufwendungen für Grundlagenforschung (allgemeine Forschungstätigkeiten zur Gewinnung neuer wissenschaftlicher Erkenntnisse oder Produktentwicklung im weiteren Sinn) sind nicht bilanzierbar. (HWP 1998a, S. 184)

Das Imparitätsprinzip verlangt vom vorsichtigen und gewissenhaften Kaufmann, dass absehbare oder vermutete **Risiken** aus der Geschäftstätigkeit, welche zum Bilanzierungszeitpunkt zwar noch nicht als rechtsgültige Forderungen vorliegen, mit denen aber mit einer gewissen Wahrscheinlichkeit gerechnet werden muss, auf der Passivseite als zukünftig erwartete Nutzenabgänge bilanziert werden. Typische Beispiele für solche erwarteten Risiken sind die sogenannten Rückstellungen (Garantierückstellungen, Prozessrückstellungen, Rückstellungen für Gewährleistungen [z. B. für geleistete Bürgschaften], Sachschäden, Grossreparaturen, Instandhaltungen und Altlasten sowie versicherungstechnische Rückstellungen usw.).

3.2.2 Das Problem der Bewertung von Aktiven und Passiven

«Die wichtigste Eigenschaft der Bilanzinhalte ist ihr Wert.» (Käfer 1981, S. 948) Die Ermittlung der effektiven Vermögens- und Schuldverhältnisse sowie des Periodenerfolges im Rahmen von Bilanz und Erfolgsrechnung machen eine **Bewertung** aller Bilanzpositionen notwendig. Diese Bewertung kann grundsätzlich bei jeder Bilanzposition Probleme aufwerfen.

Im Hinblick auf die Bewertungsproblematik empfiehlt sich die Unterscheidung in Handelsbilanz, Steuerbilanz und interne Bilanz.

3.2.2.1 Handelsbilanz

Die **handelsrechtlichen Buchführungsvorschriften** (Art. 960 Abs. 2 OR und Art. 665 ff. OR) regeln die Rechnungslegung zuhanden der Öffentlichkeit. Sie stellen den Gläubigerschutz ins Zentrum und verfügen deshalb im Rahmen der verschärften Vorschriften des Aktienrechts Bewertungsobergrenzen für die verschiedenen Vermögenspositionen der Bilanz. Der handelsrechtliche Grundsatz der «Bilanzwahrheit» (Art. 959 OR) ist in dem Sinn auszulegen, dass das Unternehmen bei der Darlegung seiner wirtschaftlichen Lage nach aussen kein zu günstiges Bild vortäuschen darf. Es soll sich unter dem Aspekt des Gläubiger-schutzes in der Jahresrechnung vorsichtig darstellen. Dabei genügt der Nachweis, dass die Forderungen der Kreditgeber durch entsprechende Vermögensgegen-werte des Unternehmens gedeckt sind.

Die Differenz zwischen dem in der Bilanz aufgeführten Wert eines Vermögens-teils (Buchwert) und dem tatsächlichen Wert desselben Vermögensteils wird als **stille Reserve** bezeichnet. Durch die Bildung oder Auflösung stiller Reserven kann der handelsrechtliche Gewinnausweis massgeblich beeinflusst werden. Von die-sem Sachverhalt wird in der schweizerischen Praxis einerseits aus steuertech-nischen Überlegungen, aber vor allem auch aus dividendenpolitischen Gründen, häufig Gebrauch gemacht.

Der **Ermessensspielraum** im Rahmen der Bewertung von Aktiven und Passiven und damit im Erfolgsausweis des Unternehmens ist für die Buchführenden auf-grund Art. 669 Abs. 2 und 3 OR ausserordentlich gross. Die Aussagefähigkeit der nach aussen gerichteten Bilanzen und Erfolgsrechnungen bezüglich der tatsäch-lichen wirtschaftlichen Lage des Geschäftes («Bilanzwahrheit» oder «true and fair view») muss deshalb stark relativiert werden.

3.2.2.2 | Steuerbilanz

Die **steuerrechtliche Gesetzgebung** steht im Dienste der Erhebung der direkten Steuern (auf Einkommen und Vermögen bzw. auf Gewinn und Kapital). Diese werden nach Massgabe der wirtschaftlichen Leistungsfähigkeit erhoben. Die Schwergewichte liegen bei der periodengerechten Gewinnermittlung und bei der Festlegung des Wertes der einzelnen Vermögensbestandteile. Die (eidgenös-sischen und kantonalen) Steuergesetze und entsprechende Vollziehungsverord-nungen legen deshalb, im Gegensatz zu den handelsrechtlichen Bestimmungen, **Bewertungsuntergrenzen** für die Aktivseite der Bilanz fest, wobei die handels-rechtlichen Höchstbewertungsvorschriften auch im Steuerrecht Gültigkeit haben. Bewertungen unterhalb der handelsrechtlichen Höchstbewertungsvorschriften werden nur in begrenztem Ausmass zugelassen. Bei der Ermittlung des steuer-pflichtigen Vermögens und Ertrags wird darum in der Regel von der Jahresrech-nung nach handelsrechtlichen Gesichtspunkten ausgegangen, um anschliessend steuerrechtliche Bewertungskorrekturen vorzunehmen.

3.2.2.3	Interne Bilanz

Weder die handelsrechtlichen Buchführungsvorschriften noch die Steuergesetzgebung eignen sich als Grundlage für die Ermittlung unternehmensinterner Führungsinformationen bezüglich Vermögensstatus und Periodenerfolg. Zudem lässt sich aus ihnen nicht genau ableiten, an welchem Ort im Unternehmen Aufwände und Erträge entstanden sind und durch welche Leistungserstellungen sie bedingt wurden. In einer internen Betrachtung wird deshalb einerseits von bereinigten Wertansätzen ausgegangen, andererseits müssen detailliertere, ablauforientierte Zusatzinformationen erhoben werden (z.B. für die Budgetierung und Nachkalkulation von Aufträgen oder für die kostenorientierte Führung von Abteilungen). Mit dem in Teil B dargestellten Instrument der **Betriebsbuchhaltung** wird versucht, diese Anforderungen zu erfüllen.

Der Gewinn ist bei **betriebswirtschaftlich** korrekter Ermittlung derjenige Betrag, welcher dem Unternehmen höchstens entzogen werden darf, wenn es weiterhin in der Lage sein soll, verbrauchte Produktionsmittel zu ersetzen und für Eigentümer, Arbeitnehmer und Staat seine uneingeschränkte Leistungs- und Ertragsfähigkeit zu erhalten.

3.3	**Gliederung der Aktiv- und Passivseite der Bilanz**
3.3.1	**Umlauf- und Anlagevermögen**

Die Aktivseite der Bilanz wird nach der **Zweckbestimmung** (Aufgabe) der einzelnen Bilanzposten in Umlauf- und Anlagevermögen gegliedert. In der Schweiz ist dabei das sogenannte «Liquiditätsprinzip» stark verbreitet: In den Aktiven erscheinen bei der Darstellung der Bilanz zuerst das Geld und dann die übrigen Posten in der Reihenfolge ihrer «Geldnähe», d.h. wie rasch sie sich bei üblichem Geschäftsgang in Geld verwandeln. In der Europäischen Union (EU) gelten die Vorschriften der 4. EU-Richtlinie über den Jahresabschluss. Diese schreiben zwingend eine genau umgekehrte Reihenfolge der Aktivpositionen vor.

Die Obergrenzen für die Bewertung der Aktiven sind für die dem Aktienrecht unterstellten Gesellschaften in den Art. 665ff. OR geregelt. Danach gelten als Wertobergrenze für

- käuflich erworbene Güter – mit Ausnahme von Wertschriften mit Kurswert – die Anschaffungskosten,
- selbst geschaffene Güter die Herstellungskosten.

In beiden Fällen sind notwendige Wertberichtigungen (Abschreibungen, eventuelle Anpassungen an den tieferen Tageswert auf dem Beschaffungsmarkt usw.) zu berücksichtigen.

3.3.1.1 | Umlaufvermögen

> Zum **Umlaufvermögen** zählen alle Güter, welche zum Zweck der Veräusserung beschafft werden und damit immer wieder Geldform annehmen oder bereits in Geldform vorhanden sind.

Das Umlaufvermögen wird also laufend umgesetzt (Geld – Ware – Forderung – Geld). Weiter gehören zum Umlaufvermögen all jene Vermögensgegenstände, deren Nutzen innerhalb eines Jahres verbraucht wird (z.B. Roh-, Hilfs- und Betriebsstoffe, Halbfabrikate).

3.3.1.2 | Anlagevermögen

> Das **Anlagevermögen** besteht aus Gütern, die dem Unternehmen zur dauernden oder mehrmaligen Nutzung dienen.

Die Güter des Anlagevermögens werden entweder gar nicht (Boden) oder nur langsam zur Erstellung der Betriebsleistung verbraucht (Gebäude, Maschinen, Patente) und gehen nur indirekt durch Abnützung als Abschreibungen in das Leistungsergebnis (Produkt, Dienstleistung) ein.

Die Zugehörigkeit eines Gutes zum Umlauf- oder Anlagevermögen hängt alleine vom **Verwendungszweck** innerhalb des betreffenden Unternehmens ab. Die Grenzen zwischen Anlage- und Umlaufvermögen sind deshalb oft fliessend. So gehören Grundstücke und Liegenschaften typischerweise zum Anlagevermögen, da sie dauernder Nutzung dienen. Für einen Immobilienhändler sind Grundstücke und Liegenschaften jedoch zur Weiterveräusserung bestimmt und sind deshalb – mit Ausnahme der eigenen Verwaltungsgebäude – als Umlaufvermögen zu bilanzieren. Abgrenzungsprobleme zwischen Umlauf- und Anlagevermögen ergeben sich auch bei den Wertschriften. Je nach Zweckbestimmung (welche in der Praxis nicht immer ganz klar ist) sind sie im Umlauf- oder im Anlagevermögen einzuordnen.

Das Obligationenrecht (Art. 663a Abs. 2 OR) unterscheidet im Rahmen des Anlagevermögens in Finanzanlagen, Sachanlagen und immaterielle Anlagen. Diese Gliederung wird auch in der betriebswirtschaftlichen Literatur verwendet und basiert auf der (grundsätzlichen) Trennung von materiellem und immateriellem Anlagevermögen. Die Vermögensgegenstände des **materiellen Anlagevermögens** sind physisch greifbar oder zumindest in Form von Wertpapieren, Darlehensverträgen usw. verkörpert; während das **immaterielle Anlagevermögen** vor allem Rechte beinhaltet, welche nicht in Wertpapieren oder in anderer Form konkretisiert werden können, sondern die primär auf Eintragungen beruhen (z. B. Schutzrechte, Konzessionen, Lizenzen). (Behr 1993/94, S. 51) Das materielle Anlagevermögen wird in Sachanlagen und Finanzanlagen unterteilt. Letztere umfassen vor allem Geldinvestitionen in Darlehen oder in den Erwerb von Anteilen an fremden Unternehmen.

Das Anlagevermögen darf bei Unternehmen, für welche die aktienrechtlichen Bewertungsvorschriften gelten, höchstens zu den Anschaffungs- bzw. Herstellungskosten – korrigiert um die notwendigen Abschreibungen – bewertet werden (Art. 665 OR).

3.3.2	**Fremd- und Eigenkapital**

Die Passivseite (Kapitalseite) der Bilanz zeigt die Risiken zukünftiger, in Geld messbarer Geld-, Güter- oder Dienstleistungsabgänge an Dritte, die ohne zu erwartende Gegenleistung erbracht werden müssen. Die Gliederung der Passivpositionen erfolgt nach **rechtlichen Kriterien:** Zukünftig erwartete Leistungsabgänge an Dritte werden als Fremdkapital bezeichnet, zukünftig erwartete Leistungsabgänge an die Eigentümer stellen Eigenkapital dar. Das Fremdkapital wird nach der Fälligkeit der einzelnen Positionen untergliedert («Liquiditätsprinzip»: erwartete wirtschaftliche Überlassungsdauer von Krediten oder Fälligkeit von Forderungen).

3.3.2.1	Fremdkapital

> Beim Fremdkapital handelt es sich um **Ansprüche von Gläubigern.**

Es zeichnet sich erstens dadurch aus, dass die Anspruchsberechtigten Aussenstehende (Dritte) sind, und dass es zweitens in der Regel innerhalb einer bestimmten Frist zur Rückzahlung fällig wird.[1]

3.3.2.2	Eigenkapital

> Die Position «Eigenkapital» zeigt das im Unternehmen vorhandene **risikotragende Kapital,** auf welches die Eigentümer spätestens bei der Liquidation des Unternehmens Anspruch haben.

Im Gegensatz zum grössten Teil des Fremdkapitals ist das Eigenkapital keine reale Grösse. Es ist die **rein rechnerische Differenz** zwischen dem Vermögen und den Schulden (Aktiven – Fremdkapital) und ist demzufolge abhängig von der Bewertung der Aktiven und Passiven. Die Eigentümer haben in der Regel keinen Anspruch auf die Verzinsung des Eigenkapitals. Sie partizipieren jedoch je nach Rechtsform beschränkt oder unbeschränkt, primär oder subsidiär am Gewinn und Verlust der Gesellschaft (Ausnahmen: Bei der Kollektivgesellschaft und der Kommanditgesellschaft können für die Gesellschafter vertraglich Zinsen auf dem Kapitalanteil vereinbart werden [Art. 558–560 OR sowie Art. 598 Abs. 2 OR in Verbindung mit Art. 611 OR]).

In Form des Grundkapitals wird das Eigenkapital vom Unternehmer (Inhaber, Teilhaber, Aktionär, Partizipant usw.) zur Verfügung gestellt. Je nach Rechtsform wird das Grundkapital unterschiedlich benannt:[2]

- Einzelunternehmen: Eigenkapital,
- Kollektivgesellschaft: Kapital (getrennt nach Teilhabern),
- Kommanditgesellschaft: Kommanditsumme (für Kommanditär) und Kapital (für Komplementär),
- GmbH: Stammkapital,
- AG und Kommandit-AG: Aktienkapital und Partizipationskapital.

---

1 Eine eingehende Diskussion der verschiedenen Formen des Fremdkapitals erfolgt in Teil 2, Kapitel 4 «Kreditfinanzierung».
2 Vgl. dazu Teil 2, Kapitel 2, Abschnitt 2.1 «Einleitung».

Das **Grundkapital** vergrössert sich durch Kapitalerhöhungen (Beteiligungsfinanzierung[1]) und vermindert sich durch Kapitalherabsetzungen.

Das sogenannte **Zuwachskapital** äufnet sich durch erzielte Gewinne, welche nicht ausgeschüttet werden **(Selbstfinanzierung)** oder aus Überpari-Emissionen von Unternehmensanteilen **(Agio)**. Dadurch werden Reserven kumuliert (gesetzliche, statutarische und beschlussmässige).

Aufgrund von Art. 651 OR kann die Generalversammlung der AG ein sogenanntes **genehmigtes (autorisiertes) Kapital** schaffen. Über die Statuten kann der Verwaltungsrat ermächtigt werden, innert einer Frist von längstens zwei Jahren, das Aktienkapital bis zu einem von der Generalversammlung in den Statuten definierten Nennbetrag mit einfachem Verwaltungsratsbeschluss zu erhöhen. Das genehmigte Kapital darf nach Art. 651 Abs. 2 OR die Hälfte des bisherigen Aktienkapitals nicht übersteigen.

Art. 653 OR befugt die Generalversammlung, eine bedingte Kapitalerhöhung zu beschliessen, indem sie in den Statuten der AG den Gläubigern von Wandel- oder Optionsanleihen oder anderen Personen (z.B. Mitarbeitern) Bezugsrechte auf neue Aktien der Gesellschaft gewährt. Das Aktienkapital erhöht sich dann jeweils in dem Zeitpunkt und in dem Umfang, wie diese Bezugsrechte wahrgenommen werden. Umfang und Zeitpunkt der Kapitalerhöhung sind damit von den Entscheidungen Dritter abhängig (deshalb der Ausdruck **«bedingtes Kapital»**).

Weder das genehmigte noch das bedingte Kapital sind bilanzierungsfähig.

3.3.3   Betriebswirtschaftliche Gliederung der Bilanz

Die gesetzlichen Vorschriften zur Bilanzgliederung (Art. 663a OR) stellen aus betriebswirtschaftlicher Sicht bloss Minimalanforderungen an eine aussagekräftige Bilanz dar. ▶ Abb. 3 zeigt eine nach betriebswirtschaftlichen Kriterien verfeinerte Bilanzgliederung. Die Aussagekraft einer Bilanz erhöht sich wesentlich, wenn:

- neben den aktuellen Werten auch die **Vorjahreszahlen** aufgeführt werden (vgl. auch Art. 662a Abs. 1 OR);
- nach dem sogenannten **Bruttoprinzip** die einzelnen Vermögenspositionen (z.B. Debitoren, Vorräte, Sachanlagen) zu den vollen historischen Anschaffungs- bzw. Herstellungswerten bilanziert werden und die notwendigen Wertberichtigungen (z.B. Delkredere und kumulierte Abschreibungen) als Berichtigungsposten direkt bei den entsprechenden Positionen offen in Abzug gebracht werden (oder wenn ein sogenannter Anlagespiegel im Anhang an die Jahres-

---

1 Eine eingehende Darstellung der Beteiligungsfinanzierung findet sich in Teil 2, Kapitel 2 «Beteiligungsfinanzierung».

Aktiven	Passiven
Umlaufvermögen [1, 2, 3]	**Fremdkapital** [3]
■ **Liquide Mittel** [3]	■ **kurzfristiges Fremdkapital** [3, 5]
□ Kassa, Postcheckguthaben, Bankguthaben	□ Kreditoren aus Lieferungen und Leistungen [3]
□ Checks, börsengängige Wertschriften	□ Anzahlungen von Kunden
□ eigene Aktien [4]	□ Wechselverbindlichkeiten
■ **Forderungen** (kurzfristige) [3, 5]	□ kurzfristige Darlehensschulden
□ Forderungen aus Lieferungen und Leistungen [3]	□ kurzfristige Bankkredite
□ Vorauszahlungen an Lieferanten	□ nicht eingelöste Obligationen- und Dividenden-
□ kurzfristige Darlehen und Vorschüsse	coupons
□ sonstige Forderungen	□ gekündete, nicht eingelöste Anleihens-
□ transitorische Aktiven [3]	obligationen
□ nicht einbezahltes, eingefordertes Aktienkapital	□ kurzfristige Rückstellungen [3]
■ **Vorräte** [3]	□ sonstige kurzfristige Schulden
□ geleistete Anzahlungen auf Vorräten	□ transitorische Passiven [3]
□ Handelswaren	□ kurzfristiger Teil vom langfristigen Fremdkapital
□ Roh-, Hilfs- und Betriebsstoffe	■ **langfristiges Fremdkapital** [3, 5]
□ Pflichtlager	□ Darlehen
□ Erzeugnisse in Arbeit (Halbfabrikate,	□ Obligationenanleihen
angefangene Arbeiten)	□ Hypotheken
□ fertige Erzeugnisse	□ Verpflichtungen gegenüber Vorsorge-
Anlagevermögen [1, 2, 3]	einrichtungen [4]
■ **Finanzanlagen** [3, 5]	□ langfristige Rückstellungen [3]
□ Wertschriften des Anlagevermögens	□ nachrangige Darlehen
□ Beteiligungen [3]	□ übrige langfristige Schulden
□ langfristige Darlehensforderungen	**Eigenkapital** [3]
□ Aktivhypotheken	■ **Aktienkapital** [3]
■ **Sachanlagen** [3, 5]	■ **Partizipationskapital**
geleistete Anzahlungen auf Sachanlagen	■ **Reserven** [3]
Mobilien	□ gesetzliche Reserven [3]
□ Maschinen/maschinelle Anlagen	– allgemeine Reserve
□ Werkzeuge, Fahrzeuge usw.	– Reserve für eigene Aktien [3]
Immobilien	– Aufwertungsreserve [3]
□ unbebaute Grundstücke	□ statutarische/freie Reserven [3]
□ Fabrik- und Lagergebäude inkl. Einrichtungen	– Arbeitsbeschaffungsreserve
□ Verwaltungsgebäude inkl. Einrichtungen	– Dividendenausgleichsreserve
□ Wohnhäuser inkl. Einrichtungen	– Wiederbeschaffungsreserve
■ **Immaterielle Anlagen** [3]	– freie Reserve
□ Anzahlungen auf immaterielle Anlagen	
□ Rechtswerte wie Patente, Lizenzen, Urheber-,	
Verlagsrechte, Konzessionen, Kontingente	
□ Goodwill	
Berichtigungsposten zur Passivseite	■ **Bilanzgewinn** [3]
Obligationendisagio, aktivierte Aufwendungen,	
nicht einbezahltes Aktienkapital[3], Bilanzverlust[3]	

▲ Abb. 3   Bilanzgliederung

1 Kumulierte Wertberichtigungen (Delkredere, Abschreibungen usw.) sind direkt bei den jeweiligen Positionen nach
    dem Bruttoprinzip als Berichtigungsposten in Abzug zu bringen.
2 Betriebliche und nichtbetriebliche Vermögensteile sind getrennt auszuweisen.
3 Gemäss Mindestgliederungsvorschriften des OR (Art. 663a, 659a und 670) aufzuführen (vgl. auch Fussnote 5).
4 Gemäss Art. 663b Ziff. 5 und 9 OR im Anhang gesondert auszuweisen.
5 Forderungen und Verbindlichkeiten gegenüber anderen Gesellschaften des Konzerns oder Aktionären, die eine Betei-
    ligung an der Gesellschaft halten, sind gesondert auszuweisen (Art. 663a Abs. 4 OR).

rechnung die zu Anschaffungskosten bewerteten Zu- und Abgänge an Sachanlagen sowie die kumulierten Abschreibungen offenlegt);

- **betriebliche** und **nichtbetriebliche Vermögensteile** getrennt ausgewiesen werden, können doch nichtbetriebliche Vermögensteile in der Regel jederzeit veräussert werden, ohne die Erfüllung des eigentlichen Geschäftszweckes zu
gefährden und ohne die Ertragskraft des Unternehmens massgeblich zu beeinflussen.[1]

3.4 Buchungsregeln für Bilanzkonten

Durch den täglichen Geschäftsverkehr mit den Partnern des Unternehmens werden die Aktiv- und Passivpositionen dauernd verändert. Zur Erfassung dieser Veränderungen wird für jede Position ein eigenes **Konto** geführt, welches zwei Seiten
aufweist: **Soll** und **Haben.** Die Bezeichnung «Soll» und «Haben» ist historischen
Ursprungs und hat heute keine erklärende Bedeutung mehr. Ebensogut könnten
die Kontoseiten mit «links» und «rechts» bezeichnet werden.

Jeder Geschäftsvorfall berührt mindestens zwei Konten. Im Rahmen der doppelten Buchhaltung wird ein Geschäftsvorfall deshalb auf mindestens zwei Konten als Zu- oder Abnahme verbucht. Der Eintrag erfolgt dabei im einen Konto auf
der «Soll»-Seite, im anderen Konto auf der «Haben»-Seite. Dies bedingt, dass für
Aktiv- und Passivkonten entgegengesetzte Buchungsregeln gelten. Dabei hilft
folgende Eselsbrücke:

- Ein Konto, welches **links** in der Bilanz steht (also ein Aktivkonto), hat seinen
Anfangsbestand auf der **linken** Kontoseite (also auf der Soll-Seite) und sämt-
liche Zunahmen werden ebenfalls links verbucht (Soll-Eintrag).
- Ein Konto, welches **rechts** in der Bilanz steht (also ein Passivkonto), hat seinen
Anfangsbestand **rechts** im Konto (also auf der Haben-Seite) und sämtliche Zu-
nahmen werden ebenfalls rechts verbucht.
- Daraus folgt, dass Bestandesabnahmen bei Aktivkonten im Haben (rechts) und
bei Passivkonten im Soll (links) zu verbuchen sind.

---

1 Betriebliche Vermögensteile stehen im Zusammenhang mit der unternehmerischen Zweckerfüllung. In der betriebswirtschaftlichen Literatur werden sie auch als betriebsnotwendig bezeichnet.
Nach Helbling (1998, S. 232 ff.) ist jedoch zu differenzieren: Vermögensteile sind dann betriebsnotwendig, wenn sie für die Zweckerfüllung auch tatsächlich unbedingt benötigt werden. Damit
ist denkbar, dass an sich betriebliche Vermögenswerte nicht unbedingt betriebsnotwendig sind
(z.B. Teile von überhöhten Vorräten). Im Rahmen von Unternehmensbewertungen ist diese Unterscheidung ausserordentlich wichtig. Wir verzichten hier jedoch darauf und verwenden die Begriffe «betriebliche Vermögenswerte» und «betriebsnotwendige Vermögenswerte» synonym.
Nichtbetriebliche oder betriebsfremde Vermögenswerte stehen nicht in Zusammenhang mit der
eigentlichen Geschäftätigkeit des Unternehmens.

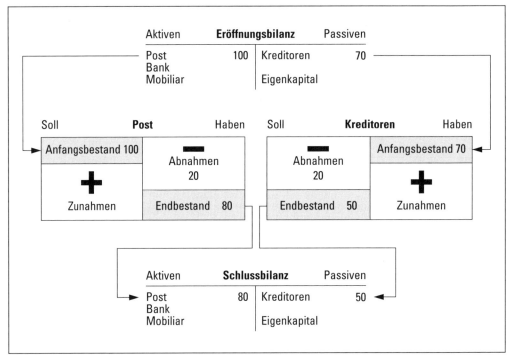

▲ Abb. 4   Buchungsregeln für Bilanzkonten

Die Begleichung der Rechnung eines Lieferanten über das Postcheckkonto berührt sowohl den Bestand des Postcheckkontos (Aktivkonto) als auch den Bestand
des Kreditorenkontos (Passivkonto). In beiden Konten kommt es zu einer Bestan-
desabnahme. Die **Mechanik der Verbuchung** dieses Geschäftes wird mit ◀ Abb. 4
verdeutlicht. Für die schriftliche und/oder elektronische Erfassung eines Bu-
chungsvorgangs wird ein sogenannter **Buchungssatz** verwendet. Die Funktion des
Buchungssatzes besteht lediglich in der technischen Beschreibung der Zuordnung
des Buchungsbetrags auf die beiden Seiten der vom Geschäftsvorfall betroffenen
Konten. Er nennt zunächst das Konto, welches links (also im Soll) betroffen ist,
anschliessend jenes, welches rechts (also im Haben) betroffen ist. Anschliessend
wird der Betrag genannt, welcher in die beiden Konten eingetragen wird. Im vor-
liegenden Beispiel lautet der Buchungssatz also:

Kreditoren / Post 20

Die zugehörige Redewendung lautet «Kreditoren an Post 20».

Sind von einem Geschäftsvorgang ausschliesslich Bilanzkonten betroffen, wird von einem **Tauschvorgang** gesprochen. Bei einem Tauschvorgang handelt es sich immer um die Darstellung von Wirkung und Gegenwirkung, und zwar in dem Sinn, als ein erwarteter Zugang (bzw. ein erwarteter Minderabgang) an Gütern oder Dienstleistungen einem erwarteten Abgang (bzw. einem erwarteten Minderzugang) gegenübersteht und umgekehrt. Wohl kann sich die Summe der einen Bilanzseite bei der Verbuchung von Tauschvorgängen innerhalb der Bilanz verändern (z.B. führt die Aufnahme eines Barkredites zu einer Vergrösserung der Schulden und damit zu einer Zunahme der Passiven), gleichzeitig erhöht sich jedoch die Bilanzsumme der jeweils anderen Seite um denselben Betrag (Zunahme des Kassenbestandes und damit der Aktiven). In vielen Fällen bleibt die Bilanzsumme gleich (so bei reinen Tauschvorgängen innerhalb der Aktiven bzw. innerhalb der Passiven).

Kapitel 4

Erfolgsrechnung

4.1 Definitionen

Durch Produktion und Verkauf von Gütern und Dienstleistungen entstehen für das Unternehmen aber auch Auszahlungen und Einzahlungen sowie Ausgaben und Einnahmen.

> Die **Erfolgsrechnung** ist eine übersichtliche Zusammenstellung aller Aufwendungen und Erträge einer Abrechnungsperiode und hat zum Ziel, über die Unternehmenstätigkeit Rechenschaft abzulegen und den Periodenerfolg (Gewinn oder Verlust als Differenz zwischen Ertrag und Aufwand) zu ermitteln.

Die Bedeutung der Unterscheidung der drei Begriffspaare Auszahlungen und Einzahlungen, Ausgaben und Einnahmen sowie Aufwendungen und Erträge darf nicht unterschätzt werden. Es zeigt sich im Umgang mit Praktikern nämlich immer wieder, dass diese Begriffspaare synonym verwendet werden, was mitunter zu grundlegenden Fehlinterpretationen über den Unterschied von Gewinn und Kassabestand führen kann. Eine Abgrenzung dieser Begriffe schafft hier Klarheit (▶ Abb. 5):

- Auszahlungen und Einzahlungen beschreiben Veränderungen des Bestandes an liquiden Mitteln, also der Zahlungsmittel (Geld). Die Zahlungsmittel eines Un-

Einzahlungen/Auszahlungen		
= Zu- und Abflüsse an Geld (Cash im Sinn von Kassa-, Bank- und Postcheckguthaben)		
Einzahlungen/Aus-zahlungen, die keine Einnahmen/ Ausgaben darstellen, z.B. Zahlung eines Debitors, Zahlung an einen Lieferanten	Einzahlungen/Auszahlungen, die gleichzeitig Einnahmen/Ausgaben darstellen, z.B. Verkauf einer Maschine gegen bar, Rückzahlung eines langfristigen Darlehens	

Einnahmen/Ausgaben		
= Zu- und Abflüsse im nettomonetären Umlaufvermögen (Geld zuzüglich kurzfristig erwartete Geldzugänge abzüglich kurzfristig erwartete Geldabgänge)		
Einnahmen/Aus-gaben, die keinen Ertrag/Aufwand darstellen, z.B. Aufnahme eines Darlehens, Investitionen ins Anlagevermögen	Einnahmen/Aus-gaben, die sowohl Einzahlungen/Aus-zahlungen als auch Ertrag/Aufwand darstellen, z.B. Verkauf von Waren gegen Barzahlung, Zahlung von Löhnen	Einnahmen/Aus-gaben, welche keine Einzahlung/ Auszahlung bewirken, z.B. Verkauf von Waren gegen Rechnung, Bildung kurzfristiger Rückstellungen für drohenden Verlust

Ertrag/Aufwand	
= mit Geld bewerteter Zuwachs bzw. Verzehr an Gütern und Dienstleistungen	
Ertrag/Aufwand, der auch Einnahmen/ Ausgaben darstellt, z.B. Verkauf von Waren/Dienstleistungen auf Rechnung, Kursverlust auf Wertschriften des Umlaufvermögens	Ertrag/Aufwand, der keine Einnahmen/Ausgaben bewirkt, z.B. Aufwertung von Beteiligungen, Abschreibungen, Bildung von Rückstellungen

▲ Abb. 5   Abgrenzung von Einzahlungen/Auszahlungen, Einnahmen/Ausgaben, Ertrag/Aufwand

ternehmens bestehen aus der Summe aller Kassabestände und der jederzeit verfügbaren Bank- und Postguthaben.

- **Einzahlungen** sind Zuflüsse an Zahlungsmitteln während einer Betrachtungsperiode (Cash inflows): zum Beispiel Bareinlagen des Geschäftsinhabers in die Kasse, Aufnahme eines Barkredites, Barverkauf von Gütern oder Dienstleistungen, Zahlungseingang einer Kundenforderung auf das Bankkonto des Unternehmens.
- **Auszahlungen** sind Abflüsse von Zahlungsmitteln während einer Betrachtungsperiode (Cash outflows): zum Beispiel Barentnahmen des Geschäftsinhabers aus der Kasse, Gewährung eines Barkredites, Vorauszahlungen für später eingehende Güter oder Dienstleistungen, Tilgung einer Lieferantenforderung durch Postüberweisung.

- Mit Ausgaben und Einnahmen werden Veränderungen des Netto-monetären Umlaufvermögens beschrieben. Dieses besteht aus den liquiden Mitteln zuzüglich der kurzfristig erwarteten Geldzugänge, abzüglich der kurzfristig erwarteten Geldabgänge (vgl. Fonds Nr. 3 in ▶ Abb. 18 auf Seite 119).
  - **Einnahmen** sind alle Zunahmen des Netto-monetären Umlaufvermögens während einer Betrachtungsperiode: zum Beispiel Verkauf von Waren und Dienstleistungen gegen Rechnung, Aufnahme eines Darlehens, Umwandlung eines Lieferantenkredites in ein Darlehen.
  - **Ausgaben** sind alle Abnahmen des Netto-monetären Umlaufvermögens während einer Betrachtungsperiode: zum Beispiel Kauf von Handelswaren oder Rohstoffen (Vorräte) gegen Rechnung, Bildung kurzfristiger Rückstellungen für ausstehende Schadenersatzansprüche Dritter, Rückzahlung eines langfristigen Darlehens.

- Aufwand und Ertrag bezeichnen in der Finanzbuchhaltung den durch die Erstellung und den Verkauf von Gütern und Dienstleistungen entstandenen Wertverzehr und Wertzuwachs einer Periode.
  - **Ertrag** ist der in der Finanzbuchhaltung erfasste, mit Geld bewertete Wertzuwachs einer Rechnungsperiode. Er umfasst den Erlös des Outputs aus dem Leistungserstellungsprozess sowie den Zuwachs an Vermögenswerten: zum Beispiel Verkauf von Gütern oder Dienstleistungen bar oder gegen Rechnung, Kurssteigerung von Wertschriften, Verkauf einer Maschine über ihren Buchwert hinaus, Auflösung nicht mehr benötigter Rückstellungen.
  - **Aufwand** ist der in der Finanzbuchhaltung erfasste, mit Geld bewertete Verzehr an Gütern und Dienstleistungen einer Periode. Er umfasst den Wert des Inputs in den Leistungserstellungsprozess sowie den Verbrauch an Vermögenswerten: zum Beispiel Zahlung von Löhnen, Zinsen, Steuern u.ä., erlittener Kursverlust auf Wertschriften, Verkauf einer Maschine unter ihrem Buchwert, Bildung von Rückstellungen für erwartete Gewährleistungen.

Für die Finanzbuchhaltung ist insbesondere die Unterscheidung zwischen Auszahlungen und Ausgaben einerseits sowie Aufwendungen andererseits wichtig.

Der Barkauf einer Maschine stellt beispielsweise zunächst bloss eine Auszahlung bzw. eine Ausgabe dar. Buchungsmässig findet ein Aktivtausch statt, indem der Kassabestand abnimmt und der Bestand an Produktionsanlagen um denselben Betrag zunimmt. Erst durch die Nutzung der Maschine, ihre technische Veralterung (z.B. minderwertige Qualität der Erzeugnisse) und die natürliche Alterung (z.B. Verrostung) oder wegen Nichtgebrauchs (z.B. Stillegung) verliert sie an Wert für das Unternehmen. Der entsprechende Wertverzehr muss durch das Management quantifiziert werden und als Aufwand (genauer: als Abschreibungen) in der Erfolgsrechnung berücksichtigt werden. Damit wird die ursprüngliche Auszahlung über die wirtschaftliche Lebensdauer der Maschine, entsprechend ihrem Wertverzehr, durch die Verbuchung von Abschreibungen verteilt.

4.2 Betriebswirtschaftliche Interpretation der Erfolgsrechnung

Neben den reinen Tauschvorgängen innerhalb der Bilanz (z.B. Kauf einer Maschine) ereignen sich zahllose Geschäftsvorfälle, die zwar ein Bilanzkonto betreffen, denen jedoch keine buchungswürdige und/oder buchungsfähige bilanzinterne Gegenwirkung gegenübersteht (z.B. Abschreibungen). Handelt es sich dabei um einseitige Geld-, Güter- oder Dienstleistungs*ab*gänge, spricht man von Aufwand (einseitige Verminderung bzw. Verbrauch von Aktiven oder Mehrung von Passiven ohne erkennbare bilanzierungsfähige Gegenleistung). Handelt es sich um einseitige Geld-, Güter- oder Dienstleistungs*zu*gänge, spricht man von Ertrag (einseitige Vermehrung von Aktiven oder Verminderung von Passiven ohne erkennbare buchungsfähige Gegenleistung).

Die Erfolgsrechnung ist somit eine **Hilfsrechnung zur Bilanz:** Sie zeigt jene Geschäftsvorfälle, welche einseitige Zu- oder Abgänge in der Bilanz bewirken. Damit erklärt sie die Veränderung des Eigenkapitals während einer Wirtschaftsperiode, die in der Herstellung und dem Vertrieb von Gütern und Dienstleistungen begründet liegt, also nicht durch Kapitalerhöhungen oder Kapitalbezüge der Eigentümer (Eigenkapitalgeber) entstanden ist.

Ist diese Veränderung positiv, d.h. übertreffen die Erträge in einem bestimmten Zeitraum die im selben Zeitraum angefallenen Aufwendungen, spricht man von **Gewinn.** Ist die Veränderung negativ, übersteigen also die Aufwendungen die Erträge, ist ein **Verlust** entstanden.

Wenn sich nun aber Ertrag und Aufwand aus der einseitigen Veränderung von Aktiven und Passiven ohne entsprechende bilanzinterne Gegenwirkung ergeben, so folgt zwingend daraus, dass sich der Erfolg der Geschäftstätigkeit gleichzeitig in Bilanz *und* Erfolgsrechnung niederschlägt.

Dieser Zusammenhang wird in nachstehender Abbildung schematisch anhand einer stark vereinfachten Bilanz und Erfolgsrechnung dargestellt.

Vorgang	a Bilanz	p	A Erfolgsrechnung	E
1.	+100	+100		
2.	**+10**			**+10**
3.	**−4**		**+4**	
4.		**+5**	**+5**	
5.	−80	−80		
6.		**−3**		**+3**
Gewinn		4	4	
Summe	26	26	13	13

Den Buchungen 1 bis 6 können folgende Vorgänge zugrunde liegen:

1. Kundenanzahlung, Aufnahme eines Darlehens, Eigenkapitalerhöhung usw.,
2. Rechnungsstellung für eine erbrachte Dienstleistung (Debitoren), Barverkauf usw.,
3. Abschreibung einer Maschine, Kursverlust auf Wertschriften, Ladendiebstahl usw.,
4. Kapitalisierung von Zinsen auf dem Darlehen, Bildung von Rückstellungen usw.,
5. Rückzahlung eines Darlehens, Tauschgeschäft mit einem Gläubiger usw.,
6. Auflösung nicht mehr benötigter Rückstellungen usw.

Wesentliche Erkenntnis aus dem Beispiel ist, dass sich Gewinn (Verlust) in Bilanz und Erfolgsrechnung *gleichzeitig* und im selben Umfang ergibt, und zwar aus der Differenz (Saldo) all jener Buchungen, welche ein Konto der Bilanz einseitig (d.h. ohne erkennbare Gegenwirkung in der Bilanz) verändern (im Beispiel fett dargestellt).

4.3   Betriebswirtschaftliche Gliederung der Erfolgsrechnung

Die Gliederungsvorschriften für die Erfolgsrechnung (Art. 663 OR) verlangen unter anderem die Trennung der betrieblichen von den betriebsfremden und ausserordentlichen Aufwendungen und Erträgen. Betriebswirtschaftlich lassen sich die Positionen der Erfolgsrechnung nach zwei Kriterien systematisieren.

- Der **Ursache** (dem Entstehungsgrund) nach kann zwischen betrieblichen und nichtbetrieblichen (betriebsfremden) Aufwendungen und Erträgen unterschieden werden.
- Unter dem Gesichtspunkt der **Häufigkeit** lassen sich ordentliche und ausserordentliche Aufwendungen und Erträge unterscheiden.

Daraus ergibt sich die in ▶ Abb. 6 dargestellte Matrix mit den darin aufgeführten Beispielen. Die vier Aufwands- und Ertragsarten lassen sich wie folgt charakterisieren:

- **Betriebliche** Aufwendungen und Erträge sind betriebstypisch. Sie stammen aus der angestammten Geschäftstätigkeit des Unternehmens.
- **Nichtbetriebliche (betriebsfremde)** Aufwendungen und Erträge sind nicht betriebstypisch. Ihre Abgrenzung gegenüber den betrieblichen Aufwendungen und Erträgen ist in der Praxis oft recht schwierig. Als grundsätzlicher Hinweis gilt, dass sich nichtbetriebliche Aufwendungen und Erträge häufig aus der Nutzung nichtbetrieblicher Vermögenswerte (betriebsfremde Darlehen, Wertschriften oder Liegenschaften) ergeben oder durch die Veräusserung von Anlagevermögen entstehen. Eine Sonderposition stellt der Steueraufwand dar. «Betriebswirtschaftlich und buchhalterisch sind Steuern und Abgaben der Unternehmung mit dem Vorgang zu verknüpfen, der diese ausgelöst hat.» (Boemle 1996, S. 193) Das bedeutet, dass zum Beispiel die Liegenschaftengewinnsteuer mit dem Verkaufserlös der Immobilien und die Mehrwertsteuer als Erlösminderung zu buchen sind. Auf jeden Fall ist darauf zu achten, dass eine Trennung zwischen den gewinnabhängigen Ertragssteuern und den übrigen Steuern und öffentlich-rechtlichen Abgaben vorgenommen wird. (Boemle 1996, S. 193)

Gliederung nach der Ursache		
	betrieblicher Aufwand und Ertrag	nichtbetrieblicher Aufwand und Ertrag
ordentlicher Aufwand und Ertrag	<ul><li>Personalaufwand</li><li>Materialaufwand</li><li>Abschreibungen</li><li>Erlös aus Lieferungen und Leistungen</li></ul>	<ul><li>direkte Steuern</li><li>Veräusserung von Anlagevermögen</li><li>Ertrag auf betriebsfremden Finanzanlagen/Liegenschaften</li></ul>
ausserordentlicher Aufwand und Ertrag	<ul><li>durch Versicherung nicht gedeckter Verlust aus einem Lagerbrand</li><li>Zahlungseingang einer bereits abgeschriebenen Forderung aus Lieferungen und Leistungen</li></ul>	<ul><li>Spekulationsverluste mit nichtbetrieblichen Wertschriften an der Börse</li><li>Auflösung nicht mehr benötigter Rückstellungen</li></ul>

(Gliederung nach der Häufigkeit)

▲ Abb. 6   Gliederung der Erfolgsrechnung nach Ursache und Häufigkeit

- **Ordentliche** Aufwendungen und Erträge sind bezüglich Höhe (Ausmass) und Art regelmässig und wiederkehrend. Mit ihrem Auftreten ist im «üblichen» Geschäftsverkehr zu rechnen.
- **Ausserordentliche** Aufwendungen und Erträge sind bezüglich ihrer Art oder des Ausmasses einmalig oder zumindest nicht regelmässig wiederkehrend. Typische Beispiele sind: Erträge aus der Auflösung nicht mehr benötigter Rückstellungen, das übliche Mass übersteigende Debitorenverluste oder ausserordentlich hohe Verluste aus dem Verkauf von Gegenständen des Anlagevermögens.

Die Vorschriften des Aktienrechts (Art. 663 OR) gehen implizit von der Darstellung der Erfolgsrechnung nach dem **Gesamtkostenverfahren**[1] aus, indem sie eine Aufteilung des Aufwandes nach Material- und Warenaufwand, Personalaufwand, Finanzaufwand und Abschreibungen ausdrücklich verlangt. Hingegen wird auf die separate Angabe der Zu- und Abnahme der Lagerbestände und der aktivierten Eigenleistungen bewusst verzichtet. Diese Positionen können unter den Titeln «übriger Betriebsaufwand» oder «übriger Betriebsertrag» ausgewiesen werden. (Botschaft 1983, S. 144) In einer betriebswirtschaftlich korrekten Darstellung der Erfolgsrechnung nach dem Gesamtkostenverfahren müssen diese Positionen jedoch offen ausgewiesen werden (vgl. auch FER Nr. 7).

Das Obligationenrecht enthält keine Vorschriften darüber, in welcher Form die Erfolgsrechnung dargestellt werden muss. Neben der **Kontenform** (▶ Abb. 7) existiert auch die sogenannte **Staffelform** (auch Berichtsform genannt). Letztere hat den Vorteil, dass sie durch die systematische Auflistung von Ertrags- und Aufwandskonten den Ausweis von Zwischenergebnissen ermöglicht und damit wesentlich aussagekräftiger und einfacher zu lesen ist. Das HWP (1998a, S. 81) empfiehlt diese Darstellungsform deshalb ausdrücklich. ▶ Abb. 8 zeigt ein Beispiel einer ausführlichen Erfolgsrechnung in Staffelform und nach dem Gesamtkostenverfahren in Übereinstimmung mit den gesetzlichen Mindestvorschriften (in Anlehnung an Sterchi 1996).

---

1 Der Begriff des **Gesamtkostenverfahrens** steht jenem des Umsatzkostenverfahrens gegenüber und bezieht sich auf die inhaltliche Gliederung der Erfolgsrechnung. Nach einhelliger Meinung wird in der Literatur eine sogenannte Bruttoerfolgsrechnung verlangt, wonach dem Umsatzertrag und den übrigen Erträgen die entsprechenden Aufwendungen gegenübergestellt werden müssen (Verbot der Verrechnung von Aufwendungen und Erträgen). Das Gesamtkostenverfahren gliedert die Erfolgsrechnung nach Aufwandsarten: Materialaufwand, Personalaufwand und Abschreibungen werden gesondert ausgewiesen wie auch die Erhöhung oder Verminderung des Bestandes anfertigen und unfertigen Arbeiten und anderen aktivierten Eigenleistungen. Die übrigen Aufwendungen können in Sammelpositionen zusammengefasst werden. Bei strenger Beachtung des Bruttoprinzips werden beim Gesamtkostenverfahren damit sämtliche Aufwands- und Ertragsgrössen unsaldiert in die Erfolgsrechnung aufgenommen. Beim **Umsatzkostenverfahren** wird der Aufwand in Herstellungs-, Vertriebs- und Verwaltungsaufwand gegliedert. Dabei ergibt sich eine teilweise Verrechnung von Erträgen mit den «dazugehörigen» Aufwendungen (so sind z.B. Lagerveränderungen an Halb- und Fertigfabrikaten nicht mehr ersichtlich).

Aufwand	Ertrag
■ **Betriebliche Aufwendungen**[1] *Material- und Warenaufwand*[1] □ Handelswaren □ Rohmaterial □ Hilfs- und Betriebsstoffe □ Bestandesabnahme an Halb- und Fertigfabrikaten □ Einkaufsspesen □ Fremdarbeiten *Personalaufwand*[1] □ Löhne, Gehälter □ Sozialleistungen □ Personalnebenkosten *Finanzaufwand*[1] □ Zinsen (inkl. Kommissionen u. Spesen) auf Bankschulden, Darlehen, Anleihen, Hypotheken *Abschreibungen*[1] □ auf Sachanlagen □ auf immateriellen Anlagen *übriger Betriebsaufwand* □ Wertberichtigungen auf Umlaufvermögen □ Erhöhung bzw. Bildung von Rückstellungen (falls Aufwandart noch nicht feststeht) □ Raumaufwand (Miete usw.) □ Leasingraten □ Reparatur und Unterhalt □ Vertriebsaufwand (Werbung usw.) □ Verwaltungsaufwand □ Beiträge/Spenden □ Fahrzeugaufwand □ Reise- und Repräsentationsaufwand □ Beratungsaufwand/Rechtskosten □ Lizenzkosten □ sonstige Betriebsaufwände	■ **Betriebliche Erträge**[1] *Fabrikate- und Warenertrag* □ Erlös aus Lieferungen und Leistungen[1] *Finanzertrag*[1] □ Kapitalzinsen □ Erträge aus Wertschriften des Umlaufvermögens □ Erträge aus Beteiligungen *sonstiger Betriebsertrag* □ Bestandeszunahme an Halb- und Fertigfabrikaten □ aktivierte Eigenleistungen □ Provisionen, Lizenzerträge □ Verkauf von Abfällen □ Verschiedenes
	■ **Betriebsfremde Erträge**[1] □ Gewinne aus Veräusserung von Anlagen[1] □ Erträge auf nichtbetrieblichen Wertschriften und Beteiligungen □ Liegenschaftserträge □ übrige betriebsfremde Erträge ■ **Ausserordentliche Erträge**[1] □ Auflösung nicht mehr benötigter Rückstellungen □ Auflösung stiller (Willkür-)Reserven u.ä. ■ **Jahresverlust**[1]
■ **Betriebsfremde Aufwendungen**[1] □ Verluste aus Abgang von Anlagevermögen □ nichtbetrieblicher Kapitalaufwand □ Liegenschaftsaufwand □ direkte Steuern □ übrige betriebsfremde Aufwendungen ■ **Ausserordentliche Aufwendungen**[1] □ ausserordentliche Debitorenverluste □ ungedeckte Feuer- u. Elementarschäden u.ä. ■ **Jahresgewinn**[1]	
1 Gemäss den Mindestgliederungsvorschriften von Art. 663 OR getrennt auszuweisen.	

▲ Abb. 7   Gliederung der Erfolgsrechnung

> Produktionsertrag
> + Handelsertrag
> + Dienstleistungsertrag
> + Übriger Betriebsertrag
> + Eigenleistungen und Eigenverbrauch
> ± Bestandesänderungen angefangene und fertige Arbeiten
> − Ertragsminderungen
>
> = **Betriebsertrag aus Lieferungen und Leistungen**
> − Aufwand für Material, Waren und Drittleistungen
> − Personalaufwand (inkl. Arbeitsleistungen Dritter)
>
> = **Bruttoergebnis**
> − Sonstiger Betriebsaufwand (z. B. Raumaufwand, Unterhalt und Reparaturen, Energie- und Entsorgungsaufwand, Verwaltungsaufwand)
> ± Betrieblicher Finanzerfolg
> − Abschreibungen (ordentliche, betriebliche)
> ± Betriebliche Nebenerfolge (z. B. Erfolg aus Nebenbetrieben, Finanzanlagen und betrieblichen Liegenschaften, Veräusserungen)
>
> = **Betriebsergebnis**
> ± Ausserordentlicher und betriebsfremder Erfolg (z. B. Erfolg aus betriebsfremden Finanzanlagen oder betriebsfremden Liegenschaften)
>
> = **Unternehmensergebnis vor Steuern**
> − Direkte Steuern des Unternehmens
>
> = **Unternehmensergebnis (Gewinn/Verlust)**

▲ Abb. 8   Erfolgsrechnung in Staffelform

Wie ◄ Abb. 8 zeigt, erfolgt der Ausweis von Zwischenresultaten bei der Staffelform sinnvollerweise über mehrere Stufen: Betriebsertrag, Bruttoergebnisse, Betriebsergebnisse und Unternehmensergebnisse.

4.4   Buchungsregeln für Erfolgskonten

Gleich wie für Aktiven und Passiven werden für Aufwand und Ertrag eigene Konten geführt. Weil bei jeder erfolgswirksamen Buchung ein Bilanzkonto verändert wird, erfolgt die eine Buchung immer in einem Bilanzkonto. Daraus lässt sich ableiten, dass Aufwendungen als einseitige Aktivabgänge oder Passivzugänge in den Aufwandskonten immer im Soll gebucht werden und dass Erträge als einseitige Aktivzugänge oder Passivabgänge in den Ertragskonten immer im Haben gebucht werden. ▶ Abb. 9 zeigt die Buchungsregeln für die Erfolgskonten und die Erfolgsrechnung.

Die Erfolgsrechnung ist eine Periodenrechnung, d.h. sie erfasst Erträge und Aufwendungen für einen Abrechnungszeitraum (z.B. ein Jahr). Nach Abschluss der Rechnung für einen bestimmten Zeitraum muss daher mit einer neuen Rechnung begonnen werden. Im Gegensatz zur Bilanz, die eine Bestandesrechnung darstellt und damit fortgeführt wird, haben die Konten der Erfolgsrechnung keine Anfangsbestände.

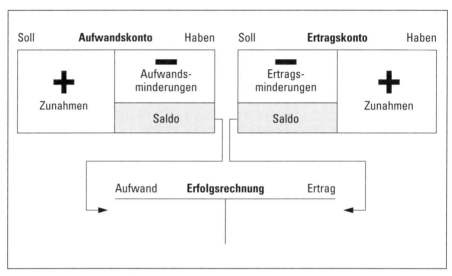

▲ Abb. 9   Buchungsregeln für Erfolgskonten

Kapitel 5

Buchführung und Jahresabschluss in der doppelten Buchhaltung

5.1 Zusammenhänge zwischen Bilanz und Erfolgsrechnung

Bilanz und Erfolgsrechnung sind untrennbar miteinander verbunden. Als Hilfsrechnung zur Bilanz zeigt die Erfolgsrechnung die Ursachen für die Veränderung des Eigenkapitals zwischen zwei Bilanzstichtagen, welche sich aus der Geschäftstätigkeit (Herstellung und Vertrieb von Gütern und Dienstleistungen und den damit verbundenen finanziellen Transaktionen) des Unternehmens ergeben haben. Der Saldo dieser Ursachen (Erträge und Aufwendungen) wird als Gewinn (Verlust) bezeichnet. Die Veränderungen des Eigenkapitals, welche durch Einzahlungen von aussen geleistet wurden (Beteiligungsfinanzierung; Kapitalerhöhungen durch Eigentümer) und entsprechende Rückzahlungen (Privatbezüge des Inhabers oder Kapitalrückzüge von Gesellschaftern usw.) werden von der Erfolgsrechnung nicht erfasst. Gewinn oder Verlust ergeben sich aufgrund der engen Verknüpfung von Bilanz und Erfolgsrechnung und den Buchungsregeln der doppelten Buchhaltung.

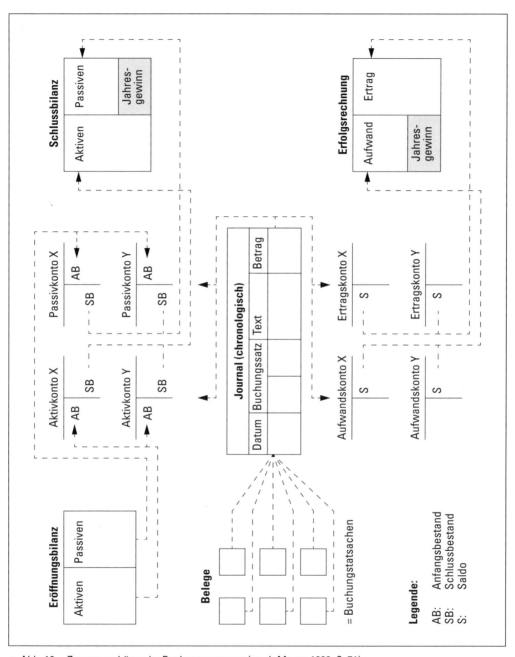

▲ Abb. 10   Zusammenhänge im Rechnungswesen (nach Meyer 1996, S. 71)

Die «Mechanik» der Verbuchung von Geschäftsvorfällen zeigt ◄ Abb. 10. Ausgehend von einer **Eröffnungsbilanz** (Bestand an Aktiven und Passiven am Anfang einer Wirtschaftsperiode) werden die einzelnen Bestandeskonten eröffnet, d.h. der gültige Anfangsbestand wird eingetragen.

Die täglich anfallenden buchungswürdigen Geschäftsvorfälle oder Buchungssachverhalte **(Buchungstatsachen)** zeigen sich zunächst in Form von **Belegen** (Rechnungen, Kassabelege, Bankauszüge usw.). Diese werden in einem sogenannten **Journal** chronologisch aufgezeichnet, mit einem **Kommentar** (Erläuterungstext) und der Buchungsvorschrift **(Buchungssatz)** versehen. Dabei gelangen die vorher erwähnten Buchungsregeln zur Anwendung.

Journal			
Datum	**Buchungssatz** (Soll/Haben)	**Text**	**Betrag**

In einem nächsten Schritt wird die Buchungsvorschrift ausgeführt, d.h. die einzelnen Konten werden mit den entsprechenden Beträgen im Soll oder Haben belastet. Beim Rechnungsabschluss werden die Bilanz- und Erfolgskonten saldiert. Ihr Zusammenzug auf einen bestimmten Stichtag hin ergibt die **Schlussbilanz** und die **Erfolgsrechnung.**

Aus der Mechanik dieses Vorgehens ergibt sich zwangsweise eine **doppelte Erfolgsermittlung** in Bilanz und Erfolgsrechnung. Die Bestände der Schlussbilanz werden nach der Erfolgsverteilung auf die neue Rechnung vorgetragen, womit die Schlussbilanz zur Eröffnungsbilanz der Folgeperiode wird.

5.2   Kontenplan und Kontenrahmen

Damit die anfallenden Geschäfte möglichst effizient, zuverlässig und übersichtlich dargestellt werden können, werden Klassen und Gruppen von Konten gebildet.

> Ein sinnvoll, übersichtlich und betriebsindividuell aufgebautes System von Konten nennt man **Kontenplan.**

Er erleichtert das effiziente Erfassen und Verarbeiten der Geschäftsvorfälle wesentlich. Da sich die Kontenpläne gleichartiger Unternehmen sehr ähnlich sind, wurden für verschiedene Branchen Standard-Kontenpläne erstellt. Solche Standard-Kontenpläne werden Kontenrahmen genannt.

Kontenklasse 1 — Aktiven

- **10 Umlaufvermögen** flüssige Mittel, Wertschriften, Forderungen, Vorräte und angefangene Arbeiten, aktive Rechnungsabgrenzung
- **14 Anlagevermögen** Finanzanlagen, mobile Sachanlagen, immobile Sachanlagen, immaterielle Anlagen
- **18 Aktivierter Aufwand und aktive Berichtigungsposten**
- **19 Betriebsfremdes Vermögen**

Kontenklasse 2 — Passiven

- **20 Fremdkapital kurzfristig** Verbindlichkeiten aus Lieferungen und Leistungen, kurzfristige Finanzverbindlichkeiten, andere kurzfristige Verbindlichkeiten, passive Rechnungsabgrenzung, kurzfristige Rückstellungen
- **24 Fremdkapital langfristig** langfristige Finanzverbindlichkeiten, andere langfristige Verbindlichkeiten, langfristige Rückstellungen
- **27 Fremdkapital betriebsfremd**
- **28 Eigenkapital** Kapital/Privat, Reserven, Bilanzgewinn

Kontenklasse 3 — Betriebsertrag aus Lieferungen und Leistungen

- **30 Produktionsertrag** Produktionsertrag Bereich A, B, Produktionsertrag aus Leistungen an Konzerngesellschaften, Bestandesänderungen angefangene/fertige Arbeiten, Ertragsminderungen
- **32 Handelsertrag** Handelsertrag Bereich A, B, Handelsertrag aus Leistungen an Konzerngesellschaften, Ertragsminderungen
- **34 Dienstleistungsertrag** Dienstleistungsertrag Bereich A, B, Dienstleistungsertrag aus Leistungen an Konzerngesellschaften, Bestandesänderungen angefangene/fertige Dienstleistungen, Ertragsminderungen
- **36 Übriger Ertrag**
- **37 Eigenleistungen und Eigenverbrauch**
- **38 Bestandesänderungen angefangene und fertige Arbeiten aus Produktion und Dienstleistung**
- **39 Ertragsminderungen aus Produktions-, Handels- und Dienstleistungserträgen**

Kontenklasse 4 — Aufwand für Material, Waren und Drittleistungen

- **40 Materialaufwand** Materialaufwand Bereich A, B, Fremdarbeiten, direkte Einkaufsspesen, Bestandesänderungen, Materialverluste, Einkaufspreisminderungen
- **42 Handelswarenaufwand** Warenaufwand Bereich A, B, direkte Einkaufsspesen, Bestandesänderungen, Warenverluste, Einkaufspreisminderungen
- **44 Aufwand für Drittleistungen** Aufwand für Drittleistungen Bereich A, B, direkte Spesen, Aufwandminderungen
- **45 Energieaufwand zur Leistungserstellung** Elektrizität, Gas, Brennstoffe, Betriebsstoffe, Wasser
- **46 Übriger Aufwand** übriger Materialaufwand, Verpackung
- **47 Direkte Einkaufsspesen**
- **48 Bestandesveränderungen, Material- und Warenverluste**
- **49 Aufwandminderungen**

Kontenklasse 5 — Personalaufwand

- **50 Personalaufwand Produktion** Lohnaufwand Produktion Bereich A, B, Sozialversicherungen Produktion, übriger Personalaufwand Produktion, Arbeitsleistung Dritter Produktion
- **52 Personalaufwand Handel** wie 50
- **54 Personalaufwand Dienstleistungen** wie 50
- **56 Personalaufwand Verwaltung** wie 50
- **57 Sozialversicherungsaufwand** AHV, IV, EO, ALV, FAK, berufliche Vorsorge, Unfallversicherung, Krankentaggeldversicherung, Quellensteuer
- **58 Übriger Personalaufwand** Personalbeschaffung, Aus- und Weiterbildung, Spesenentschädigung effektiv bzw. pauschal, Personalkantine, sonstiger Personalaufwand, Privatanteile Personalaufwand
- **59 Arbeitsleistungen Dritter**

Kontenklasse 6 — Sonstiger Betriebsaufwand

- **60 Raumaufwand** Mieten, Nebenkosten, Reinigung, Unterhalt, Leasing, Privatanteile
- **61 Unterhalt, Reparaturen, Ersatz (URE), Leasing mobile Sachanlagen**
- **62 Fahrzeug- und Transportaufwand**
- **63 Sachversicherungen, Abgaben, Gebühren, Bewilligungen**
- **64 Energie- und Entsorgungsaufwand**
- **65 Verwaltungs- und Informatikaufwand**
- **66 Werbeaufwand** Inserate, Reklameartikel, Muster, Dekoration, Fachmessen, Reisespesen, Kundenbetreuung, PR, Beratung, Marktanalysen
- **67 Übriger Betriebsaufwand** Wirtschaftsauskünfte, Betreibungen, Bewachung, F&E
- **68 Finanzerfolg** Finanzaufwand, Finanzertrag
- **69 Abschreibungen**

Kontenklasse 7 — Betriebliche Nebenerfolge

- **70 Erfolg aus Nebenbetrieben**
- **74 Erfolg aus Finanzanlagen**
- **75 Erfolg betriebliche Liegenschaften**
- **79 Gewinne aus Veräusserungen von betrieblichem Anlagevermögen** Gewinne aus: Finanzanlagen, aus mobilen und immobilen Sachanlagen, aus immateriellen Anlagen

Kontenklasse 8 — Ausserordentlicher und betriebsfremder Erfolg, Steuern

- **80 Ausserordentlicher Erfolg** ausserordentlicher Ertrag, ausserordentlicher Aufwand
- **82 Betriebsfremder Erfolg** Erfolg betriebsfremder Unternehmensteile, Erfolg betriebsfremder Finanzanlagen, Erfolg betriebsfremder Liegenschaften, sonstiger betriebsfremder Erfolg, Minderheitsanteile am Ergebnis
- **89 Steuern** direkte Steuern des Unternehmens

Kontenklasse 9 — Abschluss

- **90 Erfolgsrechnung**
- **91 Bilanz**
- **92 Gewinnverwendung**
- **99 Sammel- und Fehlbuchungen**

▲ Abb. 11   Übersicht zum Schweizer Kontenrahmen KMU (Index 1996, S. 21 ff.)

> Ein **Kontenrahmen** ist «eine generelle Ordnung der Konten, die in den Buchhaltungen kaufmännischer Unternehmungen vorkommen können» (Weilenmann 1988, S. 74) und dient vielen Unternehmen oder sogar ganzen Branchen als Vorbild oder Grobraster für die Individualisierung ihres Kontenplanes.

In der Schweiz hat sich der «Kontenrahmen für Gewerbe-, Industrie- und Handelsbetriebe» von Karl Käfer (1987) durchgesetzt. Aufgrund der Entwicklungen in der Praxis wurde er von Sterchi (1996) vollständig überarbeitet. ◄ Abb. 11 zeigt den neuen «Schweizer Kontenrahmen KMU».

5.3   Abgrenzungsproblematik im Jahresabschluss

Der Zeitpunkt des Jahresabschlusses kann willkürlich festgelegt werden (z.B. jährlich per 31. Dezember). Die betriebliche Realität richtet sich jedoch nicht nach diesen Abschlussterminen: So gibt es immer wieder Fälle, bei denen kontinuierliche, meist gleichbleibende Leistungen, periodischen oder auch einmaligen Gegenleistungen gegenüberstehen. Als typisches Beispiel kann ein Mietverhältnis herangezogen werden: Der Vermieter überlässt einem Unternehmen Büroräumlichkeiten aufgrund eines längerfristigen Mietvertrages (5 Jahre fest). Die Mietzinszahlungen erfolgen dann jeweils im voraus für ein halbes Jahr. Dies führt zu zeitlichen Abgrenzungsproblemen beim Rechnungsabschluss. Solche aus Vorausleistungen resultierenden Forderungen (bzw. aus Vorausbezügen resultierenden Schulden) werden in speziellen Konten verbucht (transitorische Aktiven oder transitorische Passiven).

5.3.1   Transitorische Aktiven

Es kommt vor, dass zum Zeitpunkt des Rechnungsabschlusses

- eine Leistung zwar bereits erbracht, die daraus entstandene Geldforderung jedoch noch nicht als Ertrag verbucht worden ist (sogenannte **antizipative Aktiven;** zum Beispiel Kundenauftrag erledigt, jedoch noch keine Rechnung gestellt) oder dass
- Auszahlungen für zukünftige Leistungen des Zahlungsempfängers bereits getätigt wurden, diese Leistungen jedoch noch nicht (vollumfänglich) erbracht worden sind **(transitorische Aktiven im engeren Sinn;** zum Beispiel Vorauszahlung von Versicherungsprämien, Lohnvorauszahlungen).

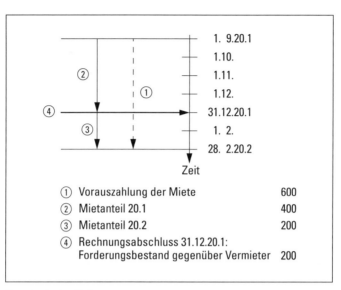

▲ Abb. 12   Transitorische Aktiven

Wird zum Beispiel die Miete für die Geschäftsräumlichkeiten per 1. September 20.1 auf sechs Monate zum voraus bezahlt, ergibt sich folgende Buchung:

Datum	Buchungssatz		Text	Betrag
1.9.20.1	Mietaufwand	Bank	Miete 6 Monate	600

Liesse man diese Buchung so stehen, würden in der Erfolgsrechnung dem abgelaufenen Geschäftsjahr Mietzinsen im Betrag von 600 belastet. Auf das Geschäftsjahr 20.1 fallen jedoch bloss 400 Mietaufwand (Monate September bis Dezember). Damit weist diese Erfolgsrechnung einen zu hohen Mietaufwand im Umfang von 200 auf. Andererseits besteht am 31.12. aufgrund der Zahlung vom 1.9.20.1 ein Rechtsanspruch auf die Benutzung der Liegenschaft für die Monate Januar und Februar 20.2 im Sinn einer zukünftigen Nutzenerwartung im Wert von 200 ohne weitere Gegenleistung des Unternehmens (also ein Aktivum!). Diese Nutzenerwartung ist jedoch im Zeitpunkt des Jahresabschlusses noch nicht bilanziert. Um nun einerseits die überhöhten Mietaufwendungen des Jahres 20.1 nach unten zu korrigieren und um andererseits den künftigen Nutzenzugang in der Bilanz zu erfassen, wird ein Konto «transitorische Aktiven» geschaffen (◄ Abb. 12). Es ergeben sich für obigen Fall folgende Korrekturbuchungen:

Datum	Buchungssatz		Erläuterung	Betrag
1.9.20.1	Mietaufwand	Bank	Miete für 6 Monate	600
31.12.20.1	trans. Aktiven	Mietaufwand	Abgrenzung	200
31.12.20.1	Bilanz	trans. Aktiven	Bilanzabschluss	200
1.1.20.2	trans. Aktiven	Bilanz	Bilanzeröffnung	200
1.1.20.2	Mietaufwand	trans. Aktiven	Rückbuchung	200

Das Konto transitorische Aktiven ist ein temporäres Sammelkonto (Interims-konto), das der Erfassung solcher Abgrenzungsprobleme dient. Die Rückbuchung per 1.1.20.2 dient dazu, den Mietaufwand von 200 verursachergerecht der Erfolgsrechnung des Geschäftsjahres 20.2 zu belasten.

5.3.2   Transitorische Passiven

Transitorische Passiven entstehen dadurch, dass zum Zeitpunkt des Rechnungs-abschlusses

- Leistungen bereits bezogen worden sind, jedoch noch keine Forderung seitens des Leistungserbringers eingegangen ist (sogenannte **antizipative Passiven**; zum Beispiel Bezug von Neujahrskarten im Dezember, Rechnung des Lieferanten noch ausstehend), oder dass
- Einzahlungen bereits vereinnahmt sind, die dazugehörigen Leistungen jedoch noch nicht (vollumfänglich) erbracht worden sind (**transitorische Passiven im engeren Sinn**; z.B. erhaltene Vorauszahlungen für Mieten, Versicherungsprä-mien).

Das oben verbuchte Beispiel kann nun aus der Sicht der Vermieterin betrachtet werden. Die Einzahlungen aus dem Mietverhältnis werden wie folgt gebucht:

Datum	Buchungssatz		Text	Betrag
1.9.20.1	Bank	Mietertrag	Miete 6 Monate	600

Da die Erfolgsrechnung am Ende des Geschäftsjahres 20.1 aufgrund der Voraus-zahlung zu hohe Mieterträge aufweist, sind auch hier Korrekturbuchungen nötig. Es besteht zum Zeitpunkt des Rechnungsabschlusses eine Leistungspflicht der Vermieterin, ohne weitere Gegenleistung (also ein Passivum!) des Mieters, im Umfang der bereits erhaltenen Monatsmieten für das Jahr 20.2.

Datum	Buchungssatz		Erläuterung	Betrag
1.9.20.1	Bank	Mietertrag	Miete für 6 Monate	600
31.12.20.1	Mietertrag	trans. Passiven	Abgrenzung	200
31.12.20.1	trans. Passiven	Bilanz	Bilanzabschluss	200
1.1.20.2	Bilanz	trans. Passiven	Bilanzeröffnung	200
1.1.20.2	trans. Passiven	Mietertrag	Rückbuchung	200

5.4 Bewertungsproblematik im Rechnungsabschluss

5.4.1 Ausgangslage

Neben der zeitlichen Abgrenzung von Erträgen und Aufwendungen müssen für den Jahresabschluss auch sachliche Abgrenzungen vorgenommen werden. So verlangt das schweizerische Obligationenrecht (Art. 958 OR) bei der Gründung eines Unternehmens ein Inventar und eine Bilanz sowie auf Schluss eines jeden Geschäftsjahres ein Inventar, eine Erfolgsrechnung und eine Bilanz. Inventar, Erfolgsrechnung und Bilanz sind in Schweizer Franken aufzustellen (Art. 960 OR). Ziel ist es, den Beteiligten einen möglichst sicheren Einblick in die wirtschaftliche Lage des Unternehmens zu geben (Art. 959 OR).

> Das **Inventar** ist ein genaues, in Einzelheiten gehendes Verzeichnis (Nachweis) aller Vermögenswerte und Schulden nach Mengen und Werten. Es sind alle Barbestände, Forderungen, Schulden aller Art, Vorräte und Anlagevermögen im Detail zu erfassen, zu belegen und zu bewerten.

Besondere Aufmerksamkeit ist der **Bewertungsproblematik** zu schenken: Sie ergibt sich bei beinahe jeder Inventarposition. Während bei der Bewertung von Bar- und Buchgeldern in Schweizer Franken in der Regel keine Probleme auftreten, stellt sich bei Fremdwährungen bereits die Frage, welcher Wechselkurs angewendet werden muss. Auch bei der Schätzung der Eingangswahrscheinlichkeit der Debitoren, des Lagerwertes von Handelswaren sowie von Halb- und Fertigfabrikaten oder bei der Bewertung von Maschinen, Anlagen und immateriellen Gütern muss jeweils der **zukünftig erwartete Nutzenzugang** beurteilt werden. Dies stellt um so grössere Probleme, je mehr die zu bewertenden Vermögensgüter nur einen mittelbaren Nutzen für den Unternehmenszweck haben (z.B. Einrichtungen, Maschinen, Lizenzen, Patente). Aber auch die Bewertung der Höhe der Passiven ist nicht unproblematisch, obwohl, zumindest teilweise, das Fremdkapital in Form von Nominalforderungen einigermassen eindeutig bestimmbar ist (Umfang der transitorischen Passiven, Höhe der Rückstellungen usw.).

Aus diesen Überlegungen lässt sich ableiten, dass die Bestimmung des in das Unternehmen investierten Eigenkapitals – als Differenz von Aktiven und Fremdkapital – letztlich von der Bewertung dieser Bilanzpositionen abhängt. Wie die Darstellung der Zusammenhänge zwischen Bilanz und Erfolgsrechnung gezeigt hat, ist die Bewertung der Aktiven und Passiven im Rahmen des Inventars eng verknüpft mit der Ermittlung der korrekten Aufwendungen und Erträge im Rahmen der Erfolgsrechnung. Die Erfolgsrechnung ermittelt ja die Ursachen für die Veränderung des Eigenkapitals, welche aus der Geschäftstätigkeit stammt. Diese Ursachen liegen in der einseitigen Veränderung von Bilanzpositionen, ohne erkennbare Gegenwirkung in der Bilanz. Aufwendungen und Erträge müssen deshalb korrekt ermittelt werden.

Besondere Probleme stellen sich bei all denjenigen Aufwandspositionen, welche die kontinuierliche (Ab-)Nutzung von Infrastruktur oder den Verbrauch von Inputgütern erfassen. Das Hauptproblem liegt in der korrekten Ermittlung des leistungsbedingten Wertverzehrs (Abschreibungen, Wertberichtigungen). Das Prinzip der **Bilanzvorsicht** verlangt zudem, drohende Verluste bereits beim Erkennen des Verlustrisikos als Aufwand zu erfassen. Die Schätzung des Ausmasses dieser in der Zukunft liegenden Aufwendungen (z.B. Rückstellungen) bzw. Mindererträge (z.B. Delkredere) lässt einen grossen Ermessensspielraum offen.

Das schweizerische Handelsrecht stellt im Rahmen der **allgemeinen Bewertungsvorschrift** den Grundsatz auf, dass alle Aktiven höchstens nach dem Werte anzusetzen seien, «der ihnen im Zeitpunkt, auf welchen die Bilanz errichtet wird, für das Geschäft zukommt» (Art. 960 OR). Dieser Grundsatz gilt für das Einzelunternehmen und die Personengesellschaften. Für Aktiengesellschaften, GmbH und Kommandit AG gelten dagegen die verschärften Vorschriften des Aktienrechts. Die **Bewertungsvorschriften des Aktienrechts** (Art. 665ff. OR) setzen die Obergrenzen für die Bewertung der Aktiven bei den historischen Anschaffungs- bzw. Herstellungskosten fest. Es bestehen nur zwei Ausnahmen:

- **Wertschriften mit Kurswert** dürfen höchstens zum Durchschnittskurs des letzten Monats vor dem Bilanzstichtag bewertet werden (Art. 667 Abs. 1 OR).
- **Grundstücke[1] und Beteiligungen** dürfen im Fall eines «Kapitalverlustes» bis zu ihrem «wirklichen Wert» (Verkehrswert) aufgewertet werden, auch wenn dieser über den historischen Anschaffungs- oder Herstellungskosten liegen sollte (Art. 670 OR in Verbindung mit Art. 725 OR).

Bei der Bewertung der Aktiven und Passiven anlässlich des Jahresabschlusses müssen aufgrund des Prinzips der Bilanzvorsicht eingetretene Wertverminderun-

---

1 Grundstücke im Sinn des Gesetzes sind: Liegenschaften, in das Grundbuch aufgenommene selbständige und dauernde Rechte, Bergwerke und Miteigentumsanteile an Grundstücken (Art. 655 ZGB) und umfassen unter Vorbehalt der gesetzlichen Schranken nicht nur Grund und Boden, sondern auch alle Bauten, Pflanzen und Quellen (Art. 667 ZGB).

gen der Aktiven sowie ungewisse zukünftige Verpflichtungen oder drohende
Verluste aus schwebenden Geschäften (Passiven) berücksichtigt werden. Nach
schweizerischem Recht ist es dabei zulässig, dass Aktiven bewusst unter ihrem
tatsächlichen Wert in die Bilanz eingesetzt werden dürfen und davon abgesehen
werden kann, überflüssig gewordene Rückstellungen aufzulösen (Art. 669 Abs. 2
und 3 OR).

Diese Höchstbewertungsvorschriften dienen dem **Gläubigerschutz,** indem sie
eine vorsichtige Ermittlung des Periodengewinnes und damit der Vermögens-,
Finanz- und Ertragslage erzwingen. Alle gesetzlichen Bewertungsvorschriften
stellen Höchstwerte dar, die nicht über-, wohl aber unterschritten werden dürfen.
Aufgrund des grossen Ermessensspielraums für die Bildung und Auflösung stiller
Reserven (vgl. Art. 669 OR) sind die handelsrechtlichen Bewertungsvorschriften
nicht geeignet, eine «true and fair view», also ein den **tatsächlichen Verhältnissen**
entsprechendes Bild der Vermögens-, Finanz- und Ertragslage, zu vermitteln. Das
schweizerische Buchführungsrecht steht damit im Gegensatz zu den Grundsätzen
der Rechtsauslegung der Vierten und Siebten EU-Richtlinien (EURL Nr. 4 und
EURL Nr. 7) oder den International Accounting Standards (IAS). Sowohl die EU-
Richtlinien (Art. 2 Abs. 3 EURL Nr. 4 und Art. 16 Abs. 3 EURL Nr. 7) als auch
die IAS (IAS 1998, S. 60ff.) verlangen eine Rechnungslegung, die ein den
tatsächlichen Verhältnissen entsprechendes Bild der Vermögens-, Finanz- und
Ertragslage des Unternehmens vermittelt: «Vorsicht rechtfertigt jedoch nicht die
Legung stiller Reserven.» (IAS 1998, IAS I, § 7, Ziff. (a))

In der Schweiz übernehmen in diesem Zusammenhang das Kotierungsreglement der Schweizer Börse sowie die FER eine wichtige Funktion. Das Kotierungsreglement regelt die Voraussetzungen für die Zulassung von Effekten zum
Handel (Kotierung) an der Schweizer Börse sowie die Publizitätspflichten für die
Aufrechterhaltung der Kotierung. Die darin verankerten Rechnungslegungsvorschriften sind für all jene Unternehmen verbindlich, welche an der Schweizer
Börse kotiert sind. Das Kotierungsreglement verlangt eine Rechnungslegung nach
dem Grundsatz der «true and fair view»: «Die Rechnungslegung des Emittenten
muss ein den tatsächlichen Verhältnissen entsprechendes Bild der Vermögens-,
Finanz- und Ertragslage vermitteln.» (Art. 66 KR) Die Revisionsstelle hat in
ihrem Bericht zuhanden der Generalversammlung zu bestätigen, dass die Rechnungslegung der kotierten Gesellschaft ein den tatsächlichen Verhältnissen entsprechendes Bild der Vermögens-, Finanz- und Ertragslage vermittelt, indem die
Rechnungslegungsvorschriften des Kotierungsreglementes eingehalten werden
(Art. 71 KR).

Im folgenden werden zunächst Funktion und Verbuchung von sogenannten
Wertberichtigungen und Rückstellungen dargestellt. Anschliessend wird auf das
mit der Bewertungsproblematik eng verbundene Problem der Bildung und Auflösung stiller Reserven eingegangen.

| 5.4.2 | **Wertberichtigungen** |

> Mit **Wertberichtigung** bezeichnet man grundsätzlich die Verminderung des Wertansatzes einer Aktivposition.

Wertberichtigungen auf Anlagen werden «Abschreibungen» genannt, Wertberichtigungen auf Debitoren «Delkredere».

| 5.4.2.1 | Abschreibungen |

> **Abschreibungen** widerspiegeln den Nutzenverzehr (Wertminderung) von Werten des Anlagevermögens.

Es kann sich dabei sowohl um eine regelmässige (planmässige, ordentliche) als auch um eine fallweise (ausserplanmässige, ausserordentliche) Entwertung handeln. **Haupteinflussfaktoren** auf Abschreibungen sind:

- «Technische» Abnützung (Verschleiss, Verderb),
- Entwertung durch technische Entwicklung,
- Bedarfsverschiebungen auf dem Absatzmarkt,
- Fristablauf, Heimfall von Patenten, Lizenzen, Baurechten usw.,
- Gewinnausweisabsichten (Verteilungspolitik) des Unternehmens.

Je nach Bilanztyp und Zielsetzung spricht man von handelsrechtlichen, steuerrechtlichen oder kalkulatorischen Abschreibungen. Betriebswirtschaftliche **Aufgaben** der Abschreibungen sind:

- Feststellung des Werts von Vermögensteilen zu einem bestimmten Zeitpunkt **(statischer Aspekt)**.

- Ermittlung der Herstellungs- und Selbstkosten der erzeugten Produkte und damit des effektiven Erfolgs einer bestimmten Periode **(dynamischer Aspekt)**. Der Kauf einer Produktionsanlage ist zunächst eine erfolgsneutrale Ausgabe. Durch die Produktion entsteht ein Verschleiss oder Wertverzehr an der Maschine. Die Verbuchung der in einer Geschäftsperiode eingetretenen Wertverminderung als Aufwand (Abschreibungen) führt zu einer verursachergerechten Belastung der in dieser Periode mit dieser Maschine produzierten Einheiten.

| Maschine/Bank | Kauf einer Maschine (Ausgabe ohne Aufwand) |
| Abschreibungen/Maschine | Abschreibung (Aufwand ohne Ausgabe) |

- Sicherstellung der Wiederbeschaffungsmöglichkeiten einer Anlage im Umfang der kumulierten Abschreibungsgegenwerte **(Finanzierungs- oder Substanzerhaltungs-Aspekt).**[1]

Der Bemessung der Abschreibungsbeträge kommt also eine grosse Bedeutung zu: Ihre Verbuchung als Aufwand verkleinert den Periodengewinn, und ihr Rückfluss über die Umsatzerlöse ermöglicht gleichzeitig die Substanzerhaltung des Unternehmens. Die Verbuchung von Abschreibungen kann auf zwei Arten erfolgen:

- **Direkte Abschreibungen** führen dazu, dass das abzuschreibende Aktivum direkt um den Abschreibungsbetrag verkleinert wird.

Maschinen/Bank	(Kauf einer Maschine)
Abschreibungen/Maschinen	(direkte Abschreibung)

- **Indirekte Abschreibungen** erfolgen über das Hilfskonto «Wertberichtigungen». Von seiner Bestimmung her ist dieses Konto ein «Minus-Aktivkonto» und unmittelbar mit dem zugehörigen Hauptkonto verknüpft. Die Absicht ist, dass das Hauptkonto jederzeit den ursprünglich investierten Gesamtbetrag des Aktivums zeigt und das entsprechende Wertberichtigungskonto die Summe der kumulierten Abschreibungen darstellt. Um den Informationsgehalt zu verbessern, wird das Wertberichtigungskonto in der Bilanz unmittelbar nach dem Hauptkonto aufgeführt und von diesem in Abzug gebracht. Damit sind Anschaffungskosten, kumulierte Abschreibungen und Buchwert der aufgeführten Anlagen in der Bilanz ersichtlich.

Das Aufführen solcher Wertberichtigungspositionen auf der Passivseite – wie es in der Praxis immer wieder beobachtet werden kann – ist abzulehnen, da die Wertberichtigungen nicht künftig erwartete Nutzenabgänge an Dritte ohne Gegenleistung sind, sondern künftig erwartete Minderzugänge der betreffenden Aktiven. Zudem wird dadurch die Darstellung unübersichtlich und die Bilanz wird unnötig aufgebläht (Erhöhung der Bilanzsumme). Die Buchungen lauten:

Anlagen/Bank	(Kauf einer Anlage)
Abschreibungen/Wertberichtigung Anlagen	(indirekte Abschreibung)

Beim Ausscheiden einer Anlage aus dem Bestand des Unternehmens (Verkauf, Liquidation oder Schaden) müssen in der Bilanz sowohl Anschaffungswert als auch die dazugehörigen Wertberichtigungen korrigiert werden. Dieser Sachverhalt wird mit den nachstehenden Fällen in Form von Buchungssätzen erläutert.

---

1 Der Finanzierungsaspekt von Abschreibungen wird in Teil 2, Kapitel 3, Abschnitt 3.1 «Finanzierung aus Abschreibungsgegenwerten» ausführlich dargestellt.

Fall 1: Verkaufserlös = Buchwert der Anlage

Anlagen/Bank	(Kauf einer Anlage)
Abschreibungen/Wertberichtigung Anlagen	(indirekte Abschreibung)
Wertberichtigung Anlagen/Anlagen	(Auflösung der Wertberichtigung)
Bank/Anlagen	(erfolgsneutraler Erlös aus Anlagenverkauf zum Buchwert)

Fall 2: Verkaufserlös > Buchwert der Anlage

Anlagen/Bank	(Kauf einer Anlage)
Abschreibungen/Wertberichtigung Anlagen	(indirekte Abschreibung)
Wertberichtigung Anlagen/Anlagen	(Auflösung der Wertberichtigung)
Bank/Anlagen	(erfolgsneutraler Anteil des Anlagenverkaufs)
Bank/Gewinn aus Veräusserung von Anlagevermögen	(Mehrerlös über den Buchwert der Anlage, vgl. Art. 663 Abs. 2 OR)

Fall 3: Verkaufserlös < Buchwert der Anlage

Anlagen/Bank	(Kauf einer Anlage)
Abschreibungen/Wertberichtigung Anlagen	(indirekte Abschreibung)
Wertberichtigung Anlagen/Anlagen	(Auflösung der Wertberichtigung)
Bank/Anlagen	(erfolgsneutraler Anteil des Anlagenverkaufs)
a.o. Aufwand/Anlagen	(Elimination der Anlage aus dem Bestand)

Zur Berechnung der jährlichen Abschreibungen stehen grundsätzlich die folgenden Verfahren zur Verfügung:

- Abschreibung nach der **Zeit**: Die Abschreibungen werden aufgrund der voraussichtlichen Nutzungsdauer der Betriebsmittel berechnet. Der Abschreibungsbetrag ist im Prinzip unabhängig von der erstellten Leistung der Betriebsmittel. Allerdings kann durch die Wahl eines entsprechenden Abschreibungsverfahrens der Verlauf des Wertverzehrs über die Abschreibungsperiode berücksichtigt werden. Folgende Verfahren können gewählt werden:
  - lineare Abschreibung,
  - degressive Abschreibung,
  - progressive Abschreibung.

- Abschreibung nach der **Leistungsabgabe**: Die Abschreibungen ergeben sich aus der effektiven Inanspruchnahme der Betriebsmittel, d.h. der Menge der in einer Abrechnungsperiode mit dem abzuschreibenden Wirtschaftsgut produzierten Leistungen (z.B. Stückzahl, Maschinenstunden, km-Leistung). Sie verhalten sich proportional zur Ausbringungsmenge pro Abrechnungsperiode.

Zur Darstellung der verschiedenen Verfahren dienen folgende Symbole:

t = Abschreibungsperiode, wobei $t = 1, 2, ..., n$

n = gesamte Nutzungsdauer in Jahren

L_n = Liquidationserlös des Betriebsmittels am Schluss der Nutzungsdauer (Restwert, Schrottwert); es gilt $L_n = I_n$

I_t = Wert des Betriebsmittels in einer beliebigen Zeitperiode t

I_0 = Anschaffungs- oder Herstellungswert des Betriebsmittels zu Beginn der Nutzungsdauer

A_t = absoluter Abschreibungsbetrag pro Zeitperiode

a_t = Prozentsatz der Abschreibungen pro Zeitperiode; $a_t = \dfrac{A_t}{I_0 - L_n} \cdot 100$

a_e = Abschreibungsbetrag pro Leistungseinheit; $a_e = \dfrac{I_0 - L_n}{E}$

E = gesamte mögliche Leistung eines Betriebsmittels

e_t = erstellte Leistung in einer bestimmten Zeitperiode

a)	Lineare Abschreibung

Bei der linearen Abschreibung werden die Anschaffungs- oder Herstellkosten gleichmässig auf die angenommene Nutzungsdauer verteilt. Da

$$(1) \quad A_t = \frac{I_0 - L_n}{n} = \frac{1}{n}(I_0 - L_n) \quad \text{und} \quad a_t = \frac{A_t}{I_0 - L_n} \cdot 100 = \frac{100}{n}$$

ist, ergibt sich

$$(2) \quad A_t = \frac{a_t}{100}(I_0 - L_n)$$

b)	Degressive Abschreibung

Bei der degressiven Abschreibung werden die Anschaffungs- oder Herstellkosten mittels sinkender jährlicher Abschreibungsbeträge auf die geschätzte Nutzungsdauer verteilt. Somit ist die Abschreibung im ersten Jahr der Nutzungsdauer am grössten, im letzten am kleinsten. Wir unterscheiden zwei Formen der degressiven Abschreibung:

- Bei der **arithmetisch-degressiven Abschreibung** sinken die jährlichen Abschreibungsbeträge immer um den gleichen Betrag. Der Degressionsbetrag k ist

(3) $k = A_{t-1} - A_t$.

Entspricht der Abschreibungsbetrag im letzten Jahr genau dem Betrag, um den die jährlichen Abschreibungsbeträge abnehmen, so spricht man von einer **digitalen Abschreibung.** In diesem Fall ist der Degressionsbetrag $k = A_n$ und es ergibt sich

$$(4) \quad k = \frac{I_0 - L_0}{1 + 2 + \ldots + n} = \frac{I_0 - L_n}{\dfrac{n(n+1)}{2}}$$

und A_t kann berechnet werden als

$$(5) \quad A_t = k\,[n - (t - 1)]$$

- Das **geometrisch-degressive Abschreibungsverfahren** berechnet die jährlichen Abschreibungsbeträge als festen Prozentsatz vom jeweiligen Restbuchwert. Somit ist

$$(6) \quad A_t = \frac{\overline{a_t}}{100}(I_{t-1})$$

wobei $\overline{a_1} = \overline{a_2} = \ldots = \overline{a_n}$; d.h. $\overline{a_n}$ = konstant.

Der Abschreibungsprozentsatz wird durch den am Ende der Abschreibungsdauer noch erzielbaren Liquidationserlös L_n bestimmt.

Da sich ferner der Liquidationserlös bzw. der Wert des Betriebsmittels am Ende der Nutzungsdauer als

$$(7) \quad L_n = I_n = I_0\left(1 - \frac{\overline{a_t}}{100}\right)^n$$

berechnen lässt, ergibt sich der Abschreibungssatz

$$(8) \quad \overline{a_t} = 100\left(1 - \sqrt[n]{\frac{I_n}{I_0}}\right)$$

c)	Progressive Abschreibung

Das progressive Abschreibungsverfahren ist dadurch gekennzeichnet, dass die Abschreibungsbeträge von Periode zu Periode zunehmen. Der Abschreibungsbetrag im ersten Jahr ist deshalb am kleinsten, im letzten am grössten. Da diese Methode in der betrieblichen Praxis nur für einige wenige Spezialfälle in Frage kommt (z.B. bei Reben oder Obstplantagen, die mit zunehmendem Alter quantitativ und/oder qualitativ höhere Erträge bringen), wird auf ein näheres Eingehen verzichtet.

Ausgangslage

- Anschaffungskosten der Maschine: 105 000 Fr.
- voraussichtliche Nutzungsdauer: 5 Jahre
- Liquidationserlös am Ende des 5. Jahres: 5 000 Fr.
- Menge, die insgesamt hergestellt werden kann: 1,8 Mio. Stück

- Aufteilung der gesamten Leistungsmenge auf 5 Jahre:
  1. Jahr: 300 000 Stück
  2. Jahr: 500 000 Stück
  3. Jahr: 400 000 Stück
  4. Jahr: 450 000 Stück
  5. Jahr: 150 000 Stück

Berechnungen

1. Lineare Abschreibung	Jahr	a_t	A_t	Zeitwert I_t
	0			105 000,00
	1	20,00 %	20 000,00	85 000,00
	2	20,00 %	20 000,00	65 000,00
	3	20,00 %	20 000,00	45 000,00
	4	20,00 %	20 000,00	25 000,00
	5	20,00 %	20 000,00	5 000,00
	Σ	100,00 %	100 000,00	

2. Arithmetisch-degressive Abschreibung (mögliche Werte)	Jahr	a_t	A_t	Zeitwert I_t
	0			105 000,00
	1	30,00 %	30 000,00	75 000,00
	2	25,00 %	25 000,00	50 000,00
	3	20,00 %	20 000,00	30 000,00
	4	15,00 %	15 000,00	15 000,00
	5	10,00 %	10 000,00	5 000,00
	Σ	100,00 %	100 000,00	

▲ Abb. 13   Beispiel Abschreibungsverfahren

3. Arithmetisch-progressive Abschreibung (mögliche Werte)	Jahr	a_t		A_t	Zeitwert I_t
	0				105 000,00
	1	10,00 %		10 000,00	95 000,00
	2	15,00 %		15 000,00	80 000,00
	3	20,00 %		20 000,00	60 000,00
	4	25,00 %		25 000,00	35 000,00
	5	30,00 %		30 000,00	5 000,00
	Σ	100,00 %		100 000,00	

4. Digitale Abschreibung	Jahr	a_t		A_t	Zeitwert I_t
	0				105 000,00
	1	33,33 %		33 333,33	71 666,67
	2	26,67 %		26 666,67	45 000,00
	3	20,00 %		20 000,00	25 000,00
	4	13,33 %		13 333,33	11 666,67
	5	6,67 %		6 666,67	5 000,00
	Σ	100,00 %		100 000,00	

5. Geometrisch-degressive Abschreibung	Jahr	a_t	$\overline{a}_t$	A_t	Zeitwert I_t
	0				105 000,00
	1	47,89 %	45,6 %	47 885,63	57 114,37
	2	26,05 %	45,6 %	26 047,21	31 067,16
	3	14,17 %	45,6 %	14 168,29	16 898,87
	4	7,70 %	45,6 %	7 706,79	9 192,08
	5	4,19 %	45,6 %	4 192,08	5 000,00
	Σ	100,00 %		100 000,00	

6. Abschreibung nach der Leistungsabgabe	Jahr	a_t		A_t	Zeitwert I_t
	0				105 000,00
	1	16,66 %		16 666,67	88 333,33
	2	27,78 %		27 777,78	60 555,55
	3	22,22 %		22 222,22	38 333,33
	4	25,00 %		25 000,00	13 333,33
	5	8,33 %		8 333,33	5 000,00
	Σ	100,00 %		100 000,00	

▲ Abb. 13   Beispiel Abschreibungsverfahren (Forts.)

| d) | Abschreibung nach der Leistung |

Bei der Abschreibung nach der Leistung bzw. nach der Inanspruchnahme wird nicht von der Zeit ausgegangen, auf die die Anschaffungs- oder Herstellkosten verteilt werden, sondern von der Abgabe der möglichen Nutzleistungen. Die Abschreibungen sind somit direkt abhängig vom Beschäftigungsgrad. Da der Abschreibungsbetrag pro Leistungseinheit

$$(9) \quad a_e = \frac{I_0 - L_n}{E}$$

ist, ergibt sich:

$$(10) \quad A_t = \frac{I_0 - L_n}{E} \, e_t$$

Die verschiedenen Abschreibungsverfahren werden an einem einfachen Beispiel in ◄ Abb. 13 veranschaulicht.

| 5.4.2.2 | Delkredere |

Die Erfahrungen im Geschäftsleben zeigen immer wieder, dass nicht alle Kunden in der Lage oder willens sind, ihre Verpflichtungen zu erfüllen. Dies führt beim Gläubiger zu «Verlusten», weil bereits gebuchte Umsatzerträge nicht realisiert werden können. Man spricht in diesem Fall von **Debitorenverlusten.**

In jedem Unternehmen bestehen in der Regel Erfahrungswerte über Debitorenverluste vergangener Jahre. Es wäre nun falsch, am Bilanzstichtag so zu tun, als ob die Erwartung bestünde, dass sämtliche Kundenforderungen auch tatsächlich beglichen werden (zukünftig erwarteter Nutzenzugang ohne Gegenleistung). Vielmehr müssen zunächst sämtliche «dubiosen» Debitoren aus dem Forderungsbestand eliminiert werden (sofern die Forderung als uneinbringlich beurteilt wird) oder zumindest individuell neu bewertet werden. Als dubios gelten alle bestrittenen Kundenforderungen, Forderungen, bei welchen der Rechtsweg eingeschlagen wurde (Zahlungsbefehl, Betreibung), und Forderungen, bei denen der Schuldner nicht mehr erreichbar ist. Die Elimination dieser Forderungen aus dem Bestand erfolgt über das Aufwandskonto «Debitorenverluste».

Auf diesem «bereinigten» Debitorenbestand wird nun eine weitere Bewertungskorrektur vorgenommen: das **Delkredere.** Das Delkredere ist Ausdruck des Gedankens der Bilanzvorsicht, nachdem die Chancen zukünftiger Nutzenzugänge vorsichtig zu schätzen sind. In diesem Sinn soll das Delkredere das allgemeine Kreditrisiko und zu erwartende Mindererlöse aufgrund von Skonti und anderen Preisnachlässen berücksichtigen. Es stellt damit eine Form «vorsorglicher Abschreibungen» von Geldforderungen dar, welche aus dem Kreditverkauf von betrieblichen Leistungen (Produkte, Dienstleistungen) stammen: «Das, was man glaubt, dass es nicht eingehen wird». Im Gegensatz zu den tatsächlichen Debitorenverlusten, welche sofort aus dem Forderungsbestand eliminiert werden müssen, stellt das Delkredere eine blosse **Pauschalwertberichtigung** dar («Vorsichts-Konto») und soll der latenten Gefahr Rechnung tragen, dass auch auf zum Bilanzierungszeitpunkt scheinbar einwandfreien Forderungen Verluste auftreten können.

> Das **Delkredere** stellt eine Wertberichtigungsposition zum Konto «Debitoren» dar und ist deshalb ein «Minus-Aktivkonto».

Es gilt analog wie für das Konto «Wertberichtigungen»: Der Ausweis des Delkredere auf der Passivseite der Bilanz widerspricht der Natur dieser Position. Als geschätzter zukünftiger Minderzugang an Geldnutzen, ist es direkt im Anschluss an das Hauptkonto Debitoren von diesem in Abzug zu bringen.

Die Bemessung des Delkredere beruht weitgehend auf brancheninternen Erfahrungen und beträgt je nach Konjunkturlage zwischen 0% und ca. 5% der Summe aller Debitoren-Forderungen. Im Einzelfall ist natürlich auch die Kundenstruktur zu berücksichtigen (z.B. die Gefahr von Klumpenrisiken, d.h. der Abhängigkeit von relativ wenigen, grossen Kunden). Für das allgemeine Kreditrisiko lässt die Eidgenössische Steuerverwaltung auf inländischen Guthaben ein Delkredere von 5% des Debitorenbestandes zu (ausgenommen für Forderungen gegenüber öffentlich-rechtlichen Körperschaften und mit ihnen verbundenen Gesellschaften). Für ausländische Forderungen wird ein Delkredere von 10% akzeptiert. Das Überschreiten dieser Maximalsätze ist erfahrungsgemäss ausführlich mit nachweislich erhöhten Verlustrisiken zu begründen. Die Verbuchung und Anpassung des Delkredere erfolgt über das Aufwandskonto «Debitorenverluste». Die Buchungen lauten:

Debitoren/Warenertrag	(Forderungen aus Kreditverkäufen)
Debitorenverluste/Debitoren	(Elimination eines «dubiosen» Schuldners)
Debitorenverluste/Delkredere	(Verlustrisiko auf dem Bestand an Forderungen)
Debitorenverluste/Delkredere	(Erhöhung des Verlustrisikos auf Forderungen)
Delkredere/Debitorenverluste	(Senkung des Verlustrisikos auf Forderungen)

| 5.4.3 | Rückstellungen |

> **Rückstellungen** sind Verbindlichkeiten gegenüber Dritten, mit welchen unter Umständen zu rechnen ist, bei welchen man aber noch nicht genau weiss, wann und in welcher Höhe sie wirksam werden und ob der Leistungsgrund überhaupt eintritt.

Sie sind demnach **Fremdkapital** (mutmassliche Zahlungs- oder Leistungsverpflichtungen gegenüber Dritten). Typische Rückstellungsarten sind:

- **Garantierückstellungen:** Risiken zukünftig erwarteter Leistungen an Kunden, welche ohne Gegenleistung erbracht werden müssen (z.B. aufgrund gesetzlicher Vorschriften, allgemeiner Geschäftsbedingungen oder Vertragsbedingungen), wie Reparatur oder Ersatz des Produktes.
- **Prozessrückstellungen:** Risiken zukünftig erwarteter Leistungen an Rechtsvertreter und Gegenparteien aus einem anstehenden Prozess.
- **Rückstellungen für Gewährleistungen:** konkretisierte Risiken zukünftig erwarteter Leistungen an Gläubiger von Dritten aus geleisteten Bürgschaften oder Patronatserklärungen.
- **Rückstellungen für Sachschäden:** Risiken zukünftig erwarteter Leistungen an Dritte als Entschädigung für erlittene Sachschäden aus unternehmerischer Tätigkeit.
- **Rückstellungen für Grossreparaturen und Instandhaltungen:** zukünftig erwartete Instandhaltungsarbeiten Dritter an (Produktions-)Anlagen, welche ihre Ursachen im Verschleiss durch die Nutzung in der Vergangenheit haben; zum Beispiel Schmelzofen einer Glashütte.
- **Versicherungstechnische Rückstellungen:** zukünftig erwartete Leistungen an Versicherungsnehmer, welche ihre Ursachen in den versicherten Risiken haben.
- **Steuerrückstellungen:** Risiken zukünftig erwarteter Ertragssteuern aufgrund des Jahresergebnisses oder zwecks Berücksichtigung der latenten Steuerlast auf unversteuerten stillen Reserven: Steuern sind grundsätzlich zu Lasten des Gewinns desjenigen Geschäftsjahres zu buchen, in dem die Steuerschuld entstanden ist.
- **Rückstellungen für drohende Verluste aus schwebenden Geschäften:** zum Beispiel Kursrisiken aus Börsentermingeschäften oder Rohstoffkontrakten, welche zum Bilanzierungszeitpunkt noch nicht fällig sind.

Auch die Bildung von Rückstellungen ist Ausfluss des Prinzips der Bilanzvorsicht, wonach drohende zukünftige Aufwände, bzw. Geld-, Güter- oder Dienstleistungsabgänge ohne entsprechende Gegenleistung des Empfängers, bereits beim Erkennen der Gefahr verbucht werden sollen. Zudem sollen erkennbare Risiken, welche aus der laufenden Geschäftstätigkeit entstehen (z.B. zu erwartende Garantieleistungen für die Produkte der laufenden Serie oder drohende Schadenersatzforderungen aufgrund von Produktehaftpflichtregelungen) bereits jener Periode als Aufwand belastet werden, in der die Risiken begründet wurden (Verursacherprinzip). In diesem Sinn gilt es, im Rahmen der Bewertung zukünftiger Geld-, Güter- oder Dienstleistungsabgänge ohne Gegenleistungen (Passiven) jeweils abzuwägen, ob und in welchem Umfang solche Risiken in der vergangenen Periode begründet oder erkannt wurden.

Der Begriff «Rückstellungen» wird in der Praxis unglücklicherweise oft unpräzis interpretiert und immer wieder auch für drohende Verluste aus Aktivpositionen verwendet, besonders für drohende Verluste auf Debitoren und Kreditnehmer. Wie oben gezeigt wurde, stellen diese Risiken jedoch keine Nutzenabgänge an Dritte dar, sondern erwartete Minderzugänge. Sie sind damit nicht dem Fremdkapital, sondern als Korrekturpositionen bestimmten Aktiven (z.B. Debitoren, Krediten) unmittelbar zuzuordnen (vgl. auch HWP 1998a, S. 130).

Eine weitere Verwechslungsgefahr besteht zwischen den transitorischen Passiven und den Rückstellungen. Obwohl die beiden Begriffe miteinander verwandt sind, gibt es wichtige Unterschiede zu beachten: Transitorische Passiven sind bekannte, sichere (feststehende) Verbindlichkeiten gegenüber identifizierten Dritten. Rückstellungen sind allgemeiner definiert, indem das Bestehen, die Höhe und der Zeitpunkt der Erfüllung einer Forderung noch mehr oder weniger ungewiss sind. Zudem werden Rückstellungen nach dem Jahresabschluss nicht wieder aufgelöst.

Rückstellungen sind auch nicht zu verwechseln mit Eventualverpflichtungen. Eventualverpflichtungen sind Verpflichtungen, welche zur Absicherung von Schulden Dritter eingegangen werden. Typische Fälle solcher Eventualverpflichtungen sind Bürgschaften, Garantieverpflichtungen und Pfandstellungen zugunsten Dritter (vgl. Art. 663b Ziff. 1). Diese Eventualverpflichtungen sind im Anhang der Jahresrechnung aufzuführen. Art. 663b Ziff. 2 weist auch darauf hin, dass Eventualverpflichtungen nicht mit den Sicherstellungen *eigener* Verpflichtungen (z.B. Zession von Kundenguthaben, Faustpfandstellung oder Eigentumsvorbehalt bei Abzahlungsgeschäften) verwechselt werden dürfen. Diese sind ebenfalls (separat) im Anhang der Jahresrechnung aufzuführen.

Grundsätzlich ist die Äufnung von Rückstellungen zu Lasten derjenigen Erfolgsposition zu verbuchen, unter die der Aufwand bzw. Minderertrag bei Kenntnis des Umfangs des Risikos einzusetzen wäre. (HWP 1998a, S. 215f.) Unter Verwendung des Aufwandskontos «Garantiearbeiten» (bzw. Garantieleistungen oder Garantieaufwand) ergibt sich folgendes Beispiel:

Garantiearbeiten/Rückstellungen	(Bildung einer Garantierückstellung)

Fallen in den Folgeperioden tatsächlich Garantiearbeiten an, so werden diese zulasten der Rückstellungen erfolgsneutral gebucht: Die Garantiearbeit an einem

Produkt einer Vorperiode soll gerade nicht den verkauften Einheiten der laufenden Periode angelastet werden.

| Rückstellungen/Bank | («Verwendung» der Rückstellungen) |

| **5.4.4** | **Stille Reserven** |

> **Stille Reserven** sind dem aussenstehenden Bilanzleser **nicht ersichtliches Eigen-
> kapital** und entstehen bei (freiwilliger oder unfreiwilliger, bewusster oder unbe-
> wusster) Unterbewertung von Aktiven oder überbewertung von Fremdkapital.

Dies führt dazu, dass das Eigenkapital geringer erscheint, als es tatsächlich ist,
und sich damit der ausgewiesene Gewinn verkleinert. Die Differenz zwischen
dem ausgewiesenen Buchwert der Bilanzposition und den aktienrechtlich zuläs-
sigen Höchstbewertungsvorschriften oder den Werten, die sich bei betriebswirtschaftlicher Bilanzierung ergeben (Reproduktionskostenzeitwerte), entspricht
verdecktem – oder stillem – Eigenkapital.

| **5.4.4.1** | **Bildung stiller Reserven** |

Die bewussten stillen Reserven **(stille Absichtsreserven)** können wie folgt gebildet
werden:

- **Unterbewerten von Aktiven** durch, betriebswirtschaftlich betrachtet, überhöhte
  Abschreibungen und andere Wertberichtigungen wie zum Beispiel Delkredere.

- **Weglassen von Aktiven** durch
  - Abschreiben auf Null (pro memoria),
  - Unterlassung der Aktivierung von Vermögensteilen,
  - Nichtbilanzieren von transitorischen Aktiven,
  - Nichtbilanzieren von aktivierungsfähigen Aufwendungen (z.B. angefangene
    Arbeiten).

- **Überbewerten von Fremdkapital** durch
  - Bilden, betriebswirtschaftlich betrachtet, übermässiger Rückstellungen,
  - Nichtauflösen nicht mehr benötigter Rückstellungen,
  - Anwenden überhöhter Wechselkurse für Fremdwährungsschulden.

- **Aufführen von fiktiven Schulden** (z.B. fiktive Kreditoren).

Stille Reserven sind also keine «versteckten, geldgefüllten Tresore, die vor geldgierigen Aktionären zu verbergen sind», sondern reine Bewertungsdifferenzen in Bilanzpositionen. In Anlehnung an Boemle (1996, S. 137 ff.) können neben den stillen Absichtsreserven weitere stille Reservenarten unterschieden werden:

- **Stille Ermessensreserven** entstehen durch übervorsichtige Abschreibungen, andere Wertberichtigungen und Rückstellungen unter Ausnützung von Freiräumen im Rahmen der Grundsätze ordnungsgemässer Rechnungslegung. (Dellmann 1996, S. 240 f.) Zu den stillen Ermessensreserven gehören auch die Nicht-Inanspruchnahme von Aktivierungswahlrechten (vgl. z.B. Art. 664 OR: Gründungs-, Kapitalerhöhungs- und Organisationskosten) und die Vorsorge für erhöhte Wiederbeschaffungskosten, um damit die reale Substanzerhaltung sicherzustellen (ausdrücklich erlaubt nach Art. 669 Abs. 2 OR; vgl. dazu auch HWP 1998a, S. 231).
- **Stille Schätzungsreserven** werden im Rahmen einer vernünftigen kaufmännischen Entscheidung gebildet und sind weder willkürlich noch beabsichtigt. Die Wahl einer im nachhinein zu kurzen Abschreibungsdauer ist ein Beispiel für eine solche Reservenbildung.
- **Stille Zwangsreserven** ergeben sich, ohne Zutun der buchführungspflichtigen Instanz, aufgrund gesetzlich vorgeschriebener Bewertungsprinzipien wie zum Beispiel das Anschaffungswertprinzip. Typische Zwangsreserven entstehen somit bei konjunktur- oder geldwertbedingten Wertsteigerungen auf Objekten des Anlage- oder Umlaufvermögens.

Art. 669 Abs. 1 OR regelt die **Pflicht** zur Vornahme von Abschreibungen, Wertberichtigungen und Rückstellungen, sofern diese nach allgemein anerkannten kaufmännischen Grundsätzen **notwendig** sind. Im Sinn der Bilanzvorsicht sind die erwarteten Nutzenzugänge (Aktiven) vorsichtig, die drohenden Nutzenabgänge (vor allem Schulden) grosszügig zu bewerten.

Art. 669 Abs. 2 OR lässt zusätzliche Abschreibungen, Wertberichtigungen und Rückstellungen zu **Wiederbeschaffungszwecken** zu. Diese Regelung ist notwendig, weil das Gesetz eine Bilanzierung von Aktiven zu Wiederbeschaffungskosten verbietet. In einem inflationären Umfeld wäre das Unternehmen ohne diese zusätzliche Abschreibungsmöglichkeit nicht in der Lage, aus den Abschreibungsrückflüssen die Wiederbeschaffung abgeschriebener Aktiven sicherzustellen (Substanzerhaltung). Das Gesetz lässt deshalb mit der Formulierung von Art. 669 Abs. 2 OR Abschreibungen vom zukünftig erwarteten Wiederbeschaffungswert ausdrücklich zu.

Art. 669 Abs. 3 OR regelt die Bildung stiller Reserven, die über die Wiederbeschaffungsreserven hinausgehen. Diese sind unter bestimmten Vorausetzungen zugelassen. **Zusätzliche stille Reserven** dürfen nur gebildet werden, wenn es

- die Rücksicht auf das dauernde Gedeihen des Unternehmens oder
- die Ausrichtung einer möglichst gleichmässigen Dividende
- unter Berücksichtigung der Interessen der Aktionäre rechtfertigt.

Trotz dieser Einschränkungen im Obligationenrecht sind die Möglichkeiten zur Bildung stiller Reserven beinahe unbegrenzt.[1]

| 5.4.4.2 | Auflösung stiller Reserven |

Unter «Auflösung stiller Reserven» versteht man jede Abnahme an stillen Reserven während einer Rechnungsperiode. Entsprechend der Bildung von stillen Reserven kann auch deren Auflösung bewusst oder unbewusst, absichtlich oder unabsichtlich erfolgen. Die Auflösung stiller Absichtsreserven kann dabei auf zwei grundsätzliche Arten geschehen.

- Durch **rein buchungsmässige Reduktion** der stillen Reserven:
  - Aufwertung unterbewerteter Aktiven bzw. Neuaktivierung bisher nicht aktivierter Aktiven, inkl. transitorische Aktiven,
  - Reduktion von Wertberichtigungen,
  - Kürzung oder Unterlassung von betriebswirtschaftlich notwendigen Wertberichtigungen,
  - Buchungsmässige Tieferbewertung überbewerteter Passiven, zum Beispiel durch Reduktion betriebswirtschaftlich nicht gerechtfertigter Rückstellungen.

- Durch **Realisierung** der stillen Reserven über den Verkauf unterbewerteter Aktiven (Waren, Wertschriften, Maschinen, Patente usw.). Die in diesen Aktiven versteckten stillen Reserven (Differenz zwischen Verkaufserlös und Buchwert) vergrössern den Gewinn dieser Periode.

Im Gegensatz zur rein buchungsmässigen Auflösung verwandeln sich die stillen Reserven bei der Realisierung in Einzahlungen («Cash»).

Die Auflösung stiller Reserven ist an keine gesetzlichen Vorschriften gebunden. Sie kann jederzeit und für jeden Zweck erfolgen, ist aber gemäss Art. 669 Abs. 4 OR der Revisionsstelle im einzelnen mitzuteilen. Da diese Regelung auch für die Bildung der stillen Reserven gilt, verlangt das Gesetz von der Verwaltung implizit ein **«internes» Inventar** der stillen Reserven. Der Nettobetrag der aufgelösten stillen Reserven (also auch der Wiederbeschaffungsreserven) ist im Anhang zur Bilanz aufzuführen (Art. 663b Ziff. 8 OR),

---

1   Vgl. dazu die Ausführungen in Abschnitt 5.4.1 «Ausgangslage».

- falls der Gesamtbetrag der aufgelösten stillen Reserven den Gesamtbetrag der neugebildeten stillen Reserven übersteigt, und
- sofern dadurch das erwirtschaftete Ergebnis wesentlich günstiger dargestellt wird.

Was eine «wesentlich günstigere» Darstellung des erwirtschafteten Ergebnisses ist, lässt das Gesetz offen. Grundsätzlich kann davon ausgegangen werden, dass alles wesentlich ist, was die Meinungsbildung eines durchschnittlichen Empfängers der Jahresrechnung entscheidend zu beeinflussen vermag. Dies dürfte zumindest dann der Fall sein, wenn durch die Auflösung stiller Reserven ein negatives Jahresergebnis (Verlust) in ein positives (Gewinn) verwandelt wird. Aber auch bei einer Verpflichtung zur Offenlegung ist im Anhang lediglich der Saldo, ohne Angabe von qualitativen oder quantitativen Einzelheiten, anzugeben. Wie die Botschaft richtig ausführt (Botschaft 1983, S. 72 f.), dient die Offenlegung des Nettobetrages an aufgelösten stillen Reserven nicht nur den Aktionären, sondern insbesondere auch den Gläubigern und einer interessierten Öffentlichkeit. Der Sachverhalt, dass das ausgewiesene Jahresergebnis nachhaltig durch die Auflösung stiller Reserven beeinflusst wurde, ist von erheblicher Bedeutung für die Beurteilung der Ertragskraft des Unternehmens.

Kapitel 6

Analyse von Bilanz und Erfolgsrechnung

Hauptziel der kaufmännischen Buchführung ist es, mit Hilfe des Jahresabschlusses (Inventar, Bilanz, Erfolgsrechnung) das Geschäftsergebnis (Gewinn/Verlust) der Betrachtungsperiode und die Vermögenslage (Eigenkapitalbestand) zum Abschlusszeitpunkt festzustellen.

Die Analyse von Bilanz und Erfolgsrechnung hat zur Aufgabe, systematisch Erkenntnisse zur Beurteilung des Unternehmens zu gewinnen, welche über die blosse Auflistung und Gegenüberstellung von Bestandes- und Erfolgskonten hinausgehen. Dabei ist davon auszugehen, dass der Aussagewert der durch die Bilanzanalyse gewonnenen Werte um so besser ist, «je mehr das der Untersuchung zugrundeliegende Zahlenmaterial **wirkliche Betriebswerte** darstellt. Bilanzanalysen, die auf unkorrigierte Buchwerte abstellen sind mit Vorsicht aufzunehmen». (Helbling 1997, S. 95)

6.1 Bereinigung und Bewertung

6.1.1 Zweck einer Bereinigung und Bewertung

Im Rahmen der Ermittlung des effektiven Vermögensstatus und der Einkommensverhältnisse ist eine Bereinigung der nach handelsrechtlichen Gesichtspunkten erstellten Jahresabschlüsse von **willkürlichen, ausserordentlichen, periodenfremden**

und **betriebsfremden** Werten vorzunehmen. Deshalb ist in der Regel eine Neube-
wertung der Bilanzpositionen aufgrund betriebswirtschaftlicher Überlegungen
notwendig.

- Eine **betriebswirtschaftliche Bewertung** beruht auf folgenden Grundsätzen
  (nach Helbling 1997, S. 113):
  - Das dem Handelsrecht zugrundeliegende Imparitätsprinzip gilt bei der be-
    triebswirtschaftlichen Bewertung nicht.
  - Es gelten die Grundsätze für die Berechnung des Substanzwertes im Rah-
    men der Unternehmensbewertung.
  - Der betriebswirtschaftliche Wert bemisst sich nach den **Marktpreisen** und
    dem **Nutzen** eines Gutes für das Unternehmen.
  - Es ist zuerst festzustellen, ob die einzelnen Bilanzwerte nach dem Grundsatz
    der Fortführung (Going Concern) oder der Liquidation zu bewerten sind.
  - Die betriebswirtschaftlichen Fortführungswerte richten sich für das Anlage-
    vermögen und die Vorräte nach dem aktuellen (nicht historischen) Beschaf-
    fungsmarkt unter Berücksichtigung angemessener Abschreibungen (Repro-
    duktionskostenzeitwert), Liquidationswerte nach dem Veräusserungsmarkt,
    wobei die optimale Verwertung angenommen wird.

- **Stille Reserven** stellen – betriebswirtschaftlich betrachtet – die Differenz dar
  zwischen ausgewiesenen Buchwerten und den effektiven betriebswirtschaftlichen Werten der jeweiligen Bilanzpositionen (sind also in der Bilanz nicht
  ersichtliches, tatsächlich jedoch vorhandenes Eigenkapital).
  - Im Zusammenhang mit der betriebwirtschaftlichen Bewertung der Bilanz-
    positionen werden die stillen Reserven aufgelöst und erfolgsneutral dem
    Eigenkapital zugerechnet.
  - Für unversteuerte stille Reserven ist je nach Art (steuerlich bekannt/unbe-
    kannt bzw. steuerlich akzeptiert/nicht akzeptiert) eine Rückstellung für die
    latente Steuerlast zu berücksichtigen.
  - Die für die Bildung der stillen Reserven verantwortlichen erfolgsrelevanten
    Vorgänge (überhöhte Abschreibungen, Rückstellungen, Delkredere usw.)
    sind zwecks Bereinigung der entsprechenden Erfolgsrechnungen perioden-
    gerecht aufzurechnen.

- Im Rahmen einer Berechnung des Vermögensstatus kommt der Unterscheidung
  in **betriebliche** und **nichtbetriebliche Werte** ebenfalls eine sehr grosse Bedeutung zu.
  - Die Bilanzanalyse verlangt eine Gegenüberstellung von betrieblichem Ver-
    mögen und Betriebserfolg (Betriebsrendite).
  - In jedem Unternehmen kann nichtbetriebliches Vermögen vorkommen.
    - Solche nichtbetrieblichen Vermögensteile stellen oft latente Mehrwerte
      dar, welche durch eine optimale Bewirtschaftung (Umstrukturierung, Ver-

kauf bzw. Abbau nicht betriebsnotwendiger Vermögensteile) realisiert werden können (z.B. «Baulandreserve», ungenutzte Lagerhallen, Angestelltenwohnungen, Darlehen an Nahestehende). Sie belasten häufig durch ihre schlechte Nutzung die Ertragssituation und durch die Überhöhung des gebundenen Kapitals die Rentabilität des Unternehmens.

- Im Falle eines Unternehmenskaufes erlangt der Käufer (bzw. der Inhaber) eines Unternehmens mit Erfüllung des Verkaufsvertrages das Verfügungsrecht über diese nichtbetrieblichen Vermögensteile. Er kann damit – ohne Nachteile für die betriebliche Zweckerfüllung – diese Werte zum Verkehrswert (Liquidationswert) realisieren («Asset stripping») und erhält damit ein Zusatzeinkommen. Die Verminderung des im Unternehmen gebundenen Kapitals erhöht zudem seine Rendite.

- Der Verkäufer (bzw. der abzufindende Gesellschafter oder Ehepartner usw.) erhält im Falle einer (Unter-)Bewertung nichtbetrieblicher Substanz zu Fortführungswerten keinen Anteil an den effektiven (Liquidations-) Mehrwerten.

☐ Nichtbetriebliche Vermögensteile sind deshalb in jedem Fall getrennt von der betrieblichen Substanz zum Liquidationswert zu bewerten.

6.1.2   Betriebswirtschaftliche Bewertung der Aktiven und Passiven

Für die Bewertung der Aktiven und Passiven nach betriebswirtschaftlichen Grundsätzen gelten folgende Überlegungen:

- **Betriebliche Werte** werden nach dem Grundsatz des **Going concern,** d.h. der Fortführung der betrieblichen Tätigkeit, bewertet. Dies schliesst in der Regel eine Bewertung zu Liquidationswerten aus.

- **Nichtbetriebliche Vermögensteile** werden zu **Liquidationswerten** bewertet und gesondert aufgeführt. Aufwendungen und Erträge aus diesen Vermögensteilen oder deren Verwaltung dürfen bei der Bereinigung der Erfolgsrechnung nicht zu den betrieblichen Positionen geschlagen werden. Liquidationswerte richten sich nach dem Veräusserungsmarkt, wobei für deren Schätzung von der günstigsten Verwertung auszugehen ist (also kein Notverkauf).

- Für das **betriebliche Umlaufvermögen** ist grundsätzlich der Marktpreis auf dem Beschaffungsmarkt am Bewertungsstichtag massgebend.

- Das **betriebliche Sachanlagevermögen** ist mit jenem Betrag zu bewerten, zu dem ein Betrieb mit der gleichen Kapazität eingerichtet werden könnte (angemessene Abschreibungen berücksichtigt).

- Es gelten dieselben Grundsätze wie für die Substanzwertberechnung im Rahmen der Unternehmensbewertung.

| 6.1.3 | **Betriebswirtschaftliche Bereinigung der Erfolgsrechnung** |

Die Bereinigung der Erfolgsrechnung dient dazu, den betriebswirtschaftlich korrekten Jahresgewinn zu ermitteln. Dies hat im Zusammenspiel mit der Bereinigung der Bilanz zu erfolgen:

- Die bereinigten Erfolgsgrössen dürfen sich nur auf die betriebliche Substanz beziehen.

- Insbesondere sind folgende Positionen zu eliminieren:
  - □ willkürliche (z.B. bewusst gebildete überhöhte Abschreibungen),
  - □ ausserordentliche (z.B. Verluste aus Naturkatastrophen),
  - □ betriebsfremde (Hypothekaraufwand und Mieterträge auf Personalwohnhaus),
  - □ periodenfremde (z.B. Garantieleistungen auf Produkten der Vorperiode).

Aufgrund dieser Überlegungen ist die Schlussfolgerung zu ziehen, dass im Rahmen einer Bilanzanalyse grundsätzlich sämtliche Bilanzpositionen bezüglich ihrer Bewertung hinterfragt werden müssen. Dies ist für den Aussenstehenden, aufgrund fehlender Informationen, natürlich weitgehend illusorisch.

| 6.2 | **Beurteilung und Auswertung von Bilanz und Erfolgsrechnung** |

Die blosse Bereinigung von Bilanz und Erfolgsrechnung und damit die Ermittlung des betriebswirtschaftlichen Periodenerfolges genügt für eine umfassende Beurteilung der wirtschaftlichen Lage eines Unternehmens nicht.

Es sind deshalb gewisse Kontengruppen zueinander in Beziehung zu setzen und zu interpretieren. **Kennzahlen** haben dabei eine grosse Verbreitung und Akzeptanz gefunden. «Branchenübliche» Richtgrössen für solche Kennzahlen sind aus verschiedenen Gründen kaum aussagekräftig. Letztlich ist jedes Unternehmen individuell zu beurteilen.

Im Rahmen der klassischen Bilanz- und Erfolgsanalyse werden folgende Kennzahlengruppen unterschieden und im folgenden besprochen:

- Kennzahlen zur Analyse der Vermögensstruktur,
- Kennzahlen zur Analyse der Kapitalstruktur und der Deckungsverhältnisse,
- Kennzahlen zur Analyse der Liquidität,
- Kennzahlen zur Analyse der Ertragslage,
- Integrierte Kennzahlensysteme (z.B. Du Pont-Kennzahlensystem).

| 6.2.1 | **Analyse der Vermögensstruktur** |

Kennzahlen zur Analyse der Vermögensstruktur zeigen das Verhältnis zwischen den einzelnen Vermögensteilen (Umlaufvermögen und Anlagevermögen). Um die Angemessenheit der Kennzahlen für das betreffende Unternehmen beurteilen zu können, sind jedoch sämtliche Positionen des Umlauf- und Anlagevermögens genauer zu analysieren. Es wird deshalb nachstehend zwischen einer Grobanalyse und einer Analyse der einzelnen Aktivpositionen unterschieden.

| 6.2.1.1 | Grobanalyse |

Die Grobanalyse der Vermögensstruktur informiert mit verschiedenen Kennzahlen über das **Verhältnis zwischen Umlauf- und Anlagevermögen.** Je nach Interessenslage wird dabei das Verhältnis an sich oder ein Vermögensteil insgesamt ins Zentrum gerückt.

Beim Investitionsverhältnis interessiert die Verhältniszahl zwischen Umlaufvermögen und Anlagevermögen:

- **Investitionsverhältnis** $= \dfrac{\text{Umlaufvermögen}}{\text{Anlagevermögen}}$

Die Umlaufintensität zeigt den prozentualen Anteil des Umlaufvermögens am Gesamtvermögen:

- **Umlaufintensität** $= \dfrac{\text{Umlaufvermögen}}{\text{Gesamtvermögen}} \cdot 100$

Die **Anlageintensität** (auch **Immobilisierungsgrad**) gibt den Anteil des Anlagevermögens am Gesamtvermögen an:

- **Anlageintensität** $= \dfrac{\text{Anlagevermögen}}{\text{Gesamtvermögen}} \cdot 100$

Obwohl sich diese Kennzahlen genau berechnen lassen, können kaum allgemeingültige (normative) Angaben über die Vermögensstruktur gemacht werden – zu sehr sind die Zahlenverhältnisse und die konkrete Gliederung des Vermögens von der Branche, der Finanzierungsart des Vermögens (und damit den Eigentumsverhältnissen) sowie dem individuellen Anteil betrieblicher und nichtbetrieblicher Vermögenswerte abhängig.

Für einen aussagekräftigen Vergleich der Zahlen (innerbetrieblicher Zeitvergleich oder zwischenbetrieblicher Vergleich) müsste deshalb immer entweder von betriebswirtschaftlichen oder – falls dies nicht möglich ist – zumindest von vergleichbaren Verhältnissen ausgegangen werden können. Zudem ist der Einfluss nichtbetrieblicher Werte zu berücksichtigen.

Eine Kennzahl, welche in diesem Zusammenhang jedoch besonders interessant ist, ist die **Umschlagshäufigkeit des Gesamtvermögens** (Kapitalumschlag):

- $\text{Kapitalumschlag} = \dfrac{\text{Umsatz}}{\text{Gesamtkapital}}$

Je grösser diese Kennzahl im zwischenbetrieblichen Vergleich ist, desto häufiger wird das Gesamtvermögen – als Massstab des investierten Kapitals – über den Umsatz des Unternehmens «verdient». Sie zeigt eine Art Produktivität des Gesamtkapitals und ist damit ein Hinweis auf eine gute, wirtschaftliche Kapitalverwendung.

6.2.1.2	Analyse der einzelnen Aktivpositionen

Die Analyse der einzelnen Bilanzpositionen dient dazu, die Grobanalyse zu verfeinern und die Zusammensetzung des betrieblichen Vermögens näher zu untersuchen. Besondere Beachtung sind den Forderungen, den Lagerbeständen sowie den Sachanlagen zu schenken.

- **Analyse der Forderungen (Debitoren):** Die Höhe des Debitorenbestandes wird durch den auf Kredit getätigten Umsatz (Kreditverkäufe) und durch die beanspruchte Zahlungsfrist der Schuldner bestimmt. Der erwartete, theoretische durchschnittliche Debitorenbestand ergibt sich damit aus der Formel:

  □ **theoretischer ø Debitorenbestand**

  $= \dfrac{\text{Jahreskreditumsatz} \cdot \text{Zahlungsziel (Tage)}}{360}$

Im Rahmen der Analyse des Debitorenbestandes ist zu prüfen, ob die effektive durchschnittliche Kreditfrist in Einklang mit den Zahlungsbedingungen des Unternehmens steht. Die dafür notwendigen Kennzahlen werden wie folgt berechnet (alle Angaben sind bezüglich der betrachteten Rechnungsperiode zu verstehen):

  □ **ø Debitorenbestand** (Fr.) $= \dfrac{\text{Anfangsbestand (Fr.)} + \text{Schlussbestand (Fr.)}}{2}$

- **Debitorenumschlag** $= \dfrac{\text{Nettoerlöse aus Kreditverkäufen}}{\text{ø Debitorenbestand}}$

- **ø Debitorenfrist** (Tage) $= \dfrac{360}{\text{Debitorenumschlag}}$

  oder $= \dfrac{\text{Debitorenbestand}}{\text{ø Tagesumsatz an Kreditverkäufen}}$

Eine allzu hohe und über dem Branchendurchschnitt liegende, durchschnittliche Kreditfrist (Debitorenfrist) lässt auf Probleme beim Einzug der Kundengelder schliessen.

Interessante Informationen über die Güte des Debitorenbestandes ergeben sich durch eine Zusammenfassung der am Abschlusstag ausstehenden Kundenguthaben nach dem Monat der Rechnungsstellung. In den meisten Betrieben mit EDV-gestützten Fakturierungssystemen ist dies ohne grösseren Aufwand machbar.

Eine Daueraufgabe jeder Unternehmensleitung ist jedoch die Überwachung der Grosskunden: Die latente Gefahr von Klumpenrisiken, also der einseitigen Abhängigkeit von wenigen grossen Kunden, erhöht die Wahrscheinlichkeit von existenzgefährdenden Debitorenverlusten.

- **Analyse der Lagerbestände:** Optimale Lagerbestände sind sowohl für den Handelsbetrieb als auch für den Industriebetrieb von Bedeutung. Während hohe Lagerbestände eine gewisse Sicherheit vermitteln (Lieferbereitschaft, Autonomie, reibungsloser Produktionsablauf, Möglichkeit des günstigen Grosseinkaufs usw.), sind sie doch mit (oft unterschätzten) hohen Lagerhaltungs- und Kapitalkosten verbunden und sind eine Liquiditätsbelastung. Zu tiefe Lagerbestände führen zu Unterbrüchen in der Versorgung der Produktion und/oder des Marktes mit den benötigten Gütern, verärgern Kunden und führen oft zu teuren Nachbestellungen bei den Lieferanten. Die zur Überprüfung des Lagerbestandes notwendigen Kennzahlen ergeben sich aufgrund folgender Formeln (alle Zahlen beziehen sich auf die Betrachtungsperiode):

  - **ø Lagerbestand** (Fr.) $= \dfrac{\text{Anfangsbestand (Fr.)} + \text{Schlussbestand (Fr.)}}{2}$

  - **Lagerumschlag** $= \dfrac{\text{Einstandswert der verkauften Waren}}{\text{ø Lagerbestand}}$

  - **ø Lagerdauer** (Tage) $= \dfrac{360}{\text{Lagerumschlag}}$

□ **Materiallager-Reichweite in Monaten** $= \dfrac{\text{Rohmaterialbestand}}{\text{ø monatlicher Materialaufwand}}$

□ **Fertiglager-Reichweite in Monaten** $= \dfrac{\text{Produktebestand}}{\text{ø monatlicher Absatz}}$

In obigen Formeln sind Wertgrössen eingesetzt. Dabei ist zu beachten, dass nur gleiche Wertbasen verglichen werden dürfen (Einstandswerte). Dieses Problem entfällt, wenn mit Bestandesgrössen (Mengen) gerechnet wird.

Die Beurteilung der Höhe der Lagerbestände kann nicht von allgemeingültigen Normen ausgehen. Ein ausgezeichneter **Frühwarn-Indikator** für die künftige Situation des Unternehmens ist die Entwicklung des Bestandes an Fertigwaren: Er zeigt Tendenzen an, welche sich erst mit zeitlicher Verzögerung auf den Erfolg auswirken. So zeichnen sich Absatzstockungen meist zunächst durch eine Zunahme des Fertigproduktelagers ab, während die Produktion oft noch unvermindert weiterläuft.

■ **Analyse der Sachanlagen:** Für die Beurteilung des Buchwertes von Sachanlagen ist die angewandte Abschreibungspraxis entscheidend. Beim Vergleich von Sachanlagebuchwerten mit Versicherungswerten, die gemäss Art. 663b Ziff. 4 OR bei Aktiengesellschaften offengelegt werden müssen, ist zu beachten, dass der verlangte Versicherungswert ein Neuwert ist, der zudem bei Liegenschaften den Bodenwert nicht mit einschliesst. Er ist damit kein idealer Indikator für stille Reserven in den Sachanlagen.

Die Investitions- und Abschreibungspolitik eines Unternehmens lässt sich am einfachsten mit einem **Anlagenspiegel** (▶ Abb. 14) darstellen. Dabei werden je Anlagenkategorie (Liegenschaften, Fahrzeuge, EDV, Einrichtungen, Werkzeuge usw.) alle notwendigen Angaben tabellarisch aufgeführt. Auf diese Art kann nachvollzogen werden, wie die ausgewiesenen Buchwerte zustande kamen und wie sich die stillen Reserven entwickelt haben. Die EURL Nr. 4 (Art. 15 Abs. 3) schreibt die Erstellung eines Anlagenspiegels zwingend vor: Ausgehend von den Anschaffungs- oder Herstellungskosten sind die Zu- und Abgänge sowie Umbuchungen im Geschäftsjahr, die bis zum Bilanzstichtag vorgenommenen Wertberichtigungen sowie die Auflösung von Wertberichtigungen früherer Geschäftsjahre für jeden Posten des Anlagevermögens gesondert auszuweisen.

	Gesamt	20.1	20.2	20.3	20.4	20.5
1. Buchwert Anfangsbilanz						
2. Zugänge (Anschaffungskosten)						
3. Wertvermehrende Aufwendungen und Eigenleistungen						
4. Abgänge (Anschaffungskosten)						
5. Netto Zu-/Abgänge (2 + 3 − 4)						
6. Belastung der Erfolgsrechnung für Abschreibungen und wertvermehrende Aufwendungen						
7. Buchwert Schlussbilanz (1 + 5 − 6)						
8. Kalkulatorische Abschreibungen (auf 9 [Vorjahr] + 5)						
9. Betriebswirtschaftlicher Wert der Anlagen (9 [Vorjahr] + 5 − 8)						
10. Bestand stille Reserven (9 − 7)						

▲ Abb. 14   Anlagenspiegel

6.2.2 | **Analyse der Kapitalstruktur und der Deckungsverhältnisse**

In der Praxis hat sich eine Vielzahl von Kennzahlen zur Analyse der Kapitalstruktur herausgebildet. Die wichtigsten sind hier kurz dargestellt und diskutiert. Es sind dies:

- Kennzahlen zur Analyse des Fremdkapitals,
- Kennzahlen zur Analyse des Eigenkapitals,
- Deckungsgrade.

| 6.2.2.1 | Analyse des Fremdkapitals |

Das Fremdkapital zeigt die zukünftig erwarteten Abgänge an Geld, Gütern oder Dienstleistungen an Dritte (Fremde) ohne zu erwartende Gegenleistung der zukünftigen Empfänger (Schulden). Es handelt sich dabei um Vorausleistungen Dritter, welche das Unternehmen empfangen hat, um seine Geschäftstätigkeit fortführen zu können oder in Erwartung konkreter Gegenleistungen in Form von Zinsen, Lieferungen o. ä. Das Ausmass der Verschuldung wird in verschiedenen Kennzahlen zum Ausdruck gebracht:

- **Finanzierungsverhältnis** $= \dfrac{\text{Fremdkapital}}{\text{Eigenkapital}}$

- **Anspannungskoeffizient** $= \dfrac{\text{Fremdkapital}}{\text{Eigenkapital}} \cdot 100$

- **Verschuldungsgrad (Debt Ratio)** $= \dfrac{\text{Fremdkapital}}{\text{Gesamtkapital}} \cdot 100$

- **reine Kreditaufnahme/Finanzierungskapital** (auch Gearing)

  $= \dfrac{\text{verzinsliches Fremdkapital}}{\text{verzinsliches Fremdkapital} + \text{Eigenkapital}} \cdot 100$

- **Effektiv-Verschuldung**
  = Schulden − (liquide Mittel + kurzfristige Forderungen)

- **Verschuldungsfaktor** $= \dfrac{\text{Effektiv-Verschuldung}}{\text{Cash-flow}}$

- **Cash-flow** (vereinfacht) = Jahresgewinn + Abschreibungen + Rückstellungen

Das Finanzierungsverhältnis gibt Anhaltspunkte für das der Kapitalstruktur immanente Risiko und beeinflusst massgeblich die Eigenkapitalrentabilität.[1]

In der Praxis ist in Zusammenhang mit der Kapitalstruktur weiter zu beachten, dass Fremdkapital – im Gegensatz zu Eigenkapital – in der Regel sowohl mit einer festen Zins- als auch Rückzahlungsverpflichtung verbunden ist. In Zeiten steigender Kapitalzinsen und/oder bei sinkenden Gewinnen kann dies gravierende Folgen auf die Liquidität des Unternehmens haben.

Ohne Berücksichtigung der Ertragskraft sind generelle Aussagen über den Verschuldungsgrad kaum möglich. Der Verschuldungsfaktor als Masszahl für die

---

1 Zum Leverage-Effekt vgl. Teil 2, Kapitel 5, Abschnitt 5.2.1 «Kostenoptimale Kapitalstruktur».

relative Verschuldung kann hier Interpretationshilfen geben. Er setzt die effektive (Netto-)Verschuldung ins Verhältnis zum Cash-flow des Unternehmens. Der Verschuldungsfaktor (inkl. die nähere Analyse des Cash-flows) gibt Hinweise, inwiefern der Cash-flow ausreicht, um sowohl Erneuerungsinvestitionen (Abschreibungen) als auch eine angemessene Eigenkapitalverzinsung (Gewinn) und die langfristige Tilgung des Fremdkapitals zu ermöglichen.

Bei der Betrachtung der Struktur des Fremdkapitals wird häufig übersehen, dass sogenannte zinslose Gelder wie zum Beispiel Lieferantenkredite, sehr teuer zu stehen kommen können. Mittels der **Kreditorenanalyse** müssen deshalb auch diese Positionen näher untersucht werden (die Angaben beziehen sich dabei immer auf die Betrachtungsperiode):

- **ø Kreditorenbestand** (Fr.) $= \dfrac{\text{Anfangsbestand (Fr.)} + \text{Schlussbestand (Fr.)}}{2}$

- **Kreditorenumschlag** $= \dfrac{\text{Einstandswert der auf Rechnung gekauften Waren}}{\text{ø Kreditorenbestand}}$

- **ø Kreditorenfrist** $= \dfrac{360}{\text{Kreditorenumschlag}}$

Allzu hohe durchschnittliche Zahlungsfristen sind versteckte Kostenverursacher; so können zum Beispiel Skonti und Rabatte bei Nichteinhaltung der vom Lieferanten vorgegebenen Zahlungsfrist nicht geltend gemacht werden.

Die Struktur des Fremdkapitals ist dauernd daraufhin zu überprüfen, ob

- eine **kostengünstige Fremdkapitalkombination** besteht (existieren z.B. noch Belehnungsmöglichkeiten?),
- keine **Klumpenrisiken** (Abhängigkeiten und damit Einflussmöglichkeiten von einigen wenigen Kapitalgebern) vorhanden sind,
- die **Fristenkongruenz** gewährleistet ist (Übereinstimmung zwischen erwarteter Überlassungsdauer des Fremdkapitals und der Bindungsdauer des damit finanzierten Vermögens; «goldene Finanzierungsregel»),
- dem Unterschied zwischen rechtlichen und wirtschaftlichen **Kündigungsfristen** gebührend Rechnung getragen wird (Kapitalentzugsrisiko),
- in der Buchhaltung nicht ausgewiesene oder kaum ersichtliche, die Finanzierung berührende Tatbestände, relevant sind (z.B. langfristige Leasingverträge, Factoring, Forfaitierung, Zessionen),
- eine Übersicht über die Ausnützung von Kreditlimiten vorliegt (Liquiditätsprojektion).

| 6.2.2.2 | Analyse des Eigenkapitals |

Das Eigenkapital hat eine doppelte Funktion:

- Im Rahmen seiner **Risikofunktion** dient es
  - dem «Abfedern» von Verlusten; es ist ein Indiz dafür, inwieweit Verluste auf-
    gefangen werden können, ohne dass Gläubigerinteressen gefährdet werden
  - der Wahrung der Handlungsfreiheit und damit der Unabhängigkeit (z.B.
    Abwehr von Versuchen der Einflussnahme von Seiten der Gläubiger)

- In seiner **Imagefunktion** zeigt es den Umfang des investierten Risikokapitals auf
  und bestimmt neben den konkreten Sicherheiten das Kreditpotential des Unternehmens.

Der Eigenfinanzierungsgrad (Equity ratio) zeigt, wie gross der Anteil des Eigenkapitals am Gesamtkapital des Unternehmens ist.

- **Eigenfinanzierungsgrad** $= \dfrac{\text{Eigenkapital}}{\text{Gesamtkapital}} \cdot 100$

Je höher das unternehmerische Risiko ist, um so höher muss das unternehmerische Risikokapital im Verhältnis zum gesamten Kapital sein.
In der schweizerischen Praxis haben sich hinsichtlich Eigenfinanzierungsgrad
folgende **branchentypischen Kennzahlen** herausgebildet (Helbling 1997, S. 239):

- **Banken, Verwaltungsgesellschaften** usw., welche in der Regel mit wenig Eigen-
  kapital auskommen, da ihre Aktiven weitgehend kurzfristig und ohne grössere
  Werteinbussen veräusserlich sind, haben einen EK-Anteil (inkl. stille Reserven) von ca. 10–20%.
- **Handelsunternehmen, Dienstleistungsbetriebe** usw. haben einen EK-Anteil von
  ca. 20–40%.
- **Anlageintensive Produktionsunternehmen,** deren Aktiven zu einem wesentlichen
  Teil langfristig gebunden sind und ohne grosse Verluste nicht liquidiert werden
  können, haben einen EK-Anteil von ca. 40–60%.
- **Patentverwertungsgesellschaften** und **Unternehmen mit vorwiegend immateriellen Aktiven,** welche kaum einzeln veräusserlich sind, haben einen EK-Anteil
  von ca. 60–90%.

Der Eigenfinanzierungsgrad ist in der Schweiz in den letzten 25 Jahren von durchschnittlich ca. 60–70% auf 40–50% zurückgegangen.
Bei der Analyse des Eigenkapitals interessiert nicht nur seine absolute Höhe
und sein relativer Anteil am Gesamtkapital, sondern auch seine Zusammenset-

zung. Dabei spielt die sogenannte **Selbstfinanzierung** eine wichtige Rolle. Darunter versteht man selbsterarbeitetes Eigenkapital durch Gewinnthesaurierung (Verzicht auf Gewinnausschüttung, d.h. Reservenbildung oder Gewinnvortrag). Da es sich bei der Selbstfinanzierung um Eigenkapitalbildung durch Reservenäufnung handelt, kann sie offen oder still erfolgen (offene Reserven, stille Reserven). Der Selbstfinanzierungsgrad zeigt das Verhältnis von Selbstfinanzierung (erarbeitetes Eigenkapital) zum Grundkapital (z.B. Aktienkapital):

■ **Selbstfinanzierungsgrad** $= \dfrac{\text{Selbstfinanzierung}}{\text{Grundkapital}} \cdot 100$

Ein hoher Selbstfinanzierungsgrad erlaubt es, eintretende Verluste buchungsmässig über die (offene oder verdeckte) Reservenauflösung zu decken, ohne Gläubigerinteressen zu gefährden. Zudem wird für das Unternehmen das Risiko vermindert, in Zeiten, in denen die Beschaffungsmöglichkeiten von Eigenkapital eingeschränkt sind, aufgrund von aktienrechtlichen Bestimmungen in seiner Existenz gefährdet zu werden (vgl. vor allem die Regelungen bezüglich Kapitalverlust und Überschuldung Art. 725 OR).

| 6.2.2.3 | Deckungsgrade |

Das Anlagevermögen ist langfristig investiertes (gebundenes) Kapital und wird im Rahmen der unternehmerischen Leistungserbringung – wenn überhaupt – nur langsam verbraucht. Die Forderung nach Fristenkongruenz in der Finanzierung verlangt, dass das Anlagevermögen mit langfristig zur Verfügung stehendem Kapital finanziert werden muss. Im Vergleich zum Umlaufvermögen, welches in zeitlich absehbaren Zyklen (ca. ein Jahr) dem Umsatzprozess unterliegt und damit immer wieder Geldform annimmt, beinhaltet das Anlagevermögen ein höheres unternehmerisches **Risiko**: Investitionen in Technologien (Anlagen, Maschinen, Einrichtungen usw.) und Know-how (Forschung und Entwicklung, Patente, Lizenzen, Akquisitionen usw.) sind teuer und ihr zukünftiger Nutzenzugang ist – nicht zuletzt aufgrund der langen Einsatzzeit – oft höchst ungewiss. Investitionen ins Anlagevermögen müssen deshalb primär mit Eigenkapital – dem unternehmerischen Risikokapital – finanziert (gedeckt) werden. Reicht dieses nicht aus muss zumindest langfristig zur Verfügung stehendes Fremdkapital vorhanden sein (z.B. Hypothekardarlehen).

Die verschiedenen Anlagedeckungsgrade zeigen einen Vergleich zwischen den beiden Bilanzseiten und fragen nach der Finanzierung des Anlagevermögens. Es werden unterschieden:[1]

- **Anlagedeckungsgrad 1** $= \dfrac{\text{Eigenkapital}}{\text{Anlagevermögen}} \cdot 100$ (Richtwert 90–120%)

- **Anlagedeckungsgrad 2**

  $= \dfrac{\text{Eigenkapital} + \text{langfristiges Fremdkapital}}{\text{Anlagevermögen}} \cdot 100$ (Richtwert 120–160%)

- **Anlagedeckungsgrad 3**

  $= \dfrac{\text{Eigenkapital} + \text{langfristiges Fremdkapital}}{\text{Anlagevermögen} + \text{eiserne Bestände des Umlaufvermögens}} \cdot 100$

Die aufgeführten Richtwerte entsprechen der Forderung nach Fristenkongruenz in der Finanzierung. Sie sind jeweils den individuellen Unternehmensumständen anzupassen. Bei der Analyse der Anlagedeckungsgrade ist dem **Leasing** besondere Beachtung zu schenken.

6.2.3	Analyse der Liquidität

Liquidität bedeutet grundsätzlich **Zahlungsbereitschaft**. Man will mit der Liquiditätsberechnung überprüfen, ob ein Unternehmen zu einem bestimmten Stichtag genügend flüssige oder leicht zu verflüssigende Vermögensteile besitzt, um seine geldlichen Verpflichtungen rechtzeitig erfüllen zu können. Die sogenannten Liquiditätsgrade vergleichen stufenweise die kurzfristigen Schulden des Unternehmens mit seinen Zahlungsmittelbeständen. Es werden drei Stufen unterschieden:

- **Liquiditätsgrad 1 (Cash ratio)**

  $= \dfrac{\text{Flüssige Mittel}}{\text{kurzfristiges Fremdkapital}} \cdot 100$ (Richtwert ca. 30–40%)

- **Liquiditätsgrad 2 (Quick ratio)**

  $= \dfrac{\text{Flüssige Mittel} + \text{Forderungen}}{\text{kurzfristiges Fremdkapital}} \cdot 100$ (Richtwert 100%)

---

[1] Bei der Berechnung des Eigenkapitals können auch langfristige «eigenkapitalähnliche» Darlehen von nahestehenden Personen einbezogen werden.

■ **Liquiditätsgrad 3 (Current ratio)**

$$= \frac{\text{Umlaufvermögen}}{\text{kurzfristiges Fremdkapital}} \cdot 100 \quad (\text{Richtwert } 200\,\%)$$

Sämtliche Berechnungen zur Liquidität sind insofern zu präzisieren, als allfällige **Liquiditätsreserven** mit in Betracht gezogen werden müssen (nicht beanspruchte Bankkredite, Liquiditätsreserven von Konzerngesellschaften, abstossbare Beteiligungen usw.). Im Gegensatz zu Kennzahlen bezüglich Vermögens- und Kapitalstruktur, welche ja bei Buchwerten aufgrund stiller Reserven wenig aussagekräftig sind, lassen sich die Liquiditätskennzahlen in der Regel relativ gut aus Buchwerten ableiten.

Im Rahmen von Liquiditätsbetrachtungen findet das Nettoumlaufvermögen immer wieder besondere Beachtung.[1]

> Das **Nettoumlaufvermögen (NUV)** berechnet sich nach der Formel Umlaufvermögen minus kurzfristiges Fremdkapital.

Es lassen sich zwei **Interpretationen** für das NUV finden:

■ Das Nettoumlaufvermögen zeigt die relativ kurzfristig verfügbaren Mittel, welche das Unternehmen nach Begleichung der kurzfristigen Schulden zur freien Verfügung hat, oder anders gesagt,

■ es entspricht demjenigen Teil des Eigenkapitals zuzüglich des langfristigen Fremdkapitals, der nicht im Anlagevermögen gebunden ist und damit mittel- bis langfristig zur Verfügung steht.

Das Nettoumlaufvermögen bestimmt massgeblich den unternehmerischen Handlungsspielraum auf kurze bis mittlere Frist. Dies wird auch durch die angelsächsische Bezeichnung «Net working capital» treffend zum Ausdruck gebracht. Im Rahmen der Mittelflussrechnung werden die Ursachen für die Veränderung dieser wichtigen Grösse aufgezeigt.

6.2.4	**Analyse der Ertragslage**
6.2.4.1	Umsatzbezogene Kennzahlen/Umsatzanalyse

Der Umsatz ist eine der objektivsten und wichtigsten Grössen des zwischenbetrieblichen und zwischenzeitlichen Vergleichs: Er ist Basis für eine grosse Anzahl

---

1 Vgl. auch die Ausführungen im Zusammenhang mit der Mittelflussrechnung in Kapitel 7, Abschnitt 7.3 «Mittelflussrechnung zum Fonds Nettoumlaufvermögen».

zusammengesetzter Kennzahlen (vgl. z.B. alle Umschlagskennzahlen). Eine Umsatzanalyse kann nach folgenden Gesichtspunkten erfolgen:

- Geographische Aufteilung (Inland/Ausland/Regionen),
- Aufteilung nach Kundengruppen (Engros/Detail, gross/mittel/klein, Kundenstruktur usw.),
- Aufteilung nach Artikelgruppen (Fabrikationswaren/Handelswaren usw.),
- Aufteilung entsprechend der ABC-Analyse.[1]

Typische umsatzbezogene Kennzahlen sind zum Beispiel:[2]

- **Kapitalumschlag** $= \dfrac{\text{Umsatz}}{\text{Gesamtkapital}}$

- **Marktanteil** $= \dfrac{\text{Umsatz}}{\text{Umsatz der Branche}}$

- **ø Verkaufspreis je Mengeneinheit** $= \dfrac{\text{Umsatz}}{\text{Menge}}$

- **Umsatz je Mitarbeiter** $= \dfrac{\text{Umsatz}}{\text{Anzahl Mitarbeiter}}$

- **Umsatzrendite** $= \dfrac{\text{Jahresgewinn}}{\text{Umsatz}} \cdot 100$

- **Cash-flow in % des Umsatzes** $= \dfrac{\text{Cash-flow}}{\text{Umsatz}} \cdot 100$

- **Angebotserfolg** $= \dfrac{\text{Aufträge}}{\text{Offerten}}$

- **Umsatz pro m²** $= \dfrac{\text{Umsatz}}{\text{m}^2\ \text{Verkaufsfläche}}$

Mit Hilfe von Umsatzerwartungen und Kostenschätzungen lassen sich zudem wichtige Nutzschwellen-Rechnungen und andere Sensitivitätsanalysen durchführen. Dabei ist zu beachten, dass im Zusammenhang mit geplanten Umsatzerhöhungen in der Regel auch mit Zunahmen im Umlaufvermögen (Lager, Debitoren) und im Anlagevermögen (Kapazitäten, Produktionsmittel) zu rechnen ist. Dies hat zur Folge, dass immer auch Finanzierungsüberlegungen für das betriebliche Vermögen anzustellen sind.

---

1 Zur ABC-Analyse vgl. Thommen 2002a, S. 400f.
2 Bei der Berechnung dieser Kennzahlen muss geklärt sein, ob der Umsatz mit oder ohne Mehrwertsteuer verwendet wird.

6.2.4.2	Aufwand- und Ertragsstruktur

Die Beurteilung der Struktur der Erfolgsrechnung bildet häufig den zentralen Teil einer klassischen Erfolgsanalyse. Dabei ist insbesondere der Abgrenzung zwischen verbuchtem Aufwand und effektiven (kalkulatorischen) Kosten grösste Aufmerksamkeit zu schenken. Es ist vom Schema in ▶ Abb. 15 auszugehen. Kosten sind immer

- sachzielbezogen (Abgrenzung von betrieblichem und nichtbetrieblichem Aufwand),
- periodenbezogen (Periodenabgrenzung),
- im Rahmen des üblichen Betriebsablaufs (Abgrenzung zwischen ordentlichem und ausserordentlichem Aufwand),
- nach rein betriebswirtschaftlichen Kriterien zu bewerten.

Neben dem verbuchten Aufwand gibt es auch Kostengrössen, welche in der Finanzbuchhaltung keine entsprechende Aufwandsposition aufweisen. Typische Beispiele für solche sogenannte **Zusatzkosten** sind das kalkulatorische Unternehmerentgelt beim Einzelunternehmen oder die kalkulatorischen Zinsen für das investierte Eigenkapital.

Für die Analyse der Erfolgsrechnung sind in jedem Fall vergleichbare Vorjahreszahlen notwendig: Nur der dynamische Vergleich erlaubt das Erkennen von Verschiebungen, welche ja Ansatzpunkt zur Diskussion bzw. Detailanalyse ge-

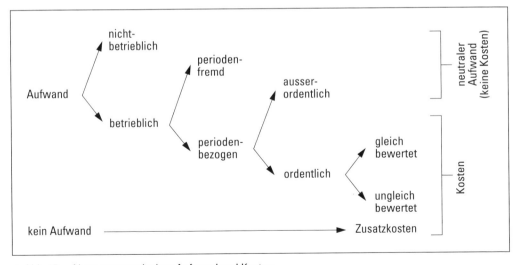

▲ Abb. 15   Abgrenzung zwischen Aufwand und Kosten

ben. Trotzdem ist den analysierten Zahlen in der Regel nicht anzusehen, ob sie auch wirklich wirtschaftlich zustandegekommen sind. Der reine Zeitvergleich kann nur relative Veränderungen aufzeigen, und bei der Gegenüberstellung von objektiv schlechten Zahlen können gute Ergebnisse vorgetäuscht werden.

Insbesondere im Mehrproduktebetrieb kann eine Aufteilung der produktbezogenen Aufwände in **fixe** und **variable Kosten** interessante Informationen liefern. Die daraus resultierende **Deckungsbeitragsrechnung** kann in besonderen Situationen (z. B. bei Überkapazität, bei der Angebotspreisgestaltung, zwecks Sortimentsgestaltung) kurzfristig die besseren Entscheidungsgrundlagen liefern als eine Vollkostenrechnung. Unter dem Deckungsbeitrag (DB) versteht man jenen Beitrag, den ein einzelnes Produkt (bzw. eine Produktgruppe) zur Deckung seiner fixen Kosten und zur Erzielung eines Gewinnes leistet:

Erlös
– variable Kosten
= Deckungsbeitrag

▶ Abb. 16 zeigt, dass ein positiver Deckungsbeitrag nicht mit Gewinnerzielung verwechselt werden darf. Mit einem Erlös I werden die Vollkosten des Produktes nicht gedeckt. Es wird ein Verlust erwirtschaftet. Immerhin leistet der Erlös des Produktes einen Beitrag zur Deckung der fixen Kosten. Mit dem Erlös II wird jedoch ein Gewinn erzielt: Der resultierende Deckungsbeitrag vermag nicht nur die variablen und die fixen Kosten des Produktes voll zu decken, sondern es entsteht

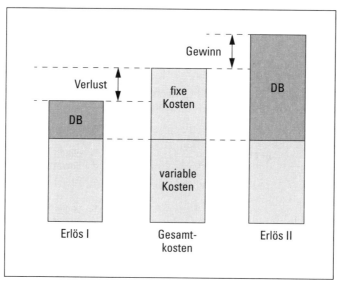

▲ Abb. 16   Deckungsbeitrag und Gewinn

ein darüber hinausgehender Betrag. Dem Deckungsbeitrag ist nicht anzusehen, ob er auch einen Gewinn beinhaltet. Erst die Gegenüberstellung des Erlöses mit den vollen Produktekosten lässt dies erkennen.

Für Preisentscheidungen bei Überkapazität und mit kurzfristigem Zeithorizont kann die Deckungsbeitragsrechnung wertvolle Informationen liefern. Die Herstellung eines Produktes lohnt sich damit solange, wie die durch Produktion und Vertrieb dieses Produktes verursachten variablen Kosten durch den Erlös aus dem Verkauf gedeckt werden können. Die **kurzfristige Preisuntergrenze** für ein Produkt liegt damit bei den variablen Kosten.

Es kann allerdings nicht genug betont werden, dass die DB-Betrachtung kurzfristiger Natur ist und nur in speziellen Situationen zur Anwendung kommen darf: Ein positiver Deckungsbeitrag ist nicht mit Gewinn gleichzusetzen. Langfristig sind alle Aufwendungen durch entsprechende Erträge zu decken (Vollkostendeckung).

6.2.4.3	Rentabilität

Gewinn kann entweder absolut als Differenz zwischen Aufwand und Ertrag oder relativ als Verhältnis zwischen absolutem Gewinn und dem zur Erwirtschaftung des Gewinnes eingesetzten Kapital definiert werden. Im letzteren Fall spricht man von Rendite oder Rentabilität.

- **Rendite** $= \dfrac{(\text{Ertrag} - \text{Aufwand})}{\text{ø eingesetztes Kapital}} \cdot 100$

Die Rentabilität ist die wichtigste Kennzahl der Bilanz- und Erfolgsanalyse, da sie dem Analysten zeigt, wie wirtschaftlich das Unternehmen in der vergangenen Geschäftsperiode gearbeitet hat. Je nach Informationsbedürfnis werden unterschieden:

- Eigen- und Gesamtkapitalrenditen,
- Unternehmens- und Betriebsrendite.

Die Güte der Rendite misst sich einerseits am Branchendurchschnitt, andererseits an alternativen Anlagemöglichkeiten unter Berücksichtigung des unternehmerischen Risikos. In der Praxis hat sich vor allem im Zusammenhang mit der Ertragswertberechnung von Unternehmen oder Unternehmensteilen eine Vorgehensmethodik für die Ermittlung einer **objektiven Eigenkapitalrentabilität** – im Sinn einer zu erwartenden Minimalverzinsung des investierten Kapitals – entwickelt.

Die Bestimmungsfaktoren des sogenannten **Kapitalisierungszinssatzes** sind wie folgt zu charakterisieren (vgl. auch Helbling 1998, S. 422ff.):

- Der **reine Kapitalzins** (landesübliche, risikofreie Verzinsung für Kapitalanlagen) kann als Basis des Kapitalzinssatzes betrachtet werden. In der Praxis misst er sich in der Regel an der Durchschnittsrendite inländischer Staatsobligationen. Diese stellt eine reine Nominalwertanlage dar, deren Verzinsung abhängig ist von der staatlichen Geldpolitik, den Inflationserwartungen und dem Auslandeinfluss.

- **Zuschlag für erschwerte Verkäuflichkeit:** Unternehmen und nicht kotierte Unternehmensanteile sind schwerer verkäuflich als Staatsobligationen. Diese langfristige Kapitalbindung erfordert einen höheren Zins, da der reine Kapitalzins der Staatsobligation auf kurzfristig realisierbaren Wertanlagen basiert. Der Zuschlag liegt in der Praxis bei 1–3 %.

- **Zuschlag für höheres Risiko:** Anteile an Unternehmen beinhalten ein höheres Risiko als Staatsobligationen. Für den notwendigen Risikozuschlag sind folgende Faktoren massgebend:
  - **Branche:** vgl. zum Beispiel Renditen kotierter Aktien verschiedener Branchen,
  - **Konkurrenzverhältnisse:** Marktanteil, Branchenkonzentration, Wettbewerbsregeln, Inland/Ausland, Substitutionsprodukte usw.,
  - **Gewinnschwankungen:** hohe Schwankungen bedeuten hohes Risiko,
  - **Umwelteinflüsse:** Verstaatlichungstendenzen, öffentliche Kritik usw.,
  - **Umsatzrendite:** überdurchschnittliche Umsatzrenditen haben oft die Tendenz, sich auf «übliche» Branchenrenditen einzupendeln,
  - **Qualität des Management/Regelung der Nachfolge:** unklare Verhältnisse erhöhen das Risiko,
  - **Personalstruktur/Organisation/Grösse:** Überalterung, Personenzentriertheit, ungünstige Betriebsgrösse, Alter und Image des Unternehmens usw. können das Risiko erhöhen,
  - **Standort:** vor allem bei multinationalen Unternehmen wichtig,
  - **Abhängigkeiten/vertragliche Bindungen:** Lieferanten, Kunden, Patent-/Lizenzgeber, Vermieter, Konzessionsgeber usw.,
  - **Rechtsform/Steuerverhältnisse:** Gewinnsteuern, Zuschlag für persönliche Haftung usw.,
  - **Zusammensetzung der Aktiven/Finanzierungsmöglichkeiten:** hoher Substanzwert und Möglichkeit günstiger Fremdkapitalaufnahme (z.B. Hypotheken) senken das Risiko,
  - **Brutto-/Nettomethode:** Bruttomethode verlangt einen Gesamtkapitalzinssatz, Nettomethode einen (höheren) Eigenkapitalzinssatz,
  - **Kapitalkosten des Investors:** gilt nur für Grenzwertbestimmung,

□ **Differenzierung nach Unternehmensbereichen/-aktivitäten.**
Der Zuschlag für erhöhtes Risiko bemisst sich in der Praxis insgesamt auf
2–4%.

■ **Zuschlag für nur partielle Gewinnausschüttung:** Der Investor kann nicht über den
gesamten ökonomischen Gewinn frei verfügen (handelsrechtliche Bilanzie-
rungs- und Ausschüttungsvorschriften). Dieser Zuschlag beträgt in der Regel
0,5–1%.

■ **Abzug für Geldentwertungsschutz:** Ein Unternehmen ist in der Regel als Sach-
wertanlage zu sehen, welche die Chance einer inflationsbedingten Realwert-
steigerung gewisser Vermögensteile bei gleichzeitiger Entwertung der Nomi-
nalschulden beinhaltet. Im Vergleich zur reinen Nominalwertanlage (auf die
sich der reine Kapitalzins bezieht) ist deshalb ein Abzug begründet. Dieser ist
jedoch stark unternehmensabhängig (Art und Branche: z.B. Immobiliengesell-
schaft).

■ **Vergleich mit Alternativinvestitionen:** Aufgrund der effektiven Rendite von vergleichbaren Alternativinvestitionen könnten Rückschlüsse auf den anzuwen-
denden Kapitalisierungszinssatz gezogen werden (was in der Praxis jedoch
kaum machbar ist).

■ **Entwicklung der Zinssätze:** An sich müsste der Kapitalisierungszinssatz für eine
geplante Investition für jedes Betrachtungsjahr (Laufzeit der Investition) neu
berechnet werden. In der Praxis wird jedoch vereinfachend eine durchschnittliche, konstante Grösse angenommen.

Die folgenden Rendite-Formeln haben rein definitorischen Charakter und beziehen sich auf die Betrachtungsperiode von einem Jahr. Sie zeigen, dass die Gewinngrösse der korrespondierenden Kapitalgrösse angepasst werden muss. Das
durchschnittliche Kapital wird jeweils vereinfacht als Durchschnitt von Anfangs-
und Endbestand der betrachteten Periode berechnet.

■ **Eigenkapitalrendite$_{netto}$** $= \dfrac{\text{Jahresgewinn}}{\text{ø Eigenkapital}} \cdot 100$

■ **Eigenkapitalrendite$_{brutto}$** $= \dfrac{\text{Jahresgewinn} + \text{Eigenkapitalzins}}{\text{ø Eigenkapital}} \cdot 100$

■ **Gesamtkapitalrendite$_{netto}$** $= \dfrac{\text{Jahresgewinn}}{\text{ø Gesamtkapital}} \cdot 100$

■ **Gesamtkapitalrendite$_{brutto}$**

$= \dfrac{\text{Jahresgewinn} + \text{Fremdkapitalzins} + \text{Eigenkapitalzins}}{\text{ø Gesamtkapital}} \cdot 100$

- **Unternehmensrendite**$_{\text{netto}}$ $= \dfrac{\text{Jahresgewinn}}{\text{ø Gesamtkapital}} \cdot 100$

- **Betriebsrendite**$_{\text{netto}}$ $= \dfrac{\text{betrieblicher Jahresgewinn}}{\text{ø betriebliches Kapital}} \cdot 100$

Als betriebliches Kapital wird die Differenz zwischen Gesamtvermögen und nichtbetrieblichem Vermögen bezeichnet (eine direkte Berechnung über die Passivseite der Bilanz ist nicht sinnvoll bzw. unmöglich). Zum nichtbetrieblichen Vermögen zählen zum Beispiel:

- zu Spekulationszwecken gekaufte Grundstücke,
- stillgelegte Anlagen,
- Mitarbeiterwohnhäuser,
- Beteiligung an fremden Unternehmen.

6.2.5   Du Pont-Kennzahlensystem der Unternehmensanalyse

Gute Kennzahlensysteme sind einzelnen Kennzahlen immer dann überlegen, wenn Zusammenhänge oder Beziehungen aufgezeigt werden sollen. Sie dienen der strukturierten Planung und Kontrolle des betrieblichen Geschehens und zeigen Ansatzpunkte für Verbesserungen der Wirtschaftlichkeit auf. Besondere Verbreitung hat das amerikanische Du Pont-Schema – auch Return-on-Investment- oder ROI-Schema genannt – erfahren (▶ Abb. 17).

Als Analyseinstrument ist das Du Pont-Schema insofern sehr gut geeignet, als mit ihm aufgezeigt werden kann, wie sich die verschiedenen Bestandteile von Bilanz und Erfolgsrechnung in ihrem Zusammenspiel auf den ROI auswirken.[1]

Die Anwendung des Du Pont-Schemas erlaubt, wesentliche Einflussfaktoren der Rentabilität zu untersuchen und auf Schwachpunkte hinzudeuten sowie Ansatzpunkte zur Verbesserung der Rentabilität aufzuzeigen. Dieser Analyse kommt deshalb nicht nur eine Planungs-, sondern auch eine Kontrollfunktion zu. Die Vorzüge des Du Pont-Schemas liegen in der übersichtlichen Darstellung wichtiger Grössen und derer Zusammenhänge, es vermag aber nicht weitergehende Detailanalysen zu ersetzen. Die einzelnen Grössen bzw. deren Ausprägung besitzen lediglich eine grobe Signalfunktion, um gewisse Entwicklungstendenzen anzudeuten.

---

1   Vgl. dazu Teil 3, Kapitel 2, Abschnitt 2.2.3 «Rentabilitätsrechnung».

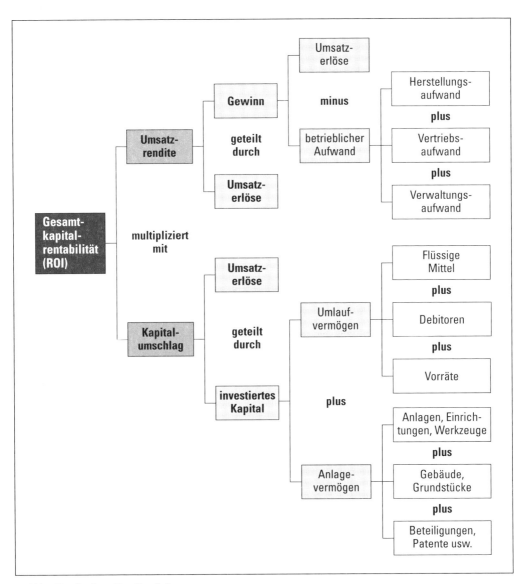

▲ Abb. 17   Du Pont-Rendite-Schema

Kapitel 7

Mittelflussrechnung

7.1 Ziele und Bedeutung der Mittelflussrechnung

Die Mittelflussrechnung (Kapitalflussrechnung) ist eine **freiwillige** Rechnung und hat sich in den vergangenen Jahren zu einer gleichrangigen dritten Abschlussrechnung neben Bilanz und Erfolgsrechnung entwickelt. Sie gilt heute in vielen Unternehmen als wichtigstes Instrument der finanziellen Führung (im Sinn der Planung, Entscheidung und Kontrolle finanzwirtschaftlicher Sachverhalte). Mittelflussrechnungen werden auch durch aussenstehende Analytiker für die Beurteilung von Unternehmen erstellt. Sie sind aufgrund ihrer Informationsfülle in der Praxis bei mittleren und grösseren Unternehmen sehr verbreitet. Für Gesellschaften, die an der Schweizer Börse kotiert sind, ist die Erstellung und Publikation einer Mittelflussrechnung obligatorisch. Die wichtigsten Informationsziele der Mittelflussrechnung bestehen im Aufzeigen

- der Investitionsvorgänge,
- der Finanzierungsmassnahmen sowie
- der Liquiditätsentwicklung

innerhalb einer vergangenen oder zukünftigen Geschäftsperiode. (Volkart 1998a, S. 204)

Die aufgezeigten Investitions- und Finanzierungsvorgänge sowie Liquiditätsentwicklungen werden dabei immer auf eine frei gewählte, jedoch besonders aussagekräftige Kontengruppe der Bilanz bezogen. Diese Kontengruppe wird **Fonds** genannt.

Wie die Erfolgsrechnung, welche die Ursachen für einen Gewinn oder Verlust einer Betrachtungsperiode ausweist, ist auch die Mittelflussrechnung eine Bewegungsrechnung. Im Gegensatz zur Erfolgsrechnung erklärt die Mittelflussrechnung jedoch die Ursachen für die Veränderungen des ihr zugrundeliegenden Fonds.

Die konkrete Ausgestaltung der Mittelflussrechnung ist in der Praxis äusserst vielfältig. Folgende Gemeinsamkeiten sind erkennbar:

- Die grundsätzliche Frage, die man mit jeder Mittelflussrechnung zu beantworten versucht, heisst: Welches sind Umfang und Ursachen der Veränderung von ausgewählten Bilanzpositionen (des Fonds)?
- Die Darstellung der Mittelflussrechnung (Ursachenanalyse für Fondsveränderungen) erfolgt immer nach dem gleichen Schema:

Fondszuflüsse	**Mittelherkunft** aus Finanzierungen, Desinvestitionen und aus dem unternehmerischen Umsatzprozess
− Fondsabflüsse	**Mittelverwendung** für Investitionen und Definanzierungen ausserhalb des Fonds
= Fondsveränderung	Veränderung der durch den Fonds definierten **finanziellen Mittel**

7.2   Idee der Fondsrechnung

Ausgangspunkt jeder Mittelflussrechnung sind zwei aufeinanderfolgende Bilanzen. Je nach konkreter Fragestellung bzw. Zielsetzung der Mittelflussrechnung wird die Veränderung eines möglichst aussagekräftigen Fonds genauer analysiert: In möglichst übersichtlicher, systematischer und informativer Darstellung werden alle Vorgänge aufgezeigt, welche diesen Fonds verändert haben.

Grösse und Zusammensetzung des betrachteten Fonds können beliebig gewählt werden. ▶ Abb. 18 zeigt durch die gestrichelten Linien die grundsätzlichen Möglichkeiten zur Fondsbildung. Diese Fonds können vereinfacht wie folgt interpretiert werden (Weilenmann 1985, S. 13):

- Fonds 1–8 dienen der Planung und Kontrolle einer weiter oder enger definierten Liquidität (als Massgrösse der Zahlungsbereitschaft).
  1. **Nettoumlaufvermögen:** Umlaufvermögen minus kurzfristiges Fremdkapital,
  2. **Umlaufvermögen,**
  3. **Netto-monetäres Umlaufvermögen:** (Geld plus kurzfristig erwartete Geldzugänge) minus kurzfristig erwartete Geldabgänge,

Aktiven	Bilanz	Passiven

```
Aktiven                          Bilanz                           Passiven

    Kasse, Post,                          Bank (Kontokorrent)
    Bank (Kontokorrent)
  8
  7 ─────────────────────────
    Kassaeffekten, kurzfristige           Kreditoren, Schuldwechsel,
    Festgelder, Besitzwechsel             Dividenden
  6
  5 ─────────────────────────
    Debitoren (kurzfristige               transitorische Passiven
    Kundenforderungen)                    (Geldschulden)
    transitorische Aktiven                kurzfristige Rückstellungen
    (Geldforderungen)
  4
  3 ─────────────────────────
    transitorische Aktiven                transitorische Passiven
    (Dienstleistungsforderungen)          (Dienstleistungsschulden)

    Anzahlungen an Lieferanten            Anzahlungen von Kunden

    Vorräte (einschliesslich
    angefangene Arbeiten)
  2
  1 ─────────────────────────
    langfristige Kundenforderungen,       langfristige Rückstellungen        12
    Darlehen, Beteiligungen
    Mobilien, Maschinen,                  Darlehen, Hypotheken,
    Einrichtungen                         Obligationen                       11
    Liegenschaften                        Eigenkapital
  9                                                                          10
```

▲ Abb. 18   Möglichkeiten zur Fondsbildung (Weilenmann 1985, S. 14)

4. **Monetäres Umlaufvermögen,**
5. **Netto-Geld im weiteren Sinn** (Geld plus rasch in Geld umwandelbare Vermögenswerte) minus rasch erwartete Geldabgänge,
6. **Geld im weiteren Sinn,**
7. **Netto-Geld im engeren Sinn:** Geld als sofort verfügbare Mittel minus Kontokorrentschulden,
8. **Geld.**

■ Fonds 9 umfasst die **Aktiven** und dient der Planung und Kontrolle von Wachstum (bzw. Schrumpfung) sowie dessen Finanzierung (bzw. der Formen der Definanzierung).

- Fonds 10 beinhaltet die **Passiven** und zeigt, welche Investitionsvorgänge (bzw. Desinvestitionsvorgänge) zu einem Wachstum (bzw. zu einer Schrumpfung) führen oder geführt haben.

- Fonds 11 zeigt die Ursachen für die Veränderung des **Eigenkapitals.**

- Fonds 12 dient der Planung und Kontrolle der **Kapitalstruktur.** Er ist wie folgt definiert: langfristiges Eigenkapital plus langfristiges Fremdkapital.

Welcher Fonds im konkreten Einzelfall für die Erstellung der Mittelflussrechnung ausgewählt werden soll, hängt von den Informationsbedürfnissen der Unternehmensleitung ab. In der Praxis haben sich aber folgende Fonds bewährt:

- In **publizierten Geschäftsberichten** findet sich häufig eine Fondsrechnung mit dem Fonds Nettoumlaufvermögen (NUV). Die Bedeutung dieses Fonds wird anschliessend erläutert.

- Für **interne Zwecke** empfiehlt sich zudem eine Fondsrechnung zum Fonds «Geld plus die sofort verfügbaren Geldmittel» (z.B. Kontokorrentguthaben bei Post und Bank). Eine so definierte Mittelflussrechnung wird zu einer eigentlichen **Geldflussrechnung** (reine Einzahlungs-/Auszahlungs-Betrachtung) und dient der Planung, Steuerung und Kontrolle der Zahlungsbereitschaft des Unternehmens.

7.3   Mittelflussrechnung zum Fonds Nettoumlaufvermögen

Wie erwähnt, benutzt eine Form der publizierten Mittelflussrechnungen den Fonds «Nettoumlaufvermögen» (Umlaufvermögen minus kurzfristiges Fremdkapital = NUV). Im folgenden wird deshalb die Bedeutung des Nettoumlaufvermögens und die Herleitung der Mittelflussrechnung zu diesem Fonds näher erläutert. Da alle Mittelflussrechnungen auf einen Fonds bezogen sind, stehen diese Ausführungen exemplarisch für sämtliche Ausprägungsformen.

7.3.1   Bedeutung des Nettoumlaufvermögens

Ziel der Analyse des Fonds NUV ist es, die Veränderungen des 3. Liquiditätsgrads zwischen zwei Abschlüssen zu erklären. Liquidität bedeutet Zahlungsfähigkeit – d.h. die Fähigkeit, Zahlungsverpflichtungen jederzeit nachkommen zu können. Kurzfristig ist die Zahlungsfähigkeit die wichtigste Existenzbedingung jedes Unternehmens. Deshalb kommt der Planung und Kontrolle der Liquidität eine äusserst wichtige Rolle zu.

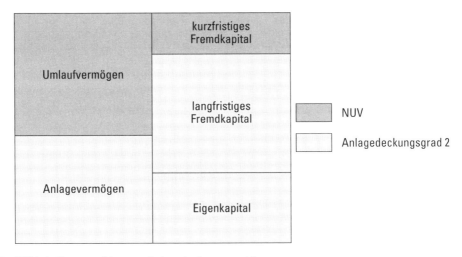

▲ Abb. 19   NUV als Gegenposition zum Anlagedeckungsgrad 2

Die Entwicklung des NUV hat jedoch eine über die Liquiditätsplanung hinausgehende, **strategische Bedeutung**:

- Das NUV zeigt den Überschuss des Umlaufvermögens über die kurzfristigen Schulden und gibt damit an, über welchen Betrag das Unternehmen nach Rückzahlung der Schulden (mit Fristigkeit bis zu einem Jahr) frei verfügen kann.
- Diese frei verfügbaren Mittel stehen dem Unternehmen – bzw. der Geschäftsleitung – für Investitionen aller Art zur Verfügung (Substanzerhaltung durch Erneuerung von Produktionsanlagen und Infrastruktur, Investition in zinsbringende Finanzanlagen, Nutzung vorteilhafter Beschaffungskonditionen, Ausbau von Kapazitäten, Diversifikation usw.). In diesem Sinn ist das NUV das bilanzielle Gegenstück des Anlagedeckungsgrades 2: Es zeigt kurzfristig disponible Mittel, welche mit langfristig zur Verfügung stehenden Mitteln finanziert sind (◄ Abb. 19). Die Höhe des NUV ist damit ein Gradmesser für die Fähigkeit des Unternehmens, aus eigener Kraft kurzfristig auf strategische Herausforderungen reagieren zu können.

Für das kurzfristige Liquiditätsmanagement (oder auch Cash Management) ist das NUV nicht geeignet, da es keinen Aufschluss über die Verschiebungen im geldnahen Bereich geben kann. (Volkart 1998a, S. 207f.) Die enger definierten Fonds 3–8, insbesondere aber der Fonds 6, sind dafür besser geeignet.[1]

---

1   Die FER Nr. 6 beurteilen deshalb den Fonds Nettoumlaufvermögen als weniger geeignet für die Mittelflussrechnung und empfehlen dafür geldnahe Fonds.

7.3.2	Liquiditätsnachweis

Ausgehend von zwei aufeinanderfolgenden Bilanzen besteht ein erster Schritt in der Analyse der Veränderung des Nettoumlaufvermögens darin, dass die Veränderungen der einzelnen Komponenten des NUV aufgezeigt werden. Da das NUV die Liquidität dritten Grades[1] zeigt, nennt man diese Analyse Liquiditätsnachweis. Dieser zeigt:

- wie gross das NUV ist (z.B. Bestand 31.12.20.1 und Bestand 31.12.20.2),

- wie sich das NUV zwischen zwei Zeitpunkten verändert hat,

- welche Verschiebungen sich bei den einzelnen Positionen des NUV ergeben haben:
  - Veränderung der liquiden Mittel,
  - Veränderung der Debitoren,
  - Veränderung der Lagerbestände an Roh-, Halb- und Fertigfabrikaten sowie Handelswaren,
  - Veränderung der kurzfristigen Schulden.

Der Liquiditätsnachweis zeigt nur den Betrag der Veränderungen der einzelnen Fondspositionen, nicht jedoch die Ursachen für diese Veränderungen. Trotzdem lassen sich daraus interessante Erkenntnisse ableiten. So können Verschiebungen in der relativen Zusammensetzung des betrachteten Fonds Ansatzpunkte für eine vertiefte Analyse der einzelnen NUV-Positionen geben:

- Eine Erhöhung des Anteils der Waren- oder Fertigfabrikatebestände kann in einer Absatzstockung begründet sein.
- Zunehmende Kassenbestände sind grundsätzlich renditehemmend, da sie in der Regel zinslos sind und damit «brachliegen».
- Gestiegene Debitorenbestände können auf eine schlechte Debitorenbewirtschaftung schliessen lassen, was sich wiederum renditehemmend auswirken kann.

Ein grosses Umlaufvermögen ist damit nicht a priori gut oder schlecht. In jedem Fall ist eine genauere Analyse über die Angemessenheit der einzelnen Positionen notwendig. Besonderes Gewicht muss dabei auf die Bewertung der betroffenen Bilanzpositionen gelegt werden. Allfällige stille Reserven sind aufzulösen und nichtbetriebliche Aktiven sind von den betrieblichen Werten abzuspalten. Erst auf dieser Basis kommen für die Beurteilung der Angemessenheit der Grössen die früher dargestellten Umschlagskennzahlen zur Anwendung.

---

1 Zu den verschiedenen Liquiditätsgraden vgl. Kapitel 6, Abschnitt 6.2.3 «Analyse der Liquidität».

7.3.3 | Ursachen für Veränderungen des Fonds NUV

Der Liquiditätsnachweis zeigt nur, wie sich die Beträge der einzelnen NUV-Positionen innerhalb einer Rechnungsperiode verändert haben. Er vermag jedoch nicht die Ursachen dieser Veränderungen aufzuzeigen. Diese **Ursachen** liegen in jenen Geschäftsvorgängen, bei denen Mittel in den Fonds hineinfliessen oder aus dem Fonds abfliessen. Dies ist immer dann der Fall, wenn die Verbuchung eines Geschäftsvorfalles jeweils ein Konto des NUV und ein Konto ausserhalb des NUV berührt (▶ Abb. 20). Solche Vorgänge (Buchungstatsachen) nennt man

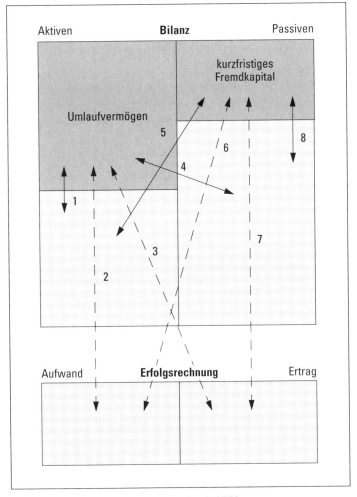

▲ Abb. 20   Ursachen für die Veränderungen des Fonds NUV

Pfeil Nr.	Geschäftsvorfall	Buchungen		Auswirkung auf NUV
		Soll	Haben	
1	Veräusserung von Beteiligungen	Kasse, Bank	Beteiligungen	Zunahme
	Kauf von Mobiliar, bar	Mobilien	Kasse	Abnahme
2	Reduktion des Delkredere	Delkredere	Debitorenverluste	Zunahme
	Auszahlung von Löhnen	Personalaufwand	Bank, Post	Abnahme
3	Warenverkauf an Kunden auf Rechnung	Debitoren	Umsatzerlöse	Zunahme
	Erlösminderungen auf Debitoren (z.B. Skontoabzug)	Erlösminderungen, Umsatzerlöse	Debitoren	Abnahme
4	Kapitalerhöhung	Bank, Post	Aktienkapital	Zunahme
	Kreditrückzahlung	Darlehen	Bank, Post	Abnahme
5	Preisreduktion durch den Lieferanten einer Anlage	Kreditoren	Maschinen, Anlagen	Zunahme
	Kauf von Maschinen auf Rechnung	Maschinen, Anlagen	Kreditoren	Abnahme
6	Inanspruchnahme von Lieferantenskonti	Kreditoren	Warenaufwand	Zunahme
	Zinsen auf Kontokorrentschuld	Zinsaufwand	Kontokorrent, Bankschuld	Abnahme
7	Auflösung kurzfristiger Rückstellungen	Rückstellungen	ausserordentlicher Ertrag	Zunahme
	Periodenabgrenzung vorauskassierter Mieten	Mieterträge	transitorische Passiven	Abnahme
8	Umwandlung eines Kreditverkaufes in ein Darlehen	Kreditoren	Darlehen	Zunahme
	Verbuchung der Dividende	Gewinnvortrag	Dividendenguthaben Aktionäre	Abnahme

▲ Abb. 21   Beispiele für Ursachen für die Veränderung des Fonds NUV

fondswirksam. Die Mittelflussrechnung stellt all diese Vorgänge nach einem sinnvollen Schema gegliedert dar. Damit unterscheidet sich die Mittelflussrechnung
von der Erfolgsrechnung – rein technisch – nur sehr wenig. Auch die Erfolgsrechnung zeigt die Veränderung von Bilanzpositionen auf und erklärt damit Gewinn-
und Verlustentstehung während einer Geschäftsperiode. Und auch bei der
Erfolgsrechnung liegen die Ursachen in jenen Geschäftsvorfällen, bei denen ein
Bilanzkonto und ein Ausserbilanzkonto (Aufwand/Ertrag) berührt werden. Der
technische Unterschied zwischen Mittelflussrechnung und Erfolgsrechnung liegt
im betrachteten Fonds: Während die Erfolgsrechnung die Veränderung des Ge-
winnkontos erklärt, ermittelt die Mittelflussrechnung die Veränderung des Fonds
NUV. Diese Veränderungen liegen in den acht Transaktionstypen begründet, wie
in ◄ Abb. 20 gezeigt wird (Pfeile).

Je nach Pfeilrichtung bewirken diese Transaktionen eine Zunahme oder eine
Abnahme des Fonds NUV. Zu jedem Pfeil sind deshalb in ◄ Abb. 21 exemplarisch
zwei Beispiele aufgeführt.

In ◄ Abb. 20 wird durch die unterschiedlichen Pfeile zum Ausdruck gebracht,
dass zwei verschiedene Gruppen von Geschäftsvorfällen bestehen: Geschäftsvor-
fälle, welche rein bilanzintern wirksam sind (Pfeile 1, 4, 5, 8), und solche, deren
Gegenkonto aus der Erfolgsrechnung stammt (Pfeile 2, 3, 6, 7). In der Analyse der
Mittelflussrechnung spielen die Fondsbeiträge aus der betrieblichen Umsatztätig-
keit – also die NUV-Auswirkungen jener Geschäftsvorfälle, die ein Konto der
Erfolgsrechnung berühren – unter der Bezeichnung Cash-flow eine besondere
Rolle.[1]

7.3.4	**Darstellung der Mittelflussrechnung**
7.3.4.1	Gliederung nach Mittelherkunft und Mittelverwendung

Für die Darstellung der Ursachen der Fondsveränderung wird in der Praxis häufig
die Gliederung nach Mittelherkunft und Mittelverwendung gewählt. Die Aus-
drücke Mittelherkunft und Mittelverwendung beziehen sich jedoch nur auf den
betrachteten Fonds (hier: Nettoumlaufvermögen) und zeigen die Vorgänge, welche in der Betrachtungsperiode zu einer Fondsvergrösserung (Mittelherkunft)
bzw. zu einer Fondsverkleinerung (Mittelverwendung) geführt haben. ▶ Abb. 22
zeigt die Grobgliederung einer solchen Mittelflussrechnung.

---

1 Vgl. dazu Abschnitt 7.3.5 «Cash-flow».

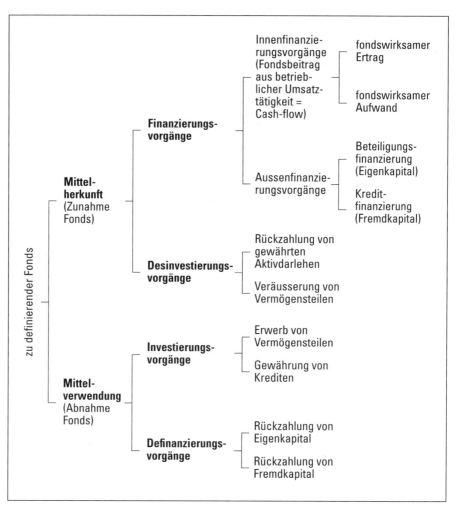

▲ Abb. 22   Gliederung der Mittelflussrechnung nach Mittelherkunft und Mittelverwendung

    Der Vorteil dieser Darstellung liegt in der systematischen und denklogischen Auflistung aller Ursachen der Fondsveränderungen sowie in der übersichtlichen Trennung fondsvermehrender und fondsreduzierender Vorgänge.

| 7.3.4.2 | Gliederung nach Umsatz-, Investitions- und Finanzierungsbereich |

    Auch wenn die Gliederung nach Mittelherkunft und Mittelverwendung weit verbreitet ist, so sind auch andere Gliederungsmöglichkeiten denkbar. Immer häu-

▲ Abb. 23 Gliederung der Mittelflussrechnung nach dem Bereichsaspekt (FER Nr. 6 bzw. Regel Nr. 6 KR)

figer ist die Aufteilung der fondsverändernden Ursachen in Umsatzbereich (Geschäftstätigkeit), Investitionsbereich und Finanzierungsbereich (◄ Abb. 23).

Der Vorteil dieser Darstellungsart liegt in der starken Anlehnung an die traditionellen Abschlussrechnungen Bilanz und Erfolgsrechnung. Während die umsatzbedingten Fondsbeiträge die Erfolgsrechnung beinhalten, beschreibt der Investitionsbereich die Veränderungen der Aktivseite, der Finanzierungsbereich diejenigen der Passivseite der Bilanz. Damit erfährt der Cash-flow, als Fondsbeitrag aus der Umsatztätigkeit des Unternehmens, eine stärkere formelle Gewichtung.

Nachteilig wirkt sich bei dieser Darstellung aus, dass fondsvergrössernde und fondsvermindernde Vorgänge (Herkunft und Verwendung der Fondsmittel) nicht mehr ohne weiteres ersichtlich sind, sondern in den Investitions- und Finanzierungsbereich aufgehen.

Selbstverständlich sind beide Darstellungsvarianten insofern gleichwertig, als sie die gesamte Fondsveränderung detailliert nachweisen können.

7.3.5	**Cash-flow**

Für das Unternehmen selbst ist der Mittelzufluss aus der betrieblichen Umsatztätigkeit (Cash-flow) eine wichtige Grösse zur Planung und Kontrolle der Liquidität. Dieser Mittelzufluss ist das Resultat oder das finanzielle Abbild des Erfolges der Unternehmensstrategie. Er zeigt, ob und in welchem Umfang es dem Unternehmen in der vergangenen Geschäftsperiode gelungen ist, über Herstellung und Vertrieb seiner Güter und Dienstleistungen einen positiven Beitrag zur Vergrösserung des Nettoumlaufvermögens – und damit zur Erhöhung der operativen und strategischen finanziellen Flexibilität – zu leisten. Nur wenn es dem Unternehmen

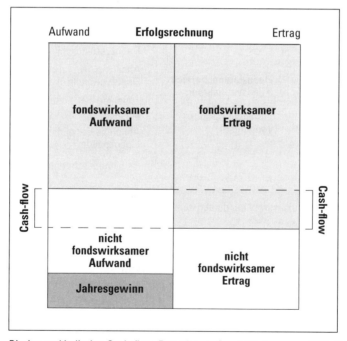

▲ Abb. 24   Direkte und indirekte Cash-flow-Berechnung (nach Weilenmann 1985, S. 27)

gelingt, seine Verpflichtungen und seinen Investitionsbedarf nachhaltig aus eigener Geschäftstätigkeit heraus zu finanzieren, ist das Überleben langfristig gesichert. Der Mittelbeschaffung aus Desinvestitionen sind nämlich Grenzen gesetzt, und Aussenfinanzierungen mit Fremd- oder Eigenkapital sind langfristig nur möglich, wenn die selbsterarbeiteten Mittel eine hinreichende Verzinsung und Amortisation erlauben. Der **Cash-flow** wird aus dieser Perspektive zu einer **strategischen Steuerungsgrösse**. Seine Berechnung ist auf zwei Wegen möglich:

- **Direkte Berechnung:**
  fondswirksamer Ertrag
  – fondswirksamer Aufwand

  _____

  = Cash-flow

- **Indirekte Berechnung:**
  Jahresgewinn
  + nicht fondswirksamer Aufwand
  – nicht fondswirksamer Ertrag

  _____

  = Cash-flow

Wie ◄ Abb. 24 schematisch zeigt, führen beide Berechnungsarten zu demselben Resultat.

Welche Positionen der Erfolgsrechnung konkret als fondswirksam beziehungsweise nicht fondswirksam gelten, hängt von der jeweiligen Fondsdefinition ab. ► Abb. 25 zeigt typische Positionen für eine Cash-flow-Berechnung für den Fonds Nettoumlaufvermögen.

Für externe Analytiker werden die für die direkte Berechnung notwendigen Informationen meist nicht im Detail veröffentlicht. Oft muss sich der Interessierte deshalb mit einer Kurzform der indirekten Berechnungsvariante begnügen:

- **Cash-flow** = Jahresgewinn + Abschreibungen

Man muss sich jedoch bewusst sein, dass diese Berechnungsvariante immer dann **unvollständig** ist, wenn ausser den Abschreibungen noch weitere nicht fondswirksame Aufwendungen und/oder Erträge vorhanden sind (► Abb. 25). Diese nicht fondswirksamen Aufwendungen und Erträge sind meistens bedeutsam und umfassen für den Fonds NUV zum Beispiel:

- Bildung/Auflösung von langfristigen Rückstellungen,
- Bewertungskorrekturen auf dem Anlagevermögen (materielles, finanzielles, immaterielles Anlagevermögen),
- Bildung/Auflösung von stillen Reserven.

Aufwand	Erfolgsrechnung	Ertrag
fondswirksamer Aufwand z.B. ■ Personal ■ Material ■ Zinsen ■ Reparatur und Unterhalt ■ Werbung ■ Steuern ■ Abschreibungen (auf UV), Delkredere ■ kurzfristige Rückstellungen	**fondswirksamer Ertrag** z.B. ■ Umsatzerlöse ■ Zinsen ■ Beteiligungserfolge	
nicht fondswirksamer Aufwand z.B. ■ Abschreibungen auf Anlagen ■ langfristige Rückstellungen ■ Buchverluste auf Anlagevermögen	**nicht fondswirksamer Ertrag** z.B. ■ Aufwertung von Anlagevermögen ■ Auflösung von langfristigen Rückstellungen	
Jahresgewinn		

▲ Abb. 25   Direkte und indirekte Cash-flow-Berechnung für den Fonds Nettoumlaufvermögen

Trotzdem leistet die verkürzte Berechnung des Cash-flow im Rahmen der vertieften Analyse veröffentlichter Bilanzen gute Dienste. Diese Bilanzen weisen selten den tatsächlichen Gewinn aus, sondern die Unternehmen versuchen oft, über eine «optimale Gewinnbewirtschaftung» den Ausweis von allzugrossen Gewinnschwankungen zu vermeiden. Dies hat zum einen dividendenpolitische Gründe, indem nur der zur Ausschüttung bestimmte Gewinn ausgewiesen werden soll (Angst vor «dividendenhungrigen Aktionären»). Zum andern sollen konjunkturelle Schwankungen nicht voll auf das Ergebnis durchschlagen. Die Bildung von stillen Reserven in guten und deren Auflösung in schwierigen Zeiten ist in der Schweiz weit verbreitet und wird durch die gesetzlichen Buchführungsvorschriften begünstigt (obwohl in letzter Zeit vor allem kotierte Unternehmen vermehrt zu gewinnabhängigen Dividendenzahlungen und offenen Gewinnausweispraktiken übergehen). Bei der Gewinnbewirtschaftung über stille Reserven spielt das Abschreibungs- und Rückstellungsverhalten eine zentrale Rolle. Stark vereinfacht ausgedrückt, dienen diese beiden Aufwandspositionen der Steuerung des Gewinnausweises zuhanden der Öffentlichkeit (▶ Abb. 26). Durch die Addition der veröffentlichten Zahlen (Gewinn plus Abschreibungen – und sofern ersichtlich – plus Rückstellungen) erhält der aussenstehende Betrachter zwar nicht

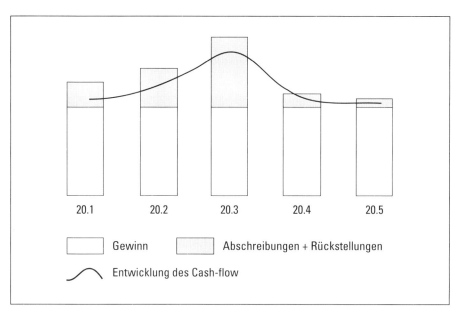

20.1   20.2   20.3   20.4   20.5

☐ Gewinn   ☐ Abschreibungen + Rückstellungen

⌒ Entwicklung des Cash-flow

▲ Abb. 26   Cash-flow als Kennzahl der Ertragskraft

den tatsächlichen, bereinigten Gewinn, aber zumindest einen brauchbaren Annäherungswert für die effektive unternehmerische Ertragskraft.

In der aktuellen Berichterstattung taucht immer wieder der auch in den USA sehr populäre Begriff des **Free Cash-flow** (auch Funds position genannt) auf. Ausgehend von der bisher betrachteten Cash-flow-Definition lässt sich dieser Begriff wie folgt ableiten.

Die vierfache Verwendung des Wortes Cash-flow in ▶ Abb. 27 zeigt, dass der Begriff offensichtlich nicht präzis definiert ist. Tatsächlich gibt es Unterschiede zwischen dem englischen und deutschen Sprachgebrauch.

Im hier bisher verwendeten technischen Sinn steht der Ausdruck allgemein für den Fondsbeitrag aus der (betrieblichen) Umsatztätigkeit und seine situative Bedeutung erhält der Begriff erst durch die Definition des betrachteten Fonds. In der wörtlichen Übersetzung bedeutet Cash-flow jedoch «Geldfluss». In diesem Sinn ist der Ausdruck nur dann wörtlich anwendbar, wenn tatsächlich Einzahlungs und Auszahlungsströme betrachtet werden, also **«cash provided by operations»** gemeint ist. Dies trifft nur dann zu, wenn der betrachtete Fonds «liquide Mittel» heisst (sogenannte Geldflussrechnung). Um Fehlinterpretationen zu vermeiden, ist in der angelsächsischen Fachsprache die Bezeichnung Cash-flow deshalb nur für diese eine Bedeutung reserviert. Auf Empfehlung des FASB (Financial Accounting Standards Board) wird für alle anderen Fondsbetrachtungen der Ausdruck **«funds provided from (or used by) operations»** – also Mittelzufluss aus der be-

Betriebsgewinn (Betriebsertrag – Betriebsaufwand)
+ Abschreibungen
± Rückstellungen

= **Cash-flow** (im «üblichen» Sinn: selbsterarbeitete Mittel aus Umsatztätigkeit;
funds provided by operations; Fonds: Nettoumlaufvermögen)
+ Desinvestitionen im Umlaufvermögen (Debitoren, Lager)
– Investitionen ins Umlaufvermögen (Debitoren, Lager)
+ Zunahme Kreditoren
– Abnahme Kreditoren

= **Cash-flow** (im Sinn der Zu-/Abnahme der flüssigen Mittel (Cash) aus Umsatztätigkeit;
cash provided by operations)
+ Desinvestitionen im Anlagevermögen
– Investitionen ins Anlagevermögen
+ Kreditaufnahmen (optional, je nach Informationsbedürfnis)
– Kreditrückzahlungen (optional)
+ Eigenkapitalerhöhungen (optional)
– Eigenkapitalrückzüge und Dividendenausschüttungen (optional)

= **Free-Cash-flow** (im Sinn des «totalen Cash-Zuflusses und -Abflusses»: Steht je nach
konkreter Berechnungsweise zur freien Verfügung des Unternehmens)
– Steuern

= **Netto-Cash-flow**

▲ Abb. 27   Zusammenhänge zwischen den Cash-flow-Begriffen

trieblichen Umsatztätigkeit – verwendet. In Diskussionen um und über den Cash-flow ist, zur Vermeidung von Missverständnissen, deshalb stets eine genaue Definition des Begriffes vorzunehmen.

Der Free Cash-flow leitet sich aus der engen amerikanischen Begriffsdefinition ab und zeigt – je nach Informationsbedürfnis – die Einzahlungsüberschüsse, welche das Unternehmen zur freien Verfügung erwirtschaftet hat. Damit ergibt sich die in ▶ Abb. 28 gezeigte Systematik. Die Überlegungen zum Cash-flow lassen sich wie folgt zusammenfassen:

- Der Cash-flow zeigt, ob, wie und in welchem Umfang es dem Unternehmen gelungen ist, über seine **eigentliche Umsatztätigkeit,** d.h. über Herstellung und Vertrieb seiner Produkte und/oder Dienstleistungen, einen Beitrag an die Vergrösserung des betrachteten Fonds zu leisten.
- Beim Fonds «Nettoumlaufvermögen» ist der Cash-flow eine **Masszahl für die interne Ertragskraft** des Unternehmens. Er zeigt den über die Umsatztätigkeit selbsterwirtschafteten Beitrag an die Vergrösserung der Liquidität 3. Grades und ist damit ein kurzfristiger Erfolgsmassstab für die eingeschlagene Unternehmenspolitik.

Cash-flow		
Deutscher Sprachgebrauch	**Angelsächsischer Sprachgebrauch**	
Für alle Fonds steht Cash-flow allgemein für Fondsbeitrag aus (betrieblicher) Umsatztätigkeit (Cash-flow im weiteren Sinn)	Fonds flüssige Mittel: Cash-flow steht für «cash provided by operations», Zunahme der flüssigen Mittel aus (betrieblicher) Umsatztätigkeit (Cash-flow im engeren Sinn)	Übrige Fonds: Begriff Cash-flow wird nicht verwendet, sondern «funds provided by operations», Fondsbeitrag aus (betrieblicher) Umsatztätigkeit

▲ Abb. 28   Sprachgebrauch des Cash-flow-Begriffes

- Der Cash-flow zeigt zudem, ob beabsichtigte Investitionen mit selbsterarbeiteten Mitteln finanziert, Schulden getilgt, Gewinne ausgeschüttet und **Liquiditätsreserven** geäufnet werden können.
- Im Zeitvergleich **(Zeitreihenanalyse)** kann der Cash-flow dem externen Betrachter wertvolle Informationen liefern, indem er als Ersatzgrösse für einen **«bereinigten Gewinn»** betrachtet werden kann. Indem beim Cash-flow die wichtigsten gewinnbeeinflussenden Aufwandspositionen (Abschreibungen und Rückstellungen) aufgerechnet werden, zeigt eine Zeitreihenanalyse ein objektiveres Bild der Entwicklung der Ertragskraft eines Unternehmens als eine reine Gewinnbetrachtung.
- Der Begriff Cash-flow ist irreführend, indem er nur bei der Betrachtung des Fonds «Kassa» tatsächlich einen Geldfluss (Cash) darstellt. Er sollte auch im deutschen Sprachgebrauch enger gefasst werden.
- Der Cash-flow darf als Analyseinstrument für externe Unternehmensvergleiche (Betriebsvergleiche) nicht überschätzt werden: Moderne Finanzierungsinstrumente (wie z.B. Anlagen-Leasing) können zu Verzerrungen führen, welche sich im Cash-flow niederschlagen (keine Abschreibungen).

Kapitel 8

Betriebsbuchhaltung

8.1	**Grundlagen**
8.1.1	**Aufgabe der Betriebsbuchhaltung**

> Die Betriebsbuchhaltung – auch Betriebsabrechnung, Kostenrechnung oder Kosten- und Leistungsrechnung genannt – will eine wertmässige Abbildung der **innerbetrieblichen Vorgänge** darstellen.

Während die Finanzbuchhaltung die Beziehungen eines Unternehmens nach aussen (zu Kunden und Lieferanten, zu Banken, zu Arbeitnehmern, zur öffentlichen Hand und weiteren aussenstehenden Institutionen) abbildet, beschäftigt sich die Betriebsbuchhaltung mit der Leistungserstellung innerhalb des Unternehmens. Mit der Betriebsbuchhaltung versucht man, die wertmässigen Auswirkungen der im Unternehmen zu erstellenden oder erstellten Leistungen festzuhalten. Einerseits handelt es sich um den mit dieser Leistungserstellung verbundenen Verzehr von Geld, Gütern und Dienstleistungen und andererseits um den aus diesen Leistungen resultierenden Nutzenzugang.

| 8.1.2 | Kosten als Gegenstand der Betriebsbuchhaltung |

Aus der allgemeinen Umschreibung der Betriebsbuchhaltung wird deutlich, dass diese Rechnung nicht auf den periodenbezogenen, nach handelsrechtlichen oder steuerlichen Gesichtspunkten bewerteten Grössen Aufwand und Ertrag basieren kann, sondern mit einem auf die erstellte Leistung bezogenen und somit **objektbezogenen** Begriff arbeiten muss. Man verwendet deshalb die Begriffe Kosten und Leistung:

- Unter **Kosten** versteht man die bewerteten Güter- und Dienstleistungsabgänge einer Periode, die ihren Grund in der betrieblichen Leistungserstellung haben.
- Unter **Leistung** versteht man das bewertete Ergebnis der betrieblichen Tätigkeit, d.h. der erzeugten Güter- und Dienstleistungen während einer Periode.

Zur Abgrenzung der beiden Begriffe Kosten und Aufwand ist eine Aufschlüsselung des Aufwandes unter Berücksichtigung der betrieblichen Leistungserstellung notwendig (▶ Abb. 29):

1. Der **Zweckaufwand,** d.h. der ordentliche betriebliche Aufwand, umfasst alle Aufwendungen, die mit der betrieblichen Leistungserstellung und -verwertung anfallen, wie dies zum Beispiel bei den Werbeaufwendungen der Fall ist.

2. Der **neutrale Aufwand** umfasst drei Kategorien, nämlich den
   - **betriebsfremden** Aufwand, der nicht dem primären Unternehmensziel dient (z.B. Immobiliengeschäfte eines Industrieunternehmens),
   - **periodenfremden** Aufwand, d.h. ausserhalb der Abrechnungsperiode verursachten, aber innerhalb dieser Periode verrechneten Aufwand (z.B. Nachzahlung von Steuern),
   - **ausserordentlichen** Aufwand, der aufgrund eines aussergewöhnlichen Ereignisses auftritt wie zum Beispiel bei einem nicht voraussehbaren Schadenfall.

Nur die Zweckaufwendungen stellen zugleich auch Kosten dar. Stimmt der Zweckaufwand mit dem effektiven Wertverzehr überein, so spricht man von **Grundkosten.**

Denjenigen Teil des Zweckaufwandes, der nicht dem effektiven Wertverzehr entspricht, bezeichnet man als **Anderskosten.** Es handelt sich um Kosten, die in der Kostenrechnung «anders», d.h. aufgrund des effektiven Wertverzehrs, bewertet werden (z.B. kalkulatorische Abschreibungen, kalkulatorische Mieten). Anderskosten stellen somit zwar Zweckaufwand dar, stimmen aber betragsmässig nicht mit diesem überein.

Dem neutralen Aufwand stehen keine Kosten gegenüber. Andererseits gibt es auch Kosten, denen kein Aufwand gegenübersteht. Es handelt sich um **Zusatz-**

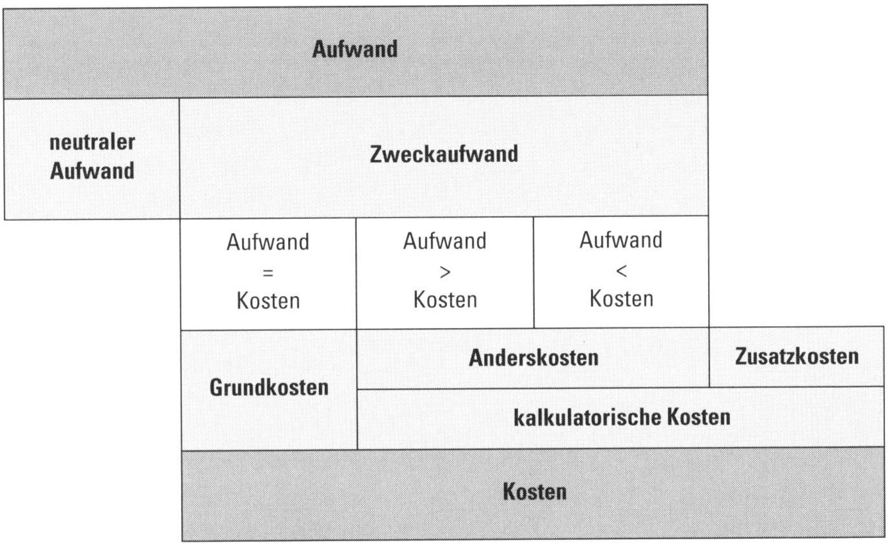

Aufwand		
neutraler Aufwand	Zweckaufwand	
	Aufwand = Kosten	Aufwand > Kosten	Aufwand < Kosten
Grundkosten	Anderskosten	Zusatzkosten
	kalkulatorische Kosten	
Kosten		

▲ Abb. 29   Gegenüberstellung Aufwand – Kosten

kosten. Diese werden in der Kosten-, nicht aber in der Erfolgsrechnung verrechnet (z. B. kalkulatorische Zinsen auf dem Eigenkapital oder der kalkulatorische Unternehmerlohn).

Die Anderskosten und Zusatzkosten werden auch als **kalkulatorische Kosten** bezeichnet.

> **Kalkulatorische Kosten** sind solche Kosten, die in der Erfolgsrechnung überhaupt nicht oder nicht in gleicher Höhe auftreten.

◄ Abb. 29 bringt zusammenfassend die Beziehungen zwischen Aufwand und Kosten zum Ausdruck.

8.1.3	**Gliederung der Betriebsbuchhaltung**

Als Periodenrechnung erfasst die Betriebsbuchhaltung zunächst in der **Kostenartenrechnung** alle Kostenarten, die im Betrieb angefallen sind. In der **Kostenstellenrechnung** verteilt sie diese Kostenarten auf die einzelnen Kostenbereiche, um dann zuletzt in Form der **Kostenträgerzeitrechnung** eine genaue Zurechnung der Kosten auf die gesamten Leistungen, die in einer Periode erstellt worden sind, zu ermöglichen. (Wöhe 1993, S. 1322) Grundsätzlich können die Kosten jeder Einzelleistung (z. B. einem Produkt für einen bestimmten Kunden) zugerechnet

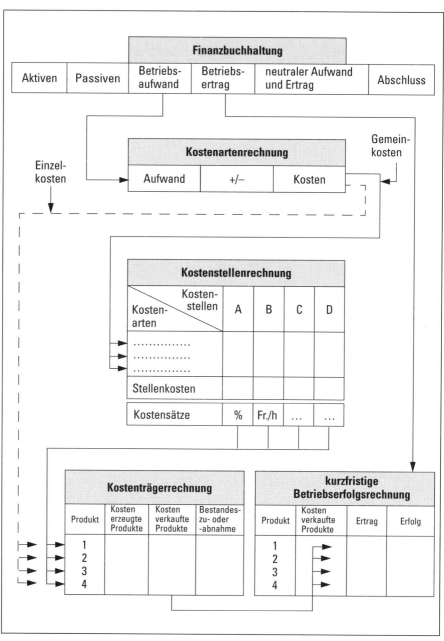

▲ Abb. 30   Schematische Darstellung der Betriebsbuchhaltung

werden. Das kann zweckmässig sein, wenn nur eine ganz kleine Zahl von unterschiedlichen Leistungen in einer Periode produziert wird. Sobald aber die Zahl und Vielfalt der Leistungen grösser wird, verbietet sich dieses Verfahren, nicht nur wegen des Rechenaufwandes, sondern wegen der Unübersichtlichkeit der Informationen. Hilfe verschafft hier die **Kostenträgerstückrechnung,** Selbstkostenrechnung oder sogenannte **Kalkulation.** Sie kann aufgrund der Daten aus der Kostenarten- und Kostenstellenrechnung durchgeführt werden und bietet – wie später dargestellt wird – eine wichtige Grundlage für die Preispolitik.

◄ Abb. 30 zeigt in schematischer Übersicht die Betriebsbuchhaltung, deren einzelne Bestandteile in den folgenden Abschnitten näher erläutert werden.

8.2	Kostenartenrechnung
8.2.1	Aufgaben der Kostenartenrechnung

Eine Kostenart umschreibt die Gattung des innerbetrieblichen Güter- oder Dienstleistungsverzehrs. Die Gliederung folgt in groben Zügen der Gliederung der Aufwandsarten, meist aber weniger detailliert. Positionen, die im Hinblick auf Planung und Kontrolle der betrieblichen Vorgänge nicht wesentlich sind, werden zusammengefasst. Ferner sind Aufwand und Kosten voneinander abzugrenzen bzw. Differenzen zwischen Aufwandrechnung und Kostenartenrechnung festzuhalten, damit später die Ergebnisse zwischen Finanzbuchhaltung und Betriebsbuchhaltung abgestimmt werden können.

Obwohl der Begriff «Kosten» objektbezogen ist (im Gegensatz zum periodenbezogenen «Aufwand»), periodisiert man aus Gründen der Zweckmässigkeit auch die betrieblichen Vorgänge, d.h. man stellt die Kosten für die Gesamtheit der während einer Zeitperiode vollzogenen Aktivitäten zusammen.

Eine ungleiche Bewertung des Güter- oder Dienstleistungsabganges kann sich ergeben, wenn in der Zielsetzung für die Erfolgsermittlung in der Finanzbuchhaltung nicht betriebswirtschaftliche, sondern steuerliche oder dividendenpolitische Überlegungen im Vordergrund stehen. Dies ist zum Beispiel häufig der Fall bei Abschreibungen.[1]

Bei den «Zusatzkosten» finden wir keine entsprechende Aufwandposition. In kleinen, vom Inhaber geführten Unternehmen kann dies der Unternehmerlohn sein. Viel typischer ist jedoch die Verzinsung des investierten Kapitals, die als Kostenart «kalkulatorischer Zins» in der Betriebsbuchhaltung erscheint, während in der Finanzbuchhaltung entweder nur die bezahlten Fremdkapitalzinsen oder ein Zinsertrag ausgewiesen werden.

---

1 Vgl. Kapitel 5, Abschnitt 5.4.2.1 «Abschreibungen».

| 8.2.2 | **Verrechnung der Kostenarten** |

Von grundlegender Bedeutung für die Weiterverrechnung ist die Unterscheidung zwischen Einzelkosten (direkte Kosten) und Gemeinkosten (indirekte Kosten).

| 8.2.2.1 | Einzelkosten |

Zwischen dem Verzehr eines bestimmten Gutes (oder Geld der Dienstleistung) und dem Entstehen einer betrieblichen Leistung besteht ein ursächlicher und messbarer Zusammenhang. Überdies sind die zu verrechnenden Beträge von so grosser Bedeutung, dass sie für unternehmerische Entscheidungen relevant sind.

Einzelkosten können deshalb von der Kostenartenrechnung direkt auf die Kostenträger (meist Produkte oder Dienstleistungen für den Verkauf) verrechnet werden. Sie können der Leistung ohne viel Aufwand direkt zugeordnet werden. Beispiele für Einzelkosten sind im Industriebetrieb viele Rohmaterialien und ein Teil der Arbeitslöhne, im Handelsbetrieb die Handelsgüter, im Dienstleistungsbetrieb meistens die Gehälter der Mitarbeiter. Um diese Zurechnung durchführen zu können, muss ein ursächlicher Zusammenhang zwischen dem entsprechenden Güter- oder Dienstleistungsabgang und dem Entstehen des Kostenträgers feststellbar, messbar und wesentlich sein.

| 8.2.2.2 | Gemeinkosten |

Bei vielen Kostenarten lässt sich der ursächliche Zusammenhang zwischen dem Verzehr eines Gutes und dem Entstehen einer betrieblichen Leistung entweder nicht feststellen oder er ist nicht messbar oder er ist nicht wesentlich. Gemeinkosten werden deshalb von der Kostenartenrechnung zuerst auf eine Kostenstelle weiterverrechnet. Die Voraussetzung für die direkte Verrechnung als Einzelkosten auf die Kostenträger fehlt. Dagegen lässt sich in den meisten Fällen aber feststellen, in welchem Teilbereich (= Kostenstelle) das entsprechende Kostengut verzehrt wird. Dort, wo auch dies nicht möglich ist, können Gesamtbeträge für eine bestimmte Kostenart auch nach im voraus festgesetzten Regeln auf verschiedene Kostenstellen verteilt werden (Schlüsselung). Beispiele für Gemeinkosten-Arten: Hilfsmaterial, viele Löhne und Gehälter (insbesondere im administrativen Bereich, aber auch bei automatisierter Fertigung), Abschreibungen, Zinsen.

Wenig Schwierigkeiten bereitet in der Regel die «Kostenarten-Verteilung» für Güter, deren Verbrauch in physischen Einheiten (Stückzahl, Kilo, Liter, Meter, Stunden) messbar ist. Schwierig ist dagegen diese Verbrauchsmessung für Gebrauchsgüter. Oft wird in Theorie und Praxis entschieden, dass solche aus der Benützung von dauerhaften Materialien oder immateriellen Gütern entstehenden Kosten als «fixe Kosten» zu betrachten seien. Tatsächlich ist das Problem der Zurechnung auf Tätigkeiten einer Periode, die kürzer als die gesamte Gebrauchs-dauer ist, nur schwer zu lösen. Es handelt sich um **verbundene Kosten,** bei denen nur der Gesamtbetrag für die gesamte Zahl von Leistungen, die aus der Benüt-zung dieses Kostengutes erwartet werden, bekannt (oder geschätzt) ist. Tatsäch-lich würde gar nichts dagegen sprechen, zum Beispiel für Abschreibungen anstelle einer fixen Verrechnung (immer gleiche Beträge für die einzelnen Zeitperioden) eine variable (proportionale) Verrechnung (z.B. gleicher Betrag je Maschinenstunde) zu wählen.[1] Diese letztere Verrechnungsweise ist zwar in der Praxis weniger häufig, würde aber den Vorteil bieten, dass sie grundsätzlich dem gleichen Modell entspricht, das in dynamischen Investitionsrechnungen[2] beim Erwerb von Maschinen angewendet wird.

8.3	**Kostenstellenrechnung**
8.3.1	**Aufgaben der Kostenstellenrechnung**

Während die Kostenartenrechnung Auskunft gibt, welche Kostenarten entstanden sind, versucht die Kostenstellenrechnung zu klären, an welcher Stelle des Unter-nehmens die Kosten entstanden sind. Deshalb ist das Unternehmen in genau abgrenzbare Teilbereiche, in die Kostenstellen, einzuteilen. Für die Bildung von solchen Kostenstellen werden meist zwei Kriterien gleichzeitig beachtet:

1. **Abrechnungstechnische Anforderungen:** Die in einer Kostenstelle erbrachte innerbetriebliche Leistung sollte möglichst einheitlich und messbar sein. Dies ist dort einfach, wo in einer Kostenstelle nur ein einziges Produkt bearbeitet wird und somit die Produktmenge gemessen werden kann (z.B. Stückzahl, Kilo, Liter). In der grossen Mehrzahl der Fälle besteht jedoch die eigentliche Stellenleistung nicht aus identischen Einheiten. In diesen Fällen ist ein Ersatz-massstab zu wählen, der diese als solche nicht messbare Leistung möglichst

---

1 Zur Problematik der Abschreibungen sowie zur Darstellung der verschiedenen Abschreibungs-verfahren vgl. Kapitel 5, Abschnitt 5.4.2.1 «Abschreibungen».

2 Die dynamischen Investitionsrechnungen werden in Teil 3, Kapitel 2, Abschnitt 2.3 «Dynamische Methoden der Investitionsrechnung», ausführlich behandelt.

getreu wiedergibt. Am häufigsten wählt man dafür einen Zeitmassstab (Maschinen- oder Arbeitsstunden).

Eine Unterscheidung ist schliesslich noch nötig hinsichtlich der Weiterverrechnung. Können die Leistungen einer Kostenstelle auf einen Kostenträger verrechnet werden, spricht man von **Hauptkostenstellen** (Endkostenstellen). Erbringt dagegen eine Kostenstelle Leistungen, die an einer anderen Kostenstelle (Fuhrpark, eigene Energieerzeugung) verbraucht werden, handelt es sich um eine **Hilfskostenstelle** (Vorkostenstelle).

2. **Aspekte der Führung:** Eine Kostenstelle ist der kleinste Führungsbereich, die unterste hierarchische Ebene der Unternehmensführung. Dies bedingt, dass die Zahl der hier tätigen Mitarbeiter relativ klein ist. Überdies ist eine Kostenstelle auch ein Verantwortungsbereich: Der Kostenstellenleiter (z.B. Vorarbeiter, Meister, Bürochef, Laborleiter) ist nicht nur für die Erfüllung von Tätigkeiten in seinem Bereich verantwortlich, sondern auch für die **Wirtschaftlichkeit der Leistungserbringung,** für die Effizienz. Dies bedingt eine gewisse Autonomie, weil man nicht jemanden für etwas verantwortlich machen sollte, worüber der zur Rechenschaft Gezogene nicht die Kompetenz zur Regelung hat.

8.3.2 | Abrechnung der Kostenstellen

Damit die Leistungen der Kostenstellen auf die Kostenträger bzw. auf andere Kostenstellen zugerechnet werden können, müssen sie gemessen und bewertet werden. Diese Bewertung erfolgt in der Regel zu Selbstkosten (also ohne Gewinn oder Verlust), und zwar auf folgende Weise:

- Kosten/Leistungseinheit $= \dfrac{\text{Gesamtkosten einer Kostenstelle/Zeitperiode}}{\text{Gesamtleistung/Zeitperiode}}$

Gesamtkosten und Gesamtleistung können als Ist-Werte festgestellt und eingesetzt werden. Dies hat aber den grossen Nachteil, dass der Wert einer Leistungseinheit von Periode zu Periode schwankt. Die Gründe dafür sind schwer zu analysieren, denn Preis- und Mengenschwankungen beim Einsatz der Kostengüter können sich vermischen mit Mengenschwankungen der produzierten Leistungen. Letztere können zudem auf Schwankungen in der Zahl der Arbeitstage (oder -stunden) pro Zeitperiode, in schwankender Auslastung und in schwankender Effizienz beruhen. Besonders schwierig wird diese Analyse, weil in fast allen Fällen der Verlauf der Gesamtkosten weder als vollständig proportional zur Leistungsmenge noch als vollständig fix angenommen wird.

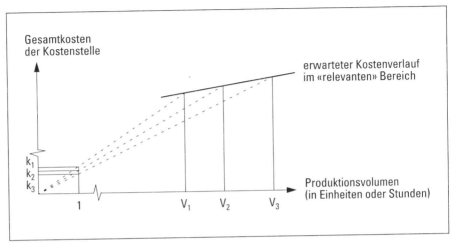

▲ Abb. 31   Ermittlung des Kostensatzes einer Kostenstelle

In der Praxis häufiger – und im Rahmen einer modernen Unternehmensführung unabdingbar – ist hingegen die Ermittlung dieses Wertes einer Leistungseinheit aufgrund der geplanten Kosten für eine erwartete Produktionsmenge. Diese Grösse berechnet sich aus der Produktionsplanung aufgrund des durchschnittlichen Verbrauchs für eine längere oder kürzere Zeitperiode. Die Wahl dieser Produktionsmenge beeinflusst den Wert, den man einer Leistungseinheit zumisst, den sogenannten **Kostensatz,** wie ◄ Abb. 31 zeigt. V_1, V_2 und V_3 stellen mögliche Produktionsmengen dar. Aufgrund des erwarteten unterproportionalen Kostenverlaufs ergeben sich als Kosten (einer Produktionseinheit) k_1, k_2 und k_3.

Die Kosten von Hilfsstellen gehen in die Gesamtkosten derjenigen Kostenstellen ein, welche die entsprechenden Leistungen empfangen haben. Sie werden deshalb als «sekundäre Stellenkosten» bezeichnet, im Gegensatz zu den aus der direkten Verrechnung von Kostenarten resultierenden «primären Stellenkosten».

Die Verrechnung der Stellenleistungen auf andere Kostenstellen bzw. auf die Kostenträger erfolgt wiederum so gut wie möglich nach dem Verursacherprinzip. Differenzen, die zwischen der Belastung der Kostenstellen (mit Kostenarten und Leistungen anderer Kostenstellen) und der Gutschrift (für verrechnete Stellenleistungen) auftreten, müssen separat ausgewiesen werden. Diese werden im Rahmen eines Controllings nach Ursachen analysiert.

8.4 Kostenträgerrechnung

Die Kostenträger sind die Objekte der Kostenrechnung. Grundsätzlich sind die durch die betriebliche Tätigkeit entstehenden Kosten auf diese Leistungen zuzurechnen. Einzelkosten können – wie bereits erwähnt und im Gesamtmodell zur Betriebsbuchhaltung ersichtlich (▶ Abb. 32) – aus der Kostenartenrechnung direkt den Kostenträgern zugerechnet werden, während die Verrechnung der Gemeinkosten in Form von bewerteten Kostenstellenleistungen erfolgt.

Zahl und Art der Kostenträger sind in vielen Unternehmen ausserordentlich gross, so dass es nicht zweckmässig ist, in einem Rechnungswesen-System die Kostenzurechnung auf jeden einzelnen Kostenträger vorzunehmen. Vielmehr ist es sinnvoll, vor allem im Hinblick auf unternehmerische Entscheidungen, zu gruppieren.

Eine erste Gruppierung unterscheidet zwischen Verkaufsleistungen und internen Leistungen. Zu den letzteren gehören sogenannte Anlageaufträge (Beispiel: eine Maschinenfabrik erstellt selbst eine Maschine, die im Produktionsprozess eingesetzt wird), vor allem aber viele immaterielle Projekte (Forschungsprojekte, Durchführung einer Marktuntersuchung, EDV-Projekte usw.). Häufig werden allerdings solche Leistungen rechnerisch gar nicht als Kostenträger behandelt. Die Konsequenz davon ist, dass die auf sie entfallenden Kosten den Verkaufsleistungen zugerechnet werden, was sicher aus theoretischer Sicht falsch ist und in der Praxis dann zu Fehlentscheidungen führen kann, wenn die auf diese internen Leistungen entfallenden Beträge «wesentlich» sind.

Die weitere Gruppierung von Verkaufsleistungen kann nach Art der Leistungen, nach grösseren Teilbereichen (Divisionen), nach Profit-Centers, nach geographischen Gesichtspunkten, nach Abnehmerkategorien, nach Auftragsgrösse usw. erfolgen. Mit Hilfe der EDV sind auch Gruppierungen nach verschiedenen Gesichtspunkten möglich. Gruppierungen sollten aber so vorgenommen werden, dass sie Informationen abgeben, die für unternehmerische Entscheidungen von Bedeutung sind.

	Aufwand	Abgrenzungen	Kosten	Hilfsstellen		Hauptkostenstellen				Kostenträger	
				Gebäude	Fuhrpark	Materialstelle	Fertigung I	Fertigung II	Verwaltung und Vertrieb	Produkt A	Produkt B
Einzelmaterial	324	−4	320							200	120
Personalaufwand	204		204	4	12	8	10	10	60	60	40
Zinsen	12	+11	23	12	2	3	2	2	2		
Abschreibungen	24	−4	20	6	4	2	3	3	2		
Übriger Betriebsaufwand	56	+2	58	3	5	4	12	8	26		
	620	+5	625	25	23	17	27	23	90	260	160
Umlage Gebäude (nach m² genutzter Fläche)				− 25	2	5	8	5	5		
Umlage Fuhrpark (nach gefahrenen km)					−25	10			15		
				−	−	32	35	28	110		
Umlage Materialstelle (10 % von Einzelmat.kosten)						−32				20	12
Umlage Fertigung I (35 % von Einzellohnsumme)							−35			21	14
Umlage Fertigung II (7 Fr./Maschinen-Stunde)								−28		21	7
Herstellkosten der Gesamtproduktion										322	193
Bestandesänderungen an Halb- und Fertigfabrikaten										−22	+7
Herstellkosten der verkauften Produkte										300	200
Umlage Verw.- u. Vertr.kosten (22 % von Herstellkosten)									−110	66	44
						−	−	−	−		
Selbstkosten der verkauften Produkte										366	244
Erlös										380	250
Betriebsgewinn										14	6
Leistungsmenge						320	100	4000	500		
						Einzelmaterial-verbrauch	Einzellohn-summe	Maschinen-stunden	HK verkaufte Produkte		

▲ Abb. 32   Betriebsabrechnungsbogen eines Industriebetriebs (Zahlen in 1000 Fr.)

8.5	Kostenrechnungssysteme

Nach dem Kriterium «Umfang der Kostenverrechnung» können zwei verschiedene Kostenrechnungssysteme unterschieden werden, nämlich die Vollkosten- und die Teilkostenrechnung.

> In der **Vollkostenrechnung** werden die gesamten Kosten einer Periode auf die einzelnen Kostenträger verteilt.

Die industrielle Praxis spricht aber oft auch von einer Vollkostenrechnung, wenn nur die gesamten Herstellkosten als Kosten der Kostenträger erscheinen.

> Bei der **Teilkostenrechnung** werden den Kostenträgern nur Teile der insgesamt entstandenen Kosten einer Abrechnungsperiode zugerechnet (z.B. nur die variablen Kosten oder nur die Einzelkosten).

Die verbreitetste Form der Teilkostenrechnung gliedert die Gesamtkosten in variable und fixe Kosten und verrechnet den Produkten zunächst nur die variablen Kosten. Solche Systeme werden oft als Grenzkostenrechnungssysteme bezeichnet, besser ist jedoch der Ausdruck **Deckungsbeitragsrechnung** (Direct Costing).[1] Gliedert man die gesamten Fixkosten in verschiedene Fixkostenblöcke, so können mehrere Deckungsbeitragsstufen unterschieden werden, wie ▶ Abb. 33 zeigt. Mit Hilfe der EDV lassen sich in manchen Fällen nebeneinander Vollkosten- und Teilkostenrechnung durchführen.

Die Wahl eines Kostenrechnungssystems ist eine schwierig zu treffende Entscheidung, denn das System sollte ja gezielte Informationen generieren. Zu fragen ist somit nach den Informationsbedürfnissen, die sich aus den zu erwartenden Entscheidungssituationen und letztlich aus dem Zielsystem des Unternehmens ergeben.

---

1 Vgl. zum Deckungsbeitrag auch die Ausführungen in Kapitel 6, Abschnitt 6.2.4.2 «Aufwand- und Ertragsstruktur».

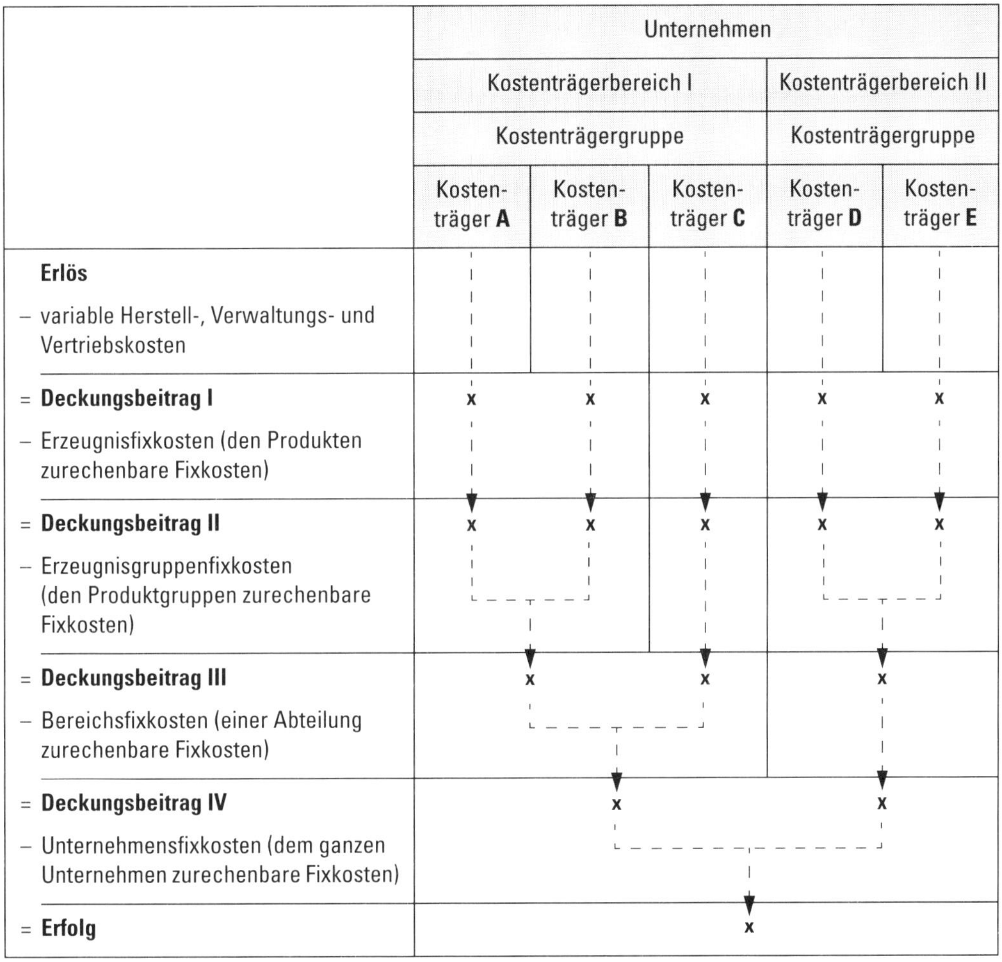

	Unternehmen				
	Kostenträgerbereich I			Kostenträgerbereich II	
	Kostenträgergruppe			Kostenträgergruppe	
	Kosten-träger **A**	Kosten-träger **B**	Kosten-träger **C**	Kosten-träger **D**	Kosten-träger **E**
Erlös					
– variable Herstell-, Verwaltungs- und Vertriebskosten					
= **Deckungsbeitrag I**	x	x	x	x	x
– Erzeugnisfixkosten (den Produkten zurechenbare Fixkosten)					
= **Deckungsbeitrag II**	x	x	x	x	x
– Erzeugnisgruppenfixkosten (den Produktgruppen zurechenbare Fixkosten)					
= **Deckungsbeitrag III**	x		x	x	
– Bereichsfixkosten (einer Abteilung zurechenbare Fixkosten)					
= **Deckungsbeitrag IV**	x			x	
– Unternehmensfixkosten (dem ganzen Unternehmen zurechenbare Fixkosten)					
= **Erfolg**			x		

▲ Abb. 33   Deckungsbeitragsstufen

8.6 Kalkulation

> Bei der **Kalkulation** werden die Kosten einzelner Unternehmensleistungen ermittelt, zum Beispiel die Kosten eines bestimmten Sachgutes oder einer Dienstleistung, einer Gruppe oder einer Serie von Produkten.

Die Kalkulation ist eine objektbezogene Kostenrechnung und dient folgenden Zwecken (H. Ulrich/Hill/Kunz 1985, S. 16):

- Ermittlung der Kosten zur Kontrolle des Unternehmensverhaltens,
- Kostenermittlung zum Zwecke der Preisstellung,
- Ermittlung der Inventarwerte von Halbfabrikaten und selbsterstellten Anlagen,
- Beschaffung von Unterlagen für andere Zwecke des Rechnungswesens (Planungsrechnung, Betriebsvergleich).

Nach dem Zeitpunkt der aufzustellenden Rechnung unterscheidet man zwischen einer Vor- und Nachkalkulation (H. Ulrich/Hill/Kunz 1985, S. 58 ff.):

- **Vorkalkulation:** Die Vorkalkulation versucht, die Kosten der herzustellenden Erzeugnisse vorausschauend zu erfassen. Sie dient der Festlegung des Verkaufsprogrammes, der Offertstellung und der Preisgestaltung. Dabei wird versucht, für ein einzelnes Produkt oder eine Serie das benötigte Material für die Herstellung, die Arbeitskosten und den Gemeinkostenbetrag zu berechnen. Dies bedingt, dass die Vorkalkulation mit geschätzten Zahlen arbeiten muss. Sie ist deshalb stets eine Näherungsrechnung.
- **Nachkalkulation:** Mit der Nachkalkulation versucht man nachträglich festzustellen, wie hoch die Kosten für die Herstellung eines Produktes tatsächlich waren. Dabei kann man überprüfen, ob die entstandenen Kosten mit den vorkalkulierten Beträgen übereinstimmen. Gleichzeitig werden mit der Nachkalkulation aber auch neue Unterlagen für die nächsten Vorkalkulationen gewonnen.

8.7 Betriebsbuchhaltung als Führungsinstrument

Die Daten aus der Betriebsbuchhaltung bilden – neben anderen Informationen – eine wichtige Grundlage für die Führung eines Unternehmens und seiner Teilbereiche, die aufgrund der Arbeitsteilung gebildet werden müssen. Diese Aussage soll nachfolgend systematisiert werden.

| 8.7.1 | Planung und Koordinierung der innerbetrieblichen Tätigkeiten |

Entscheidungen können immer nur das **künftige** Geschehen betreffen. Wenn die zukünftige Unternehmenstätigkeit bewusst **gestaltet** werden soll, müssen die Aktivitäten in allen Funktionsbereichen bewertet werden. Denn nur dann lässt sich erkennen, ob die vielfachen (relativ unabhängigen) Teilanstrengungen zusammengenommen zu einem wirtschaftlich vernünftigen Ergebnis führen werden. Deshalb ist in einem gut geführten Unternehmen für den innerbetrieblichen Bereich eine **Kostenplanung** unabdingbar.

Ausgangspunkt für die Kostenplanung sind die unternehmensintern geplanten Tätigkeiten, die in erster Linie von der geplanten Absatztätigkeit her bestimmt werden. Indem das Ausmass der zu produzierenden Leistungen bestimmt ist, können die dafür nötigen Tätigkeiten beschrieben werden. Daraufhin ist zu prüfen, ob die erforderlichen Ressourcen (Menschen, Material, Maschinen) zur Verfügung stehen bzw. gestellt werden können. Nachdem nun Art und Menge des Einsatzes von Kostengütern bestimmt sind, erfolgt ihre Bewertung. Damit verbunden ist selbstverständlich die Möglichkeit, zwischen alternativen Verhaltensweisen (insbesondere auch zwischen alternativen Produkten) zu entscheiden.

Die Kostenplanung übt eine sehr wichtige **Koordinationsfunktion** aus. Wir haben bereits darauf hingewiesen, dass innerbetriebliche Tätigkeiten und Absatztätigkeiten aufeinander abgestimmt werden müssen. Durch die Planung der einzelnen innerbetrieblichen Aktivitäten in Menge und Wert erfolgt aber auch eine starke Koordination zwischen den einzelnen innerbetrieblichen Bereichen (z.B. Abstimmung der Kapazitäten aufeinanderfolgender Bearbeitungsstufen). Gegebenenfalls auftauchende Probleme können dadurch häufig im voraus erkannt und gelöst werden, bevor sie akut werden und zu «Feuerwehrmassnahmen» zwingen.

| 8.7.2 | Kosten als Entscheidungsgrundlagen |

Es gibt kaum unternehmerische Entscheidungen, bei denen dem Faktor Kosten nicht eine wesentliche Bedeutung zukommt. Ein Unternehmen kann nämlich auf längere Sicht seine Existenz nur sichern, wenn es die durch seine Tätigkeit entstandenen Kosten auch decken kann. Deshalb ist es für einen Unternehmer wichtig zu wissen, welche Kosten entstanden sind und wie sie sich zusammensetzen, welche Einflussfaktoren für die Höhe der Kosten verantwortlich sind und wie die Kosten beeinflusst werden können. Solche Kosteninformationen können ihm zum Beispiel als Grundlage für folgende betriebliche Entscheidungen dienen:

- **Fremd-** oder **Eigenfertigung:** Soll das Unternehmen bestimmte Halb- oder Fertigprodukte selber herstellen oder von Dritten zukaufen?
- **Optimales Produktionsprogramm:** Wie sieht eine optimale Produktion für eine bestimmte Zeitdauer unter Berücksichtigung der vorhandenen Produktionskapazitäten aus?
- **Preisfestsetzung** und **Angebotsstellung:** Wie können die Preise festgesetzt werden, damit durch die Erlöse alle Kosten gedeckt werden und das Risiko des Unternehmers abgedeckt wird?
- **Investitionsrechnungen:** Bei der Beschaffung von Investitionsgütern muss entschieden werden, ob sich der Einsatz einer neuen Maschine lohnt oder nicht bzw. welche der zur Verfügung stehenden Maschinen die kostengünstigste ist.

8.7.3	Mitarbeitermotivation

Mit der Kostenplanung kann ein hoher Grad der Motivation der Mitarbeiter im Hinblick auf die unternehmerischen Zielsetzungen erreicht werden. Grundsätzlich stellen geplante Kosten Teilziele für die einzelnen Tätigkeitsgebiete dar, und sofern die geplanten Kosten in erreichbarer Höhe (wenn auch unter Voraussetzung einer gewissen Anstrengung) liegen, werden die Mitarbeiter auch meistens versuchen, diese Ziele zu erreichen.

Stark verbessert wird diese durch die Planung bewirkte Motivation, wenn die von den Plangrössen betroffenen Mitarbeiter bei der Planung «ihrer» Kosten und Leistungen selber mitwirken. Damit wird erreicht, dass sich die Mitarbeiter weitgehend mit ihren Zielen identifizieren.

8.7.4	Kontrolle der innerbetrieblichen Tätigkeiten

«Kontrolle» ist im Rechnungswesen im Sinn des englischen «to control» (= unter Kontrolle halten) zu verstehen. Kontrolle in diesem Sinn beginnt mit der Planung, ermöglicht durch sinnvolle Soll-Ist-Vergleiche (verbunden mit entsprechenden analytischen Untersuchungen) Lernprozesse und endet mit den daraus resultierenden Massnahmenbeschlüssen.

Kapitel 9

Kostentheoretische Grundlagen

9.1 Kosteneinflussfaktoren

Eine vollständige Aufzählung aller Kosteneinflussfaktoren ist weder möglich noch sinnvoll. Unmöglich deshalb, weil erstens die Verhältnisse von Branche zu Branche und von Unternehmen zu Unternehmen sehr stark variieren, und zweitens, weil im Laufe der Zeit neue Kosteneinflussfaktoren auftreten können. Grundsätzlich kann zwischen entscheidungsfeldbedingten und entscheidungsträgerbedingten Einflussfaktoren unterschieden werden:

- Die **entscheidungsfeldbedingten** Einflussfaktoren sind die vom Unternehmen in der Regel nicht beeinflussbaren Daten, da diese aus der jeweiligen Umweltsituation fest vorgegeben sind. Hierzu sind beispielsweise die Marktpreise sowie die Qualität der Produktionsfaktoren (technische Daten) zu zählen.

- Die **entscheidungsträgerbedingten** Einflussfaktoren hingegen sind Variablen, welche das Unternehmen durch seine Entscheidungen wesentlich zu beeinflussen vermag. Es handelt sich dabei häufig um Entscheidungen über den Beschäftigungsgrad, die Auftragsgrössen, die zeitliche Ablaufplanung und die zeitliche Produktionsverteilung (▶ Abb. 34).

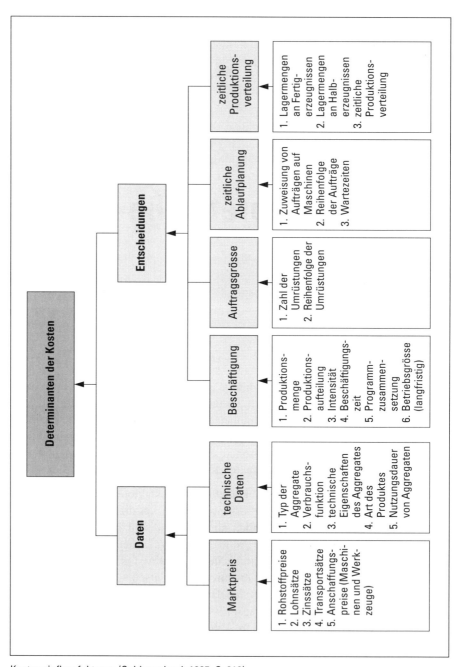

▲ Abb. 34   Kosteneinflussfaktoren (Schierenbeck 1995, S. 212)

Da das Verhalten der Kosten bei Beschäftigungsschwankungen[1] im allgemeinen einen wesentlichen Kosteneinflussfaktor darstellt, werden zuerst die Begriffe Kapazität und Beschäftigung im betriebswirtschaftlichen Sinn geklärt.

> Als **Kapazität** einer Anlage bezeichnet man ihr Leistungsvermögen in quantitativer und qualitativer Hinsicht.

Bezüglich der **quantitativen** Kapazität sind zu unterscheiden:

- **Technisch-wirtschaftliche Maximalkapazität,** die aus technischen Gründen entweder nicht überschritten werden kann oder nicht überschritten werden sollte, zum Beispiel wegen der Gefahr stark erhöhter Störanfälligkeit, hoher Ausschussquoten oder sehr grossen Materialverschleisses.
- **Technisch-wirtschaftliche Minimalkapazität,** die nicht unterschritten werden kann, weil die Maschine an eine Minimalkapazität gebunden ist, oder die zum Beispiel aufgrund eines überdurchschnittlich hohen Betriebsstoffverbrauchs nicht unterschritten werden sollte.
- **Wirtschaftliche** oder **optimale Kapazität,** die in der Regel zwischen technischwirtschaftlicher Maximal- und Minimalkapazität liegt. Bei dieser Kapazität ist der bewertete Faktorverbrauch für eine bestimmte Leistungsmenge/Zeiteinheit am kleinsten.

> Als **Beschäftigung** oder **Beschäftigungsgrad,** auch **Kapazitätsausnutzungsgrad** genannt, bezeichnet man das Verhältnis zwischen vorhandener Kapazität und effektiver Ausnutzung.

Die Beschäftigung kann wie folgt ausgedrückt werden:

- $$\text{Beschäftigungsgrad} = \frac{\text{Ist-Produktion}}{\text{Kann-Produktion}} \cdot 100$$

Unter der Kann-Produktion ist jene Nutzung des Betriebes oder von Betriebsteilen zu verstehen, die unter Berücksichtigung technischer, wirtschaftlicher und sozialer Aspekte über längere Zeit aufrechterhalten werden kann. Deshalb ist es möglich, dass der Beschäftigungsgrad kurzfristig über 100% liegen kann. In diesem Falle spricht man von einer **Überbeschäftigung.** Ist der Beschäftigungsgrad hingegen kleiner als 100%, so liegt eine **Unterbeschäftigung** vor, ist er genau 100%, eine **Vollbeschäftigung.**

---

1   Vgl. Abschnitt 9.5 «Kostenverläufe bei Beschäftigungsschwankungen».

9.2   Kostenkategorien

Aufgrund des Einflussfaktors Beschäftigung kann eine wesentliche Unterteilung der Kosten gemacht werden, die für viele unternehmerische Entscheidungen von grosser Bedeutung ist. Je nachdem, ob nämlich die Beschäftigung einen direkten Einfluss auf die Kosten ausübt oder nicht, können fixe und variable Kosten unterschieden werden (▶ Abb. 35):

1. **Variable Kosten** lassen sich dadurch charakterisieren, dass sie unmittelbar auf Änderungen des Beschäftigungsgrades reagieren (z.B. Rohstoffkosten). Es können vier verschiedene Fälle unterschieden werden:

   ▪ **Proportionale** Kosten, die im gleichen Verhältnis wie die Beschäftigungsänderung variieren.

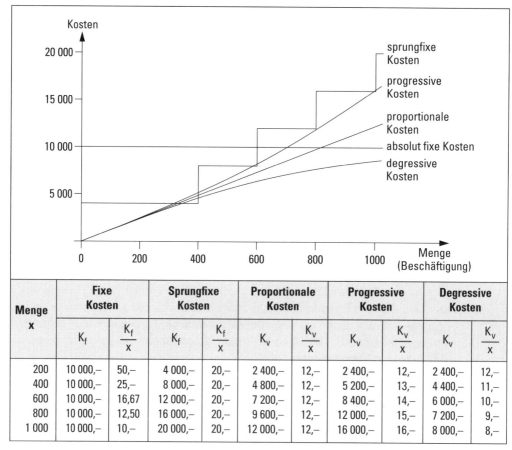

Menge x	Fixe Kosten		Sprungfixe Kosten		Proportionale Kosten		Progressive Kosten		Degressive Kosten	
	K_f	$\dfrac{K_f}{x}$	K_f	$\dfrac{K_f}{x}$	K_v	$\dfrac{K_v}{x}$	K_v	$\dfrac{K_v}{x}$	K_v	$\dfrac{K_v}{x}$
200	10 000,–	50,–	4 000,–	20,–	2 400,–	12,–	2 400,–	12,–	2 400,–	12,–
400	10 000,–	25,–	8 000,–	20,–	4 800,–	12,–	5 200,–	13,–	4 400,–	11,–
600	10 000,–	16,67	12 000,–	20,–	7 200,–	12,–	8 400,–	14,–	6 000,–	10,–
800	10 000,–	12,50	16 000,–	20,–	9 600,–	12,–	12 000,–	15,–	7 200,–	9,–
1 000	10 000,–	10,–	20 000,–	20,–	12 000,–	12,–	16 000,–	16,–	8 000,–	8,–

▲ Abb. 35   Kostenverläufe

- **Progressive** Kosten, die überproportional, d.h. stärker als die Beschäftigungsänderung steigen.
- **Degressive** Kosten, die unterproportional, d.h. weniger stark als die Beschäftigungsänderung steigen.
- **Regressive** Kosten, die im Gegensatz zu den degressiven Kosten nicht nur relativ, sondern auch absolut sinken. Da die in der Literatur aufgeführten Beispiele (z.B. fallende Heizkosten in einem zunehmend besetzten Kino) sehr selten anzutreffende Spezialfälle darstellen, kann diese Kostenkategorie aus praktischen Gründen vernachlässigt werden.

2. **Fixe Kosten** sind dadurch gekennzeichnet, dass sie auf Beschäftigungsschwankungen während einer bestimmten Zeitdauer nicht reagieren. Sie fallen unabhängig vom Beschäftigungsgrad an und sind deshalb konstant (z.B. Miete, Versicherungsgebühren). Sie können weiter unterteilt werden in absolut-fixe und sprungfixe Kosten:
   - **Absolut-fixe** Kosten bleiben unabhängig von Beschäftigungsschwankungen konstant.
   - **Sprungfixe** Kosten sind nur für bestimmte Beschäftigungsintervalle fix – deshalb werden sie auch intervallfixe Kosten genannt – und steigen treppenförmig an. Je kleiner jedoch die Beschäftigungsintervalle sind, desto mehr nähern sie sich den variablen Kosten an.

Aufgrund des effektiven Beschäftigungsgrades können zudem sogenannte Leer- und Nutzkosten unterschieden werden:
   - **Leerkosten** entstehen bei Unterbeschäftigung und entsprechen denjenigen Kosten, die infolge ungenutzter Kapazitäten nicht auf die erstellten Produkte verrechnet werden können (sofern mit einem festen Kostenzurechnungssatz gerechnet wird).
   - **Nutzkosten** sind demzufolge jener Teil der fixen Kosten, der auf die effektiv produzierten Einheiten zugerechnet wird. Die Nutzkosten betragen 100 %, wenn eine Maschine voll ausgelastet ist, und null, wenn die Maschine überhaupt nicht läuft. Sie verhalten sich umgekehrt proportional zu den Leerkosten, d.h. je grösser die Nutzkosten, um so kleiner sind die Leerkosten und umgekehrt.

Die fixen Kosten fallen also unabhängig vom Beschäftigungsgrad an und können, zumindest kurzfristig, nicht verändert oder angepasst werden. Um so wichtiger ist es deshalb für ein Unternehmen zu wissen, weshalb überhaupt fixe Kosten entstehen. Es sind dafür mehrere Gründe zu nennen:

- **Unternehmerischer Entscheid:** Fixe Kosten bzw. deren Höhe werden vielfach durch einen unternehmerischen Entscheid festgelegt. Zu diesen Kosten gehören beispielsweise die Werbekosten oder die Ausbildungskosten für Mitarbeiter.

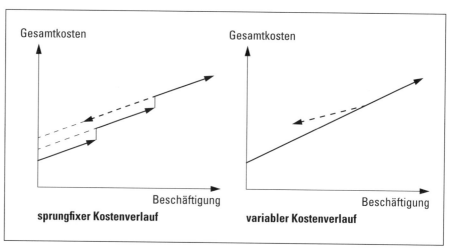

▲ Abb. 36   Kostenremanenz bei sprungfixen und variablen Kosten

- **Entscheidungszeitraum:** Je kürzer der Entscheidungszeitraum, desto mehr fixe Kosten werden tendenziell in einem Unternehmen anfallen, d.h. desto weniger können die Kosten an Beschäftigungsschwankungen angepasst werden. Eine Abgrenzung der variablen und fixen Kosten kann deshalb oft nicht eindeutig vorgenommen werden, da die Zuteilung zur einen oder anderen Kostenkategorie in erster Linie vom betrachteten Entscheidungszeitraum abhängt. Diese Tatsache wurde übrigens bereits durch die Unterscheidung von absolut-fixen und sprungfixen Kosten angedeutet.

- **Kostenremanenz:** Bei solchen Kosten, die von ihrem Charakter her kurzfristig veränderbar wären, aufgrund situativer Einflüsse aber bei einem rückläufigen Beschäftigungsgrad nicht entsprechend angepasst und gesenkt werden können, spricht man von remanenten Kosten (◄ Abb. 36). Das Phänomen der Kostenremanenz kann man vor allem bei intervallfixen, aber auch bei variablen Kosten beobachten, wenn beispielsweise die Mitarbeiter aus Angst vor einer Entlassung bei Beschäftigungsrückgang ihre Arbeit strecken oder qualifiziertes Personal Hilfsarbeiten übernehmen muss.

Daneben gibt es eine Vielzahl weiterer Gründe, die für das Entstehen von fixen Kosten verantwortlich sind. Als typische Beispiele sind zu nennen:

- Rechtliche Bindungen (z.B. Leasing-Verträge, die nicht gekündigt werden können),
- soziale Ziele (z.B. keine kurzfristigen Entlassungen von Mitarbeitern),
- Halten von qualifiziertem Personal, um dieses nicht an die Konkurrenz zu verlieren oder um dieses nicht zu einem späteren ungünstigeren Zeitpunkt – beispielsweise bei angespanntem Arbeitsmarkt – wieder suchen zu müssen,
- Kosten der Anpassung (falls diese grösser sind als die fixen [Leer-]Kosten).

Die Unterteilung in fixe und variable Kosten darf nicht nur in bezug auf die Beschäftigung gesehen werden. Zieht man **externe Einflussfaktoren** in Betracht, so können durchaus auch beschäftigungsfixe Kosten variabel sein. So sind die Fremdkapitalkosten zwar bezüglich der Beschäftigung fix, bei einer Änderung des Zinssatzes können die Fremdkapitalkosten aber «variabel» werden.[1] Hier ist ausserdem zu beachten, dass diese Kosten in der Regel vom Unternehmen nicht beeinflussbar sind, obschon sie variabel sind.

9.3 Kostendimensionen

Bei einer Klassifizierung der Kosten nach der Messgrösse können folgende Unterscheidungen gemacht werden:

- Unter den **Gesamtkosten** versteht man die Summe des bewerteten Faktorverbrauchs zur Erstellung einer Leistungsmenge x während einer bestimmten Periode. Unter Berücksichtigung der Unterscheidung variabler und fixer Kosten können folgende Kosten definiert werden:
  - Gesamte variable Kosten: K_v
  - Gesamte fixe Kosten: K_f
  - Gesamte Kosten: $K = K_v + K_f$

  Die Bezugsgrösse der Gesamtkosten ist nicht immer eindeutig definiert. Nur aus dem Zusammenhang geht hervor, ob es sich um die Kosten eines ganzen Unternehmens, einer Kostenstelle (z.B. Einkauf, Fertigung), einer einzelnen Produktart oder nur einer bestimmten Kostenart handelt.

- Bezieht man die Gesamtkosten K auf eine Einheit der erstellten Leistung, so ergibt sich eine **Stückbetrachtung** mit folgender Unterteilung:

  - Durchschnittliche variable Kosten: $k_v = \dfrac{K_v}{x}$

  - Durchschnittliche fixe Kosten: $k_f = \dfrac{K_f}{x}$

  - Durchschnittliche Kosten (= Stückkosten): $k = \dfrac{K}{x}$

- Unter den **Grenzkosten** versteht man jene Kosten, die durch Produktion einer zusätzlichen Ausbringungseinheit anfallen. Um die Höhe der Grenzkosten zu erhalten, sind jeweils die Mengendifferenzen und die entsprechenden Kosten-

---

1 Nach erfolgter Änderung des Zinssatzes können sie allerdings wieder als «fix» betrachtet werden.

differenzen zu ermitteln. Praktisch werden sie als Veränderung der variablen Kosten ermittelt, wenn die Produktionsmenge um eine Mengeneinheit erhöht oder gesenkt wird. Dies ergibt folgende Formel:

□ Grenzkosten $= \dfrac{\Delta K}{\Delta x}$

Eine Erhöhung der Produktionsmenge um Δx verursacht somit eine Kostenerhöhung um ΔK.

Die Kenntnis der Grenzkosten ist für ein Unternehmen zum Beispiel dann von Interesse, wenn es darüber entscheiden muss, ob ein zusätzlicher Auftrag angenommen werden soll oder nicht. Es wird dies in der Regel nämlich nur dann tun, wenn mindestens die Grenzkosten durch die zusätzlich anfallenden Erträge gedeckt sind.

Ein weiterer wichtiger Kostenbegriff ist derjenige der Opportunitätskosten, auch Alternativkosten genannt.

> Unter **Opportunitätskosten** versteht man den Nutzenentgang, der sich daraus ergibt, dass die höchstbewertete Alternative aus den zur Verfügung stehenden Handlungsmöglichkeiten nicht gewählt wurde.

Opportunitätskosten bedeuten somit immer, dass mehrere Handlungsmöglichkeiten vorhanden sind, die einen unterschiedlichen Nutzen abwerfen. Sie berechnen sich als Differenz zwischen der gewählten Variante und der höchstbewerteten. Kann man beispielsweise einen bestimmten Geldbetrag zu 4% oder 10% anlegen und entscheidet man sich – zum Beispiel aus Risikogründen – für die niedriger verzinsliche Variante, so betragen die Opportunitätskosten 6%.

9.4   Produktions- und Kostenfunktionen

9.4.1   Allgemeine Produktions- und Kostenfunktionen

Die betriebliche Leistung ist das Resultat der Kombination von Produktionsfaktoren. Aufgabe einer Produktions- und Kostentheorie ist es deshalb, die funktionalen Beziehungen zwischen dem mengen- und wertmässigen Input an Produktionsfaktoren und dem jeweiligen Output zu untersuchen und modellmässig darzustellen.

Je nach dem Verhältnis, in dem die Produktionsfaktoren eingesetzt werden, kann zwischen **substitutionalen** und **limitationalen** Produktionsfaktoren unterschieden werden.

1. **Substitutionale** Produktionsfaktoren sind solche, die bei der Erbringung eines bestimmten Outputs untereinander ausgetauscht werden können und somit in keinem festen Verhältnis zueinander eingesetzt werden (z.B. menschliche Arbeitskraft kann durch eine Maschine ersetzt werden). Je nachdem, ob ein Faktor entweder ganz oder nur teilweise ersetzt werden kann, unterscheidet man zwischen einer partiellen, totalen oder partiell-totalen Substitution. Bei der partiell-totalen Substitution kann beispielsweise bei zwei Produktionsfaktoren der eine vollständig, der andere aber nur teilweise substituiert werden.

2. **Limitationale** Produktionsfaktoren dagegen stehen zur Erbringung eines Outputs immer in einem gleichbleibenden festen Verhältnis zueinander, zum Beispiel $r_1 : r_2 : r_3 = 1 : 3 : 6$.

Durch den **Produktionskoeffizienten** ρ kann ferner die Menge angegeben werden, mit der ein Produktionsfaktor r_i an der Ausbringung x beteiligt ist:

- $\rho_i = \dfrac{r_i}{x}$ wobei $i = 1, 2, \ldots, n$

Als Ausgangspunkt für die modellmässige Darstellung der funktionalen Beziehungen zwischen dem Input an Produktionsfaktoren und dem jeweiligen Output dient die sogenannte Produktionsfunktion, die in ihrer allgemeinen Form folgendes Aussehen hat:

(1) $x = f(r_1, r_2, \ldots, r_n)$

wobei: x = Output
$r_1, r_2, \ldots, r_n$ = Faktoreinsatzmengen

Bewertet man die verschiedenen Faktoreinsatzmengen $r_1, r_2, \ldots, r_n$ mit ihren als konstant angenommenen Faktorpreisen $p_1, p_2, \ldots, p_n$, so erhält man als allgemeine **Kostenfunktion:**

(2) $k = r_1 p_1 + r_2 p_2 + \ldots + r_n p_n$

In der Theorie wurden verschiedene Produktionsfunktionen mit den dazugehörenden Kostenfunktionen entwickelt. Im folgenden wird die Produktionsfunktion vom Typ A dargestellt.

9.4.2	**Produktions- und Kostenfunktion vom Typ A**
9.4.2.1	Grundstruktur der Produktionsfunktion vom Typ A

Die Produktionsfunktion vom Typ A beruht auf dem Gesetz vom abnehmenden Ertragszuwachs, meistens nur Ertragsgesetz genannt.

> Die Verallgemeinerung des aus dem landwirtschaftlichen Bereich stammenden **Ertragsgesetzes** besagt, dass wachsende Faktoreinsätze zunächst steigende, über ein bestimmtes Optimum hinausgehend aber sinkende Ertragszunahmen zur Folge haben.

Die aus dem Ertragsgesetz abgeleitete Produktionsfunktion beruht auf folgenden Annahmen (Wöhe 1990, S. 565 f.):

1. Ein konstanter und ein variabler Produktionsfaktor (oder eine Gruppe variabler Faktoren) werden in der Weise kombiniert, dass die Ausbringungsmenge allein durch steigende Mengeneinheiten des variablen Faktors erhöht werden kann.
2. Der variable Produktionsfaktor ist völlig homogen, d.h. alle Einheiten sind von völlig gleicher Qualität und gegenseitig austauschbar.
3. Der variable Produktionsfaktor ist beliebig teilbar.
4. Die Produktionstechnik ist unveränderlich.
5. Es wird nur eine Produktart erzeugt.

Geht man vereinfachend von zwei Einsatzfaktoren r_1 und r_2 aus, so lautet die Produktionsfunktion

(3) $\quad x = f(r_1, r_2)$

und die graphische Darstellung ergibt im dreidimensionalen Raum – wie ▶ Abb. 37 zeigt – ein sogenanntes Ertragsgebirge. Diese Graphik zeigt, dass es jeweils verschiedene Faktorkombinationen gibt, die zu gleichen Erträgen führen. Verbindet man diese Kombinationen, die jeweils auf einer «Höhenkurve» des Ertragsgebirges liegen, erhält man die sogenannten **Indifferenzkurven.**

Werden zwei Produktionsfaktoren nun so miteinander kombiniert, dass der eine konstant gehalten wird und der andere frei variierbar ist, d.h.

(4) $\quad x = f(r_1, \bar{r}_2)$ wobei $\bar{r}_2 =$ konstant,

dann resultiert eine Ertragsänderung nur durch Variation der Einsatzmengen des variablen Faktors und es ergibt sich die in ▶ Abb. 38 dargestellte Gesamtertragskurve. Diese bildet den Ausgangspunkt für die folgenden kostentheoretischen Überlegungen.

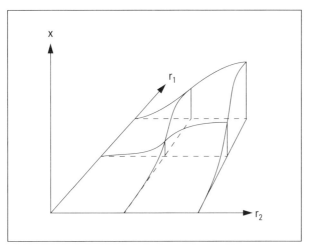

▲ Abb. 37   Ertragsgebirge der Produktionsfunktion Typ A

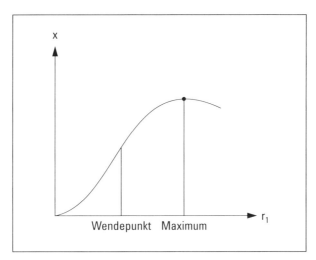

▲ Abb. 38   Gesamtertragskurve Produktionsfunktion Typ A

9.4.2.2	Kostenfunktion der Produktionsfunktion vom Typ A

Bei der Herleitung der Gesamtkostenfunktion K sind die fixen Kosten (für vorhandene Maschinen und Mitarbeiter) zu berücksichtigen, die auch dann anfallen, wenn der Gesamtertrag gleich Null ist. Ausgehend von den Gleichungen (2) und (4) kann die Gesamtkostenfunktion wie folgt hergeleitet werden:

(5) $r_1 = f^{-1}(x)$

(6) $K^*(r_1) = K_{fix} + p_1 f^{-1}(x)$

(7) $K^*[f^{-1}(x)] = K_{fix} + p_1 f^{-1}(x)$

Somit lässt sich die Gesamtkostenfunktion schreiben als:

(8) $K(x) = K_{fix} + p_1 f^{-1}(x)$

Geometrisch lässt sich die Gesamtkostenkurve durch Vertauschung von Ordinate und Abszisse im Ertragskurvendiagramm ableiten. Dies hat eine Drehung der Ertragskurve an der 45° Achse um 180° zur Folge und daraus resultiert eine «Spiegelung» der Ertragskurve an der 45° Linie, wie dies aus ▶ Abb. 39 ersichtlich ist.

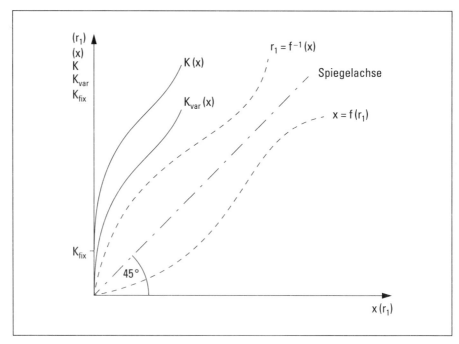

▲ Abb. 39   Gesamtkostenkurve Produktionsfunktion Typ A

Damit ist die Einsatzmenge r_1 in Abhängigkeit vom mengenmässigen Ertrag x dargestellt. Anschliessend multipliziert man jeden Wert dieser Faktoreinsatzfunktion mit dem zugehörigen (konstanten) Preis p_1 und erhält die Kurve der variablen Kosten K_{var} in Abhängigkeit von x. Addiert man noch die fixen Kosten K_{fix} zu den variablen Kosten, verschiebt sich die Kurve der variablen Kosten um den Fixkostenbetrag.

Aus der auf dem Ertragsgesetz beruhenden s-förmigen Gesamtkostenkurve lassen sich verschiedene Kostenkurven ableiten, die als Entscheidungsgrundlage für das Unternehmen von Bedeutung sind:

- Grenzkostenkurve,
- Durchschnittskosten- oder Stückkostenkurve,
- variable Durchschnittskostenkurve,
- fixe Durchschnittskostenkurve.

Unterstellt man zusätzlich einen konstanten Stückpreis, womit dieser gleich dem Grenzerlös ist, so lassen sich die sogenannten kritischen Kostenpunkte ermitteln (▶ Abb. 40):

- **Betriebsminimum (P_1)** und **Betriebsmaximum (P_2)**: P_1 und P_2 geben die Grenze an, die nicht unter- bzw. überschritten werden sollte, weil sonst die fixen Kosten nicht und die variablen nur teilweise gedeckt würden. Wenn ein Unternehmen langfristig insbesondere P_1 nicht erreichen würde, müsste eine Betriebsschliessung in Erwägung gezogen werden.
- **Gewinnschwelle (P_3)** und **Gewinngrenze (P_4)**: Diese beiden Punkte, auch Nutzschwelle und Nutzgrenze genannt, signalisieren den Eintritt in bzw. den Austritt aus der Gewinnzone. P_3 bezeichnet man auch als Break-even-Punkt.
- **Gewinnmaximum (P_5)**: In diesem Punkt erwirtschaftet das Unternehmen den maximalen Gesamtgewinn, weil bis zu diesem Punkt jede zusätzlich produzierte Einheit zwar einen abnehmenden, aber positiven Gewinnbeitrag beisteuert.
- **Optimaler Kostenpunkt (P_6)**: P_6 ist der optimale Kostenpunkt, weil das Unternehmen in diesem Punkt mit den geringsten Stückkosten und somit am wirtschaftlichsten arbeitet. In diesem Punkt sind die Stückkosten gleich den Grenzkosten, und somit ist der **Gewinn pro Stück** am grössten.
- **Preisuntergrenze (P_7)**: Von Bedeutung ist auch P_7. Variiert man nämlich nicht die Menge, sondern den Preis, stellt P_7 jene Grenze dar, auf die der Stückpreis maximal gesenkt werden darf. In P_7 sind zwar die variablen, nicht aber die fixen Kosten gedeckt. Fällt der Preis unter P_7, so ist auch ein Teil der variablen Kosten nicht mehr gedeckt; bewegt er sich zwischen P_6 und P_7, so ist wenigstens ein Teil der betrieblichen fixen Kosten gedeckt. Würde ein Unternehmen auf längere Sicht keine höheren Preise erzielen, so müsste ebenfalls eine Betriebsschliessung in Betracht gezogen werden.

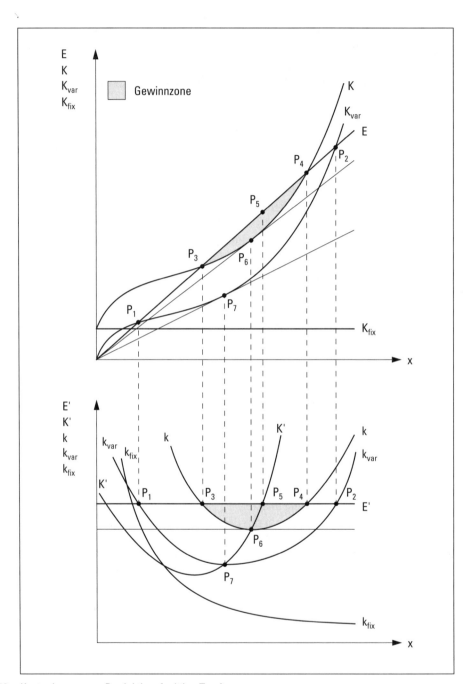

▲ Abb. 40   Kostenkurven aus Produktionsfunktion Typ A

9.4.2.3	Beurteilung

Die Übertragbarkeit des Ertragsgesetzes vom landwirtschaftlichen auf den industriellen Bereich wurde stark angezweifelt, weil sie empirisch nie bewiesen werden konnte, sondern auf einem reinen Analogieschluss beruht. Auch wenn in bestimmten industriellen Bereichen (z. B. Chemie) gewisse Voraussetzungen des Ertragsgesetzes erfüllt sind, werden vor allem zwei Bedingungen dieses Gesetzes angezweifelt, nämlich

1. die weitgehende Substituierbarkeit der Produktionsfaktoren und
2. das Vorhandensein eines konstanten Produktionsfaktors.

9.5	**Kostenverläufe bei Beschäftigungsschwankungen**
9.5.1	**Kostenverläufe bei unverändertem Potentialfaktorbestand**

Bei Veränderungen des Beschäftigungsgrades stellt sich für ein Unternehmen die Frage, auf welche Art und Weise es seine Kapazität an die veränderte Situation anpassen könnte. Grundsätzlich können drei Formen unterschieden werden:

1. Bei der **zeitlichen Anpassung** wird bei gleichbleibendem Bestand der eingesetzten Potentialfaktoren und konstanter Intensität die Betriebszeit entweder erhöht (z. B. Überstunden) oder verkürzt (z. B. Kurzarbeit). Unterstellt man konstante

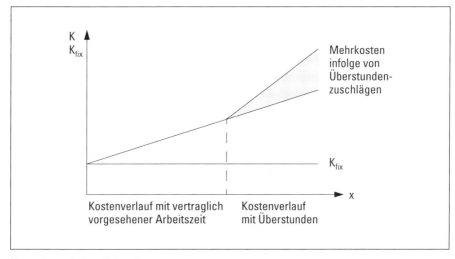

▲ Abb. 41   Kostenkurve bei zeitlicher Anpassung

Faktorkosten, so sind die Grenzkosten konstant und die variablen Kosten steigen proportional zur Produktionsmenge. In der betrieblichen Wirklichkeit wird es aber so sein, dass insbesondere die über die vertraglich festgelegte Arbeitszeit hinausgehende Zeit höhere Faktorkosten infolge von Überstunden-, Nachtarbeits- oder Sonn- und Feiertagszuschlägen verursacht. Dies bewirkt sowohl eine prozentuale Steigerung der Lohnkosten- als auch der Gesamtkostenkurve vom Punkt der Überzeit an (◄ Abb. 41).

2. Bei der **intensitätsmässigen Anpassung** wird bei gleichbleibendem Bestand der eingesetzten Potentialfaktoren und konstanter Betriebszeit die Nutzungsintensität der Potentialfaktoren variiert. Man lässt zum Beispiel eine Maschine mit verschiedenen Tourenzahlen laufen oder die Mitarbeiter erreichen unterschiedliche Produktivitäten. Über den Verlauf der Gesamtkosten sind keine allgemeinen Aussagen möglich. Unterstellt man eine U-förmige Kurve, welche den mit konstanten Preisen (p) bewerteten Faktorverbrauch pro Leistungseinheit (= Produktionskoeffizient ρ) in Abhängigkeit von der Intensität (d) zeigt, so ergeben sich die in ▶ Abb. 42 dargestellten Zusammenhänge. Jeder Punkt der U-förmigen Kurve gibt dabei die Durchschnittskosten bei einer bestimmten Intensität wieder. Da die Intensität während der vorgegebenen Produktionszeit konstant ist, ist die (bewertete) Faktoreinsatzmenge eine lineare Funktion der Ausbringungsmenge x, wie dies im rechten Koordinatensystem von ▶ Abb. 42 zum Ausdruck kommt.

3. Bei der **quantitativen Anpassung** wird die Anzahl der eingesetzten Potentialfaktoren bei gleicher Intensität und Betriebszeit variiert, ohne dass der Gesamtbestand an Potentialfaktoren verändert wird. Dabei gilt es zwei Fälle zu unter-

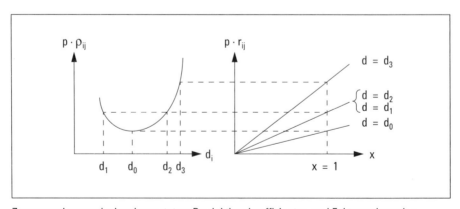

▲ Abb. 42   Zusammenhang zwischen bewertetem Produktionskoeffizient ρ_{ij} und Faktorverbrauch r_{ij}

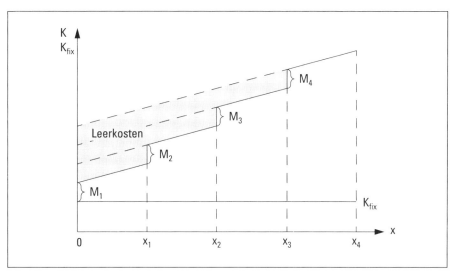

▲ Abb. 43   Rein quantitative Anpassung

scheiden, nämlich die rein quantitative und die quantitativ-selektive Anpassung:

a. **Rein quantitative Anpassung:** Bei der rein quantitativen Anpassung liegen Potentialfaktoren gleicher Beschaffenheit bezüglich technischer Eigenschaften (Intensität, Genauigkeit, Ausschussquoten) vor. Sie weisen deshalb auch die gleiche Kostenstruktur auf, d.h. pro hergestellte Einheit eines Erzeugnisses fallen gleich hohe variable Kosten an und jedes Aggregat verursacht intervallfixe Kosten in gleicher Höhe. Es spielt für ein Unternehmen somit keine Rolle, welche Faktoren es bei einer Veränderung des Beschäftigungsgrades zuerst ausscheidet bzw. in Betrieb nimmt. ◄ Abb. 43 zeigt den Kostenverlauf und die dabei anfallenden Kosten bei vier gleichartigen Maschinen.

b. **Quantitativ-selektive Anpassung:** Während die rein quantitative Anpassung in der Regel kein Auswahlproblem mit sich bringt, besteht ein solches, wenn die vorhandenen Maschinen unterschiedliche technische Eigenschaften und eine unterschiedliche Kostenstruktur aufweisen. In diesem Fall müssen zuerst die unproduktivsten Potentialfaktoren ausgeschieden bzw. die produktivsten in Betrieb genommen werden. Es handelt sich somit nicht nur um eine quantitative Veränderung der Zahl der eingesetzten Potentialfaktoren, sondern zugleich auch um eine qualitative Veränderung der Faktorkombination. In ► Abb. 44 werden wiederum die Kosten von vier Maschinen aufgezeigt, die in diesem Falle aber qualitativ verschieden voneinander sind. Bei einem Beschäftigungsrückgang würde nun jene Maschine zuerst aus-

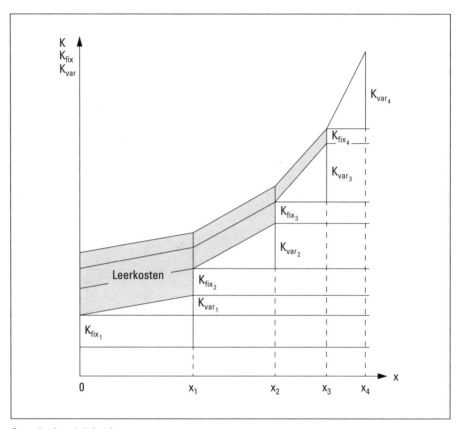

▲ Abb. 44   Quantitativ-selektive Anpassung

geschieden, deren variable Kosten K_v am höchsten sind, da die intervallfixen Kosten einer jeden Maschine ohnehin anfallen. In ◄ Abb. 44 ist dies die Maschine M_4.

9.5.2	Kostenverläufe bei verändertem Potentialfaktorbestand
	(Betriebsgrössenvariation)

Während bei den bisher betrachteten Anpassungsformen an Beschäftigungsschwankungen die kurz- bis mittelfristig durchführbaren Massnahmen Ausgangspunkt waren, geht es in diesem Abschnitt um die **langfristigen** Massnahmen, d. h. um die Anpassung der Betriebsgrösse durch eine **Veränderung des Potentialfaktorbestandes.** Dabei werden zwei Fälle unterschieden:

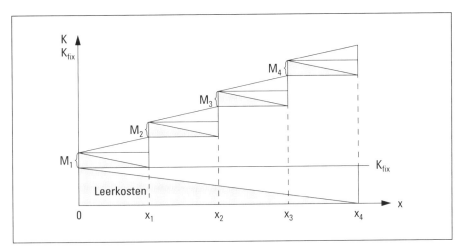

▲ Abb. 45   Multiple Betriebsgrössenvariation

1. Die **multiple Betriebsgrössenvariation** beinhaltet eine Veränderung des Potentialfaktorbestandes in dem Sinn, dass eine Erweiterung durch Maschinen oder
   Betriebsteile (Abteilungen) mit völlig gleichartiger technischer und personeller
   Ausstattung geschieht. Da die neu dazukommenden Betriebseinheiten lediglich ein **Vielfaches** der bisherigen darstellen, spricht man von einer **multiplen**
   Betriebsgrössenvariation. ◄ Abb. 45 zeigt den Kostenverlauf für vier gleichartige Maschinen bei dieser Form der Anpassung.

2. In der betrieblichen Wirklichkeit wird jedoch infolge des technischen Fortschritts eine Betriebsgrössenvariation meist mit einer Veränderung des ange-
   wandten fertigungstechnischen Verfahrens einhergehen. Es handelt sich somit
   nicht in erster Linie um eine quantitative, sondern um eine **qualitative** Veränderung. Man spricht deshalb von einer **mutativen Betriebsgrössenvariation.** Diese
   ist dadurch gekennzeichnet, dass ein Betrieb mit steigender Ausbringungsmenge zu kapitalintensiveren Verfahren übergeht, die mit steigenden Fixkosten
   und sinkenden proportionalen Kosten verbunden sind. Die daraus resultierenden Kostenkurven (Gesamtkosten K, Durchschnittskosten k, Grenzkosten K'
   und variable Durchschnittskosten k_v, wobei $K' = k_v$ bei linearem Gesamt-
   kostenverlauf) zeigt ► Abb. 46 bei vier Aggregaten mit unterschiedlichen
   Produktionsverfahren. Aus dieser Abbildung wird zudem deutlich, dass das
   günstigste Verfahren von der Ausbringungsmenge x abhängig ist. Die Punkte
   x_1, x_2 und x_3 zeigen, von welcher Menge an sich ein neues kapitalintensiveres
   Verfahren lohnt. Unterstellt man beliebig viele Aggregate mit unterschiedlichen Produktionsverfahren, so liegen die Schnittpunkte der Gesamtkosten-
   kurven auf der in ► Abb. 46 fett eingezeichneten Kurve. Auf dieser befinden
   sich die minimal erreichbaren Gesamtkosten jeder Ausbringung.

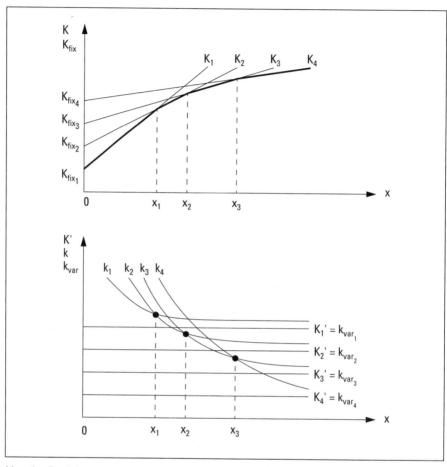

▲ Abb. 46   Mutative Betriebsgrössenvariation

Literaturhinweise

Boemle, Max: Der Jahresabschluss. Bilanz, Erfolgsrechnung, Anhang. 3., neu bearbeitete Auflage, Zürich 1996

Dellmann, Klaus: Rechnungslegung: Bilanzierung nach neuem Aktienrecht. Bern/Stuttgart/Wien 1996

Dellmann, K./Franz, P. (Hrsg.): Neuere Entwicklungen im Kostenmanagement. Bern/Stuttgart/Wien 1994

Helbling, Carl: Bilanz- und Erfolgsanalyse. Lehrbuch und Nachschlagewerk für die Praxis mit besonderer Berücksichtigung der Darstellung im Jahresabschluss- und Revisionsbericht. 10., nachgeführte Auflage, Bern/Stuttgart/Wien 1997

Huguenin, C./Schellenberg, A.C.: Handels- und Buchführungsrecht. Lachen 2000

Kilger, Wolfgang: Einführung in die Kostenrechnung. Wiesbaden 1992

Klook, J./Sieben, G./Schildbach, Th.: Kosten- und Leistungsrechnung. Düsseldorf 1993

Leimgruber, J./Prochinig, U.: Bilanz- und Erfolgsanalyse. 4. Auflage, Zürich 1999

Meyer, Conrad: Betriebswirtschaftliches Rechnungswesen. Einführung in Wesen, Technik und Bedeutung des modernen Management Accounting. 2., ergänzte Auflage, Zürich 1996

Schellenberg, Aldo: Rechnungswesen. Grundlagen, Zusammenhänge, Interpretationen. 3., überarbeitete und erweiterte Auflage, Zürich 2000

Seiler, Armin: Accounting. BWL in der Praxis I. Zürich 1998

Sterchi, Walter: Schweizer Kontenrahmen KMU. Zürich 1996

INVESTMENT

RETURN

Teil 2
Finanzierung

Inhalt

Kapitel 1

Grundlagen

1.1 Finanzwirtschaftliche Grundbegriffe

1.1.1 Finanzwirtschaftlicher Umsatzprozess als Ausgangspunkt

Der Umsatzprozess eines Unternehmens kann in einen güter- und in einen finanzwirtschaftlichen Prozess unterteilt werden. Beide sind stark miteinander verknüpft; der finanzwirtschaftliche Prozess ist dabei Voraussetzung für den güterwirtschaftlichen. In einer ersten Phase müssen die finanziellen Mittel zur Verfügung gestellt werden, um die für den Produktionsprozess notwendigen Güter und Dienstleistungen beschaffen zu können.

> Unter **finanziellen Mitteln** versteht man in der Regel alle Zahlungsmittel (Münzen, Banknoten) und sämtliches Buch- bzw. Giralgeld (Sichtguthaben bei Post und Bank), sowie in einer weiteren Begriffsfassung zusätzlich die übrigen Bankguthaben und leicht realisierbaren Wertschriften.

Das Unternehmen beschafft sich die finanziellen Mittel auf dem Geld- und Kapitalmarkt:

- Auf dem **Geldmarkt** treffen sich Angebot und Nachfrage nach kurzfristigen Mitteln. Die Fälligkeit dieser Gelder beträgt weniger als ein Jahr. Die Unternehmen können auf diesem Markte kurzfristig ihre Liquiditätsüberschüsse anlegen oder umgekehrt kurzfristige Liquiditätsengpässe überbrücken. In der Schweiz hat der Geldmarkt eine relativ kleine Bedeutung, wobei vor allem das sogenannte Call-Geld (das täglich abgerufen werden kann) und das Fest- oder Termingeld (auf einen bestimmten Verfalltag) besonders zu erwähnen wären. Call-Geld-Transaktionen werden praktisch ausschliesslich unter Banken getätigt, während den Termingeldmarkt auch Unternehmen anderer Branchen (Industrie, Versicherung, Handel) benützen.

- Der **Kapitalmarkt** dagegen dient dem Handel von mittel- bis langfristigen Mitteln, die eine Fälligkeit von über einem Jahr aufweisen. Allerdings bedeutet ein Kapitalmarktgeschäft nicht unbedingt eine langfristige Verpflichtung für die Partner. Während das Unternehmen bei der Ausgabe von Beteiligungspapieren eine langfristige Verfügbarkeit anstrebt, kann der Kapitalgeber durch den Verkauf dieser Papiere an der Börse die Pflichten und Rechte auf einen neuen Kapitalgeber übertragen und somit eine Bindung von nur kurzer Dauer eingehen. Wichtige Teilmärkte des Kapitalmarktes sind der Wertpapiermarkt (Obligationen, Beteiligungspapiere), der Hypothekarmarkt und der Markt für sonstige langfristige Darlehen. Wichtige Träger des Kapitalmarktes sind die Effektenbörsen sowie das Bankensystem, die für einen reibungslosen Handel besorgt sind.

Geld- und Kapitalmarkt sind zum Teil eng miteinander verbunden und weisen fliessende Grenzen auf. Oft werden diese beiden Märkte zusammengefasst und als **Kreditmarkt** bezeichnet.

Im folgenden werden die Begriffe Kapital, Vermögen, Finanzierung und Investierung umschrieben, welche die Grundlage für die Betrachtung der wesentlichen finanzwirtschaftlichen Entscheidungssachverhalte bilden.[1]

| 1.1.2 | **Kapital und Vermögen** |

> Im Rahmen der Betriebswirtschaftslehre bzw. der Finanzierung bezeichnet man als **Kapital** eine abstrakte Geldwertsumme, die durch Zuführung von in der Regel finanziellen Mitteln oder seltener von in Geld bewerteten Gütern entsteht.

Das Kapital zeigt bei der Unternehmensgründung die Herkunft dieser finanziellen Mittel bzw. der eingebrachten Güter.[2] Zu einem späteren Zeitpunkt, während der

---

1 Vgl. dazu auch Teil 1, Kapitel 3, Abschnitt 3.3 «Gliederung der Aktiv- und Passivseite der Bilanz».
2 Bei der Gründung eines Unternehmens kann auch die sogenannte Sachgründung gewählt werden, bei der nicht eine Bar-, sondern eine Sacheinlage (z.B. Lieferwagen, Grundstück) geleistet wird.

Umsatzphase des Unternehmens, kann die Herkunft der Mittel nicht mehr bestimmt werden. Das Kapital verkörpert in diesem Fall den in Geldeinheiten ausgedrückten Wert der im Unternehmen insgesamt vorhandenen Vermögensteile. Es zeigt dann lediglich noch die Ansprüche der Kapitalgeber.

Entsprechend der Art der rechtlichen Ansprüche der Kapitalgeber wird das Kapital in Eigen- und Fremdkapital unterteilt:

- Das **Eigenkapital** (= Beteiligungskapital[1]) ist entweder von den Eigentümern zur Verfügung gestelltes oder vom Unternehmen selbsterarbeitetes (= einbehaltene Gewinne) Kapital. Es steht dem Unternehmen in der Regel auf unbegrenzte Zeit zur Verfügung.
- Im Gegensatz dazu steht das **Fremdkapital,** das von Dritten für eine bestimmte Zeitdauer zur Nutzung überlassen wird (= Gläubigerkapital).

Eine genaue Grenze zwischen Eigen- und Fremdkapital kann zwar rechtlich meistens gezogen werden, da der Fremdkapitalgeber ein Gläubiger des Unternehmens ist. Betriebswirtschaftlich ist diese Grenzziehung aber nicht immer möglich. Gewährt beispielsweise ein Aktionär einer Familienaktiengesellschaft dem Unternehmen ein Darlehen, so stellt dies rechtlich zwar Fremdkapital dar, betriebswirtschaftlich kommt ihm jedoch die Funktion von Eigenkapital zu.

> Das **Vermögen** eines Unternehmens besteht aus der Gesamtheit der materiellen und immateriellen Güter, in die das Kapital eines Unternehmens umgewandelt wurde.

Kapital und Vermögen sind deshalb in Geldeinheiten ausgedrückt immer gleich gross. Das Vermögen eines Unternehmens wird meistens nach der Dauer der Bindung der in den verschiedenen Vermögensteilen gebundenen finanziellen Mitteln gegliedert. Grundsätzlich wird dabei zwischen Umlauf- und Anlagevermögen unterschieden:

- Das **Umlaufvermögen** umfasst neben den liquiden Mitteln in erster Linie die zur Leistungserstellung notwendigen Werkstoffe (Repetierfaktoren) und die sich aus dem betrieblichen Transformationsprozess ergebenden Güter sowie die aus der Leistungsverwertung entstehenden Forderungen gegenüber Kunden.
- Das **Anlagevermögen** umfasst dagegen primär die Betriebsmittel (Potentialfaktoren), die dem Unternehmen während einer bestimmten Zeitspanne zur Nutzung zur Verfügung stehen sowie die Beteiligungen an anderen Unternehmen. Diesem **materiellen** Anlagevermögen steht das **immaterielle** gegenüber, das gewisse Rechte – zum Beispiel in Form von Patenten oder Lizenzen – beinhaltet.

---

1 Ist der Eigentümer mit dem Unternehmer identisch, spricht man auch von Unternehmerkapital.

1.1.3	Finanzierung und Investierung

Je nach den Aufgaben, die man der Finanzierung zuordnet, kann diese unterschiedlich interpretiert werden:

1. Betrachtet man lediglich das Bereitstellen von finanziellen Mitteln zur Anschaffung bestimmter Gegenstände, insbesondere von Potentialfaktoren (z.B. Flugzeuge), so handelt es sich um eine **Objektfinanzierung.**
2. Oft führt die Beschaffung eines Potentialfaktors zu einem zusätzlichen Kapitalbedarf, da durch dessen Inbetriebnahme Auswirkungen auf andere betriebliche Bereiche (z.B. Repetierfaktoren, Debitorenbestände) zu erwarten sind. Man spricht deshalb von einer **Unternehmensfinanzierung** (= Finanzierung im engeren Sinn) und meint damit die Versorgung des gesamten Unternehmens mit finanziellen Mitteln zur Aufrechterhaltung des betrieblichen Umsatzprozesses.
3. Betrachtet man die Finanzierung als umfassende unternehmerische Funktion, so spricht man von der **Finanzwirtschaft** des Unternehmens (= Finanzierung im weiteren Sinn). Diese beinhaltet nach Boemle (2002, S. 29) «alle mit der Kapitalbeschaffung, dem Kapitaleinsatz, der Kapitalbewirtschaftung und der Kapitalrückzahlung zusammenhängenden Massnahmen.» Eine solche Interpretation der Finanzierung wird auch diesem Buch zugrunde gelegt.

Schliesslich bleibt noch der Begriff der **Investierung.** Darunter versteht man die Ausstattung eines Unternehmens mit den erforderlichen materiellen und immate-

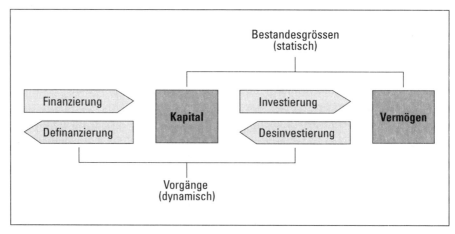

▲ Abb. 47   Zusammenhänge zwischen Kapital, Vermögen, Finanzierung und Investierung

riellen Vermögensteilen, oder mit anderen Worten, die Umwandlung des Kapitals in Vermögen.[1]

Aus ◄ Abb. 47 wird ersichtlich, dass die Finanzierung im engeren Sinn der Beschaffung von Kapital dient, das im Rahmen der Investierung in konkrete Vermögensteile überführt wird. Während die beiden Begriffe Finanzierung und Investierung **dynamische** Vorgänge beinhalten, sind die beiden Begriffe Kapital und Vermögen als Resultat dieser beiden Vorgänge **statische** Bestandesgrössen. Die Finanzierung im weiteren Sinn schliesslich umfasst alle Aufgaben, die in den Prozessen der Finanzierung und Investierung bzw. der Definanzierung und Desinvestierung enthalten sind.[2]

1.2   Systematisierung der Finanzierung

Finanzierungsvorgänge können nach verschiedenen Kriterien charakterisiert werden (► Abb. 48). Betrachtet man alle Möglichkeiten zur Geld- bzw. Kapital-

Kriterium	Formen
Finanzierungsanlass	■ Gründungsfinanzierung ■ Wachstumsfinanzierung ■ Übernahmefinanzierung ■ Sanierungsfinanzierung
Rechtsstellung des Kapitalgebers	■ Eigenfinanzierung ■ Fremdfinanzierung

Dauer der Mittelbereitstellung (Fristigkeit)	■ unbefristete Finanzierung
	■ befristete Finanzierung
	   □ kurzfristig: bis 1 Jahr
	   □ mittelfristig: bis 4 Jahre
	   □ langfristig: über 4 Jahre

Mittelherkunft	■ Aussenfinanzierung (externe Finanzierung) ■ Innenfinanzierung (interne Finanzierung)
Häufigkeit der Finanzierungsakte	■ einmalige, gelegentliche Finanzierung ■ laufende, regelmässige Finanzierung
Anzahl der Kapitalgeber	■ Individualfinanzierung ■ Kollektivfinanzierung

▲ Abb. 48   Charakterisierung der Finanzierung

---

1   Vgl. dazu Teil 3, Kapitel 1, Abschnitt 1.1.1 «Begriff».
2   Vgl. dazu Teil 1, Kapitel 7, Abschnitt 7.3.4 «Darstellung der Mittelflussrechnung», insbesondere ◄ Abb. 22 (S. 126).

Finanzierungs- vorgang Mittelherkunft	Kapitalzuführung		Vermögens- verflüssigung
	Fremdkapital	**Eigenkapital**	
Aussenfinanzierung	Kreditaufnahme	Beteiligungs- finanzierung	Vermögens- liquidation
Innenfinanzierung	Mittelbindung aus Rückstellungsbildung	Selbst- finanzierung	Abschreibungs- rückflüsse

▲ Abb. 49   Übersicht über die betrieblichen Möglichkeiten der Geld- bzw. Kapitalzufuhr (Volkart 1998a, S. 117)

beschaffung, so können die in ◄ Abb. 49 aufgeführten Vorgänge unterschieden werden. Dabei ist zu beachten, dass diese Finanzierungsmöglichkeiten von unterschiedlichen Finanzierungsbegriffen ausgehen. Bei der Kapitalzuführung steht eine **bilanzorientierte** Betrachtung im Vordergrund, d.h. eine Finanzierung führt zu einer Vergrösserung der Bilanzsumme, da Kapital zugeführt wird (analog bedeutet Definanzierung eine Verkleinerung der Bilanzsumme). Bei der Vermögensverflüssigung dagegen wird von einem **zahlungs-** bzw. **liquiditätsorientierten** Finanzierungsbegriff ausgegangen. Finanzierung stellt in diesem Fall Zuführung liquider Mittel dar, ohne dass die Bilanzsumme verändert wird. Es finden lediglich Vermögensumschichtungen statt.

Bei der **Aussenfinanzierung** stammt das Kapital von ausserhalb des Unternehmens stehenden Personen oder Institutionen.

- Wird das Kapital nur für eine bestimmte Dauer überlassen (Lieferanten-, Bankkredite, Darlehen, Hypothekardarlehen, Obligationenanleihen), so liegt eine **Kreditfinanzierung** vor.
- Wird das Kapital durch die Eigentümer als Beteiligungskapital zur Verfügung gestellt, so handelt es sich um eine **Beteiligungsfinanzierung.**
- Werden hingegen Vermögenswerte veräussert, so handelt es sich um eine reine **Vermögensverflüssigung** ohne Auswirkung auf das Kapital eines Unternehmens.

Bei der **Innenfinanzierung** kann zwischen der Finanzierung aus Rückstellungen, der Selbstfinanzierung und der Finanzierung aus freigesetztem Kapital unterschieden werden.

- Der **Finanzierung aus Rückstellungen** liegt die Bildung von Rückstellungen zugrunde. Rückstellungen stellen Verbindlichkeiten gegenüber Dritten dar, mit denen man nur unter Umständen zu rechnen hat und von denen man auch noch nicht weiss, in welcher Höhe und wann sie anfallen. Beispiele sind Pensionsrückstellungen, Steuerrückstellungen oder Rückstellungen für Verpflichtungen aus Garantieleistungen.

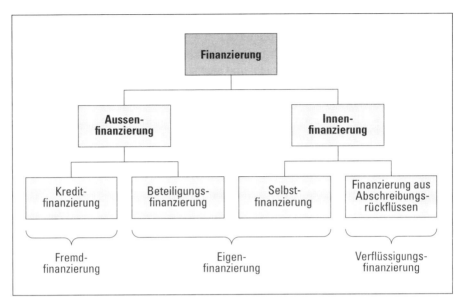

▲ Abb. 50   Hauptformen der Unternehmensfinanzierung

- Bei der **Selbstfinanzierung** findet eine Finanzierung über die Zurückbehaltung von erzielten Gewinnen statt,
- während die **Finanzierung aus Abschreibungsrückflüssen** die Bereitstellung von finanziellen Mitteln durch Verflüssigung der in den abzusetzenden Gütern gebundenen Abschreibungsgegenwerte beinhaltet. Man spricht daher auch von der Finanzierung aus Abschreibungsgegenwerten.[1] Aufgrund der Tatsache, dass Abschreibungen als Aufwand den Gewinn schmälern, wird deutlich, wie eng der Zusammenhang zwischen Selbstfinanzierung und Finanzierung aus Abschreibungsrückflüssen ist.[2]

---

1   Oft liest man den Ausdruck «Finanzierung aus Abschreibung». Diese Umschreibung ist aber nicht nur verwirrend, sondern auch falsch, denn Abschreibung bedeutet primär einen Wertverzehr (z.B. einer Maschine). Diesem Wertverzehr im Sinn eines Nutzenabgangs steht aber ein Wertzuwachs auf den mit dieser Maschine hergestellten Produkte gegenüber. Werden diese Produkte verkauft und erhält man dafür die finanziellen Mittel, so wird dieser Wertzuwachs, der dem Abschreibungsgegenwert entspricht, verflüssigt (vgl. dazu Kapitel 3 «Innenfinanzierung»).

2   Deshalb wird unter anderem in der Praxis die Grösse Cash-flow (= selbsterarbeitete Mittel), der sich in verkürzter Form als Gewinn + Abschreibungen berechnen lässt, für aussagekräftiger als der Gewinn erachtet. Vgl. dazu die Ausführungen in Teil 1, Kapitel 7, Abschnitt 7.3.5 «Cash-flow».

Da die nicht ausgeschütteten Gewinne in Form von stillen oder offenen Reserven zusammen mit den Einlagen der Eigentümer das Eigenkapital des Unternehmens bilden, handelt es sich bei der Beteiligungsfinanzierung und Selbstfinanzierung um eine **Eigenfinanzierung,** im Gegensatz zur Kreditfinanzierung, die in ihrer Gesamtheit das Fremdkapital darstellt und somit als **Fremdfinanzierung** bezeichnet werden kann.

◄ Abb. 50 zeigt die verschiedenen Hauptformen der Finanzierung, auf die in den folgenden Kapiteln näher eingegangen wird.

1.3   Problemlösungsprozess der Finanzierung

Die unternehmerischen Aufgaben der Finanzierung können aus dem Problemlösungsprozess der Finanzierung abgeleitet werden. Dieser gliedert sich in folgende Phasen (▶ Abb. 51):

1. **Analyse der Ausgangslage:** In einer ersten Phase ist abzuklären, welches die finanziellen Bedürfnisse des Unternehmens sind und wie der daraus resultierende Kapitalbedarf gedeckt werden kann. Neben der Analyse unternehmensbezogener Einflussfaktoren wie Unternehmensziele und Umfang der voraussichtlichen Geschäftstätigkeit kommt der Analyse umweltbezogener Faktoren wie beispielsweise dem Geld- und Kapitalmarkt eine grosse Bedeutung zu.[1]

2. **Formulierung der Ziele der Finanzierung:** Aus den allgemeinen Unternehmenszielen lassen sich vorerst folgende Ziele ableiten:
   - **Gewinnerzielung** auf dem zur Verfügung stehenden Kapital.
   - Aufrechterhaltung des **finanziellen Gleichgewichts,** d.h. dass das Unternehmen jederzeit seinen finanziellen Verpflichtungen nachkommen kann und somit über eine ausreichende **Liquidität** verfügt.
   - **Versorgung** des Unternehmens mit **Kapital,** damit der angestrebte leistungswirtschaftliche Umsatzprozess ermöglicht wird.
   - **Risikokapital** zur Verfügung stellen, um allfällig auftretende Verluste auffangen zu können. Mit anderen Worten, das Unternehmen muss über genügend Eigenkapital verfügen.
   - Schutz des Unternehmens vor unerwünschten Einflüssen und somit Bewahrung der **Unabhängigkeit.**

   Daraus ergeben sich die Ziele für die **Kapitalausstattung** und **Kapitalverwendung,** die durch eine Reihe von Finanzierungsgrundsätzen und -regeln konkretisiert werden. Auf sie wird in Kapitel 5 «Optimale Finanzierung» näher einge-

---

1 Vgl. dazu Abschnitt 1.4.1 «Finanzplanung».

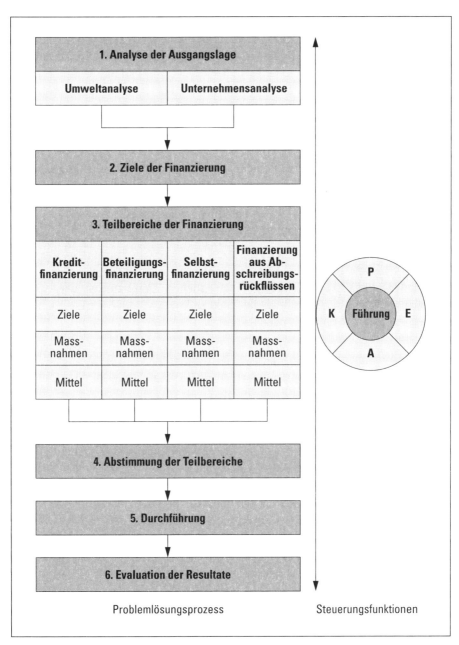

▲ Abb. 51   Problemlösungsprozess der Finanzierung

gangen. Das eigentliche **Sachziel** der Finanzierung wird sich aber unter Berücksichtigung des güterwirtschaftlichen Umsatzprozesses darauf richten, die
für die Unternehmenstätigkeit notwendigen finanziellen Mittel bereitzuhalten,
und zwar

- im notwendigen Umfang,
- in der erforderlichen Art,
- zum richtigen Zeitpunkt und
- am richtigen Ort.

3. **Bestimmung der Ziele, Massnahmen und Mittel der Teilbereiche der Finanzierung:**
Ausgehend von den allgemeinen Unternehmens- sowie Finanzierungszielen
können die Ziele, Massnahmen und Mittel der einzelnen Teilbereiche, wie sie
sich aus ◄ Abb. 51 ergeben, festgelegt werden. Sie werden in den Kapiteln
2 bis 4 ausführlich besprochen.

4. **Abstimmung der Teilbereiche:** Eine optimale Finanzierung erreicht man erst,
wenn die Ziele und Massnahmen aller Teilbereiche aufeinander abgestimmt
sind. Aufgrund der unterschiedlichen Zielsetzungen wird es darum gehen,
Prioritäten bezüglich der Ziele zu setzen. Darauf wird in Kapitel 5 «Optimale
Finanzierung» eingegangen.

5. **Durchführung:** Sind die Ziele, Massnahmen und Mittel festgelegt, so müssen sie
realisiert werden. Je nach Entscheidungssachverhalt handelt es sich um eine
einmalige Durchführung (z.B. Going Public) oder um häufig und regelmässig
zu erledigende Geschäfte (z.B. Inanspruchnahme von Lieferanten- oder Bankkrediten).

6. **Evaluation der Resultate:** Die Ergebnisse des finanzwirtschaftlichen Problemlösungsprozesses zeigen, inwieweit die gesetzten Ziele erreicht worden sind.
Dies wird besonders deutlich durch

- die Kapitalstruktur,
- die vorhandene Liquidität und
- die Eigen- oder Gesamtkapitalrentabilität.

1.4 Finanzmanagement

Die zunehmende Bedeutung des finanzwirtschaftlichen Umsatzprozesses führte
dazu, dass der **Steuerung des finanzwirtschaftlichen Problemlösungsprozesses** ein
immer grösseres Gewicht beigemessen wurde. Wie aus ◄ Abb. 51 ersichtlich,
setzt sich auch im Finanzbereich die Steuerung aus den vier Managementfunktio-

nen Planung, Entscheidung, Anordnung und Kontrolle zusammen.[1] Diese können mit dem Begriff **Finanzmanagement** zusammengefasst werden, welches die finanzielle Führung des Unternehmens beinhaltet. Bei einer gesamtheitlichen Betrachtung des finanzwirtschaftlichen Prozesses kommt insbesondere der Finanzplanung und -kontrolle als Grundlage der finanziellen Entscheidungen und Anordnungen eine grosse Bedeutung zu.

1.4.1	**Finanzplanung**

Bereits die Ausführungen zum Rechnungswesen, insbesondere zur Budgetierung und zum Business-Plan (Planbilanz, Planerfolgsrechnung, Planmittelflussrechnung),[2] haben gezeigt, dass der Finanzplanung eine grosse Bedeutung zukommt.

Ausgangspunkt der Finanzplanung bildet der **Kapitalbedarf,** dessen Höhe sich aus der Geschäftstätigkeit des Unternehmens ergibt. Dieser wird beeinflusst durch

- **interne** Faktoren wie Betriebsgrösse, Produktionsverfahren, Produktions- und Absatzprogramm, vorhandenes Kapital (inkl. stille Reserven) und Liquidität sowie
- **externe** Faktoren wie Bedingungen des Kapital- und Geldmarktes (z.B. Zinssätze), Inflationsrate, allgemeines Lohnniveau, Preisniveau der eingesetzten Güter, Zahlungsgewohnheiten der Kunden, technologische Entwicklung und rechtliche Aspekte (insbesondere Steuern).

Der Kapitalbedarf unterliegt daher ständigen Schwankungen. In einem ersten Schritt gilt es deshalb, in einer **Kapitalbedarfsrechnung** den erwarteten Kapitalbedarf abzuschätzen. Ist dieser in seiner Höhe für einen bestimmten Zeitpunkt bestimmt, so kann in einem nächsten Schritt die **Deckung** dieses Bedarfs betrachtet werden. Dies geschieht mit Hilfe von **Finanzplänen,** wobei je nach Zielsetzung und Betrachtungszeitraum zwischen kurz- und langfristigen Finanzplänen unterschieden wird.

---

1 Zu den Managementfunktionen vgl. Thommen 2002b, S. 47 ff.
2 Vgl. dazu Teil 1, Kapitel 1, Abschnitt 1.3 «Budgetierung und Business-Plan».

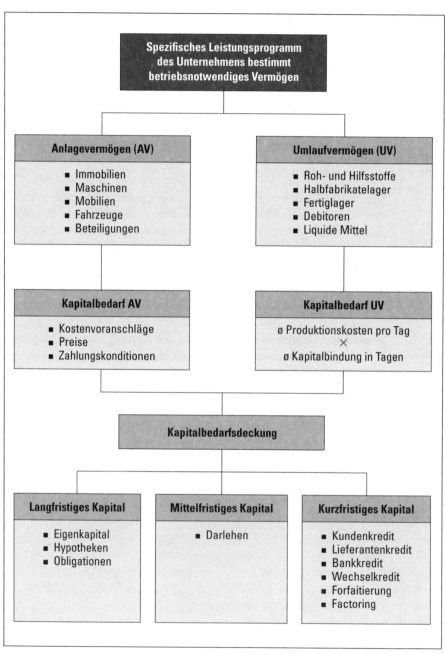

▲ Abb. 52   Kapitalbedarf und Kapitalbedarfsdeckung (nach Steiner 1988, S. 21)

1.4.1.1	Kapitalbedarfsrechnung

Wie aus ◄ Abb. 52 hervorgeht, setzt sich der Kapitalbedarf aus dem Bedarf für das Umlauf- und Anlagevermögen zusammen. Der Kapitalbedarf für das letztere ergibt sich aufgrund der Preise oder Kostenvoranschläge für die Potentialfaktoren. Da diese Güter über eine längere Zeitperiode genutzt werden, folgt daraus ein langfristiger Kapitalbedarf, d.h. das Kapital wird für eine längere Zeit benötigt. Demgegenüber handelt es sich beim Umlaufvermögen um einen kurzfristigen Kapitalbedarf.

Bei der Ermittlung des Kapitalbedarfs für das Umlaufvermögen ist zu beachten, dass die Produktion und der Absatz von Gütern und damit die Ein- und Auszahlungen zeitlich auseinanderfallen. Zusätzlich müssen noch die Zahlungsfristen der Kunden sowie die Zahlungsfristen des Unternehmens gegenüber den Lieferanten einbezogen werden. ► Abb. 53 zeigt schematisch die durchschnittliche Kapitalbindung des Umlaufvermögens, aus welcher der Kapitalbedarf abgeleitet werden kann. Die eigentliche Berechnung des Kapitalbedarfs für das Umlaufvermögen soll am Beispiel in ► Abb. 54 illustriert werden.

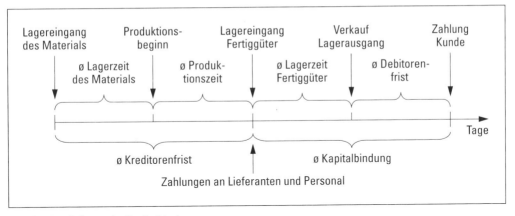

▲ Abb. 53   Schema der Kapitalbindung

1. Ausgangslage

a) Fristen des güter- und finanzwirtschaftlichen Umsatzprozesses:

■ ø Lagerzeit des Materials	15 Tage
■ ø Produktionszeit	60 Tage
■ ø Lagerzeit Fertiggüter	15 Tage
■ ø Debitorenfrist	30 Tage
■ ø Kreditorenfrist	30 Tage

b) Umsatz und Kosten (in Fr.):

■ geplanter Umsatz pro Jahr	1 440 000
■ Materialkosten pro Jahr	576 000
■ Lohnkosten pro Jahr	360 000
■ Herstellgemeinkosten (HGK) pro Jahr	216 000
■ Verwaltungs- und Vertriebsgemeinkosten (VVGK) pro Jahr	144 000

c) Fälligkeiten der Kosten:

- ■ ø Fälligkeit der Lohnkosten: 15 Tage nach Produktionsbeginn
- ■ ø Fälligkeit der Verwaltungs- und Vertriebsgemeinkosten (VVGK): 20 Tage vor Verkauf
- ■ ø Fälligkeit der Herstellgemeinkosten (HGK): bei Produktionsbeginn

2. Berechnungen

Kostenart	Auszahlungen		Bindungs-dauer (Tage)	kumulierte Auszahlungen
	pro Jahr	pro Tag		
■ Material	576 000	1 600	90	144 000
■ Löhne	360 000	1 000	90	90 000
■ HGK	216 000	600	105	63 000
■ VVGK	144 000	400	50	20 000
Maximaler Kapitalbedarf				317 000

3. Graphische Darstellung

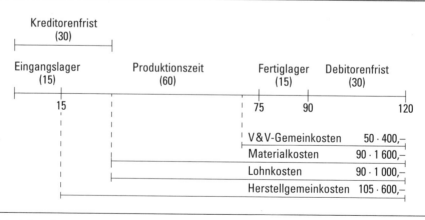

▲ Abb. 54   Beispiel zur Berechnung des Kapitalbedarfs

1.4.1.2	Langfristige Finanzpläne

Der langfristige Finanzplan ergibt sich in der Regel aus den Teilplänen der übrigen Unternehmensbereiche (z.B. Absatz-, Produktions- und Personalplan). Er dient nicht in erster Linie zur Sicherung der jederzeitigen Zahlungsbereitschaft, sondern soll zeigen, wie die zukünftigen Geschäftstätigkeiten finanziert werden können. Gerade bei Unternehmen, die sich in einer starken Wachstumsphase befinden, ist es wichtig, dass die Ausweitung der Unternehmenstätigkeiten auch kapitalmässig abgesichert ist.

Der langfristige Finanzplan zeichnet sich nicht nur dadurch aus, dass er einen längeren Zeitraum (mehrere Jahre) umfasst, sondern dass er auch Finanzentscheide enthält, die wegen ihrer langfristigen Auswirkungen eine sorgfältige Planung bedingen. Man denke beispielsweise an Kapitalerhöhungen, Veräusserungen von Beteiligungen oder Aufnahme von Obligationenanleihen. Schenkt man dieser Tatsache keine oder zu wenig Beachtung, so hat der Finanzplan nicht die ihm eigentlich zukommende Funktion eines Sekundärplans, der aus den übergeordneten Plänen des Unternehmens abgeleitet ist, sondern übernimmt die Funktion eines Primärplans, der als Ausgangspunkt den Rahmen für die anderen Teilpläne absteckt (Dominanz des Minimumsektors).

Bei der Aufstellung eines langfristigen Finanzplans kann von der bereinigten Plan-Erfolgsrechnung ausgegangen werden (also unter Berücksichtigung der Bildung und/oder Auflösung stiller Reserven). Dieser wird der Gewinn entnommen und um die Abschreibungen (und sonstigen nicht liquiditätswirksamen Aufwendungen und Erträge) sowie die Gewinnausschüttungen korrigiert. Dadurch erhält man den Netto-Cash-flow (▶ Abb. 55). Dieser zeigt den Mittelzufluss aus der betrieblichen Tätigkeit. Analog zu einer Geld- oder Mittelflussrechnung, welche die Ursachen für die Veränderung bestimmter Bilanzpositionen aufzeigt, müssen neben dem Cash-flow die anderen Mittelbeschaffungsvorgänge sowie sämtliche Mittelverwendungsvorgänge erfasst werden. Aus einer solchen ganzheitlichen Rechnung werden Überschüsse oder Unterdeckungen ersichtlich. Sind diese Abweichungen erheblich, so müssen weitere Massnahmen zur Abstimmung der beschafften und verwendeten Mittel ergriffen werden.

Allerdings ist zu beachten, dass ein langfristiger Finanzplan als dynamische Rechnung zwar die Ursachen für einen Mittelüberschuss bzw. eine Mittelunterdeckung aufzuzeigen vermag, dass damit aber noch keine Aussagen über die Vermögens- und Kapitalstruktur möglich sind. Um eine optimale Finanzierung sicherzustellen, sind ergänzende Informationen notwendig, wie sie beispielsweise aus einer Planbilanz und aus zusätzlichen Berechnungen (z.B. Debitorenfrist, Lagerumschlag) entnommen werden können.

Finanzplan (in 1000 Franken)	Ist 20.1	Plan 20.2	Plan 20.3	Plan 20.4
Reingewinn	200	300	400	450
+ Abschreibungen	100	200	250	300
= Cash-flow (brutto)	300	500	650	750
− Gewinnausschüttungen	50	75	100	100
= Cash-flow (netto)	250	425	550	650
+ Kreditoren	50	–	–	–
+ Darlehen	100	–	–	–
+ Kapitalerhöhung	–	500	–	–
+ Verkauf von Beteiligungen	–	–	350	–
totaler Mittelzufluss (1)	400	925	900	650
Ersatz- und Erweiterungsinvestitionen	50	600	400	150
+ Debitoren	50	200	150	100
+ Warenlager	100	300	300	100
+ Kreditorenrückzahlung	–	50	100	100
+ Rückzahlung Darlehen	–	–	–	100
totale Mittelverwendung (2)	200	1 150	950	550
Mittelbedarf/Mittelüberschuss				
▪ pro Jahr	+200	−225	−50	+100
▪ kumuliert	+200	−25	−75	+25

▲ Abb. 55   Beispiel eines langfristigen Finanzplans

1.4.1.3	Kurzfristige Finanzpläne

Kurzfristige Finanzpläne unterstützen die Bemühungen, die Zahlungsbereitschaft in jedem Zeitpunkt zu gewährleisten. Im Mittelpunkt steht die Liquidität. Betrachtet werden die Zahlungseingänge und -ausgänge in einem Zeitraum von drei bis zwölf Monaten. Je nach Unternehmen und Situation umfassen diese Pläne auch kürzere Perioden. Gerade bei Banken oder Warenhäusern wird wegen der kurzfristigen starken Schwankungen mit Tagen oder Wochen gerechnet. Dabei müssen diese Teilperioden nicht für die gesamte Planungsperiode gelten. Je weiter sich die Planung in die Zukunft erstreckt, um so grösser werden die Planperioden gewählt. ▶ Abb. 56 zeigt ein Beispiel für einen kurzfristigen Finanzplan.

Aus der kurzfristigen Finanzplanung sind die Überschüsse oder Fehlbeträge ersichtlich. Es ist die Aufgabe des **Cash Management,** die Zahlungsströme nicht nur zu überwachen, sondern auch rechtzeitig Massnahmen zu ergreifen, die sich aufgrund dieser kurzfristigen Prognoserechnung aufdrängen. Nach Helbling

Liquiditätsplan (in 1000 Franken)	1. Quartal			2. Quartal	3. Quartal	4. Quartal
	Jan.	Feb.	März			
Zahlungsverpflichtungen am Monatsende:						
a) Löhne, Saläre usw.	170	180	180	520	550	520
b) Fällige Lieferantenrechnungen (Waren, Anlagen)	320	430	330	980	1 050	1 000
c) Raum- und Maschinenmiete	110	100	90	300	260	250
d) Bank- und Darlehenszinsen	50	50	50	160	180	200
e) Steuern, Abgaben usw.	30	60	20	110	70	100
f) Übrige Auszahlungen (Rückzahlung von Schulden, Kontokorrentkrediten usw.)	–	–	–	–	60	50
Total Geldabgänge (1)	**680**	**820**	**670**	**2 070**	**2 170**	**2 120**
Erwartete Einzahlungen im Laufe des Monats:						
a) Barverkäufe	110	100	120	–	–	–
b) Erwartete Debitoreneingänge	480	450	500	1 950	2 100	1 950
c) Erwartete Akontozahlungen	90	80	20	–	–	–
d) Erlös aus Anlagenverkäufen	–	–	–	–	–	–
e) Übrige Einzahlungen (Zinsen, Nebenerlös, Darlehensrückzahlung usw.)	30	40	40	120	140	100
Total Geldzugänge (2)	**710**	**670**	**680**	**2 070**	**2 240**	**2 050**
Saldo Geldströme (2) – (1)	+30	–150	+10	–	+70	–70
+ Anfangsbestand an flüssigen Mitteln (Kasse, Bank, Post)	20	50	10	20	20	90
+ zu beschaffende Mittel (Kredite, liquiditätspolitische Massnahmen)	–	110	–	–	–	–
= Endbestand an flüssigen Mitteln	50	10	20	20	90	20

▲ Abb. 56   Beispiel eines kurzfristigen Finanzplans (Steiner 1988, S. 46)

(1997, S. 252) kommen deshalb dem Cash Management als Teil der finanziellen Führung des Unternehmens folgende Aufgaben zu:

- Liquiditätsplanung und Liquiditätsdisposition,
- rechtzeitige und günstige Beschaffung der erforderlichen Liquidität,
- vorteilhafte Anlage von vorübergehend oder längerfristig überschüssiger Liquidität,
- optimale Ausnutzung der Zahlungsfristen,
- Beschleunigung der Zahlungsabwicklung,
- Überwachung des Währungsrisikos mit allfälliger Kurssicherung,
- Koordination der Liquiditätspolitik mit derjenigen von verbundenen Gesellschaften.

Ziel wird es zwar primär sein, die Einzahlungs- und Auszahlungsströme so aufeinander abzustimmen, dass keine grösseren Zahlungsüberschüsse oder Fehlbeträge entstehen. Da sich die kurzfristigen Zahlungsströme allerdings meist aus
bereits früher getroffenen Entscheidungen ergeben, ist der diesbezügliche Handlungsspielraum relativ klein. Deshalb wird man sich vor allem darauf beschrän-
ken, allfällige grössere Überschüsse, die kurzfristig zur Verfügung stehen, optimal
anzulegen, beispielsweise als Festgeldanlage bei Banken auf 30 Tage oder länger.
Im umgekehrten Fall wird man bestrebt sein, eine Unterdeckung mit den dafür
notwendigen kurzfristigen Krediten zu überbrücken.

1.4.2	**Finanzkontrolle**
1.4.2.1	Aufgaben der Finanzkontrolle

Die Finanzkontrolle umfasst sowohl die laufende Überwachung der Einzahlungs-
und Auszahlungsströme als auch die Kontrolle der geplanten Soll-Zahlen mit den
effektiven Werten der Finanzbuchhaltung. Wie beim Cash Management gezeigt
worden ist, sind bei allfälligen Abweichungen sofort Massnahmen zu ergreifen,
um grössere Fehlbeträge oder Überschüsse zu vermeiden. Eine weitere Aufgabe
der Finanzkontrolle ist die Auswertung der Abweichungen. Werden die effektiven
Werte analysiert, können die Ursachen für die Abweichungen bestimmt werden.
Darüber hinaus ergeben sich neue Erkenntnisse für die Planung der zukünftigen
Finanzzahlen.

Die Finanzkontrolle kann sich entweder auf finanzielle Sachverhalte zu einem
bestimmten Zeitpunkt (statisch) oder auf die finanzielle Entwicklung während
einer bestimmten Periode (dynamisch) beziehen.[1]

1.4.2.2	Statische und dynamische Finanzkontrolle

Die **statische Finanzkontrolle** bezieht sich immer auf die Werte zu einem bestimmten Zeitpunkt (z.B. Bilanzstichtag).[2] Bei solchen zeitpunktbezogenen Analysen
stehen die bekannten Kennzahlen im Vordergrund, wie sie in Teil 1, Kapitel 6,

---

1 Eine ausführliche Darstellung der zeitpunkt- und zeitraumbezogenen Instrumente (mit praktischen Beispielen) findet sich bei Helbling 1997, S. 221 ff. Zu Rentabilität und Liquidität vgl.
   auch Teil 1, Kapitel 6 «Analyse von Bilanz und Erfolgsrechnung» und Kapitel 7 «Mittelflussrechnung».
2 Allerdings kann durch einen Vergleich von statischen Kennzahlen über mehrere Jahre hinweg
   eine «quasidynamische» Analyse erreicht werden.

Abschnitt 6.2 «Beurteilung und Auswertung von Bilanz und Erfolgsrechnung» besprochen worden sind.

Zu betonen ist, dass die Beurteilung dieser Kennziffern unter besonderer Berücksichtigung der unternehmensspezifischen Situation sowie der allgemeinen Umweltbedingungen (z.B. wirtschaftliche Lage, Inflation) erfolgen sollte. In diesem Sinn sind auch die angegebenen Richtwerte zu verstehen. Deshalb ist es oft sinnvoll, die berechneten Kennzahlen entweder

- in einem **Zeitvergleich** über mehrere Perioden zu berechnen und auszuwerten oder
- in einem **Unternehmensvergleich** mit denjenigen von Unternehmen zu vergleichen, die in derselben oder in einer ähnlichen Branche tätig sind.

Einen nützlichen Hinweis geben jedoch die «Buchhaltungsergebnisse schweizerischer Unternehmungen», die vom Bundesamt für Statistik jährlich herausgegeben werden. Die Buchhaltungsergebnisse für das Jahr 1996 stützen sich auf die buchmässigen Abschlüsse von knapp 3550 Unternehmen und Betrieben aller Art (mit Ausnahme des primären Sektors sowie der Banken, Versicherungen und Bahnen) mit insgesamt rund 640 000 Vollbeschäftigten. Da es sich um offizielle handelsrechtliche Jahresrechnungen handelt, sind die stillen Reserven nicht aufgerechnet und nichtbetriebliche Vermögensteile nicht gesondert ausgewiesen. Bei der Interpretation der Kennzahlen und insbesondere beim Vergleich mit dem eigenen Unternehmen ist deshalb grösste Vorsicht geboten (▶ Abb. 57).

Die **dynamische Finanzkontrolle** versucht, die Veränderungen finanzieller Grössen über die Zeit festzuhalten und zu analysieren. Als Instrumente können die bereits besprochenen Finanzpläne und die Mittelflussrechnung eingesetzt werden, indem diese durch die effektiven Werte ergänzt werden. Eine grosse Bedeutung kommt dabei dem **Cash-flow** zu:

- in seiner engsten Begriffsauffassung (cash provided by operations) ist er die wichtigste Kennzahl im Rahmen der kurzfristigen Liquiditätsplanung und -kontrolle;
- in seiner weiteren Definition (funds provided by operations) zeigt er, inwiefern es dem Unternehmen gelungen ist, aus eigener Kraft, nämlich über seine eigentliche Umsatztätigkeit, einen Beitrag an die Vergrösserung des Nettoumlaufvermögens zu leisten.[1]

---

1   Vgl. dazu die Ausführungen in Teil 1, Kapitel 7, Abschnitt 7.3.5 «Cash-flow».

Branche	Anlage-inten-sität %	Selbst-finanzie-rungs-grad %	Eigen-finanzie-rungs-grad %	Anspan-nungs-koeffi-zient %	Anlage-dek-kungs-grad I %	Liqui-dität 2. Stufe	Liqui-dität 3. Stufe	Eigen-kapital-rentabi-lität %	Umsatz-renta-bilität %	Kapital-um-schlag	Umsatz pro vollbesch. Person in 1000 Fr.	Cash-flow in % des Um-satzes
Energie-, Wasserversorgung (priv.)	81,2	70,9	22,6	342,4	27,9	1,61	1,84	6,1	4,3	0,32	964,5	19,3
Energie-, Wasserversorgung (öff.)	73,6	36,5	61,9	61,7	84,1	1,41	1,48	6,6	5,3	0,76	613,7	16,5
Nahrungsmittel	48,6	204,3	27,1	268,8	55,8	0,82	1,19	18,2	2,4	2,07	402,5	6,7
Fleischwaren	55,8	216	23,1	333,4	41,4	1,14	1,36	15,8	1,3	2,87	411,8	4,2
Milchverwertung	53,2	228,7	29,2	243	54,8	0,97	1,18	6,8	0,7	2,84	788,6	3,6
Mühlen, Futtermittel	44,9	238	24,9	302	55,4	1,05	1,6	4,1	0,6	1,78	668,4	3,5
Obst-, Gemüseverarbeitung	47,7	392,4	29,5	239,3	61,8	0,98	1,86	8,2	1,3	1,84	355,4	5,5
Zucker und Schokoladewaren	42,8	244,2	34,8	187,2	81,3	0,914	1,33	21,7	4,7	1,6	371,4	11,5
Backwaren	66	229,3	30,3	230,6	45,8	0,73	0,98	13,9	1,8	2,37	231,5	7,2
Sonstige Nahrungsmittel	36,7	178,8	20,9	378,6	57	0,66	1,03	41,1	5,3	1,62	418	9,7
Nahrungsmittel verschiedener Art												
Getränke	59,9	135,2	22,5	344,5	37,5	0,72	1,03	3,3	0,7	1,04	409	9,3
Spirituosen	20,4	415,7	28,2	254,9	138,3	1,28	2,22	40,4	7,1	1,61	905,5	8,2
Trauben-, Obstwein	46,9	143,8	17,9	457,7	38,3	0,62	1,46	3,5	0,5	1,19	490,5	4,7
Brauerei	68,1	64	24,7	305,3	36,2	0,59	0,7	-5,3	-1,6	0,81	319,5	12,2
Mineralwasser, Süssgetränke	64,2	405,6	21,4	367	33,4	0,93	1,15	8	1,5	1,15	418,4	9,9
Tabakwaren	10,6	532,1	30,5	227,7	289,2	0,58	1,35	56,2	13	1,32	682,9	15,6
Textilien	45,7	140,5	29,4	240,2	64,4	1,06	1,59	11,9	3,4	1,04	202,5	9
Garne, Zwirne	49,8	88	29,2	242,7	58,7	0,87	1,29	7,1	2	1,05	228,3	8,1
Weberei, Wirkerei	52,7	260,7	24,7	305,6	46,8	1,12	1,93	-3,2	-0,8	1	199,2	4,7
Spinnerei, Weberei												
Leinen, Hanf, Jute												
Stickerei	45,9	134,9	26,8	273	58,4	1,59	1,86	8,8	2,2	1,1	141,9	6,1
Textilveredlung	35,1	104,2	19,4	416	55,2	0,73	1,26	51,1	10	0,99	188,1	14
Sonstige Textilindustrie	40,7	200	40	150,2	98,3	1,69	2,34	12,2	4,6	1,07	204,5	11,1
Bekleidung, Wäsche	33,2	268	35,9	178,5	108,1	1,43	2,1	15	4,3	1,26	164,4	7,2
Bekleidung, Wäsche	26,3	314,6	41,9	138,5	159,2	1,27	1,74	22,5	7,6	1,25	176	9,9
Maschenware (Wirk-, Strickwaren)	33,1	170,3	27,1	268,9	82	1,88	2,87	5,5	1,2	1,27	166,7	4,7
Web- und Wirkwaren												
Sonstige konfekt. Artikel	54,4	245,6	33,9	194,8	62,4	1,32	2,45	9,3	2,7	1,16	153,4	5,6
Pelzgewerbe												
Holzbe- u. -verarbeitung, Möbel	51,4	304,5	26,9	271,7	52,4	1,2	1,85	6	1,3	1,2	230,7	6,2
Holzbearbeitung	68,5	108,6	18	455,2	26,3	0,7	1,21	14,2	3,1	0,83	224,1	10,2
Holzwarenfabrikation	56,9	244,1	44,1	127	77,5	1,72	2,51	-1,8	-1	0,8	171,4	4,2

▲ Abb. 57   Ausgewählte Branchen-Kennzahlen 1996 (BFS 1999)

Branche	Anlage-intensität %	Selbst-finanzierungsgrad %	Eigen-finanzierungsgrad %	Anspannungskoeffizient %	Anlagedekungsgrad I %	Liquidität 2. Stufe	Liquidität 3. Stufe	Eigenkapitalrentabilität %	Umsatzrentabilität %	Kapitalumschlag	Umsatz pro vollbesch. Person in 1000 Fr.	Cash-flow in % des Umsatzes
Möbelfabrikation	54,1	492,7	34,8	187,8	64,3	1,56	2,34	3,2	1	1,16	227,4	6
Bauschreinerei, Innenausbau	40,1	279,7	19,7	408,9	49,1	1,13	1,72	10,9	1,5	1,47	244,7	5,6
Papier und Papierwaren	52,6	110,7	26	285,1	49,4	1,02	1,37	19,6	3,5	1,47	320,2	8,8
Herstellung v. Zellstoff, Papier, Karton	45,7	53,9	26,7	275,2	58,3	1,22	1,62	8,3	1,6	1,4	326	6,3
Verarbeitung von Papier, Karton	57,3	187,6	25,5	292,3	44,5	0,89	1,21	27,7	4,7	1,51	316,6	10,5
Graphisches Gewerbe, Verlage	62,6	167	24,9	301,6	39,8	0,91	1,06	12,2	2,2	1,38	218,2	9,5
Satz-, Reproduktionsbetriebe	48,7	980,7	58,3	71,5	119,8	2,44	2,47	2,9	1,7	1,02	161	12,2
Druckereibetriebe	63,5	185,2	24,7	305,1	38,9	0,92	1,07	12,4	2,2	1,38	215,5	10
Buchbindereien (o. Druckerei)	78,3	42,3	16,8	494	21,5	1,42	1,57	3,4	0,6	0,97	103,7	5
Verlagsbetriebe (o. Druckerei)	51,9	2,9	19,5	413,6	37,5	0,7	0,8	18,1	2,1	1,68	323,9	4,2
Lederwaren und Schuhe	57	121,4	33,6	197,4	59	0,83	1,59	4,7	1,4	1,14	139	6,1
Ledererzeugung, Gerberei	...	...	...	...	...	...	...	...	...	...	...	...
Lederverarbeitung	40,2	66,9	37,1	169,5	92,3	1,09	1,74	15,2	3,2	1,76	150,4	6,7
Herstellung von Schuhen	61,4	150,3	34,9	186,9	56,8	0,74	1,56	0,6	0,2	0,97	126	5,9
Chemische Erzeugnisse	61,9	543,4	46,4	115,6	74,9	0,63	0,8	14	10	0,65	572,3	19,9
Chemische Grundstoffe	71	189,5	31,4	219	44,2	0,63	0,96	18,1	6	0,94	318,9	14,6
Chemische Endprodukte	61,6	565,7	47	112,7	76,3	0,63	0,8	13,9	10,2	0,64	601	20,2
Mineralölindustrie	...	...	...	...	...	...	...	...	...	...	...	...
Kunststoff- und Kautschukwaren	52	288,7	39,8	151,4	76,5	1,35	1,95	11,8	3,7	1,27	269,1	11,3
Kunststoffwaren	52,1	282,6	39,5	153,4	75,8	1,34	1,95	11,8	3,7	1,26	273,7	11,3
Gummiwaren	...	...	...	...	...	...	...	...	...	...	...	...
Abbau u. Verarb. v. Steinen und Erden	62,6	203,9	31,7	215,7	50,6	1,1	1,55	4,9	1,9	0,81	207,5	11,6
Natursteine (Abbau, Bearbeitung)	48,8	144,7	28,3	253,9	57,9	1,15	1,51	3,7	1,1	0,9	152,7	5,4
Sand, Kies, sonst. Erden (Gewinnung)	69,9	219,4	27,8	259,7	39,8	1,14	1,23	0,4	0,2	0,65	278,7	14,5
Zement, Kalk, Betonwaren	65	260	30,4	229,5	46,7	1	1,42	10,4	4,4	0,73	223,6	16
Sonst. Verarb. v. Steinen u. Erden	41,7	146,8	20,1	398,6	48,1	1,04	1,8	3,4	0,5	1,34	216,2	3,5
Keramische Erzeugnisse	66,3	109,9	34,9	186,2	52,7	1,07	1,84	-3,7	-1,7	0,77	173,8	7,5
Glas (Herstellung und Verarbeitung)	55,8	265,2	47,4	111	85	1,61	1,99	3,4	1,5	1,05	180,1	9,9
Metallbearbeitung u. -verarbeitung	51,6	166,1	30,3	230,1	58,7	0,89	1,48	7,5	1,7	1,33	245,4	6,8
Eisen-, Stahlwerke, Walzwerke	45,2	143,1	24,3	311,3	53,8	0,86	1,3	-8,5	-1,8	1,12	257,2	3,8
NE-Metallerzeugung u. -verarbeitung	46,3	110,4	30,4	228,8	65,7	1,04	1,77	12,7	2,4	1,58	281,5	8,2
Giessereien, Umschmelzwerke	53,5	257,5	37,8	164,8	70,6	0,58	1,08	2,8	0,5	2,21	410,5	3,4
Metallverformung, -veredlung	61,1	150,7	29	244,6	47,5	0,86	1,42	17,5	4,7	1,08	179,3	12,1
Stahl- und Leichtmetallbau	50,1	66,2	18,9	430,5	37,6	0,53	1,21	4,4	0,8	1,07	219,4	4

▲ Abb. 57   Ausgewählte Branchen-Kennzahlen 1996 (BFS 1999) (Forts.)

Branche	Anlage-intensität %	Selbst-finanzierungs-grad %	Eigen-finanzierungs-grad %	Anspannungs-koeffizient %	Anlage-deckungs-grad I %	Liquidität 2. Stufe %	Liquidität 3. Stufe	Eigenkapital-rentabilität %	Umsatz-rentabilität %	Kapital-umschlag	Umsatz pro vollbesch. Person in 1000 Fr.	Cash-flow in % des Umsatzes
Eisen-, Blech-, Metallwaren	54,8	251,8	36,8	172	67,1	1,29	1,96	10,1	3,2	1,14	204	8,5
Gewerbliche Metallbearbeitung	41	347,4	34,9	186,2	85,3	1,27	1,9	-3,9	-1	1,36	173,5	2,6
Maschinen- und Fahrzeugbau	31,2	214,8	31,1	221,4	99,7	1,06	1,56	12,4	3,3	1,19	253,1	6,7
Maschinenbau	31,6	207,5	31,3	219,2	99,3	1,09	1,6	13,2	3,4	1,23	255,3	6,9
Büromaschinen, EDV-Geräte	...	...	...	...	...	...	...	...	...	...	...	...
Fahrzeugbau	27,4	367,6	30,6	226,4	112	0,9	1,36	7,7	2,5	0,94	244,3	5,1
Maschinen- u. Fahrzeugbau	...	...	...	...	...	...	...	...	...	...	...	...
Elektrotechnik, Elektronik, Optik	34,8	160	26	284	74,9	1,1	1,5	13,7	3,3	1,09	301,1	7,8
Elektrotechnik, Elektronik	33,4	146,2	25,2	296,4	75,6	1,12	1,53	13	3,1	1,08	309,8	7,6
Feinmechanik, Optik	48,6	341,5	34,1	193	70,2	0,82	1,21	19,1	5,6	1,17	239,8	9,8
Uhren, Bijouteriewaren	15,5	2054,1	70,8	41,3	456,7	5,48	6,72	16,2	17,7	0,65	379,5	20,9
Uhrenindustrie	15,4	2082,4	71,1	40,6	463,4	5,52	6,76	16,2	18	0,64	383,4	21,2
Bijouterie, Gravier-, Prägeanstalt	29,3	553,6	37,8	164,9	128,8	2,5	3,97	10,8	3,1	1,31	259,4	7,1
Sonstiges verarbeitendes Gewerbe	43,7	266,8	31,9	213,4	73	1,15	1,59	4,7	1	1,52	172,5	6,5
Musikinstrumente	...	...	...	...	...	...	...	...	...	...	...	...
Spielwaren, Sportgeräte	...	...	...	...	...	...	...	...	...	...	...	...
Foto- und Filmlabors	33,8	407,1	41,3	142,1	122,1	1,29	1,41	33,8	6,6	2,11	218	10,9
Verarb. v. Werkstoffen versch. Art	48,3	226,7	26,4	279,4	54,5	1,01	1,58	-13,6	-2,7	1,33	155	3,6
Bauhauptgewerbe (o. Stahlbau)	54,2	262,4	20,3	393,2	37,4	0,71	1,21	-8,3	-2,2	0,77	156,7	1,7
Tiefbau	55,2	299,2	23,9	318,4	43,3	0,92	1,13	5,5	1,3	1,01	151,4	6,3
Hochbau	61,5	302,9	24,6	306,4	40	0,96	1,22	-4,4	-1,1	1,04	125,7	2,1
Hoch- und Tiefbau (allg.)	64	349,3	21	375,8	32,9	0,66	1,03	-7,3	-2,1	0,74	141,9	1,5
Generalunternehmen	29	99,4	14,3	598,4	49,3	0,58	1,6	-32,7	-8,1	0,58	303,9	-4,7
Ausbaugewerbe	31,5	343,1	23,8	320	75,5	0,88	1,33	4,6	0,8	1,35	153,5	3,2
Haustechnische Anlagen (Install.)	26,5	347,3	23,3	329	87,9	0,83	1,31	5,7	1	1,32	149,8	3,3
Übriges Ausbaugewerbe	45,6	332,7	25,2	296,9	55,3	1,06	1,4	1,7	0,3	1,43	164,2	2,9
Grosshandel	39,6	335,9	25,3	295,6	63,9	0,96	1,27	13,8	1,7	2,01	1415,8	3
Landesprodukte, Pflanzen, Tiere	52,2	108,1	17,2	482,2	32,9	1,01	1,3	6,9	0,9	1,29	705,3	3,7
Nahrungs- und Genussmittel	41,1	228	26,5	277,3	64,4	0,68	1,08	18,4	2	2,48	1084	3,3
Textilrohstoffe, Textilien, Leder	14	162,9	17,8	461,6	127,7	0,95	1,28	7,2	1,2	1,07	988,7	3,2
Bekleidung, Schuhe	40,1	736,5	59,9	67,1	149,5	1,87	2,04	11,8	3,4	2,1	1488,9	3,9
Möbel, Bettwaren, Teppiche	37,5	163,9	28,5	250,8	76,1	1,23	1,85	22,1	4	1,58	528,4	5,6
Papier, Druckerzeugnisse	40,9	120,8	25,6	290,3	62,6	1,26	1,75	9,1	1,2	1,89	563,2	3,3
Technische Chemikalien, Kautschuk	69,3	255	34,5	189,5	49,9	1,28	1,53	13,5	4,9	0,96	917	6,4

▲ Abb. 57   Ausgewählte Branchen-Kennzahlen 1996 (BFS 1999) (Forts.)

Branche	Anlage-intensität %	Selbst-finanzierungsgrad %	Eigen-finanzierungsgrad %	Anspannungs-koeffizient %	Anlage-dekungsgrad I %	Liquidität 2. Stufe	Liquidität 3. Stufe	Eigenkapital-rentabilität %	Umsatz-rentabilität %	Kapital-umschlag	Umsatz pro vollbesch. Person in 1000 Fr.	Cash-flow in % des Umsatzes
Brenn-, Treibstoffe, Mineralölerzeug.	46,8	65	26,8	273	57,3	0,39	0,86	9,4	1,1	2,37	3299,7	3,8
Baumaterial, Holz, Sanitärbedarf	49,4	477	30,4	229	61,5	1,24	1,69	5,3	0,9	1,78	523,6	2,8
Eisen, Stahl, NE-Metalle	49,4	274,5	28,6	250,3	57,9	0,83	1,29	10,3	2	1,47	613,4	4
Eisen-, Metallwaren, Haushaltartikel	44,7	430,6	38,6	158,8	86,4	1,22	1,7	16,3	3,7	1,7	476,2	5,7
Maschinen, Fahrzeuge	33,1	375,7	30,3	230,5	91,4	0,85	1,15	13,5	1,9	2,16	1435,6	2,9
Optik, Radio, TV, Uhren	14,2	377,4	31,1	222,1	218,3	0,89	1,4	7,4	1	2,27	1001,8	2
Büroorg., Maschinen, EDV	46,1	356,8	36,3	175,3	78,8	0,97	1,07	12,3	4,3	1,05	452,5	9,4
Pharma, Kosmetik, Reinigung	20,1	661,4	30,8	224,5	153,4	1,1	1,4	49,4	6,9	2,22	1121	7,9
Spiel-, Lederw., Sportart., Kunstg.	26	359,9	41,7	140,1	160,4	1,4	1,81	10,9	2,5	1,81	553,1	4,5
Sonstiger Fachgrosshandel	...	...	...	...	...	...	...	...	...	...	...	...
Waren verschiedener Art	38,4	782	17,2	482,4	44,7	1,15	1,43	11,6	0,9	2,13	4842,5	1,5
Altmaterial	63	352,1	21,4	367,2	34	1,01	1,2	1,6	0,2	1,56	280,2	5,6
Einzel-, Detailhandel	**62,7**	**472**	**22,8**	**339,4**	**36,3**	**0,67**	**1,12**	**4,2**	**0,5**	**2,05**	**341**	**3,7**
Landesprodukte, Pflanzen, Tiere	48,9	220,6	21,9	356,1	44,9	0,84	2,19	6,6	0,8	1,8	224	4,4
Nahrungs- und Genussmittel	63	172,6	21,8	359,9	34,5	0,7	1,15	14,8	1,9	1,65	291,9	5
Textilien, Bekleidung, Schuhe	51,3	412,2	30,4	229,4	59,2	0,81	1,48	9,1	1,6	1,74	275,2	4,8
Möbel, Bettwaren, Teppiche	50,5	1934,5	46,1	116,9	91,3	1,28	2,02	4,3	1,3	1,58	338,3	4,5
Papierwaren, Druckerzeugnisse	52,2	1801,5	28,1	255,7	53,9	0,51	0,76	5,4	0,5	3,09	268,1	2,4
Brenn- und Treibstoffe	47,6	368,1	8,8	1032,4	18,5	0,72	1,03	8	0,2	3,37	1408,5	2,1
Eisen-, Metallwaren, Haushaltartikel	48,9	587,3	52,4	91	107	0,89	1,62	9,7	3,2	1,61	411,3	5,2
Fahrzeuge, Maschinen	45	343,5	22,1	352,9	49	1	1,41	2,9	0,5	1,36	519,4	1,9
Optik, Radio, TV, Uhren	34,2	334,9	34	194,4	99,3	0,88	1,38	13,7	3	1,54	380,3	6,2
Büroorg., Maschinen, EDV	36,3	93,9	34,9	186,8	96,1	0,9	1,31	25,2	4,5	1,95	409,3	6,2
Apotheken, Drogerien, Parfümerien	37,6	163,6	28,6	249,4	76,1	1,34	1,94	12,4	1,9	1,88	261	4,7
Spiel-, Lederw., Sportart., Kunstg.	56,3	35	27,9	258,2	49,6	0,53	1,8	2	0,6	0,99	233	3,3
Sonstiger Facheinzelhandel	...	...	...	...	...	...	...	...	...	...	...	...
Waren versch. Art (Warenhäuser)	72,1	585,9	18,3	447	25,4	0,52	0,93	-0,7	-0,1	2,22	335,9	3,5
Gastgewerbe	**86,1**	**45,6**	**20,6**	**386,4**	**23,9**	**0,78**	**0,9**	**3,2**	**1**	**0,7**	**121,2**	**6,9**
Beherbergung (Hotels)	89,2	23,1	18,7	436,1	20,9	0,88	1,03	-0,4	-0,2	0,41	107	8,1
Gaststätten (Restaurants)	77,5	215,8	29,9	235	38,5	0,61	0,7	11	2	1,63	149,5	6,6
Sonstiges Gastgewerbe	75,6	23,1	18	454,3	23,9	0,85	0,95	10,1	1,3	1,37	108,1	4,1
Reparaturgewerbe	**44,9**	**167,5**	**19,3**	**417,3**	**43**	**0,74**	**1,5**	**1,8**	**0,4**	**0,802**	**189,8**	**4,1**
Strassenverkehr, Rohrleitungen	**67,4**	**148,1**	**26,5**	**277,4**	**39,3**	**1,17**	**1,24**	**5,4**	**2,2**	**0,64**	**160,5**	**12,1**
Carreisen und Taxigewerbe	68,4	69,8	19	426,7	27,8	1,63	1,73	-0,8	-0,2	0,921	99,3	11,8

▲ Abb. 57   Ausgewählte Branchen-Kennzahlen 1996 (BFS 1999) (Forts.)

Branche	Anlage-intensität %	Selbst-finanzierungs-grad %	Eigen-finanzierungs-grad %	Anspannungs-koeffizient %	Anlage-deckungs-grad I %	Liquidität 2. Stufe	Liquidität 3. Stufe	Eigen-kapital-rentabilität %	Umsatz-rentabilität %	Kapital-umschlag	Umsatz pro vollbesch. Person in 1000 Fr.	Cash-flow in % des Umsatzes
Güter-Strassenverkehr	60,3	678,1	26,6	275,8	44,2	1,2	1,27	6,2	1,9	0,85	159,6	10,1
Verbundene Tätigkeiten	...	...	...	...	...	...	...	...	...	...	...	...
Transport in Rohrleitungen	...	...	...	...	...	...	...	...	...	...	...	...
Schifffahrt	37,2	78,5	21,5	365,8	57,7	1,05	1,24	-1	-0,4	0,5	209,9	9,5
Luftfahrt	66,5	71,6	21	377,4	31,5	1,13	1,15	1,6	0,5	0,61	291,6	13,8
Verkehrsvermittlung, Spedition	40,6	231,5	20,2	395,2	49,8	0,91	0,94	10,5	3,2	0,66	122,4	9
Spedition, Verpackerei, Lagerhäuser	34,9	217,6	28,3	253,1	81,2	1,2	1,29	9,9	3,4	0,83	120,5	10,1
Reisebüro, sonst. Verkehrsvermittlung	46	266	12,5	703,1	27,1	0,72	0,72	11,8	3	0,5	125,7	7,2
Immobilien	86	152,9	17,5	470,5	20,4	0,61	0,62	1,7	2,1	0,14	282,5	24,3
Vermietung, Verkauf eig. Immobilien	89,5	159	15,4	549,6	17,2	0,71	0,72	-18,2	-24	0,12	458,7	-3,4
Verwaltung und Vermittlung	84,8	151,1	18,3	446	21,6	0,59	0,6	7,9	9,6	0,15	254,4	32,3
Vermietung, Leasing	20,9	46,3	10,1	891,8	48,4	0,75	3,18	28,6	28,5	0,1	331,5	41,4
Vermietung (Fahrz., Masch., Kleider)	68,3	62,5	23,2	331,9	33,9	0,44	0,66	6,5	7,3	0,2	214,3	30,7
Leasing (Immobilien/Industriegüter)	5,1	29	5,7	1644,4	113,5	1,05	5,52	58,2	50,1	0,07	749,7	52,3
Beratung, Planung, Informatik	38	293,9	31,9	213,4	83,9	1,26	1,34	19,6	7	0,9	204,3	12,4
Rechts- u. Wirtschaftsberatung	28,6	206,9	29,6	238	103,3	1,13	1,16	12,2	3,2	1,14	243,6	7,1
Technische Beratung u. Planung	39,1	96	18,8	432,3	48,1	0,9	1,11	8,5	1,8	0,9	162,8	8,2
Sonstige kommerzielle Dienste	38,1	512,1	38,9	156,9	102,2	1,54	1,57	25,5	13,1	0,76	206,6	17,9
EDV, Informatik	53,5	156,5	29,2	242,8	54,6	1,29	1,38	7,3	1,8	1,21	237,6	10,5
Persönliche Dienstleistungen	43,3	259,8	29,1	244	67,2	1,26	1,38	14,2	2,6	1,57	75,3	7,7
Wäscherei, Chemische Reinigung	55,3	76,4	24,8	303	44,9	1,41	1,74	0,2	0	1,46	104,2	9,2
Coiffeur, Kosmetik	51,5	689,6	26,6	276,4	51,6	0,66	0,76	17,9	1,5	3,11	67,8	4
Reinigungsinstitute	30,9	753,2	43,7	128,7	141,6	1,88	1,95	7,8	1,4	2,41	54,4	4,1
Tiersalons, Tierheime	...	...	...	...	...	...	...	...	...	...	...	...
Unterrichtswesen (privat)	63,9	113,6	24,5	308,9	38,3	0,92	0,96	-5,3	-1,3	1	116,7	3,4
Forschung und Entwicklung	46,8	2129,8	56	78,5	119,6	1,5	1,53	7,6	3,1	1,4	308,3	7,4
Gesundheits- und Veterinärwesen (privat, ohne Spitäler)	55,2	104,7	39,8	151,5	72	1,33	1,49	10,2	3,1	1,31	194	8,5
Umweltschutz (privat)	65,4	126,7	14	616,9	21,3	1,39	1,45	18	3,2	0,79	255,2	17,5
Heime, Wohlfahrtspflege	80,6	74,9	9,9	905,5	12,3	1,49	1,56	2,3	0,4	0,62	38,2	9,4
Kultur, Sport, Erholung	50,9	66	23,6	323,5	46,4	1,14	1,18	43,5	12,3	0,84	67,6	22,3

▲ Abb. 57　Ausgewählte Branchen-Kennzahlen 1996 (BFS 1999) (Forts.)

Kapitel 2

Beteiligungsfinanzierung

2.1 Einleitung

> Beim **Eigenkapital** handelt es sich um Kapital, das der oder die Eigentümer dem Unternehmen entweder dauernd (bis zur Auflösung des Unternehmens) oder langfristig (bis zur Kündbarkeit) zur Verfügung stellen.[1]

Dabei ist zwischen dem effektiv einbezahlten und dem nicht einbezahlten Eigenkapital zu unterscheiden. Letzteres ergibt sich als Differenz zwischen dem vertraglich oder statutarisch festgelegten Eigenkapital und dem einbezahlten, sogenannten liberierten Eigenkapital. Das nicht einbezahlte Eigenkapital wird auch als **Garantiekapital** bezeichnet, da es in erster Linie eine zusätzliche Sicherheit (Garantie) für die Gläubiger darstellt.

Neben dem Eigenkapital, das aus der Beteiligung am Unternehmen durch eine Bar- oder Sacheinlage entsteht, gibt es das selbsterarbeitete Eigenkapital des Unternehmens. Dieses wird dadurch gebildet, dass ein allfälliger Gewinn nicht oder nur teilweise ausgeschüttet wird. Diesem Begriff des selbsterarbeiteten Eigenkapitals entspricht der im Aktienrecht sowie in Bilanztheorie und -praxis verwendete Begriff der **Reserven** oder **Rücklagen**.

---

1 Vgl. auch Teil 1, Kapitel 3, Abschnitt 3.3.2.2 «Eigenkapital».

> Die Reserven können entweder als **sichtbares** Eigenkapital offen ausgewiesen oder als **verdecktes** Eigenkapital nicht bilanziert werden, wobei man im letzteren Fall von **stillen Reserven** spricht.[1]

Der Begriff des verdeckten Eigenkapitals wird aber auch für jene Sachverhalte verwendet, bei denen es sich rechtlich um Fremdkapital, betriebswirtschaftlich aber um Eigenkapital handelt (z.B. Darlehen eines Aktionärs in einer Familienaktiengesellschaft).

Nach Boemle (2002, S. 39f.) kommen dem Eigenkapital eines Unternehmens folgende Funktionen zu:

- Das Eigenkapital bildet die Basis zur Finanzierung des Unternehmensvermögens.
- Das Eigenkapital hat die aus der allgemeinen Unternehmenstätigkeit anfallenden Risiken zu tragen. Deshalb soll es Verluste auffangen können und damit dem Gläubiger als Sicherheit dienen. Das Eigenkapital übernimmt in diesem Sinn eine Existenzsicherungsfunktion. Damit ist das Eigenkapital zwar ein wesentlicher Risikoträger, falls aber das Unternehmen über eine längere Zeitperiode hohe Verluste erleidet, ist auch das Fremdkapital gefährdet.
- Bei Unternehmen in Form einer Gesellschaft zeigt das Eigenkapital die Beteiligungs- und Haftungsverhältnisse und bildet damit auch die Grundlage für die Gewinnverteilung.
- Die Höhe des Eigenkapitals bestimmt die Kreditfähigkeit. Sie beeinflusst in starkem Masse auch das Finanzimage eines Unternehmens.
- Aus der Sicht der Kapitalgeber dient das Eigenkapital dazu, ihr Vermögen ertragbringend anzulegen.

Die Struktur des Eigenkapitals hängt sehr stark von der gewählten Rechtsform ab. In ▶ Abb. 58 sind die Erscheinungsbilder des Eigenkapitals in den Bilanzen der verschiedenen Rechtsformen skizziert.

Im folgenden sei die Beteiligungsfinanzierung der Aktiengesellschaft wegen der grossen Bedeutung und starken Verbreitung dieser Gesellschaftsform in der Praxis näher dargestellt.

---

1 Zu den stillen Reserven vgl. Teil 1, Kapitel 5, Abschnitt 5.4.4 «Stille Reserven».

Rechtsform	Eigenkapitalformen
Einzelunternehmen	■ Eigenkapital des Unternehmers
Kollektivgesellschaft	■ Kapitalkonten der Gesellschafter
Kommanditgesellschaft	■ Kapitalkonten der Komplementäre ■ Kommanditkapital
Aktiengesellschaft	■ Aktienkapital ■ Reserven aus Einzahlung ■ Reserven aus nicht ausgeschütteten Gewinnen ■ Gewinnvortrag
GmbH	■ Stammkapital der Gesellschafter ■ Reserven ■ Gewinnvortrag ■ evtl. Nachschusskapital[1]
Genossenschaft	■ Anteilscheinkapital ■ Reserven ■ Gewinnvortrag ■ evtl. Nachschusskapital[2]

▲ Abb. 58   Eigenkapitalformen bei verschiedenen Rechtsformen

1   Das Nachschusskapital entsteht aufgrund einer Nachschusspflicht, welche nach Art. 803 OR statutarisch und auf eine bestimmte Höhe festzulegen ist. Es darf nur zur Verrechnung von Bilanzverlusten verwendet werden.
2   Im Gegensatz zur GmbH kann die Nachschusspflicht bei der Genossenschaft nach Art. 871 OR unbeschränkt oder auf einen bestimmten Betrag begrenzt sein. Sie kann neben oder anstelle einer persönlichen Haftung des Genossenschafters stehen. Auch sie muss statutarisch festgelegt sein und darf nur zur Deckung von Bilanzverlusten dienen.

2.2   Aktienkapital und Partizipationskapital

2.2.1   Aktienkapital

Es entspricht der Idee der Aktiengesellschaft, dass das Aktienkapital durch den Aktionär nicht gekündigt werden kann und somit dem Unternehmen dauernd zur Verfügung steht. Im Gesetz finden sich dazu verschiedene Vorschriften, die im Zusammenhang mit dem Aktienkapital beachtet werden müssen. Die wichtigsten sind:

■ Die Mindesthöhe des Aktienkapitals einer Aktiengesellschaft beträgt 100 000,– Fr. (Art. 621 OR).

■ Mindestens 20 % des Aktienkapitals müssen bis zur konstituierenden Generalversammlung einbezahlt sein. Mindestbetrag ist allerdings 50 000,– Fr. (Art. 632 OR).

- Bei der Gründung der Aktiengesellschaft muss das Aktienkapital vollständig gezeichnet sein (Art. 629 OR).
- Die Einzahlungs- oder Liberierungspflicht kann durch Bareinlage oder durch Sacheinlagen, sogenannte Apports, erfolgen. Die Bareinzahlungen sind bei einer von den Kantonen bezeichneten Depositenstelle auf den Namen der zu gründenden Gesellschaft zu hinterlegen. Sie dürfen der Verwaltung erst nach Eintragung der Gesellschaft in das Handelsregister ausgehändigt werden. Sacheinlagen gelten nur dann als Deckung, wenn die Gesellschaft mit ihrer Eintragung in das Handelsregister als Eigentümerin unmittelbar darüber verfügen kann oder einen bedingungslosen Anspruch auf Eintrag in das Grundbuch erhält (Art. 633 OR). Sacheinlagen können nur bewertbare und verwertbare materielle und immaterielle Vermögensteile sein, die zukünftige Nutzleistungen ohne Gegenleistungen verkörpern. Die Bewertung der Sacheinlagen hat dabei nach bewährten und anerkannten betriebswirtschaftlichen Bewertungsprinzipien zu erfolgen.
- Das Aktienkapital ist in einzelne Anteile aufgeteilt. Eine solche Quote des Aktienkapitals wird als Aktie bezeichnet, deren Betrag den Nennwert (Nominalwert) dieses Wertpapiers darstellt. Der Mindestnennwert für eine Aktie beträgt mindestens 1 Rappen (Art. 622 OR).

2.2.2	Ausgestaltung der Aktien

Nach schweizerischem Recht können in bezug auf die mit einer Aktie verbundenen Rechte drei Aktienarten unterschieden werden, nämlich

- die gewöhnlichen Stammaktien,
- die privilegierten Vorzugsaktien sowie
- die Stimmrechtsaktien.

Bei den **Stammaktien** handelt es sich um Aktien, deren vermögensmässige Rechte (insbesondere das Recht auf Dividende und das Bezugsrecht) sich grundsätzlich nach dem Umfang der Kapitalbeteiligung richten. Besteht nur eine Kategorie gleichberechtigter Aktien, so spricht man lediglich von Aktien. Sind bestimmte Aktien hingegen in vermögensrechtlicher Hinsicht gegenüber den gewöhnlichen Aktien (= Stammaktien) privilegiert, so nennt man diese **Vorzugsaktien** oder **Prioritätsaktien**. Die Bevorzugung bezieht sich vor allem auf die Dividende, indem zum Beispiel auf Vorzugsaktien eine Dividende in bestimmter Höhe vor Berücksichtigung der gewöhnlichen Stammaktionäre ausbezahlt werden soll. Vorzugsaktien werden häufig bei Sanierungen ausgegeben, wenn neue Geldgeber nur durch Bevorzugung gegenüber den bisherigen Aktionären gewonnen werden können.

Das Stimmrecht eines Aktionärs richtet sich grundsätzlich ebenfalls nach dem Umfang seiner Kapitalbeteiligung. Von diesem Prinzip kann jedoch durch das sogenannte Stückstimmrecht abgewichen werden, indem jeder Aktie unabhängig von ihrem Nennwert eine Stimme zukommt. Sobald Aktien mit unterschiedlichem Nennwert ausgegeben werden, entstehen **Stimmrechtsaktien.** Allerdings spricht man in diesem Fall von unechten Stimmrechtsaktien. Bei echten Stimmrechtsaktien handelt es sich um Aktien, die sich durch eine höhere Anzahl von Stimmrechten bei gleichem Nennwert auszeichnen. Diese sind nach schweizerischem Recht nicht zulässig. Unechte Stimmrechtsaktien, d.h. Aktien mit kleinerem Nennwert, sind hingegen zulässig, müssen aber Namenaktien und stets voll einbezahlt sein (Art. 693 Abs. 1 OR). Sie ermöglichen, dass ein Aktionär mit gleichem Kapitaleinsatz ein Mehrfaches an Stimmen erhält.[1]

Eine Umgehung des unterschiedlichen Nennwertes bei gleichzeitiger Erhöhung der Stimmkraft mit gleichem Kapitaleinsatz kann auch dadurch erreicht werden, dass bei Aktien mit gleichem Nennwert bestimmten Aktionären nicht voll einbezahlte Namenaktien zugesprochen werden. Wie bereits erwähnt, richtet sich das Stimmrecht nach dem Umfang der Kapitalbeteiligung, d.h. nach dem Umfang des gezeichneten und nicht des liberierten Kapitals. Damit sind die voll einbezahlten und die nur teilweise einbezahlten Aktien trotz unterschiedlichem Kapitaleinsatz stimmenmässig gleichberechtigt.

In der Regel werden die Anteilsrechte der Aktionäre in einer Urkunde festgehalten. Diese Urkunden können blosse Beweisurkunden sein, meistens stellen sie jedoch Wertpapiere[2] dar, welche als Inhaber-, Order- oder Namenpapier (= Rektapapier) ausgestaltet werden können. Mit der Bestimmung der Wertpapierform wird vor allem die Art der Übertragung der Aktien geregelt.[3] Diese Unterscheidung verschiedener Wertpapierformen ist deshalb von Bedeutung, weil die Aktien entweder auf den Inhaber oder auf den Namen lauten, d.h. entweder eine Inhaberaktie oder eine Namenaktie darstellen (Art. 622 OR).

1. Die **Inhaberaktien** stellen rechtlich gesehen ein echtes **Inhaberpapier** dar. Sie zeichnen sich dadurch aus, dass die Übertragung durch blosse Übergabe vollzogen wird. Der Gesellschaft sind somit die Eigentümer nicht bekannt. Dem

---

1 Nach Art. 693 Abs. 2 OR darf allerdings der Nennwert der übrigen Aktien das Zehnfache des Nennwertes der Stimmrechtsaktien nicht übersteigen.

2 Als Wertpapier wird eine Schuldurkunde bezeichnet, woraus das Versprechen und die Pflicht des Schuldners hervorgehen, nicht ohne Vorweisung der Urkunde zu erfüllen. Der Schuldner wird regelmässig nur durch die bei Fälligkeit erfolgte Leistung an den durch die Urkunde ausgewiesenen Gläubiger befreit. (Albisetti et al. 1995, S. 692)

3 Der Hauptunterschied zwischen Order- und Namenpapieren liegt darin, dass erstere durch Indossament, letztere nur durch Zession übertragen werden können. Das **Indossament** besteht in der Regel aus einem vom Aussteller (Indossanten) unterzeichneten Übertragungsvermerk auf der Rückseite (in dosso) der Urkunde und ist eine Anweisung an den Schuldner, die Summe an den neuen Berechtigten (Indossatar), an welchen das Wertpapier indossiert ist, zu zahlen. (Albisetti et al. 1995, S. 366) Die **Zession** (Abtretung) ist die Übertragung einer Forderung durch Vertrag zwischen dem bisherigen Gläubiger (Zedent) und dem neuen Gläubiger (Zessionar). (Albisetti et al. 1995, S. 15) Im Gegensatz zur Zession sind die Einreden des Schuldners beim Indossament beschränkt.

Vorteil der leichten Übertragbarkeit und Geltendmachung steht jedoch der Nachteil gegenüber, dass auch ein nicht berechtigter Inhaber aufgrund des blossen Aktienbesitzes die darin beurkundeten Rechte geltend machen kann.

2. Anders verhält es sich bei den **Namenaktien.** Entgegen dem irreführenden Wortlaut handelt es sich bei diesen Papieren in rechtlicher Terminologie nicht um Namen-, sondern um **Orderpapiere.** Namenaktien bedürfen der Eintragung des Erwerbers in ein von der Gesellschaft geführtes Aktienbuch, in welchem die Aktionäre mit Namen und Wohnort eingetragen werden müssen (Art. 686 OR).

- Kann sich jeder Erwerber einer Namenaktie ins Aktienbuch aufnehmen lassen, so spricht man von **gewöhnlichen** Namenaktien.

- Sollen unerwünschte Aktionäre von der Ausübung der Mitgliedschaftsrechte ausgeschlossen werden, kann dies durch die Ausgabe von **vinkulierten** Namenaktien geschehen. Eine Ablehnung eines Namenaktionärs ohne Angabe von Gründen ist jedoch unzulässig (Art. 685 OR). Bei der Regelung der Ablehnungsgründe wird zwischen zwei Konzepten unterschieden:

  - Im Fall **nicht börsenkotierter** Namenaktien ist eine Ablehnung dann möglich, wenn dem Aktienerwerber ein in den Statuten genannter Grund entgegengehalten werden kann. Als wichtige Gründe gelten Bestimmungen über die Zusammensetzung des Aktionärskreises, die im Hinblick auf den Gesellschaftszweck oder die wirtschaftliche Selbständigkeit des Unternehmens eine Verweigerung rechtfertigen (Art. 685b Abs. 1 und 2 OR). Beispielsweise kann ein Konkurrent von einer Beteiligungsnahme abgehalten werden.

  - Bei Gesellschaften mit **börsenkotierten** Namenaktien (Publikumsgesellschaften) kann das Unternehmen einen Erwerber als Aktionär ablehnen, wenn die Statuten eine prozentmässige Begrenzung der Namenaktien vorsehen und diese Begrenzung überschritten wird (Art. 685d Abs. 1 OR).

Allerdings kann die Namenaktie auch als **Rektapapier** ausgestattet werden und wird damit in rechtlichem Sinn zu einem echten Namenpapier, das nur durch Zession übertragen werden kann. Im Gegensatz zur gewöhnlichen Namenaktie, bei der nur die formelle Eintragungsberechtigung nachgewiesen werden muss (d.h. ununterbrochene Reihe von Indossamenten), muss bei der Rektaaktie der Erwerber zusätzlich die materielle Eintragungsberechtigung nachweisen (d.h. beispielsweise, dass die Aktie infolge käuflichen Erwerbs, Schenkung oder Erbschaft übertragen worden ist). In der Praxis ist diese Form der Verbriefung allerdings selten anzutreffen.

2.2.3 | Partizipationskapital

Mit dem neuen schweizerischen Aktienrecht vom 1. Juli 1992 wurde auch erstmals der Partizipationsschein rechtlich geregelt (Art. 656aff. OR). Danach können die Statuten ein Partizipationskapital vorsehen, das in Teilsummen (Partizipationsscheine) zerlegt ist. Diese Partizipationsscheine werden gegen Einlage ausgegeben und haben einen Nennwert, gewähren aber im Gegensatz zu den Aktien kein Stimmrecht.[1] Im übrigen gelten die Bestimmungen über das Aktienkapital, die Aktie und den Aktionär – soweit das Gesetz nichts anderes vorsieht – auch für das Partizipationskapital, den Partizipationsschein und den Partizipanten (Art. 656a OR). Trotz dieser neuen gesetzlichen Verankerung dürfte die bisherige Beliebtheit des Partizipationsscheins in der Finanzierungspraxis aus den beiden folgenden Gründen abnehmen (Boemle 2002, S. 295):

- Das Partizipationskapital muss nicht mehr als Ersatz für das fehlende genehmigte und bedingte Aktienkapital dienen.[2]
- Der Partizipationsschein dient künftig auch nicht mehr als leicht handelbares Wertpapier, weil der Mindestnennwert für die Aktie von ursprünglich 100,– Fr. auf 1 Rappen herabgesetzt worden ist.

Hingegen wird der Partizipationsschein in Familiengesellschaften weiterhin zur Erleichterung von Erbteilungen eingesetzt werden. Als weitere wichtige Aufgabe bleibt auch der Einsatz dieses Instrumentes zur Kapitalbeschaffung ohne gleichzeitige Einräumung von Mitwirkungsrechten.[3] Insgesamt hat aber die Akzeptanz der Finanzmärkte für diese Form von Risikokapital gegenüber früheren Zeiten spürbar abgenommen, da die Benachteiligung der Partizipanten gegenüber Aktionären in verschiedenen Situationen (z.B. bei Übernahmeangeboten) schwer ins Gewicht fallen kann. Interessant ist ein Kursvergleich zwischen Inhaberaktien und Partizipationsscheinen. In der Praxis zeigt sich, dass bei gleichem Nennwert der beiden Beteiligungspapiere eine Kursdifferenz, genannt Ecart[4], zuungunsten des Partizipationsscheines auftritt.

---

1   Als mit dem Stimmrecht zusammenhängende Rechte gelten das Recht auf Einberufung einer Generalversammlung, das Teilnahmerecht, das Recht auf Auskunft, das Recht auf Einsicht und das Antragsrecht (Art. 656c Abs. 2 OR).

2   Zum genehmigten und bedingten Aktienkapital vgl. Abschnitt 2.3.2 «Rechtsvorschriften».

3   Allerdings setzt das revidierte Aktienrecht gewisse Schranken (Art. 656b OR), indem das Partizipationskapital das Doppelte des Aktienkapitals nicht überschreiten darf.

4   Als **Ecart** bezeichnet man die Spanne zwischen zwei Grössen, zum Beispiel zwischen Geld- und Briefkurs, zwischen dem Kurs alter und neuer Aktien oder Namen- und Inhaberaktien. (Albisetti et al. 1995, S. 223)

Aufgrund dieser Entwicklungen ist es nicht erstaunlich, dass viele Publikumsgesellschaften sich entschlossen haben, ihre Partizipationsscheine in Aktien umzutauschen. Dies hat dazu geführt, dass der Partizipationsschein praktisch von den Kurslisten der Aktienbörsen verschwunden ist. So waren beispielsweise an der Zürcher Hauptbörse Ende 2000 nur noch Partizipationsscheine von 14 Gesellschaften kotiert.

2.3 Kapitalerhöhung

2.3.1 Gründe für eine Kapitalerhöhung

Es gibt eine Vielzahl von Gründen, die dazu führen, dass eine Aktiengesellschaft ihr Aktienkapital erhöhen will. Primär steht dabei die Finanzierung des betrieblichen Umsatzprozesses im Vordergrund, der bei einem Wachstum des Unternehmens finanziell abgesichert werden muss. Eine Kapitalerhöhung wird in diesem Fall immer dann in Erwägung gezogen, wenn eine Kreditfinanzierung nicht möglich ist oder die selbsterarbeiteten und nicht ausgeschütteten Gewinne nicht ausreichen, um das Unternehmenswachstum zu finanzieren. Daneben gibt es weitere Gründe, die für eine Kapitalerhöhung verantwortlich sein können, bei denen der Kapitalbedarf nicht oder nur zum Teil im Vordergrund steht:

- Bei Banken und Versicherungen können **rechtliche Vorschriften** bestehen, die eine Kapitalerhöhung bedingen, um das Eigenkapital an den Geschäftsumfang oder an das eingesetzte Fremdkapital anzupassen.
- Das Unternehmen kann zu **vorteilhaften Bedingungen** Eigenkapital beschaffen. Bei einem günstigen Kapitalmarkt kann die Gesellschaft Aktien mit einem hohen Agio ausgeben.

> Unter einem **Agio** versteht man bei Aktien die Differenz zwischen dem Ausgabekurs und dem Nennwert der Aktie. Deshalb wird es auch als Emissionsagio bezeichnet.

- Aus **dividendenpolitischen Gründen** dient eine Kapitalerhöhung dazu, bei gleich hohem Dividendensatz eine erhöhte Dividendensumme auf eine grössere Anzahl Aktien auszuschütten. Aus psychologischen Gründen wird es nämlich oft vorgezogen, einen höheren Gewinn des Unternehmens nicht über eine Erhöhung des Dividendensatzes, sondern über eine Erhöhung des Kapitals auszuschütten. Ebenfalls aus dividendenpolitischen Gründen ist eine Kapitalerhöhung denkbar, um damit dem bisherigen Aktionär ein Bezugsrecht zukommen zu lassen. Allerdings handelt es sich, wie später noch dargelegt wird,[1]

---

1 Vgl. Abschnitt 2.3.4 «Bezugsrechte».

beim Bezugsrecht nicht um eine Auszahlung an den Aktionär und schon gar nicht um eine Dividende, de facto kann es sich aber um einen zusätzlichen Bonus der Gesellschaft handeln.

- Da die Ertragssteuern einer Gesellschaft aufgrund des Verhältnisses des Reingewinns zum Eigenkapital berechnet werden, ist eine Erweiterung der Eigenkapitalbasis auch aus **steuerlichen** Gründen möglich. Dadurch sinken in der Regel die Eigenkapitalrentabilität und somit die Ertragssteuern.

- Eine Kapitalerhöhung «kann ferner zur **Erweiterung des Aktionärkreises** durchgeführt werden. Dies hat allerdings zur Folge, dass eine Kapitalerhöhung unter Ausschluss des Bezugsrechts der bisherigen Aktionäre vorgenommen werden muss.[1]

- Schliesslich ist noch der Spezialfall zu erwähnen, wenn bei einer **Fusion** das Kapital erhöht wird, um ein geeignetes Austauschverhältnis festlegen zu können.

Zusammenfassend ist zu sagen, dass in der Praxis meist mehrere Gründe für eine Kapitalerhöhung aufgeführt werden können. Diese Gründe werden zum Teil bereits aus den Bedingungen der Kapitalerhöhung ersichtlich, beispielsweise daraus, ob eine Kapitalerhöhung mit oder ohne Bezugsrecht erfolgt.

| 2.3.2 | **Rechtsvorschriften** |

Eine Erhöhung des Kapitals kann entweder durch eine Heraufsetzung des Nennwertes bestehender Aktien oder durch Ausgabe von neuen Aktien vorgenommen werden. Von der ersten Möglichkeit wird selten Gebrauch gemacht, nicht zuletzt deshalb, weil für diese Form der Kapitalerhöhung alle betroffenen Aktionäre zustimmen müssen. Nach Art. 680 Abs. 1 OR kann der Aktionär nämlich nicht zu einer Mehrleistung auf einer bereits vorhandenen Aktie gezwungen werden.

Nach schweizerischem Aktienrecht stehen zur Erhöhung des Aktienkapitals drei Formen zur Verfügung:

1. **Ordentliche Kapitalerhöhung** (Art. 650 OR): Die Erhöhung des Aktienkapitals wird von der Generalversammlung beschlossen. Sie ist vom Verwaltungsrat innerhalb von drei Monaten durchzuführen.

2. **Genehmigte Kapitalerhöhung** (Art. 651 ff. OR): Die Generalversammlung kann durch Statutenänderung den Verwaltungsrat ermächtigen, das Aktienkapital innert einer Frist von längstens zwei Jahren zu erhöhen. Das genehmigte Kapital ist auf die Hälfte des bisherigen Aktienkapitals limitiert. Im Rahmen dieser Ermächtigung kann der Verwaltungsrat aufgrund der Marktverhältnisse Kapitalerhöhungen vornehmen.

---

1 Vgl. auch Abschnitt 2.5 «Going Public».

3. **Bedingte Kapitalerhöhung** (Art. 653ff. OR): Die Generalversammlung kann eine bedingte Kapitalerhöhung beschliessen, indem sie in den Statuten den Gläubigern von neuen Anleihens- oder ähnlichen Obligationen sowie den Arbeitnehmern Rechte zum Bezug neuer Aktien einräumt (Wandel- und Optionsrechte). Den bisherigen Aktionären wird ein Vorwegzeichnungsrecht eingeräumt, das nur bei Vorliegen eines wichtigen Grundes beschränkt werden darf.

Gemäss Art. 671 OR kann das Emissionsagio nach Deckung der Emissionskosten wie folgt verwendet werden:

- Zuweisung zur gesetzlichen Reserve,
- freiwillige zusätzliche Abschreibungen,
- betriebliche Wohlfahrtszwecke.

In der Praxis wird das Agio in erster Linie ohne Abzug der Emissionskosten den Reserven zugeführt und dient damit zur Stärkung der Eigenkapitalbasis. Diese Tatsache ist insofern von Bedeutung, als damit eine Kapitalverwässerung vermieden oder zumindest gemindert werden kann.

> Unter einer **Kapitalverwässerung** versteht man die Verminderung des Reserveanteils pro Aktie.

2.3.3 Emissionsbedingungen

Mit der Herausgabe von neuen Aktien sind eine Reihe von Fragen verbunden, die im wesentlichen das Ausmass der Kapitalerhöhung und die Festlegung des Ausgabekurses betreffen.

1. Das **Bezugsverhältnis** gibt das Verhältnis zwischen dem bestehenden und dem neuen Aktienkapital (d.h. dem Betrag der Kapitalerhöhung) wieder und zeigt, wie viele alte Aktien zum Bezug einer neuen Aktie notwendig sind. Ein Bezugsverhältnis von 15:1 bedeutet, dass ein bisheriger Aktionär mit 15 alten Aktien eine neue beziehen kann.

2. Eine besonders heikle Frage ist die Festlegung des **Ausgabekurses** oder Emissionskurses. Dies trifft insbesondere auf die grossen Publikumsaktiengesellschaften zu, deren Aktien an der Börse gehandelt werden. Neben der Einhaltung der rechtlichen Vorschriften sind folgende Einflussfaktoren zu beachten (Boemle 2002, S. 307ff.):
   - **Aufnahmebereitschaft des Marktes:** Als wesentlichstes unternehmensexternes Faktum ist die Verfassung des Kapitalmarktes zu erwähnen. Es zeigt sich immer wieder, dass in einer Börsenhausse der Emissionskurs relativ hoch

angesetzt werden kann, ohne dass dadurch ein Kursdruck auf die Aktien zustande kommt.

■ **Bilanzwert (Bilanzkurs) der Aktie:** Der Bilanzwert einer Aktie ergibt sich aus dem gesamten Eigenkapital dividiert durch die ausgegebenen Aktien. Je näher der Ausgabekurs beim Bilanzkurs liegt, um so kleiner ist die Kapitalverwässerung. Die neuen Aktionäre entrichten einen dem Bezugsverhältnis entsprechenden Anteil an den offen bilanzierten Reserven, so dass das Verhältnis zwischen Grundkapital und offenen Reserven nach der Kapitalerhöhung unverändert bleibt.

■ **Stille Reserven:** Nicht berücksichtigt im Bilanzkurs sind die stillen Reserven. Bei Vorliegen grosser stiller Reserven ist daher ein Emissionskurs über dem Bilanzkurs gerechtfertigt.

■ **Börsenkurs:** Primär hat sich der Ausgabekurs nach dem Börsenkurs auszurichten. Je höher dieser über dem Nennwert liegt, desto grösser kann das Agio gewählt werden. Abgesehen davon, dass der Börsenkurs nicht überschritten werden kann, hat sich eine obere Grenze bewährt, die ungefähr 2/3 des Börsenkurses beträgt.

■ **Ertragswert:** Je höher der Ertragswert des Unternehmens (der sich aufgrund der zukünftigen Gewinne berechnen lässt),[1] desto höher kann der Ausgabekurs gewählt werden.

■ **Rendite:** Der Aktionär erwartet auf dem neuen Kapital eine angemessene Rendite. Was allerdings als angemessen zu betrachten ist, lässt sich schwer abwägen. Da der Ausgabekurs aber unter dem Börsenkurs festgelegt wird, ergibt sich bereits aus diesem Sachverhalt, dass die neuen Aktien eine höhere Rendite als die alten haben. Ein Vergleich mit alternativen Anlagemöglichkeiten (z.B. Obligationen) ist deshalb schwierig, weil neben der Rendite noch weitere spezifische Merkmale der zu vergleichenden Anlageobjekte berücksichtigt werden müssen (z.B. Kurssteigerungspotential).

■ **Dividendenpolitik:** Aus psychologischen Überlegungen wird – vor allem in der Schweiz – der Ausgabekurs so festgesetzt, dass dadurch der Dividendensatz nicht angepasst werden muss.

■ **Steuern:** Schliesslich ist noch zu erwähnen, dass auch steuerliche Überlegungen eine Rolle spielen können, da in einigen, allerdings wenigen Kantonen (z.B. Solothurn, Glarus) der Agio-Erlös als Ertrag versteuert werden muss.

3. **Bezugsfrist, Liberierungstermin, Dividendenberechtigung:** Neben der Festlegung des Ausgabekurses gilt es noch die Zeitspanne zu bestimmen, in der die neuen Aktien bezogen werden können. Während dieser Zeit findet für kotierte (d.h. an der Börse gehandelte) Aktien ein Bezugsrechtshandel – auch Anrechtshan-

---

1 Zum Ertragswert vgl. Teil 4, Kapitel 1, Abschnitt 1.2.2 «Ertragswert».

del genannt – statt. Schliesslich erfolgt die Liberierung der erworbenen Aktien. Je nach Liberierungstermin und Dividendenberechtigung kann dem Aktionär ein zusätzlicher Anreiz zur Zeichnung neuer Aktien gegeben werden. Dies ist zum Beispiel dann der Fall, wenn die neuen Aktien erst im Verlaufe des Geschäftsjahres liberiert werden müssen, für das ganze Geschäftsjahr aber dividendenberechtigt sind.

| 2.3.4 | Bezugsrechte |

Beim **Bezugsrecht** handelt es sich um das Recht zum Bezug zusätzlicher Aktien im Verhältnis zur bisherigen Beteiligung.

Das Bezugsrecht verkörpert einen bestimmten Wert. Dieser entspricht dem Preis, den ein Käufer junger Aktien dem Eigentümer bezahlen muss, wenn dieser die neuen Aktien nicht selbst bezieht, sondern das Bezugsrecht verkaufen will.

Sind alle Informationen mit Ausnahme des Wertes des Bezugsrechts sowie des Kurses nach Kapitalerhöhung gegeben, so kann der Wert des Bezugsrechts berechnet werden:

BR = Wert des Bezugsrechts einer alten Aktie
K_a = Kurs der alten Aktie vor Kapitalerhöhung
K_n = Kurs der alten und neuen Aktien nach Kapitalerhöhung
K_e = Emissionskurs der neuen Aktien
a = Anzahl alte Aktien
n = Anzahl neue Aktien

$$(1) \quad K_n = \frac{a\,K_a + n\,K_e}{a + n}$$

$$(2) \quad BR = K_a - K_n$$

$$(3) \quad BR = K_a - \frac{a\,K_a + n\,K_e}{a + n}$$

und somit ergibt sich die allgemeine Formel für den rechnerischen Wert des Bezugsrechts als

$$(4) \quad BR = \frac{K_a - K_e}{\dfrac{a}{n} + 1} \quad \text{oder} \quad \frac{n\,(K_a - K_e)}{a + n}$$

Ein Beispiel zeigt ► Abb. 59. Betriebswirtschaftlich bedeutet das Bezugsrecht das Recht des alten Aktionärs auf eine Entschädigung für die mit einer Kapitalerhöhung verbundene Kapitalverwässerung. Verkauft er seine Bezugsrechte, so verkauft er einen Anteil seines Anspruches auf das Vermögen der Gesellschaft.

In der Praxis wird dieses Bezugsrecht als eine Art Bonus betrachtet. Ob es überhaupt ein Bonus ist und in welchem Ausmass, hängt sehr stark davon ab, zu welchem Zweck das Unternehmen eine Kapitalerhöhung durchführt. Verbunden mit dieser Kernfrage ist die Festlegung des Ausgabekurses, der die neue Rendite auf den Aktien nach der Kapitalerhöhung massgeblich bestimmt. Je kleiner das Aufgeld (Agio) der neuen Aktien ist, um so grösser ist die Renditeverbesserung auf den Aktien nach Kapitalerhöhung. Diese ergibt sich nämlich unter der Annahme eines gleichen Dividendensatzes durch die Senkung des durchschnittlichen Einstandspreises sämtlicher Aktien.

Neben diesen mehr unternehmensinternen Faktoren darf nicht vergessen werden, dass die Verfassung des gesamten Börsenmarktes eine entscheidende Rolle spielt. In einer Haussephase genügen meist relativ knappe Konditionen, damit die

---

Kapitalerhöhung der Landyr AG 2002

Die ordentliche Generalversammlung der Landyr AG vom 29. Januar 2002 beschliesst auf Antrag des Verwaltungsrates, das Aktienkapital von 178 500 000 Fr. durch die Ausgabe von 49 500 neuen Namenaktien von je 200,– Fr. Nennwert um 9 900 000 Fr. auf 188 400 000 Fr. zu erhöhen.

Die neuen Namenaktien werden gemäss Emissionsprospekt den bisherigen Aktionären während der Zeit vom 3. bis 12. Februar 2002 zu den nachfolgenden Bedingungen angeboten:

- **Bezugspreis:** 400,– Fr. netto je neue Namenaktie.
- **Bezugsverhältnis:** 1 neue Namenaktie von 200,– Fr. Nennwert auf 18 bisherige Namenaktien.
- **Eintrag ins Aktienregister:** Da keine Vinkulierungsbestimmungen bestehen, ist die Eintragung von neu bezogenen Namenaktien im vornherein zugesichert.
- **Dividendenberechtigung:** Die neuen Aktien sind ab 1.10.2001 dividendenberechtigt und den alten Titeln gleichgestellt.
- **Liberierung:** Die Liberierung hat auf den 19. Februar 2002 zu erfolgen.

Am 31. Januar 2002, am Tag vor Beginn des Anrechtshandels, beträgt der Kurs der Namenaktie 1130,– Fr. Somit ergibt sich folgender theoretischer Wert des Bezugsrechts:

$$\frac{1130 - 400}{\frac{18}{1} + 1} = 38,42$$

▲ Abb. 59   Beispiel Kapitalerhöhung

Aktie schon vor der Kapitalerhöhung – in Erwartung eines Bezugsrechts – ansteigt oder dass das abgetrennte Bezugsrecht während des Anrechtshandels durch eine Kurssteigerung teilweise oder vollständig ausgeglichen wird. Demgegenüber kann bei einer schlechten Börsenverfassung der Kursabschlag durch den Wegfall des Bezugsrechts stärker ausfallen als es dem rechnerischen Wert des Bezugsrechts entsprechen würde.

| 2.3.5 | Kapitalerhöhung aus Gesellschaftsmitteln |

Neben einer Kapitalerhöhung durch Bareinzahlung oder Sacheinlage besteht auch die Möglichkeit, neu auszugebende Aktien aus Gesellschaftsmitteln zu liberieren. Die Aktionäre erhalten dabei in einem bestimmten Verhältnis zu ihren bisherigen Aktien neue Anteile, für die sie keine Leistung erbringen müssen. Man spricht deshalb von **Gratisaktien,** wobei dieser Begriff insofern irreführend ist, als der Anspruch des Aktionärs auf das Vermögen der Gesellschaft nicht erhöht wird.[1]

Nach Boemle (2002, S. 322f.) gibt es folgende Gründe, die eine Aktiengesellschaft dazu bewegen können, eine Kapitalerhöhung aus Gesellschaftsmitteln vorzunehmen:

1. Werden Gratisaktien ausgegeben, so kann ein allfälliges Missverhältnis zwischen dem nominellen Aktienkapital und dem gesamten Eigenkapital behoben werden.[2] Eine Anpassung der Eigenkapitalstruktur ist besonders nach Perioden starker Geldentwertung zweckmässig. Das Aktienkapital wird dadurch wieder in Einklang gebracht mit der durch die Geldentwertung entstandenen Wertzunahme der Aktiven.
2. Mit einer Erhöhung der Zahl der Aktien wird ein Kursrückgang bewirkt. Dieser ist aus markttechnischen Gründen vielfach erwünscht, da Aktien mit einem kleinen Kurswert einen breiteren Markt aufweisen, d.h. für mehr Kapitalgeber in Frage kommen, als sogenannte schwere Titel mit einem hohen Kurswert.
3. Eine Veränderung des Kurswertes kann auch im Hinblick auf eine Fusion mit einer anderen Gesellschaft angestrebt werden.
4. Wenn der bisherige Dividendensatz beibehalten wird, so wird durch die Erhöhung der Aktienzahl indirekt auch die Dividende erhöht. Der Aktionär erhält aufgrund der grösseren Aktienzahl einen höheren Dividendenbetrag, wie fol-

---

1 Deshalb wäre der Begriff «Berichtigungsaktie» sinnvoller, wie er beispielsweise auch in Deutschland immer häufiger verwendet wird.
2 Unter dem nominellen Grundkapital versteht man denjenigen Betrag, auf den das ausgegebene und gezeichnete Aktienkapital lautet. Es entspricht der Summe der Nennwerte aller ausstehenden Aktien.

gendes Beispiel zeigt: «Ein Aktionär besitzt 1 Aktie der Gesellschaft A zu 500,– Fr. Die Aktiengesellschaft verteilt auf ihrem Aktienkapital von 1 000 000 Franken eine Dividende von 10 %, der Aktionär erhält somit brutto 50,– Fr. Wird nun das Aktienkapital aus Eigenkapital auf 2 000 000 Franken erhöht, auf dem neuen Aktienkapital der bisherige Dividendensatz von 10 % jedoch beibehalten, so erhält der Aktionär auf seinen 2 Aktien einen Bruttoertrag von 100,– Fr. Sein ausbezahlter Gewinnanteil wurde also spürbar verbessert, wobei die gegenüber der Öffentlichkeit psychologisch ungünstig wirkende Erhöhung des Dividendensatzes von 10 auf 20 % umgangen werden konnte.» (Boemle 2002, S. 323)

5. Schliesslich kann das Unternehmen dem Aktionär durch Ausgabe von Gratisaktien einen Reingewinnanteil zukommen lassen, ohne dass dabei flüssige Mittel ausgeschüttet werden müssen. Der Aktionär hat aber trotzdem die Möglichkeit, durch den Verkauf dieser Gratisaktien zu flüssigen Mitteln zu kommen. Allerdings ändert sich dadurch die effektive Vermögenslage des Aktionärs nicht, es sei denn, der tatsächliche Kursrückgang der Aktien entspreche nicht dem erwarteten Rückgang aufgrund des rechnerischen Wertes des Bezugsrechts. (Der Wert des Bezugsrechts berechnet sich nach der allgemeinen Bezugsrechtsformel, wobei für den Ausgabekurs der neuen Aktie der Wert Null eingesetzt wird.)

Bei einer Kapitalerhöhung aus Gesellschaftsmitteln wird der dazu notwendige Betrag aus den Reserven der Gesellschaft entnommen. Dies können sein:

- offene, gesetzlich nicht gebundene Reserven,
- der Gewinnvortrag oder
- der verfügbare Reingewinn des laufenden Jahres.

Das vereinfachte Beispiel in ▶ Abb. 60, bei dem Gratisaktien im Verhältnis 4:1 ausgegeben wurden, macht deutlich, dass es sich bei der Ausgabe von Gratisaktien in erster Linie um einen buchungstechnischen Sachverhalt handelt. Der Gesamtbetrag des Eigenkapitals ändert sich überhaupt nicht, sondern lediglich dessen Zusammensetzung.

Eine Kapitalerhöhung aus Gesellschaftsmitteln kann auf verschiedene Arten durchgeführt werden:

1. Das Aktienkapital wird im Verhältnis 1:1 erhöht, der bisherige Aktionär erhält für jede alte Aktie eine neue (Gratis-)Aktie.
2. Das Bezugsverhältnis ist höher als 1:1 (z.B. 4:1 wie im Beispiel in ▶ Abb. 60). In diesem Falle werden die Anrechte börsenkotierter Unternehmen an der Börse gehandelt wie bei einer Kapitalerhöhung aus Bareinzahlungen.
3. Eine Kapitalerhöhung aus Gesellschaftsmitteln kann auch durch Liberierung nicht voll einbezahlter Aktien vorgenommen werden.

Bilanz *vor* **Kapitalerhöhung** (in Mio. Fr.)			
Umlaufvermögen	40	Fremdkapital	45
Anlagevermögen	60	Aktienkapital	40
		Reserven	14
		Gewinnvortrag	1
	100		100
Bilanz *nach* **Kapitalerhöhung** (in Mio. Fr.)			
Umlaufvermögen	40	Fremdkapital	45
Anlagevermögen	60	Aktienkapital	50
		Reserven	4
		Gewinnvortrag	1
	100		100

▲ Abb. 60   Auswirkungen einer Kapitalerhöhung aus Gesellschaftsmitteln auf die Bilanz

4. Eine weitere Variante einer Kapitalerhöhung aus Gesellschaftsmitteln ist durch Erhöhung des Nennwertes der alten Aktien möglich.
5. Schliesslich ist auch eine Kapitalerhöhung durch Kombination von Bareinzahlung durch die Aktionäre und Liberierung aus Gesellschaftsmitteln denkbar.

Neben den betriebswirtschaftlichen Aspekten einer Kapitalerhöhung aus Gesellschaftsmitteln sind vor allem auch **steuerliche** Überlegungen einzubeziehen. Aufgrund der geltenden Steuergesetzgebung (Bundessteuer sowie die Mehrheit der kantonalen Steuern) unterliegen Gratisaktien der Einkommensbesteuerung. Dies ist auch der Grund, warum in der Schweiz relativ selten solche Kapitalerhöhungen durchgeführt werden.

2.3.6 Kapitalerhöhung infolge Mitarbeiterbeteiligung

Eine besondere Form der Kapitalerhöhung, bei der nicht der Finanzierungszweck im Vordergrund steht, ist die Mitarbeiter-Kapitalbeteiligung. Es handelt sich somit nicht in erster Linie um finanzpolitische, sondern um personalpolitische oder in einem übergeordneten, umweltbezogenen Rahmen um gesellschafts- und sozialpolitische Probleme. Folgende Entscheidungssachverhalte sind dabei zu betrachten:

- **Bezugsberechtigte:** Als Kriterium zur Bestimmung der Bezugsberechtigten dienen in der Praxis die hierarchische Stellung und die Anzahl Dienstjahre im Unternehmen. Ein weiteres, theoretisch sinnvolles Kriterium wäre die Leistung, die ein Mitarbeiter während einer Periode erbracht hat. Diese Variante fällt aus praktischen Gründen (Beurteilungsmassstab) in der Regel ausser Betracht, so dass man auf die oben genannten Kriterien zurückgreifen muss.

- **Beteiligungsform:** Als Beteiligungspapiere kommen Stamm- und Vorzugsaktien sowie Partizipationsscheine in Frage, wobei jede dieser Beteiligungsformen mit spezifischen Vor- und Nachteilen verbunden ist.

- **Beteiligungsausmass:** Folgende Kriterien können zur Bestimmung des Beteiligungsumfanges des einzelnen Mitarbeiters herangezogen werden:
  - Grund oder Anlass der Mitarbeiterbeteiligung,
  - beabsichtigter Umfang der Begünstigung,
  - zumutbarer Verzicht der bisherigen Aktionäre auf das ihnen zustehende Bezugsrecht,
  - das als tragbar erachtete Risiko, das der Mitarbeiter durch den Bezug von Beteiligungspapieren eingeht. Diese sollten nur einen angemessenen Anteil am gesamten Vermögen eines Mitarbeiters ausmachen.

- **Ausgabekurs:** Da die Mitarbeiterbeteiligung auf die Vermögensbildung des Arbeitnehmers abzielt, sollten folgende Punkte beachtet werden:
  - Die Aktien oder Partizipationsscheine sollten zu günstigen Konditionen abgegeben werden, d.h. unter dem gegenwärtigen Marktwert, damit bei einem allfälligen Kursrückgang der Mitarbeiter keine Vermögenseinbusse erleidet.
  - Der Erwerbspreis sollte so angesetzt werden, dass der Mitarbeiter eine angemessene Rendite auf dem eingesetzten Kapital erzielen kann. Diese sollte sich in Höhe der alternativen Anlagemöglichkeiten (z.B. Spareinlagenzinssatz) bewegen.
  - Eine weitere Regel lautet, dass der Emissionspreis für Mitarbeiter gleich hoch wie derjenige für die bisherigen Aktionäre im Rahmen einer Kapitalerhöhung (ohne Ausschluss des Bezugsrechts) sein sollte.

- **Verfügbarkeit der Beteiligungspapiere:** Folgende Überlegungen spielen bei der Bestimmung des Grades der Verfügbarkeit von Mitarbeiteraktien eine Rolle:
  - Die Abgabe der Aktien soll in erster Linie der Vermögensbildung dienen. Da die Beteiligungspapiere in der Regel erheblich unter dem jeweiligen Börsenkurs abgegeben werden, besteht die Gefahr der Realisierung der Differenz zwischen Kurswert und Emissionspreis und deren Verwendung zu Konsumzwecken.

- Durch Mitarbeiteraktien soll die Bindung und das Interesse am Unternehmen gefördert werden. Durch den sofortigen Verkauf der Papiere wird diese Absicht unverzüglich zunichte gemacht.
- Der Mitarbeiter wird als vollwertiger und mündiger Aktionär betrachtet, der die gleichen Rechte und Pflichten wie die übrigen Aktionäre haben soll. Eine Beschränkung der Verfügbarkeit würde aber eine starke Einschränkung der Rechte bedeuten, weshalb man bewusst darauf verzichtet.

2.4   Emission von Genussscheinen

Beim Genussschein handelt es sich um ein Beteiligungspapier, das nach Art. 657 OR keine Mitgliedschaftsrechte, sondern nur Ansprüche auf einen Anteil am Reingewinn, am Liquidationsergebnis oder auf den Bezug von neuen Aktien verleiht. Der Genussschein darf keinen Nennwert haben.

Das Gesetz sieht diese Form von Beteiligungspapieren für jene Personen vor, die mit dem Unternehmen durch frühere Kapitalbeteiligung oder als Aktionär, Gläubiger, Arbeitnehmer oder in ähnlicher Weise verbunden sind (Art. 657 Abs. 1 OR). Diese relativ offene Formulierung führte in der Praxis zu verschiedenen Ausprägungsformen dieser Papiere:

- Abgeltung von **Gründerleistungen.** Dieses Vorgehen hat für die Gesellschaft den Vorteil, dass sie keine flüssigen Mittel einsetzen muss. Solche Genussscheine, welche bei der Gründung der Gesellschaft ausgegeben werden, werden auch als **Gründungsanteilscheine** bezeichnet.
- Bei einer **Sanierung** werden oft Genussscheine abgegeben, um damit jene Gläubiger zu entschädigen, die mit einem Pfändungsverzicht zur Erhaltung und Weiterführung des Unternehmens beitragen. Diese Sanierungsgenussscheine dienen dazu, den Inhaber an einer verbesserten zukünftigen Ertragslage teilhaben zu lassen.
- Der Genussschein kann aus **dividendenpolitischen** Gründen ausgegeben werden, um eine indirekte Dividendenerhöhung zu bewirken. Die Genussscheine können dabei als von den Aktien getrennte Papiere ausgegeben werden oder untrennbar mit der Aktie verbunden sein.

2.5	**Going Public**
2.5.1	**Begriff**

> Unter **Going Public** oder **Initial Public Offering** versteht man die Umwandlung einer privaten Aktiengesellschaft in eine Publikumsgesellschaft.

Ein bisher geschlossener Kreis von (Eigen-)Kapitalgebern (z.B. Familien-AG) sucht neue Kapitalgeber, indem Beteiligungspapiere der Gesellschaft einem breiten Anlagepublikum offeriert werden. Im Vordergrund steht somit beim eigentlichen Going Public die Beanspruchung des Kapitalmarktes im Rahmen einer Beteiligungsfinanzierung.

Wie ▶ Abb. 61 zeigt, haben seit 1961 einige Gesellschaften aus verschiedenen Branchen diesen Schritt gewählt, wobei sich neben vielen erfolgreichen Unternehmen auch solche befinden, die in der Zwischenzeit saniert oder sogar liquidiert werden mussten, in einigen Fällen (z.B. Gutor, Heuer, Spiro, Sofigen) auch den umgekehrten Weg (Going Private) antreten mussten. (Boemle 2002, S. 373)

> Unter einem **Going Private** versteht man den umgekehrten Vorgang des Going Public, nämlich die Umwandlung einer Publikumsgesellschaft in eine private Aktiengesellschaft.

Diese vor allem in den USA zu beobachtende Erscheinung (z.B. die Firma Levi's 1985) erfolgt durch Rückkauf der Aktien durch eine private Aktiengesellschaft (im Rahmen einer Konzernbildung), durch eine Familie oder durch die Geschäftsleitung. Wenn der Rückkauf der Aktien in erster Linie mit fremden Mitteln (Bankkrediten) finanziert wird, spricht man von einem **Leveraged Buyout**. Diese Vorgehensweise ermöglicht die Übernahme einer Gesellschaft mit wenig Eigenkapital, wobei aber auf der anderen Seite auf die liquiditäts- und unter Umständen rentabilitätsbelastenden Zinszahlungen hingewiesen werden muss.

Die Gründe für ein Going Private sind unterschiedlicher Natur und hängen teilweise mit den für Amerika typischen Verhältnissen zusammen. Im wesentlichen können drei Gründe genannt werden:

1. Das Unternehmen bzw. dessen Geschäftsleitung will verhindern, dass es von einer anderen Gesellschaft übernommen, in einen neuen Konzern integriert sowie einer neuen Unternehmenspolitik unterstellt wird. Neben diesen Anpassungen hat eine solche Transaktion oft auch personelle Konsequenzen, insbesondere für die Geschäftsleitung.

2. Es kann vorkommen, dass ein Unternehmen durch die Börse (aufgrund der aktuellen Börsenkurse) unterbewertet wird. Besitzt es beispielsweise unterbe-

Jahr	Unternehmen		Jahr	Unternehmen		Jahr	Unternehmen	
1961	Mikron Holding	I	1986	Zehnder Holding	I	1997	Interroll	N
1962	Gutor*	I	(Forts.)	Valtronic Holding	PS	(Forts.)	Gretag-Macbeth	N
1963	Hasler Holding	N		Dätwyler Holding	I		Sulzer Medica	N
	HEC Beteiligungs AG	I		Bank in Liechtenstein	PS		Hiestand	N
	Losinger	N		Keramik Holding	PS		MC Bohemia Investment AG	I
	Scana Holding	I		Liechtensteiner Landesbank	PS		Sustain. Performance Group	I
	Schlatter	I	1987	COS	I		Castle Alternative	N
1966	Zwahlen & Mayr	I		BNP	I	1998	Cicorel	N
1967	Naville (heute Presse-Finanz)	I		Kardex	I/PS		Schulthess	N
1968	Ornapress	I		Unigestion	I		Saia-Burgess	N
	Sika Finanz**	N/Prior		Sarasin & Co.	N		Straumann	N
1969	Garde-Temps (heute Hotec)	I		Fust	I		Adval Tech	N
	Girard-Perregaux (GP)	I		Calida	I		Barry Callebaut	N
1970	Cellulose Attisholz	I		Elco Looser Holding	I		Gretag Imaging	N
	Heuer-Leonidas	I		Bossard	I		Schaffner	N
1972	Büro Fürrer	I		Maillefer	I		Bachem	N
	Interdiscount Holding	I		Ares-Serono	I		Alcopor	N
	Reisebüro Kuoni	I		Loeb Holding	PS		Feintool	N
1973	Gardisette Holding	I		Escor	I		Swisscom	N
	Mövenpick Holding	I		Banque Rothschild	I	1999	Card Guard Scient. Surv. Ltd.	N
	Netstal Maschinenfabrik	I/Prior		Ersparniskasse Langenthal	PS		Miracle Holding AG	N
	Oerlikon-Bührle Holding	I		Tecan Holding	I		Absolute Investment AG	I
	Schweiter Maschinenfabrik	I		Spiro	I		Swissfirst AG	I
1975	Vetropack Holding	I		Sofigen	I		Lonza Group AG	N
1979	Adia	I		Maillefer	I		sia Abrasives Holding AG	N
1980	Bär Holding	I		Harwanne	I		Complet-e Holding AG	N
	Dow Banking	I		ACU Holding	I		4M Technologies Holding	N
1981	Sunstar Holding	I/Prior		ASP Holding	I		NETinvest Holding AG	N
	Orsat	I	1988	Rentenanstalt	PS		AIG Private Equity AG	N
	Surveillance Holding	GS		Arborio Forster Holding	I		Terra Trust Investment AG	I
1982	Crossair	N		Fotolab Club	I		BioMarin Pharma Inc.	N
	Fuchs Petrolub	I		Logitech Holding	I		Agefi Groupe SA	N
1983	Autophon	I		Omni Holding	I		SC Turnaround Invest AG	N
	Walter Rensch	I		Pheonix Mecano	I		Geberit AG	N
1984	Carlo Gavazzi	I		Richemont	I		Charles Vögele Holding AG	I
1985	Fortuna Leben	I		Von Moos	I		Scintilla AG	I
	Agie	PS		Porst Holding	I		EIC Electr. Investment Comp.	I
	RIG Holding	I	1989	Immuno	I		Private Equity Holding AG	N
	Walter Meier Holding	I	1990	Sihl Papier	I	2000	Absolute Europe AG	I
	Banque cantonale du Jura***	I		Waadt Versicherung	I		Absolute Technology AG	I
	Golay-Buchel	I	1994	Kühne & Nagel	I		Métraux Services SA	N
1986	Intersport Holding	PS		ESEC Holding SA	I		Givaudan SA	N
	Prodega	I		Phonak Holding AG	N		Swiss Small Cap Invest AG	N
	Kudelski	I/PS	1995	Clariant AG	N		Swissquote Group Hold. AG	N
	Moor Finanz	I		Belimo AG	N		TOP-T Investment AG	I
	Helvetia Leben	PS		Kaba Holding AG	N		JOMED N.V.	I
	Inspectorate	I	1996	Micronas	I		Oridion Systems Ltd.	N
	Hilti	PS		Stratec	N		Actelion Ltd.	N
	LEM Holding	PS		Disetronic	I		Swiss Prime Site AG	N
	CTA	I		Christ	I		Day Interactive Holding AG	N
	Suter & Suter	I		SEZ Holding	N		Think Tools AG	I
	Vontobel Holding	I		Tag Heuer	N		PSP Swiss Property AG	N
	Merck	I		Elma Electronic	N		Allreal Holding AG	N
	Bucherer	PS		Jungfraubahn	N		Acorn Altern. Strategies AG	N
	Bondpartners	PS		CreInvest	I		Modex Therapeutics	N
	Basler Kantonalbank	PS	1997	Ciba Speciality	N			
	Bucher Holding	I		Grasshoppers	I			
	Hügli Holding	I		Unilabs	I			
	ALSO Holding	PS		Selecta	N			
	Pick Pay	I		Komax	N			

* 1974 umgetauscht in 1 Aktie Industrieholding Cham
** 1976 in Inhaberaktien umgetauscht
*** gemischtwirtschaftliches Unternehmen

I = Inhaberaktien
Prior = Vorzugsaktien
N = Namenaktien

GS = Genussscheine
PS = Partizipationsscheine

▲ Abb. 61   Going Public in der Schweiz 1961 bis 2000

wertete Liegenschaften (stille Reserven), so können nicht betriebsnotwendige Teile liquidiert und ausgeschüttet werden.

3. Die Geschäftsleitung will sich des Drucks der Aktionäre und der Öffentlichkeit entledigen, die sich oft an einem kurzfristigen Gewinndenken orientieren. Anders als in der Schweiz veröffentlichen die amerikanischen Unternehmen einen vierteljährlichen Gewinnausweis. Da die Quartalsdividende stark gewinnabhängig festgelegt wird, findet der Quartalsgewinn bei der Beurteilung eines Unternehmens grosse Beachtung.

Vom Going Private ist das Management-Buyout (MBO) zu unterscheiden:

> Als **Management-Buyout** wird ein Vorgang bezeichnet, mit dem Angehörige der bisherigen Geschäftsleitung ein Unternehmen ganz oder Teile davon unter umfangreicher Beanspruchung von Fremdkapital erwerben. Dies geschieht mit der Zielsetzung, die unternehmerische Freiheit zu erlangen, verbunden mit der Absicht, die Existenz langfristig zu sichern. (Boemle 2002, S. 514)

In der Regel ist damit auch die Erwartung verbunden, dass eine Wertsteigerung des Unternehmens und somit auch des eingesetzten Kapitals erreicht werden kann. Da eine solche Übernahme durch das Management – genau wie beim Going Private – sehr häufig mit einem geringen Eigenkapitaleinsatz und hohen Krediten erfolgt, spricht man von einem **Leveraged Management-Buyout.**

2.5.2 Gründe eines Going Public

Auch wenn die Gründe für ein Going Public sehr vielfältig sein mögen und letztlich verschiedene Motive zusammen den Ausschlag zu einem solchen Schritt geben, steht doch meistens ein **ungedeckter (zukünftiger) Kapitalbedarf** im Vordergrund. Dieser Kapitalbedarf kann weder durch Zuschüsse der bisherigen Aktionäre noch durch Selbstfinanzierung oder Kredite gedeckt werden. Gerade bei kleineren Unternehmen, die sich noch in einer starken Wachstumsphase befinden und demzufolge einen grossen Kapitalbedarf haben, sind die Aktionäre oft nicht mehr fähig, zusätzliches Kapital zur Verfügung zu stellen. Daneben gibt es eine Reihe weiterer Gründe, die den Ausschlag zugunsten eines Going Public geben können:

- Die bisherigen Eigentümer können sich ganz oder teilweise **aus dem Unternehmen zurückziehen.** Da es sich bei kleineren Gesellschaften vielfach um Eigentümer-Unternehmen handelt, könnte die blosse Trennung von aktiver Mitarbeit in der Geschäftsleitung und finanziellem Engagement zu erhöhten Spannungen im Unternehmen führen.

- Eine Öffnung der Gesellschaft mit Verbreiterung des Aktionärkreises bedeutet gleichzeitig auch eine **Teilung des Unternehmensrisikos** zwischen mehreren Investoren. Dies ist insbesondere im Interesse der Alteigentümer, die bislang die alleinigen Träger des Unternehmensrisikos waren und durch einen teilweisen Verkauf ihrer Anteile (Teilrealisierung) eine Risikodiversifizierung erreichen.

- Ein Going Public gibt den bisherigen Aktionären die Möglichkeit, einen Teil ihres Aktienbesitzes zu veräussern, da die **Handelbarkeit** der Aktien erst nach der Öffnung gegeben ist. Damit besteht – insbesondere vor dem Hintergrund des Generationenwechsels **(Nachfolge)** – eine Alternative zum Unternehmensverkauf.

- Die Wachstumsfinanzierung steht vor allem in engem Zusammenhang mit der zunehmenden Zahl an Unternehmensübernahmen und -fusionen. Diese können zum einen durch die Emissionserlöse finanziert werden, zum anderen wird durch den Börsengang eine **Akquisitionswährung** geschaffen, die einen Unternehmenskauf durch Anteile (stock offer) ermöglicht.

- Eine **Beteiligung der Mitarbeiter** wird erleichtert. In vielen Fällen wird bei einem Going Public ein bestimmter Teil des Aktienkapitals für die bisherigen Mitarbeiter reserviert und zur freien Zeichnung aufgelegt.

Die Vorteile eines Going Public sowohl für die bisherigen Aktionäre als auch für das Unternehmen liegen somit auf der Hand. Dazu kommt, dass nicht nur ein grösserer Kapitalbedarf gedeckt, sondern auch – nach einem erfolgreichen Going Public – das Fremdkapital oft zu günstigeren Konditionen (längere Laufzeiten, tiefere Zinssätze) beschafft werden kann. Ferner trägt die Erhöhung des Bekanntheitsgrades infolge eines Going Public zu einem positiven Public Relations-Effekt bei.

| 2.5.3 | **Voraussetzungen für ein Going Public** |

Nicht jede private Aktiengesellschaft, die den Weg eines Going Public beschreiten möchte, ist dazu auch fähig. Zwar muss jede Unternehmenssituation für sich allein beurteilt werden, doch können in Anlehnung an Boemle (2002, S. 363 f.) die folgenden allgemeinen Grundvoraussetzungen genannt werden, die bei einem Going Public erfüllt sein sollten:

1. **Qualität und Kontinuität des Managements:** Die Fähigkeit und der Wille des Managements, das Unternehmen erfolgreich zu führen, d.h. Probleme und schwierige Situationen zu meistern, sich gegen die Konkurrenz durchzusetzen, Gewinne zu erarbeiten usw., sind entscheidende Faktoren bei der Beurteilung

eines Unternehmens durch die zukünftigen Kapitalgeber. Je länger diese Zeit-periode erfolgreichen Handelns dauert, um so grösseres Vertrauen werden die Kapitalgeber dem Management entgegenbringen.

2. **Unternehmensführung und Unternehmenspolitik:** Das Unternehmen sollte so-wohl klar formulierte Ziele und Strategien (z.B. in bezug auf Produkte und Märkte) als auch ein klares Führungskonzept (z.B. in bezug auf das Planungs- und Kontrollsystem) haben. Insbesondere der Finanzplanung und -kontrolle wird im Rahmen eines Going Public ein spezielles Gewicht beigemessen.

3. **Gewinnaussichten:** Es versteht sich von selbst, dass sich die zukünftigen Aktio-näre nur an einem Unternehmen beteiligen wollen, wenn dieses ein gutes Gewinnpotential ausweisen kann.

4. **Finanzlage:** Eine grosse Bedeutung kommt auch der Finanzlage zu, erlaubt sie doch dem Aktionär aufgrund des Bilanzbildes sowie weiterer Statistiken eine quantitative Bewertung des Unternehmens vornehmen zu können. Eine genü-gende Liquidität, ein gutes Verhältnis von Eigenkapital zu Fremdkapital sowie eine gute Vermögenssubstanz (stille Reserven) sind Stichworte in diesem Zusammenhang.

5. **Unternehmensgrösse:** Die minimale Grösse eines Unternehmens ergibt sich aus den Zulassungsbestimmungen bei einer Börsenkotierung. In Zürich ist bei-spielsweise ein Nennwert von 10 Mio. Fr. erforderlich. Ferner sollte die Anzahl der in Umlauf gesetzten Titel so gross sein, dass der Markt nicht zu eng ist. Als Mindestzahl werden 8000 bis 10 000 Stücke genannt, doch zeigt sich immer wieder, dass diese Zahl zu klein bemessen ist und zu übertriebenen Kursaus-schlägen führen kann. Daneben wird auch ein Mindestumsatz von 100 Mio. Fr. genannt.

6. **Bekanntheitsgrad:** Ein Unternehmen, das an potentielle Kapitalgeber herantre-ten will, sollte sowohl diesen als auch den Finanzjournalisten sowie den Anla-geberatern und Finanzanalytikern der Banken und ähnlicher Institutionen bekannt sein. Durch eine sorgfältig geplante Öffentlichkeitsarbeit hat es seinen Bekanntheitsgrad im Vorfeld eines Going Public zu erhöhen.

7. **Bereitschaft zu einer Publikumsgesellschaft:** Die Umwandlung einer privaten Aktiengesellschaft in eine Publikumsgesellschaft erfordert nicht nur juristische Akte und schöne Worte der Beteuerung, sondern ein entsprechendes Handeln und vor allem ein Umdenken. Eine offene Informationspolitik mit abgegebe-nen Geschäftsberichten und regelmässigen Pressekonferenzen gehören dazu, um den Aktionär auf dem laufenden zu halten und das Interesse an «seinem» Unternehmen aufrechtzuerhalten.

| 2.5.4 | **Planung und Durchführung eines Going Public** |

Bei der Durchführung eines Going Public sind folgende Entscheidungssachverhalte in Zusammenarbeit mit einer Bank oder einem Bankenkonsortium zu planen, festzulegen und zu realisieren:

- Zuerst muss die **Herkunft** der im Publikum zu plazierenden Beteiligungspapiere bestimmt werden. Je nach Motiv des Going Public können drei verschiedene Vorgehen gewählt werden:
    a. Kapitalerhöhung unter Ausschluss des Bezugsrechts der bisherigen Aktionäre;
    b. die bisherigen Aktionäre stellen einen Teil ihres Aktienbesitzes zur Verfügung;
    c. Kombination der beiden erstgenannten Verfahren.

- Bestimmung der Ausgestaltung der **Beteiligungspapiere** in bezug auf Art (Inhaberaktie, Namenaktie, PS), Nennwert und Anzahl. Die Anzahl der Titel wird in der Praxis meistens aus dem Gesamtbetrag abgeleitet, indem dieser durch den Nennwert der Aktien dividiert wird.

- Die betreffende **Börse** und hier das **Börsensegment,** in dem die Aktie gehandelt werden soll, muss bestimmt werden. Des weiteren sind die übrigen Konsortialmitglieder und andere am Börsengang beteiligte Berater (Wirtschaftsprüfer, Rechtsanwälte usw.) auszuwählen.

- Ein wichtiger Punkt stellt die **Öffentlichkeitsarbeit (Investor Relations)** dar. Sie äussert sich vor allem in
    □ Presse- und Analystenkonferenzen,
    □ Vorstellungen durch Banken sowie
    □ Inseraten, welche sich auf die Public Relations, Produktwerbung oder Personalanwerbung beziehen können.

- Ein zentrales Problem beinhaltet die Festlegung des **Ausgabekurses.** Folgende Einflussfaktoren können dabei eine Rolle spielen:
    □ Renditeüberlegungen: Vergleich mit ähnlichen Unternehmen der gleichen Branche.
    □ Substanzwert des Unternehmens.
    □ Ertragswert des Unternehmens (zukünftige Gewinne).
    □ Umfang der Kapitalverwässerung bei Ausschluss bisheriger Aktionäre vom Bezugsrecht.
    □ Externe Faktoren wie Börsenverfassung oder Liquidität des Kapitalmarktes.

- Schliesslich müssen noch die **Bezugsmodalitäten** festgelegt werden, die im wesentlichen die Zeichnungs- bzw. Bezugsfrist und den Liberierungstermin beinhalten.

| 2.5.5 | **Probleme und Gefahren eines Going Public** |

Im Zusammenhang mit einem Going Public ist auf verschiedene Gefahren aufmerksam zu machen, die bei unsorgfältiger Planung zu einem – unter Umständen nicht unerheblichen – Schaden für das gesamte Unternehmen führen können:

- Der Zeitpunkt eines Going Public ist ungünstig gewählt. Auch wenn unternehmensintern alle Voraussetzungen erfüllt sind, können beispielsweise durch eine ungünstige allgemeine Wirtschaftslage und entsprechend schlechte Börsenverfassung unvorteilhafte Rahmenbedingungen herrschen. Daneben sind auch situative Faktoren zu berücksichtigen. Ist beispielsweise ein vorangegangenes Going Public missglückt, so wird man mit besonderer Vorsicht an eine nächste Transaktion gehen.
- Der Markt für die neuen Titel ist viel zu eng, weil die Anzahl Stücke viel zu klein ist oder die Titel nicht breit genug gestreut worden sind. Kursübertreibungen stellen sich ein, die nichts mit den realen Gegebenheiten gemeinsam haben.
- Eine zunehmende Nachfrage nach Titeln von Going Public-Gesellschaften führte nach 1983 dazu, dass viele Zeichnungen nicht erfüllt werden konnten und somit viele Zeichner leer ausgingen. Das rief den Unmut vieler Anleger hervor, die sich in Anbetracht der zum Teil enormen Kursgewinne hintergangen fühlten. Dies führte mindestens teilweise zu einem negativen Public Relations-Effekt.
- Ein spezielles Problem stellt die Mitarbeiter-Beteiligung dar. Zwar ist die zur Verfügung gestellte Zahl an Aktien in der Regel genügend, um alle Zeichner mindestens teilweise zu berücksichtigen, doch liegt das Problem darin, dass entweder nicht alle Mitarbeiter gewohnt sind, Aktien zu kaufen, oder dass sie das Geld dafür gar nicht aufbringen können. Erfährt allerdings der Mitarbeiter nachträglich die ihm entgangenen Kursgewinne, so wird er sich darüber – und vielleicht auch über seinen Arbeitgeber – ärgern.
- Schliesslich besteht die Gefahr, dass der Ausgabekurs zu hoch oder zu tief angesetzt worden ist. Im ersten Fall hat dies fatale Folgen für das Unternehmen, da zukünftige Eigenkapitalbeschaffungen nur schwer bzw. zu schlechten Bedingungen möglich sind. Ist der Kurs zu tief angesetzt, so entgeht dem Unternehmen ein (grösseres) Agio. Allerdings ist dazu zu bemerken, dass es sehr schwierig ist, den «richtigen» Ausgabekurs festzusetzen. Wohl kann nachträg-

lich besser beurteilt werden, ob er zu hoch oder zu tief angesetzt worden ist, doch hätte vielleicht gerade ein etwas höherer Ausgabekurs einen Misserfolg ergeben oder zumindest einen schönen Erfolg verhindert. Zudem kann es nicht das Hauptziel eines Going Public sein, einen möglichst hohen Ausgabekurs zu erreichen, sondern im Sinn eines langfristigen Denkens ist es das oberste Ziel, ein erfolgreiches Going Public zu verwirklichen. Dies hat konkret zur Folge, dass das Risiko eines Misserfolgs möglichst klein gehalten werden muss, denn ein höheres Agio wäre im Verhältnis zu den Kosten eines Misserfolgs auf lange Sicht verschwindend klein!

Die Fixierung des Emissionspreises determiniert wesentlich den Erfolg oder Misserfolg eines Going Public. Der faire Interessenausgleich zwischen Emittent und Investoren ist die Aufgabe der emissionsbegleitenden Bank. Traditionell wurde der Emissionskurs im Rahmen des **Festpreisverfahrens** bestimmt. Dabei wurde in gemeinsamen Verhandlungen zwischen Emittent und der Bank (bzw. dem Bankenkonsortium) vor Eröffnung der Zeichnungsfrist ein Emissionspreis vereinbart, der auf einer fundamentalen Unternehmensbewertung, der Berücksichtigung der Marktbewertung vergleichbarer Unternehmen sowie der allgemeinen Marktverfassung beruht. Obwohl die potentielle Marktakzeptanz des neuen Wertes durch umfangreiche Analysen abgestützt wird, hat dieses Verfahren den Nachteil, dass der Ausgabepreis der neuen Aktien nicht die Kaufbereitschaft und Preiselastizität der Nachfrageseite (Investoren) berücksichtigt. Die zu dem festgelegten Ausgabepreis tatsächlich vorhandene Marktnachfrage kann erst verbindlich während der Zeichnungsfrist ermittelt werden. Der Emissionspreis kann sich daher ex post als zu hoch (overpricing) oder zu niedrig (underpricing) erweisen.

Um das Problem eines im voraus festgelegten Emissionskurses zu lösen, wird – wie zuvor schon in den USA und im europäischen Ausland – zumeist das sogenannte **Bookbuilding-Verfahren** verwendet. Dieses Verfahren zeichnet sich durch fünf aufeinander abgestimmte und teilweise zeitlich überlagernde Phasen aus, wie in ▶ Abb. 62 dargestellt. Ziel ist es, auf Basis der fundamentalen Unternehmensdaten einen marktgerechten Preis zu ermitteln, wie er durch das Zusammenspiel von Angebot und Nachfrage zustande kommt.

Das Bookbuilding im engeren Sinn ist ein Verfahren zum Aufbau eines Zeichnungsbuches. Der Bookrunner (konsortialführende Bank) führt in einem «Buch» sämtliche durch die Konsortialbanken übermittelten Zeichnungswünsche der Investoren auf. Der Emissionspreis wird auf Basis der gesammelten Zeichnungswünsche erst mit Abschluss der Zeichnungsphase festgelegt. Insbesondere durch Einbeziehung der Investoren ist das Bookbuilding-Verfahren eine flexible, marktnahe Methode der Emission bzw. Plazierung von Aktien mit der Zielsetzung, das Volumen der Emission, den Emissionspreis und die Stabilität der Plazierung zu optimieren.

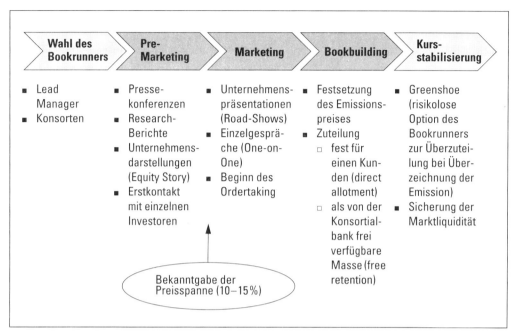

▲ Abb. 62   Ablauf des Bookbuilding-Verfahrens

Ein weiterer, in letzter Zeit manchmal eingesetzter Preisfindungsmechanismus
ist das **Auktionsverfahren.** Im Rahmen eines solchen Preistenders wird eine hol-
ländische Auktion (Dutch Auction) durchgeführt, d.h. die Kaufanträge werden
nach der Höhe des Gebotes in absteigender Reihenfolge solange engegengenom-
men, bis das gesamte Aktienvolumen plaziert ist. Alle Investoren zahlen dann
einen Kaufpreis in Höhe der letzten, gerade noch plazierten Order. Das Auktionsverfahren ist somit noch maktorientierter und kann den Emissionserlös für das
Unternehmen erhöhen. Allerdings bringt das Verfahren auch das Risiko eines
überhöhten Kurses, der in der Folgezeit nicht stabil gehalten werden kann.

Kapitel 3

Innenfinanzierung

Bei der Innenfinanzierung handelt es sich um eine Finanzierung, bei der die finanziellen Mittel bzw. das Kapital durch innerbetriebliche Vorgänge bereitgestellt werden. Es werden in der Regel drei Formen der Innenfinanzierung unterschieden, nämlich die Finanzierung

1. durch Freisetzung von Abschreibungsgegenwerten,
2. durch nicht ausgeschüttete Gewinne,
3. aus Rückstellungen.

Im folgenden werden die beiden ersten Finanzierungsformen dargestellt und beurteilt.

| 3.1 | **Finanzierung aus Abschreibungsgegenwerten** |

Betrachtet man den Wert eines Potentialfaktors (z.B. Maschine) als Summe der zukünftig zu erwartenden Nutzleistungen aus dem Gebrauch dieser Maschine, so stellen die Abschreibungen den Verzehr solcher Nutzleistungen dar.[1] Die Abschreibungen werden in der Finanzbuchhaltung als Aufwand, in der Betriebsbuchhaltung (Kostenrechnung) als Kosten erfasst. Bei der Finanzierung aus Ab-

---

1 Vgl. Teil 1, Kapitel 5, Abschnitt 5.4.2.1 «Abschreibungen».

schreibungsgegenwerten kommt nur letztere Betrachtung in Frage, weil dieser Finanzierungsform ein tatsächlicher Leistungsabgang zugrunde liegen muss.

Die Berechnung (und Verbuchung) einer Abschreibung hat allerdings noch nichts mit einem Finanzierungsvorgang gemeinsam. Der Wert dieses Nutzleistungsabgangs eines Potentialfaktors geht vorerst in die mit diesem Potentialfaktor hergestellten Produkte über und wird diesen Produkten verrechnet. Damit entspricht ein Teil des Verkaufspreises genau dem Wert des Nutzleistungsabgangs bzw. der erfolgten Abschreibung. Werden diese Produkte in einem nächsten Schritt des betrieblichen Umsatzprozesses verkauft und erhält das Unternehmen dafür liquide Mittel, so stehen diese für neue Investitionen zur Verfügung. Diese Mittel werden in der Regel zur Anschaffung von neuen Maschinen als Ersatz für die auszuscheidenden eingesetzt. Da diese Ersatzinvestitionen erst zu einem späteren Zeitpunkt als dem tatsächlichen Rückfluss erfolgen, stehen die aus den Abschreibungsgegenwerten erhaltenen finanziellen Mittel vorübergehend zur Verfügung.

> Bei der **Finanzierung aus Abschreibungsgegenwerten** findet somit eine Vermögensumschichtung statt, indem der Nutzleistungsabgang der Potentialfaktoren in liquide Mittel umgewandelt wird.

Es ist deshalb verständlich, dass in diesem Fall von einer **Verflüssigungsfinanzierung** gesprochen wird. Die freigesetzten Mittel können bis zum Zeitpunkt der Ersatzinvestition entweder in Repetier- oder Potentialfaktoren investiert werden. Im letzteren Fall wird dadurch die Produktionskapazität erhöht, die unter bestimmten Voraussetzungen sogar auf die Dauer gehalten werden kann.

Dieser Sachverhalt wird in der Literatur als **Kapazitätserweiterungseffekt** oder **Lohmann-Ruchti-Effekt** bezeichnet. Allerdings soll der Beitrag Lohmanns (1949) zur theoretischen Analyse des Kapazitätserweiterungseffektes sehr bescheiden sein, während Ruchti (1949) die Zusammenhänge zwar ausführlich, aber offenbar nicht besonders klar beschrieben haben soll. Erstmals findet sich die Beschreibung dieses Phänomens in einem Schriftwechsel zwischen Karl Marx und Friedrich Engels (▶ Abb. 63). Marx war sich über die Wirkungen der Abschreibungen auf die Investitionen nicht im klaren, worauf Engels sie ihm an einem Beispiel erläuterte, das als Muster für den Kapazitätserweiterungseffekt angesehen werden kann. In den fünfziger und sechziger Jahren erfolgten dann systematische Untersuchungen, in denen insbesondere die Voraussetzungen dieses Effektes eingehend untersucht worden sind.

In ▶ Abb. 64 wird an einem Beispiel ersichtlich, wie dieser Effekt rein rechnerisch zustande kommt. Der theoretisch maximal mögliche Kapazitätserweiterungseffekt kann berechnet werden, sobald der Anschaffungspreis A einer Anlage sowie ihre Nutzungsdauer n bekannt sind. Die dazu notwendige Formel kann

«Dear Fred!   24. August 1867
…
Bei diesem Schluss des Buches (Zirkulationsprozess), den ich jetzt schreibe, muss ich Dich wieder, wie vor vielen Jahren, über einen Punkt angehen!

Das fixe Kapital ist erst in natura zu ersetzen nach sage zum Beispiel zehn Jahren. In der Zwischenzeit retourniert sein Wert partiell und gradatim mit dem Verkauf der damit produzierten Waren. Dieser progressive return für das fixe Kapital ist zu seiner Ersetzung (von repairs und dergleichen abgesehen) erst nötig, sobald es in seiner stofflichen Form, zum Beispiel als Maschine, tot ist. In der Zwischenzeit hat aber der Kapitalist in der Hand diese sukzessiven returns.

Ich schrieb Dir vor vielen Jahren, es scheine mir, dass sich so ein Akkumulationsfonds bilde, da der Kapitalist das retournierte Geld doch in der Zwischenzeit anwende, bevor er das fixe Kapital damit ersetzt. Du sprachst Dich in einem Brief, somewhat superficially, gegen dies aus. Ich fand später, dass MacCulloch diesen sinking fund als Akkumulationsfonds darstellt. In der Überzeugung, dass MacCulloch nie etwas Richtiges denken kann, liess ich die Sache fallen. Seine apologetische Absicht dabei ist schon von Malthusianern widerlegt worden, aber auch sie geben die Tatsache zu. Du, als Fabrikant, musst nun wissen, was Ihr mit den returns für fixes Kapital vor der Zeit, wo es in natura zu ersetzen ist, macht. Und Du musst mir diesen Punkt (ohne Theorie, rein praktisch) beantworten.
Salut to Mrs. Lizzy. Salut.   Dein K.M.»

▲ Abb. 63   Karl Marx und Friedrich Engels über den Kapazitätserweiterungseffekt (Hax 1958, S. 222)

| Betriebsjahr | Anzahl Maschinen | | | | | Wert der Maschinen | Abschreibungen | zur Verfügung stehende Mittel | Reinvestition | Restbetrag |
	im 1. Jahr	im 2. Jahr	im 3. Jahr	im 4. Jahr	insgesamt					
1	5				5	20 000,–	5 000,–	5 000,–	4 000,–	1 000,–
2	1	5			6	19 000,–	6 000,–	7 000,–	4 000,–	3 000,–
3	1	1	5		7	17 000,–	7 000,–	10 000,–	8 000,–	2 000,–
4	2	1	1	5	9	18 000,–	9 000,–	11 000,–	8 000,–	3 000,–
5	2	2	1	1	6	17 000,–	6 000,–	9 000,–	8 000,–	1 000,–
6	2	2	2	1	7	19 000,–	7 000,–	8 000,–	8 000,–	0
7	2	2	2	2	8	20 000,–	8 000,–	8 000,–	8 000,–	0
8	2	2	2	2	8	20 000,–	8 000,–	8 000,–	8 000,–	0

Ausgangslage:
- Bestand zu Beginn: 5 Maschinen
- Eine Maschine kostet 4000,– Fr.
- Die Nutzungsdauer einer Maschine beträgt vier Jahre, der Abschreibungssatz ist somit 25 %.

▲ Abb. 64   Beispiel Finanzierung aus Abschreibungsgegenwerten

mathematisch hergeleitet werden. Unter der Annahme einer linearen Abschreibung
ergibt sich vorerst der in jeder Periode gleichbleibende Abschreibungsbetrag a:

$$(1) \quad a = \frac{A}{n}$$

Dieser wird jeweils am Ende einer Periode während der gesamten Nutzungsdauer
freigesetzt. Damit ergibt sich die gesamte Kapitalbindung während der gesamten
Nutzungsdauer als

$$(2) \quad n\,a + (n-1)\,a + (n-2)\,a + \ldots + a = \frac{n}{2}(n\,a + a) = a\,\frac{n\,(n+1)}{2}$$

Dividiert man die gesamte Kapitalbindung durch die Nutzungsdauer n, so erhält
man die durchschnittliche Kapitalbindung pro Periode als

$$(3) \quad a\,\frac{(n+1)}{2}$$

Das durchschnittlich freigesetzte Kapital pro Periode berechnet sich dadurch,
dass das durchschnittlich gebundene Kapital vom Anschaffungspreis A abgezogen wird:

$$(4) \quad A - a\,\frac{(n+1)}{2} = n\,a - a\,\frac{(n+1)}{2} = a\,\frac{(n-1)}{2}$$

Um die Ausweitung der Kapazität zu berechnen, setzt man schliesslich das am
Anfang gebundene Kapital (n a) in Beziehung zum durchschnittlich gebundenen
Kapital:

$$(5) \quad \frac{n\,a}{a\,\dfrac{(n+1)}{2}} = \frac{n}{\dfrac{(n+1)}{2}} = \frac{2\,n}{(n+1)} = \frac{2}{1 + \dfrac{1}{n}}$$

Damit ergibt sich folgender Kapazitätsausweitungsfaktor:

$$(6) \quad 2\,\frac{n}{(n+1)}$$

Setzt man in die Formel die Zahlen aus dem Beispiel in ◄ Abb. 64 ein, so ergibt
sich ein Kapazitätsausweitungsfaktor von 1,6, d.h. die Kapazität kann maximal
um 60 % erhöht werden.

Damit dieser Kapazitätserweiterungseffekt in der Praxis auch eintritt, sind eine
Reihe von **Voraussetzungen** zu beachten, die erfüllt sein müssen:

- Wichtigste Voraussetzung ist, dass die Abschreibungsgegenwerte tatsächlich über die verkauften Produkte in Form von flüssigen Mitteln ins Unternehmen zurückgeflossen sind und somit für eine Neuinvestition zur Verfügung stehen.
- Die zurückgeflossenen Mittel müssen sofort oder so schnell wie möglich wieder in neue Potentialfaktoren investiert werden.
- Die Potentialfaktoren müssen soweit teilbar sein, dass die Investitionen auch tatsächlich vorgenommen werden können. Bei Grossanlagen zum Beispiel ist dies oft nicht möglich, da die zur Verfügung stehenden Mittel nicht ausreichen, um eine neue zusätzliche Einheit zu kaufen.
- Neben den Potentialfaktoren müssen auch Repetierfaktoren gekauft und unter Umständen weiteres Personal eingestellt werden. Dazu sind zusätzliche finanzielle Mittel notwendig, die ebenfalls vorhanden sein oder beschafft werden müssen.
- Schliesslich müssen die auf den neuen Maschinen zusätzlich hergestellten Produkte abgesetzt werden können. Werden diese beispielsweise nur auf Lager produziert, so ergeben sich daraus keine liquiden Mittel. Damit wäre man wieder bei der zuerst erwähnten Voraussetzung angelangt.

Neben diesen Voraussetzungen gibt es verschiedene Einflussfaktoren, die darüber entscheiden, in welchem Ausmass der Kapazitätserweiterungseffekt ausgenutzt werden kann:

- Der Kapazitätserweiterungseffekt fällt grösser oder kleiner aus, je nachdem ob die Preise zur Beschaffung der gleichen Potentialfaktoren gestiegen oder gesunken sind. In Zeiten hoher Inflation wird das Ausmass des Kapazitätserweiterungseffekts abgeschwächt, es sei denn, man berücksichtige diesen Sachverhalt mit einem inflationsgerechten Rechnungswesen.
- Von grosser Bedeutung ist der effektive Verlauf des Nutzleistungsabgangs über die Nutzungszeit und somit das gewählte Abschreibungsverfahren. Beim Beispiel in ◄ Abb. 64 sowie in der Literatur wird im allgemeinen eine lineare Abschreibung unterstellt.
- Ein weiterer Einflussfaktor, der eng mit dem vorher genannten verknüpft ist, ist die gesamte Nutzungsdauer des Potentialfaktors. Je länger die Nutzungsdauer, um so grösser ist der Kapazitätserweiterungseffekt. Bei einer Nutzungsdauer von nur einem Jahr ist keine Erweiterung feststellbar, bei einer sehr langen Nutzungsdauer kann sich die Ausgangskapazität beinahe verdoppeln, wie die folgende Tabelle zeigt:

Abschreibungssatz in %	100	50	33	25	20	12,5	10	5	2,5	0
Ausweitungskoeffizient	1	1,33	1,50	1,60	1,66	1,77	1,81	1,90	1,95	2

Zusammenfassend kann festgehalten werden, dass in der Praxis bei Reinvestition der über die Abschreibungsgegenwerte zurückgeflossenen finanziellen Mittel in gleiche oder ähnliche Potentialfaktoren eine Erweiterung der betrieblichen Kapazität zu beobachten ist. Wie gross dieser Kapazitätserweiterungseffekt allerdings ausfällt, hängt – wie erwähnt – von verschiedenen Faktoren ab.

3.2 Selbstfinanzierung

> Unter **Selbstfinanzierung** versteht man die Beschaffung von Kapital durch zurückbehaltene selbsterarbeitete Gewinne.

Die Selbstfinanzierung hat zur Folge, dass das Unternehmen den Aktionären keine oder eine kleinere Dividende ausschüttet, als dies aufgrund der Gewinne möglich wäre. Die Selbstfinanzierung ist somit eng mit der Dividendenpolitik des Unternehmens verbunden, die in einem separaten Abschnitt behandelt wird.[1]

Voraussetzung der Selbstfinanzierung ist, dass auch tatsächlich ein Gewinn erarbeitet werden konnte, d.h. die Verkaufspreise der hergestellten Produkte und Dienstleistungen nicht nur alle Kosten decken, sondern darüber hinaus auch einen Gewinnanteil umfassen, der das unternehmerische Risiko abdeckt. Damit bei der Selbstfinanzierung allerdings auch finanzielle Mittel zur Verfügung stehen, darf es sich nicht um Buchgewinne handeln, die beispielsweise aus einer Aufwertung von Aktivposten (z.B. Grundstücke) entstehen, sondern es muss sich um echte unternehmerische, d.h. selbsterarbeitete Gewinne handeln.

3.2.1 Motive der Selbstfinanzierung

In der Literatur wird betont, dass die Selbstfinanzierung eine ideale Finanzierungsform darstelle und ihr deshalb eine grosse Bedeutung zukomme. Folgende Gründe mögen zu dieser Auffassung beigetragen haben:

- Zur Wahrung des Marktanteils wird ein Unternehmen gezwungen, in einem wachsenden Markt seine Produktionskapazitäten ständig zu erhöhen. Daraus resultiert aber auf der anderen Seite ein ständig steigender Kapitalbedarf. Dasselbe gilt für das qualitative Wachstum, bei dem eine Verbesserung der Produkte einen höheren Verkaufspreis zur Folge hat und zu einer Umsatzerhöhung führt.

---

1 Vgl. Abschnitt 3.2.3 «Dividendenpolitik».

Die Deckung dieses je nach Branche und Unternehmenssituation zum Teil sehr beachtlichen Kapitalbedarfs kann nur teilweise durch Beteiligungs- und Fremdfinanzierung erfolgen. Eine Beteiligungsfinanzierung bei Publikumsgesellschaften ist beispielsweise bei einer schlechten Börsenverfassung nicht oder nur zu schlechten Konditionen möglich. Bei einem angespannten Kreditmarkt ist es ebenfalls schwierig, Fremdkapital aufzunehmen oder dann nur zu hohen Zinssätzen. Es kommt noch dazu, dass die Konditionen der Fremdkapitalbeschaffung in starkem Masse von der Selbstfinanzierung abhängen. Das Ausmass der Selbstfinanzierung eines Unternehmens gilt als ein Indikator für das Risiko, das der Kapitalgeber eingeht. Je grösser dieses ist, um so eher will er es mit einem hohen Zinssatz entschädigt haben.

- Mit der Selbstfinanzierung werden die Beteiligungsverhältnisse nicht tangiert, obschon das Eigenkapital des Unternehmens erhöht wird.
- Die Selbstfinanzierung ist äusserst liquiditätsschonend, da mit dieser Finanzierungsform keine fixen periodischen Zinszahlungen oder auch Dividendenzahlungen verbunden sind.
- Vorteile ergeben sich auch aus steuerlichen Überlegungen, weil durch die Bildung von stillen Reserven Steuern eingespart oder auf einen späteren Zeitpunkt (bei deren Auflösung) verlegt werden können. Durch Nichtausschüttung von Gewinnen kann bei Kapitalgesellschaften die Doppelbesteuerung auf dem nicht ausgeschütteten Teil des Gewinnes vermieden werden.
- Besonders wichtig ist die Selbstfinanzierung in Zeiten hoher Inflation. Sie ermöglicht die Bewahrung der Unternehmenssubstanz und erlaubt, dass die Ersatzinvestitionen auch bei gestiegenen Anschaffungspreisen vorgenommen werden können.

Diesen Vorteilen der Selbstfinanzierung für das Unternehmen muss eine Beurteilung aus der Sicht des direkt betroffenen Kapitalgebers, des Aktionärs, gegenübergestellt werden. Als Nachteil ergibt sich für ihn, dass seine Dividende geschmälert wird und er somit sowohl aus Liquiditäts- als auch aus Renditeüberlegungen eine Einbusse erfährt. Dieser allerdings eher kurzfristigen Betrachtungsweise steht gegenüber, dass der Aktionär an dem mit zurückbehaltenen Gewinnen finanzierten Unternehmenswachstum über seinen Kapitaleinsatz beteiligt ist. Denn dadurch erhöht sich der innere Wert eines Unternehmens bzw. der Anteil der Reserven pro Aktie, was sich in der Regel in steigenden Aktienkursen an der Börse niederschlägt. Damit kann der Aktionär langfristig über eine Kurssteigerung für eine kleinere Dividende entschädigt werden.

| 3.2.2 | Formen der Selbstfinanzierung |

Die Selbstfinanzierung wird in eine offene und eine verdeckte bzw. stille unterteilt, je nachdem, ob sie aus der Bilanz ersichtlich ist oder nicht.

- Bei der **offenen** Selbstfinanzierung werden die nicht ausgeschütteten Gewinne den verschiedenen Reservekonten zugewiesen (gesetzliche, freiwillige).
- Die **verdeckte** Selbstfinanzierung dagegen wird durch Bildung stiller Reserven vorgenommen. Dies erfolgt entweder durch eine Unterbewertung von Aktiven und/oder eine Überbewertung von Passiven. Von diesen stillen Reserven, deren Zustandekommen von internen Entscheidungsträgern (Geschäftsleitung) abhängt, sind diejenigen zu unterscheiden, die aufgrund unternehmensexterner Einflüsse entstehen (beispielsweise eine Wertsteigerung auf Grundstücken des Unternehmens).

Während die offene Selbstfinanzierung kaum zu Diskussionen Anlass gibt, steht die verdeckte Form oft im Kreuzfeuer der Kritik. Dabei geht es in erster Linie um das Problem der stillen Reserven. Es stellt sich nämlich die Frage, ob nicht betriebswirtschaftliche Sachverhalte wie Verluste oder hohe Gewinne unter dem Vorwand der stillen Selbstfinanzierung verheimlicht werden. Damit handelt es sich aber nicht primär um ein Problem der Selbstfinanzierung, sondern um das Problem der Bildung und Auflösung von stillen Reserven.[1]

| 3.2.3 | Dividendenpolitik |

> Als **Dividendenpolitik** bezeichnet man das Verhalten des Unternehmens bei der Festlegung der Dividende an die Aktionäre.

Die Dividende wird entweder dem Jahresgewinn der Abrechnungsperiode, den Reserven oder dem Gewinnvortrag aus früheren Rechnungsjahren entnommen. Die Ausschüttung selber kann verschiedene Formen annehmen, je nach Situation des Unternehmens sowie den Absichten, die mit der Dividendenpolitik verfolgt werden sollen:

1. **Bardividende:** Am häufigsten erfolgt in der Praxis die Ausschüttung in Form einer Bardividende, bei der – wie der Name bereits sagt – eine Geldzahlung an die Aktionäre erfolgt.

---

[1] Zur Definition und buchhalterischen Behandlung der stillen Reserven vgl. Teil 1, Kapitel 5, Abschnitt 5.4.4 «Stille Reserven». Für eine Beurteilung der Problematik der Bildung und Auflösung von stillen Reserven vgl. Boemle 2002, S. 478 ff.

2. **Wertpapier-** oder **Stockdividende:** Anstelle einer Bardividende können – nach Umwandlung von Reserven und Gewinn in Aktienkapital – Wertpapiere abgegeben werden. Die neuen Aktien werden den bisherigen Aktionären in einem bestimmten Verhältnis zu den bisherigen Aktien zugeteilt.[1] In der Schweiz sind im Gegensatz zu den USA, wo vor allem schnell wachsende Unternehmen diese Dividendenform bevorzugen, Stockdividenden eher selten.

3. **Naturaldividende:** Bei einer Naturaldividende werden Produkte des Unternehmens an die Aktionäre abgegeben. In der Schweiz ist dies vor allem bei Transportunternehmen der Fall, indem Fahrkarten gratis abgegeben oder Vergünstigungen gewährt werden. So gewährt beispielsweise die nicht gewinnstrebige Zoo Zürich AG jedem Aktionär jährlich eine Freikarte anstelle eines Gewinnanteils. (Boemle 2002, S. 489)

In der Praxis kommen auch Kombinationen der verschiedenen Dividendenformen vor. Neben der Kombination einer Bar- mit einer Stockdividende sind auch Beispiele bekannt, bei denen dem Aktionär ein **Wahlrecht** zwischen diesen beiden Dividendenformen eingeräumt wurde (z.B. beim Schweizerischen Bankverein 1992 und 1993).

Neben dem Entscheid über die Form der Ausschüttung steht bei der Dividendenpolitik die Bestimmung des zur Ausschüttung gelangenden Gewinnanteils im Vordergrund. Obschon rechtlich gesehen die Generalversammlung über die Verwendung des Jahresgewinns entscheidet, ist es in der betrieblichen Praxis der Verwaltungsrat. Dieser arbeitet materiell einen Dividendenvorschlag aus, den die Generalversammlung in der Regel formal noch bestätigt. Der Verwaltungsrat hat sich dabei sowohl die Interessen des Unternehmens als auch der Aktionäre zu vergegenwärtigen. Einerseits werden durch die Dividendenzahlungen dem Unternehmen liquide Mittel entzogen und somit die Selbstfinanzierung eingeschränkt. Andererseits bewirkt die Zahlung einer Dividende ein positives Erscheinungsbild des Unternehmens in der Öffentlichkeit. Vielfach werden nämlich die Ertragskraft und somit die Zukunftsaussichten eines Unternehmens an den Dividendenzahlungen gemessen. Werden diese als unangemessen betrachtet, kann sich dies sowohl in einem unerwünschten Kursrückgang auswirken als auch in Schwierigkeiten bei zukünftigen Kapitalerhöhungen äussern.

In der Praxis können zwei grundsätzlich verschiedene dividendenpolitische Systeme beobachtet werden:

1. **Grundsatz stabiler Dividenden:** Nach diesem Grundsatz wird die Dividende pro Aktie im Sinn einer Dividendenkontinuität über eine lange Zeitspanne möglichst konstant gehalten. Bei der Wahl dieses Grundsatzes richtet man sich in erster Linie an dem langfristig orientierten Anleger aus, dem eine stabile Divi-

---

1 Die Auswirkungen einer Stockdividende sind ähnlich wie bei einer Kapitalerhöhung aus Gesellschaftsmitteln. Vgl. Kapitel 2, Abschnitt 2.3.5 «Kapitalerhöhung aus Gesellschaftsmitteln».

dende wichtiger ist als extreme Kursschwankungen seiner Papiere. Zu beachten ist allerdings, dass durch einen konstanten Dividendensatz nicht gleichzeitig auch die gesamte zur Ausschüttung gelangende Dividendensumme bestimmt sein muss. Früher vorgenommene Kapitalerhöhungen, insbesondere aus Gesellschaftsmitteln, können in nicht unerheblichem Ausmass zu einer faktischen Erhöhung der Dividende führen.

2. **Grundsatz der gewinnabhängigen Dividende:** Dieser Grundsatz richtet sich nach dem erzielten Gewinn. Die Dividende soll gemäss den Bewegungen des Jahresgewinns angepasst werden. Damit will man zum Ausdruck bringen, dass der Aktionär direkt am Erfolg oder Misserfolg des Unternehmens teilhaben soll. Der Aktionär stellt Eigenkapital zur Verfügung, welches primär das Unternehmensrisiko trägt. Entsprechend soll der Charakter dieses Papieres auch in der Dividende zum Ausdruck kommen, im Gegensatz etwa zur festverzinslichen Obligation.

In den letzten Jahren lässt sich in der Schweiz eine starke Tendenz in Richtung flexible Dividenden festzustellen.

Neben den besprochenen Grundsätzen gibt es noch weitere Kriterien, nach denen sich eine Dividendenpolitik zumindest teilweise ausrichten kann:

- Prinzip der Substanzerhaltung des Unternehmens (Berücksichtigung inflationsbedingter Preissteigerungen);
- Ausrichtung auf die Konkurrenz;
- Berücksichtigung der allgemeinen Kapitalmarktlage und des Zinsniveaus.

Kapitel 4

Kreditfinanzierung

4.1   Einleitung

Im Gegensatz zum Eigenkapital wird das Fremdkapital von Dritten für eine bestimmte Zeitdauer zur Nutzung abgegeben. Diese Fremdkapitalgeber haben in der Regel Anspruch auf **Verzinsung** und **Rückzahlung** des Kapitals zu einem vereinbarten Termin. Das Fremdkapital umfasst alle Schuldverpflichtungen des Unternehmens, die nach folgenden Merkmalen charakterisiert werden können:

- dem Entstehungsgrund des Schuldverhältnisses (z.B. Warenlieferungen),
- der Höhe des Schuldbetrages,
- der Höhe der Verzinsung,
- dem Rückzahlungszeitpunkt.

Je nach Fremdkapitalart sind diese Merkmale mehr oder weniger genau bestimmt. Einen Sonderfall stellt das **bedingte** Fremdkapital dar, worunter solche Schuldverhältnisse verstanden werden, deren Eintreten von gewissen Bedingungen abhängt. Es handelt sich beispielsweise um Verpflichtungen aus Bürgschaften oder Garantieleistungen. Deshalb spricht man im Rechnungswesen auch von **Eventualverpflichtungen,** die in der Bilanz unter dem Bilanzstrich aufgeführt werden müssen. Nach Boemle (2002, S. 41) erfüllt das Fremdkapital im wesentlichen zwei Funktionen:

1. **Kapitalbedarfsdeckung:** Mit dem Fremdkapital kann jener Teil des Kapitalbedarfs gedeckt werden, für den die Eigenkapitalgeber nicht aus eigener Kraft
aufkommen können oder wollen.
2. **Elastizität** des Gesamtkapitals: Das Fremdkapital erhöht die Flexibilität des
Unternehmens, indem dieses sich durch Aufnahme oder Rückzahlung von
Fremdkapital sofort dem jeweiligen Kapitalbedarf oder den wechselnden Kapitalmarktbedingungen anpassen kann.

Als betriebswirtschaftlich bedeutsames Unterscheidungsmerkmal zum Eigenkapital betrachtet Boemle (2002, S. 388) das Nicht-Interesse der Fremdkapitalgeber an der Zielsetzung des Unternehmens, an seinen Erfolgen und Misserfol-
gen. Den Fremdkapitalgeber interessiere das Unternehmen nur insoweit, als es in
der Lage sei, sein Kapital zu verzinsen und bei Verfall zurückzuzahlen.

Im folgenden werden die verschiedenen Formen der Fremdfinanzierung nach
der Fristigkeit des Kapitals gegliedert.[1] Dabei wird die bereits an anderen Stellen
dargelegte Einteilung in kurz-, mittel- und langfristiges Fremdkapital übernommen, obschon die Grenzen zwischen diesen Kategorien fliessend sind. Oft lässt
sich zudem erst im nachhinein, nach Rückzahlung, mit Sicherheit bestimmen, um
welche Art Fremdkapital es sich gehandelt hat.

4.2 Kurzfristiges Fremdkapital

4.2.1 Lieferantenkredit

Ein Lieferantenkredit entsteht dadurch, dass ein Lieferant seinem Abnehmer eine
bestimmte Zahlungsfrist einräumt. Das Zahlungsziel liegt meistens im Bereich
von 30 bis 90 Tagen. Der Lieferantenkredit ist insofern vorteilhaft, als er im
Vergleich zu Krediten durch Banken nahezu formlos und ohne besondere Sicherheiten gewährt wird. Demgegenüber muss aber beachtet werden, dass der Lieferantenkredit teuer zu stehen kommen kann. Meistens wird der Abnehmer auf-
gefordert, den Rechnungsbetrag innerhalb einer festgelegten Frist (z.B. 10 Tage)
zu bezahlen, wobei ein bestimmter Skontosatz (z.B. 2%) abgezogen werden
kann. Macht er vom Skonto keinen Gebrauch, so hat er den gesamten Rechnungsbetrag rein netto innerhalb einer bestimmten Frist (z.B. 30 Tage) zu bezahlen. Es
spielt dann überhaupt keine Rolle mehr, ob er am 11. oder 30. Tag der Kreditfrist
die Rechnung begleicht.

Der Skontosatz entspricht dem Zinssatz, den der Abnehmer für die Gewährung
eines Lieferantenkredites bezahlen muss, wenn er die Skontofrist nicht ausnützt.

---

1 Die Gliederung des Fremdkapitals in der Bilanz erfolgt in der Regel auch nach diesem Kriterium.

Der Skonto ist ein Bestandteil des Verkaufspreises, so dass er oft den Eindruck eines zusätzlichen Rabattes erweckt. Eine kurze Überschlagsrechnung macht aber deutlich, dass die Nichtausnützung des Skontos für den Kreditnehmer sehr teuer zu stehen kommt. Sie kostet im obigen Beispiel 2% des Rechnungsbetrages für 20 Tage.

Der effektive Zinssatz auf dem zur Verfügung gestellten Fremdkapital kann nach folgender Formel berechnet werden:

$$i = \left(\frac{1}{1 - \text{Skontosatz}} \right) \cdot \left(\frac{\text{Skontosatz} \cdot 360}{\text{Zahlungsziel} - \text{Skontofrist}} \right) \cdot 100$$

In obigem Beispiel beträgt demnach der Zinssatz für den Lieferantenkredit 36,735% pro Jahr.

Mit dem Lieferantenkredit sollte in erster Linie das Umlaufvermögen finanziert werden, weil es nur kurzfristig, im Idealfall bis zum Weiterverkauf der Ware, zur Verfügung steht. Empirische Untersuchungen zeigen denn auch, dass gerade solche Unternehmen, welche Probleme mit ihrer Liquidität bekunden, Lieferantenkredite zur Finanzierung von langfristig gebundenem Kapital verwenden, was in vielen Fällen früher oder später zur Illiquidität führt.

4.2.2	**Kundenkredit**

Kundenanzahlungen sind vor allem in der Investitionsgüterindustrie (Maschinenindustrie) und im Baugewerbe üblich. Der Kunde zahlt entweder bei Bestellung oder bei teilweiser Fertigung einen Teil des Verkaufspreises. Damit kann das Unternehmen einen Teil der Finanzierung und die daraus entstehenden Zinskosten auf den Kunden überwälzen, denn diese Anzahlungen werden zinslos zur Verfügung gestellt. Die Rückzahlung erfolgt nicht in Geld, sondern in Waren.

Die Kundenanzahlungen können sogar den kurzfristig benötigten Kapitalbedarf für die Produktion des Auftrages übersteigen, so dass die Mittel kurzfristig angelegt werden können und einen Zinsertrag abwerfen. Auch in diesem Fall ist aber zu betonen, dass diese kurzfristig zur Verfügung stehenden Mittel auf keinen Fall als langfristig gebundenes Kapital in Potentialfaktoren investiert werden dürfen.

Neben der **Finanzierungsfunktion** übernehmen Kundenanzahlungen zusätzlich die Funktion der **Verminderung des Unternehmerrisikos**. Sie geben dem Produzenten eine gewisse Sicherheit, dass der Auftraggeber die bestellten Produkte auch abnimmt. Sollte der Kunde trotzdem nachträglich auf eine Lieferung verzichten, so stellt die Anzahlung eine Entschädigung für allfällige Verluste bei einer anderweitigen Verwertung dieser Produkte dar.

4.2.3	**Bankkredit**

Je nach Zweck, Sicherheiten und Häufigkeit der Inanspruchnahme können verschiedene Formen des Bankkredites unterschieden werden. Aufgrund ihrer praktischen Bedeutung soll auf Kontokorrent-, Diskont- und Akzeptkredite näher eingegangen werden.

4.2.3.1	Kontokorrentkredit

Der Kontokorrentkredit ist dadurch gekennzeichnet, dass der Kreditnehmer bis zu einer von der Bank festgesetzten Limite frei verfügen kann. Der Vorteil dieser Kreditform liegt darin, dass nur auf dem tatsächlich in Anspruch genommenen Kreditbetrag ein Zins bezahlt werden muss. Der Kontokorrentkredit eignet sich deshalb besonders bei sich wiederholendem, aber in seiner Höhe wechselndem Kapitalbedarf.

Wird der Kredit ohne besondere Sicherheiten gewährt (z.B. Grundstück), die bei Illiquidität zur Deckung herangezogen werden können, handelt es sich um einen **Blankokredit**. In diesem Fall richtet sich die Kreditlimite nach dem ausgewiesenen Eigenkapital und beträgt in der Regel zwischen 20 und 40%. Der Zinssatz auf einem Blankokredit ist ungefähr 0,5% höher als bei einem **gedeckten Kredit**. Als Deckung kommen bestimmte Vermögenswerte oder die Verpflichtung von Dritten in Frage. Je nach Art des Vermögensgegenstandes (z.B. Waren, Gebäude) existieren in der Praxis verschiedene spezifische Kreditformen. Als Beispiel sei der **Lombardkredit** erwähnt. Bei diesem handelt es sich um die Gewährung eines kurzfristigen Kredites gegen Verpfändung von beweglichen und marktgängigen Vermögenswerten. Da die verpfändeten Gegenstände im Bedarfsfalle leicht realisierbar sein müssen, kommen als Deckung vor allem Kontoguthaben in frei austauschbaren Währungen, börsenkotierte Wertschriften (Aktien, Obligationen), Edelmetalle und Lebensversicherungspolicen in Frage. Die maximale Kreditlimite wird aufgrund der aktuellen Werte (Kurse) berechnet, wobei zur Abdeckung des Kurs- und Währungsrisikos eine Sicherheitsmarge abgezogen wird. Diese richtet sich bei Wertpapieren nach der Art und Qualität der Papiere.[1]

---

1 Bei Aktien beträgt die Beleihung etwa 50%, bei Obligationen etwa 80%.

4.2.3.2	Diskontkredit und Akzeptkredit

Grundlage des Diskont- und Akzeptkredites bildet der Wechsel.

> Der **Wechsel** ist eine schriftliche, unbedingte, aber befristete, vom Schuldgrund losgelöste (sog. abstrakte) Verpflichtung zur Zahlung einer bestimmten Geldsumme zugunsten des legitimierten Inhabers der Urkunde.

Wechselverpflichtungen von im Handelsregister eingetragenen Schuldnern unterliegen im Betreibungsfall der sogenannten «formellen Wechselstrenge», welche ein beschleunigtes Betreibungsverfahren bewirkt.

Es können zwei Formen des Wechsels unterschieden werden, nämlich der gezogene Wechsel (Art. 991 OR) und der Eigenwechsel (Art. 1096 OR).

- Der **gezogene Wechsel** (Tratte) wird vom Gläubiger (Wechselaussteller, Trassant) ausgestellt, der den Schuldner (Bezogener, Trassat) auffordert, an eine namentlich genannte Person (Wechselnehmer, Remittent) eine bestimmte Geldsumme zu zahlen. Wechselnehmer kann eine Drittperson oder der Wechselaussteller selbst sein. Die Beziehungen und Vorgänge zwischen den Beteiligten beim Ausstellen und bei der Weitergabe eines Wechsels können wie folgt umschrieben werden (▶ Abb. 65):
  1. Der Aussteller gibt den Wechsel dem Bezogenen zum Akzept, d.h. zur Unterschrift, mit der dieser die Wechselschuld eingeht.
  2. Der Bezogene sendet den Wechsel akzeptiert an den Aussteller zurück.
  3. Der Aussteller gibt den Wechsel dem Wechselnehmer weiter.[1]
  4. Vorweisung des Wechsels beim Bezogenen bei Fälligkeit des Wechsels.
  5. Zahlung des Bezogenen, womit die Wechselschuld erlischt.

  Eine Urkunde gilt nur dann als gezogener Wechsel, wenn sie die folgenden acht **gesetzlichen Bestandteile** enthält (Art. 991 OR):
  1. Die Bezeichnung als Wechsel im Text der Urkunde, und zwar in der Sprache, in der sie ausgestellt ist.
  2. Die bedingungslose Anweisung, eine bestimmte Geldsumme zu zahlen.
  3. Der Name desjenigen, der zahlen soll (Bezogener bzw. Trassat).

---

1   Der Wechselnehmer selbst kann den Wechsel mittels Indossament (zur rechtlichen Umschreibung des Indossaments vgl. Kapitel 2, Abschnitt 2.2.2 «Ausgestaltung der Aktien») weitergeben. Dies hat rechtlich zur Folge, dass neben dem Aussteller jeder Indossant die wechselmässige Verpflichtung eingeht, den Wechsel bei Verfall zu bezahlen, wenn der ursprüngliche Schuldner (Bezogener beim gezogenen Wechsel, Aussteller beim Eigenwechsel) seinen Verpflichtungen nicht nachkommt. Diese bedingte Verpflichtung des Ausstellers des gezogenen Wechsels sowie der Indossanten wird **Rückgriffs-** oder **Regressverpflichtung** genannt (bzw. Rückgriffs- oder Regressrecht aus Sicht des Wechselinhabers).

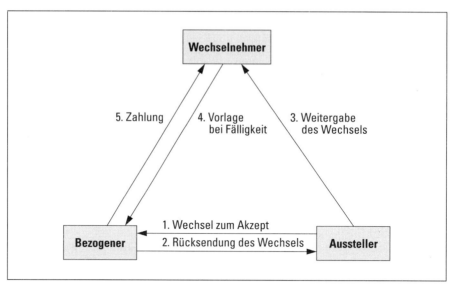

▲ Abb. 65   Ausstellen und Weitergabe eines Wechsels

4. Die Angabe der Verfallzeit.

5. Die Angabe des Zahlungsortes.

6. Der Name desjenigen, an den oder an dessen Order gezahlt werden soll (Wechselnehmer bzw. Remittent).

7. Die Angabe des Ortes und des Datums der Ausstellung des Wechsels.

8. Die Unterschrift des Ausstellers (Trassant).

- Der **Eigenwechsel** hingegen wird vom Schuldner selbst ausgestellt, der sich darin verpflichtet, an den Gläubiger zu zahlen. Aussteller und Schuldner sind somit identisch. Der Gläubiger wird damit automatisch zum Remittenten.

Beim **Diskontkredit** werden noch nicht fällige, in Wechselform gekleidete Forderungen eines Lieferanten unter Abzug der Zinsen (die auch einen Risikoanteil enthalten) von einer Bank aufgekauft. Die auf dem Wechselbetrag berechneten und auf diesem in Abzug gebrachten Kreditzinsen bezeichnet man als Diskont, den Vorgang als Diskontierung. Der Kreditvertrag enthält eine Vereinbarung, bis zu welchen Höchstbetrag, die sogenannte Diskontlimite, die Bank bereit ist, die vom Lieferanten auf den Kunden gezogenen Wechsel zu diskontieren. Diese Limite hängt von der Bonität des Lieferanten ab.

Der **Akzeptkredit** ist dadurch gekennzeichnet, dass der Kunde (Kreditnehmer) einen Wechsel auf den Namen seiner Bank ziehen kann. Die Bank verpflichtet sich mit ihrem Akzept, dem legitimierten Wechselinhaber bei Fälligkeit zu zahlen. Bezogener ist somit die Bank des Kunden, Aussteller der Kunde selbst. Die Bank legt eine Akzeptlimite fest, die darüber bestimmt, bis zu welchem Betrag sie auf sie selbst gezogene Wechsel akzeptiert. Der Kreditnehmer verpflichtet sich, den Wechselbetrag spätestens auf den Verfalltag bereitzustellen. Dies bedeutet, dass die Bank keine flüssigen Mittel zur Verfügung stellen muss, solange der Kunde seine Pflichten erfüllt. Man spricht deshalb auch von einem Verpflichtungskredit im Gegensatz zu einem Geldkredit. Die Bank stellt in erster Linie ihren guten Namen zur Verfügung. Dies hat zur Folge, dass sie den Akzeptkredit nur erstklassigen Kunden gewährt.

Die von der Bank akzeptierten Wechsel kann der Akzeptkreditnehmer mit seinem Indossament versehen und an einen seiner Gläubiger (z.B. Lieferanten) weitergeben oder bei einer anderen Bank diskontieren lassen. Meistens wird der Wechsel aber von der akzeptgebenden Bank selbst diskontiert.

Der Akzeptkredit spielt in der Praxis als Finanzierungsinstrument nur noch im internationalen Handel (Import-/Exportgeschäft) eine Rolle. Er wird Rembourskredit genannt und eingesetzt, wenn ein Exporteur die Kreditwürdigkeit eines ihm nicht oder nur ungenügend bekannten Importeurs nicht beurteilen kann. In diesem Fall übernimmt eine international angesehene Bank mit ihrem Akzept die Wechselverpflichtung für ihren Kunden (Importeur).

4.2.4 | Forfaitierung

> Unter **Forfaitierung** wird der Ankauf von später fällig werdenden Forderungen aus Warenlieferungen oder Dienstleistungen – meist Exportgeschäften – «à forfait», d.h. unter Ausschluss des Rückgriffs auf vorherige Forderungseigentümer verstanden.

Die Forfaitierung beinhaltet einen Vertrag zwischen einem Lieferanten, meist Exporteur, und einem sogenannten Forfaiteur. Dieser verpflichtet sich, die in der Regel in Wechselform gekleideten Forderungen aus Warenlieferungen des Exporteurs zu diskontieren. Im Unterschied zum Diskontkredit lässt sich der Exporteur vom Importeur einen Wechsel ausstellen, den dieser auf seinen eigenen Namen ausstellt. Damit handelt es sich um einen Eigenwechsel. Der Kunde (Importeur) ist somit sowohl Bezogener als auch Aussteller, der Forfaiteur der Wechselnehmer. Ein Rückgriff auf den Einreicher (Exporteur) wird dabei ausgeschlossen, so dass der Kreditwürdigkeit des Schuldners eine grosse Bedeutung zukommt. Oft wird deshalb eine Garantieerklärung[1] einer bekannten internationalen Bank oder

---

1 Häufig durch ein sog. Bankaval. Ein **Aval** ist eine Wechselbürgschaft, das auf dem Wechsel selbst dadurch erklärt wird, dass der Wechselbürge (Avalist) seine Unterschrift neben diejenige des Wechselschuldners, des Wechselausstellers oder eines Indossanten setzt mit dem Zusatz «per Aval» oder «als Wechselbürge» (Albisetti et al. 1995, S. 63).

einer anderen angesehenen Institution (z.B. der öffentlichen Hand) verlangt (▶ Abb. 66).

Als wesentlicher Vorteil der Forfaitierung für den Lieferanten ist die Liquidi-tätsverbesserung und die Entlastung der Bilanz von mittelfristigen Debitoren-beständen und/oder Eventualverpflichtungen zu nennen. Weitere Vorteile liegen darin, dass der Exporteur die folgenden Risiken dem Forfaiteur übertragen kann:

- **Politisches Risiko:** Ausserordentliche staatliche Massnahmen oder politische Ereignisse im Ausland wie Kriege oder Revolutionen können zu Schäden für den Exporteur führen.
- **Transfer-Risiko:** Dieses Risiko beinhaltet die Unfähigkeit oder Unwilligkeit von Staaten, Zahlungen in der vereinbarten Währung abzuwickeln.

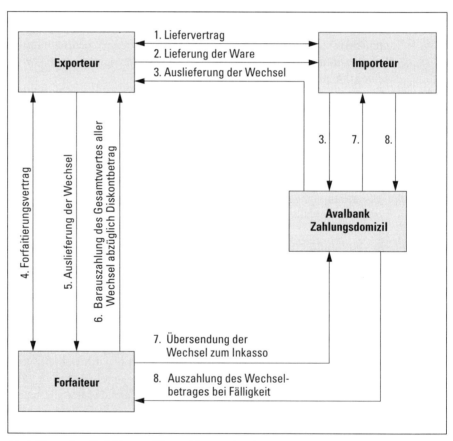

▲ Abb. 66   Abwicklung einer Forfaitierung (Finanz AG 1985, S. 22)

- **Währungsrisiko:** Falls die Fakturierung oder Kreditgewährung in Fremdwährung erfolgt, können Wechselkursschwankungen den vertraglich vereinbarten Preis in einem beachtlichen Ausmass verändern und somit beim Exporteur zu einer entsprechenden Einbusse führen.
- **Delkredererisiko:** Das Delkredere- oder Debitorenrisiko stellt das Risiko dar, dass ein Schuldner oder dessen Garant zahlungsunwillig oder zahlungsunfähig ist.

Für die Übertragung dieser Risiken entstehen einem Exporteur allerdings höhere Kosten, da neben den Zinsen für die Inanspruchnahme eines Kredites auch ein Entgelt für die übertragenen Risiken bezahlt werden muss. Dieser Risikosatz ist je nach politischer und wirtschaftlicher Lage des Schuldnerlandes des Importeurs unterschiedlich hoch und bewegt sich zwischen 0,5 und 3,5 % jährlich. Aus dem Zins- und Risikosatz ergibt sich der sogenannte Forfaitierungssatz.

| 4.2.5 | Factoring |

> Als **Factor** wird bezeichnet, wer Forderungen aus Warenlieferungen oder Dienstleistungen, die im Betrieb eines Dritten entstanden sind, auf sich übertragen lässt, sie verwaltet und bereit ist, diese für die Zeit zwischen der Übernahme und dem effektiven Geldeingang zu bevorschussen und/oder in derselben Zeitperiode das Delkredererisiko zu übernehmen. (Schär 1992, S. 275)

▶ Abb. 67 zeigt die Beziehungen zwischen den beteiligten Parteien beim Factoring. Ein bekanntes Beispiel aus dem Alltag ist das Kreditkartengeschäft, bei dem ein Händler seine Forderungen aus einem Verkauf an das Kreditkartenunternehmen abtritt.

Das Factoring ist eine Form der **Absatzfinanzierung**, bei der die Bevorschussung der abgetretenen Forderungen durch den Factor erfolgt. Der Bevorschussungssatz bewegt sich dabei in der Regel zwischen 60 und 80 % der ausstehenden Zahlungen. Die Bevorschussung kann sich auf sämtliche ausstehenden Forderungen oder nur auf die vom Factor akzeptierten erstrecken. Damit diese Funktion gegenüber den Debitoren jederzeit uneingeschränkt wahrgenommen werden kann, wird vertraglich eine **Globalzession,**[1] d.h. die Abtretung sämtlicher gegenwärtiger und zukünftiger Forderungen des Factoringnehmers, festgelegt.

---

1 Der Begriff der Zession wurde im Zusammenhang mit der Übertragung von vinkulierten Namenaktien erklärt. Vgl. dazu Kapitel 2, Abschnitt 2.2.2 «Ausgestaltung der Aktien».

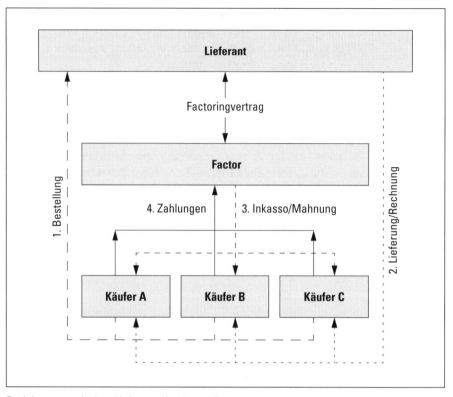

▲ Abb. 67   Beziehungen zwischen Lieferant, Kunde und Factor

Je nach Ausgestaltung des Factoring-Vertrages kann der Factor zusätzliche Aufgaben übernehmen wie:

- **Währungs-** und **Transferrisiko:** Da der Factor gewöhnlich auch das Delkredererisiko übernimmt, verbleiben beim Lieferanten somit nur noch die Haftung für die Mängel und den Bestand der Forderung.
- **Inkasso** und **Mahnwesen:** Erstellung der Rechnungen und Übernahme der Überwachung der Zahlungseingänge.
- **Debitorenbuchhaltung** und **Statistiken:** Bereitstellen von zusätzlichen Informationen zur Beurteilung der Geschäftsentwicklung.

Aus dieser Palette von Aufgaben wird ersichtlich, dass neben der reinen Finanzierungsfunktion eine Kombination weiterer Versicherungs- und Dienstleistungsfunktionen angeboten wird.

Die Kosten des Factoring bestehen, je nach Art und Umfang der in Anspruch genommenen Dienstleistungen, aus einer Factoringkommission in der Höhe von 0,5 bis 2% des Bruttoumsatzes. Ob für ein Unternehmen das Eingehen eines

Factoring-Vertrags vorteilhaft ist, kann nicht allgemein gesagt werden. Wichtige Einflussgrössen sind:

- die Anzahl Kunden,
- die alternativen Finanzierungsmöglichkeiten des Factoringnehmers und
- das eigene Know-how in bezug auf die vom Factor angebotenen Dienstleistungen.

Schliesslich können in der Praxis verschiedene Formen des Factoring beobachtet werden. Nach den erbrachten Leistungen des Factors unterscheidet man:

- **echtes Factoring** mit Einschluss des Delkredererisikos und
- **unechtes Factoring,** bei dem das Delkredererisiko ausgeschlossen wird.

Je nachdem, ob der Factor oder der Factoringnehmer gegenüber den Kunden auftritt, ergeben sich:

- **Offenes Factoring:** Es ist für den Kunden ersichtlich, dass der Lieferant die Forderungen an einen Factor abgetreten hat.
- **Stilles oder verdecktes Factoring:** Die Abtretung der Forderungen bleibt dem Kunden verborgen.

Da das Factoring und die Forfaitierung ähnliche Merkmale aufweisen, soll abschliessend eine Abgrenzung dieser beiden Geschäfte vorgenommen werden. ▶ Abb. 68 zeigt eine Gegenüberstellung anhand verschiedener Kriterien.

Finanzierungsform / Merkmal	Forfaitierung	Factoring
Risikodeckung	Delkredererisiko politisches Risiko Transferrisiko Währungsrisiko	Delkredererisiko
Form der Forderungen	Wechselform	Rechnungen
Übertragung der Forderungen	Indossament	Zession
Umfang der Forderungen	feststehend	nicht feststehend (gegenwärtige, zukünftige)
Zahlungsziele	6 Monate bis 6 Jahre	30 bis 150 Tage
Warenarten	Investitionsgüter	Konsumgüter Dienstleistungen

▲ Abb. 68   Gegenüberstellung Factoring – Forfaitierung

| **4.3** | **Mittelfristiges Fremdkapital** |
| **4.3.1** | **Darlehen** |

Kleinere und mittelgrosse Unternehmen bedienen sich bei der mittelfristigen Finanzierung hauptsächlich des Darlehens. Als Darlehensgeber kommen je nach Situation und Möglichkeiten des Unternehmens Verwandte, Bekannte, Geschäftsfreunde, Lieferanten oder Mitarbeiter in Frage. Auf dem Inseratenweg besteht sogar die Möglichkeit, bis anhin unbekannte private Kapitalgeber anzusprechen.

Einen Sonderfall stellt das Darlehen von Aktionären bei Familien- oder Konzerngesellschaften dar. In diesem Fall kann das Fremdkapital die Funktion von Eigenkapital übernehmen.[1] Häufig wird dabei den Aktionären ein höherer Zins vergütet als das Unternehmen bei einem alternativen Darlehen (z.B. Bank) bezahlen müsste. Man spricht in diesen Fällen von verdecktem Eigenkapital sowie verdeckter Gewinnausschüttung. Letztere wird von den Steuerbehörden als steuerbarer Gewinnanteil behandelt.

Art. 312ff. OR bilden die rechtlichen Grundlagen für ein Darlehensgeschäft. Die Darlehensbedingungen werden in einem Darlehensvertrag festgehalten. Da die meisten gesetzlichen Regelungen dispositiver Natur sind, kann der Darlehensvertrag weitgehend nach den Vorstellungen und Bedürfnissen der beteiligten Partner ausgestaltet werden. Falls aber über die Kündigungsfrist nichts festgehalten wird, ist nach Art. 318 OR das Darlehen sechs Wochen nach der Kündigung zurückzuzahlen, womit der mittelfristige Charakter dieser Finanzierungsform zum Ausdruck kommt.

Von diesem **gewöhnlichen** Darlehen ist das **partiarische** abzugrenzen, bei welchem dem Darlehensgläubiger neben einer festen Verzinsung auch ein Anteil am Geschäftsgewinn zusteht. Oft ist der Darlehensvertrag sogar so ausgestaltet, dass kein fester Zins oder nur ein Zins in bescheidener Höhe vorgesehen ist. Vom partiarischen Darlehen ist die **stille Gesellschaft** zu unterscheiden, bei der der Kapitalgeber nicht nur am Gewinn, sondern auch am Verlust beteiligt ist. Zudem wird ihm ein Recht an der Geschäftsführung eingeräumt. Diese Trennung zwischen partiarischem Darlehen und stiller Gesellschaft ist im Falle eines Konkurses des Unternehmens von grosser Bedeutung. Ein Darlehensgeber (gewöhnlich oder partiarisch) kann seine Forderungen genauso geltend machen wie die übrigen Gläubiger, während der stille Gesellschafter als mitbeteiligter Gesellschafter zumindest mit seiner Einlage (Darlehen) haftet.

---

1 Vgl. Kapitel 1, Abschnitt 1.1.2 «Kapital und Vermögen».

| 4.3.2 | Kassascheine (Kassaobligationen) |

Bei Kassa- oder Kassenscheinen – auch Kassa- oder Kassenobligationen genannt – handelt es sich um auf runde Beträge lautende Obligationen, die laufend abgegeben werden. Sie stellen ein typisches Finanzierungsmittel der Banken dar, werden gelegentlich aber auch von Handels- und Industrieunternehmen ausgegeben. Sie haben eine feste Laufzeit von 3 bis 8 Jahren und sind meistens in 1000,– oder 5000,– Fr. gestückelt. Die Konditionen richten sich nach dem allgemeinen Zinsniveau und der Laufzeit.

Für den Ausgeber von Kassascheinen bieten sich hauptsächlich folgende Vorteile:

■ Die Ausgabe von Kassaobligationen kann dem jeweiligen Kapitalbedarf angepasst werden, indem die Abgabe gefördert oder gebremst wird.

■ Die Zinskonditionen können rasch den Schwankungen des Kapitalmarktes angepasst werden.

■ Die Ausgabe erfolgt ohne grossen Aufwand durch Information (Prospekte, Rundschreiben) der Kunden.

| 4.4 | **Langfristiges Fremdkapital** |
| 4.4.1 | **Hypothekardarlehen** |

Mit dem Begriff **Hypothek** bezeichnet man das Pfandrecht an einem Grundstück zur Sicherung einer Forderung.[1] Die Liegenschaften eines Unternehmens dienen somit zur Sicherung eines langfristigen Hypothekardarlehens. Zu unterscheiden ist zwischen einer Grundpfandverschreibung und einem Schuldbrief.

Bei einer **Grundpfandverschreibung** wird nach Art. 824 ZGB eine beliebige, gegenwärtige oder zukünftige Forderung grundpfandrechtlich sichergestellt. Banktechnisch spricht man von einer **direkten** Hypothek, weil das belastete Grundstück unmittelbar zur Sicherung der Forderung (Darlehen) dient. Sie wird

---

1 Durch das Pfandrecht wird eine Forderung (die sogenannte Pfandforderung) in der Weise gesichert, dass der Gläubiger (Pfandgläubiger) sich aus dem Erlös der belasteten (verpfändeten) Sache (des Pfandgegenstandes) bezahlt machen kann, wenn der Schuldner die Forderung bei Fälligkeit nicht erfüllt, und zwar im Vorrang vor Gläubigern, die kein Pfandrecht (oder nur ein nachgehendes) am Gegenstand haben. Der Pfandgläubiger hat jedoch keinen Anspruch auf die Sache selbst. Wenn der Gläubiger die Pfandsache besitzen muss, spricht man vom Besitz- oder Faustpfand, beim besitzlosen Pfand dagegen von Hypothek oder Verschreibung. (Meyer/Moosmann 1995, S. 86)

auch als **Sicherungshypothek** bezeichnet. Die Grundpfandverschreibung wird deshalb vor allem zur Sicherung eines Kontokorrentkredites in der Bauphase eines Gebäudes gewählt, wenn der notwendige Darlehensbetrag noch nicht feststeht. Sobald die genaue Darlehenssumme bekannt ist, kann ein Schuldbrief errichtet werden.

Beim **Schuldbrief**[1] hat der Gläubiger ein Faustpfandrecht an einem Hypothekartitel, bei dem die wertpapiermässig verbrieften Forderungen mit einem Grundpfand sichergestellt sind. Er ist entweder auf den Namen des Gläubigers oder auf den Inhaber ausgestellt. Aufgrund der nur mittelbaren grundpfändlichen Sicherung liegt eine **indirekte** Hypothek vor, die man wegen der leichten Handelbarkeit der Schuldbriefe **Verkehrshypothek** nennt.

4.4.2	Obligationenanleihen
4.4.2.1	Gewöhnliche Anleihen

Im schweizerischen Recht findet sich keine Umschreibung der Obligationenanleihe, auch Anleihensobligation genannt.

> Nach schweizerischem Sprachgebrauch wird unter einer **Obligationenanleihe** oder **Anleihensobligation** eine in Wertpapierform gekleidete Schuldverpflichtung, die eine Geldleistung zum Inhalt hat, verstanden. Es handelt sich dabei um Teilschuldverschreibungen einer grösseren, in der Regel langfristigen Anleihe.

Diese Teilschuldverschreibungen, Obligationen genannt, werden zu gleichen Bedingungen zu einem bestimmten Zeitpunkt ausgegeben. In der Anleihensobligation verpflichtet sich der Anleihensschuldner, dem Inhaber einer Obligation den auf dem Titel eingetragenen Geldbetrag schuldig zu sein, darauf meist jährlich einen Zins zu bezahlen und den Geldbetrag nach Ablauf einer im voraus festgesetzten Frist oder nach vorausgegangener Kündigung in Übereinstimmung mit den Anleihensbedingungen zurückzuzahlen. Es ist ein bedeutender Vorteil der Obligationenanleihe, dass aufgrund der Aufteilung eines grossen Kapitalbetrages in viele kleine Teilschuldverschreibungen auch kleinere Kapitalbeträge verschiedenartiger Kapitalanleger zur langfristigen Finanzierung herangezogen werden können.

---

1 Wertpapierrechtlich handelt es sich um einen **Grundpfandtitel.** Grundpfandtitel sind Wertpapiere des Sachenrechts, durch welche eine bestimmte Quote des Grundstückwertes mobilisiert und in Verkehr gesetzt wird. (Albisetti et al. 1995, S. 349)

Die Obligation und die mit ihr verbundenen Entscheidungssachverhalte können wie folgt charakterisiert werden:

- Der **Nennwert** einer Obligation lautet meistens auf 5000,– oder 100 000,– Fr.

- Die Höhe des **Zinssatzes** ist abhängig von der Bonität des Schuldners, der Laufzeit der Obligation und den Kapitalmarktverhältnissen im Zeitpunkt der Ausgabe einer Obligationenanleihe. Der Zinssatz ist entweder für die ganze Laufzeit fest oder wird auf den jeweiligen Zinstermin neu festgesetzt. Während in der Schweiz die feste Verzinsung vorherrscht, sind im Ausland variable Zinssätze (sogenannte Floating-Rate-Anleihen) üblich.

- Bei der Festlegung des **Emissionskurses** hat man drei Möglichkeiten:
  - al pari, d.h. zu 100% des Nennwertes,
  - unter pari, d.h. tiefer als der Nennwert (Unterpari-Emission),
  - über pari, d.h. höher als der Nennwert (Überpari-Emission).

  Im zweiten Fall wird die Differenz zwischen Emissionskurs und Nennwert als **Disagio** (Abgeld), im dritten als **Agio** (Aufgeld) bezeichnet. Die Bestimmung des Emissionskurses ist deshalb von grosser Bedeutung, weil damit der Zinssatz genau festgelegt werden kann oder – meist aus psychologischen Gründen – von dem am Markt vorherrschenden Zinssatz nicht abgewichen werden muss. Werden beispielsweise Obligationen mit einem Zinssatz von 6%, einem Emissionskurs von 101% und einer durchschnittlichen Laufzeit von 10 Jahren ausgegeben, so entspricht dies bei einer statischen[1] Betrachtung einer Verzinsung von 5,9%.

- In der Regel erfolgt in der Schweiz die **Rückzahlung** am Ende der Laufzeit al pari, also zum Nennwert. Allerdings behält sich der Schuldner vielfach das Recht vor, die ganze Anleihe oder einen Teil davon zu einem früheren Zeitpunkt zurückzuzahlen. Der Anleihensschuldner legt dabei entweder im voraus die Rückzahlungsbeträge sowie deren Rückzahlungszeitpunkte fest oder er bestimmt beides während der Laufzeit aufgrund veränderter Marktbedingungen oder der jeweiligen Unternehmenssituation. Bei einer vorzeitigen Rückzahlung wird der Inhaber einer Obligation für die vom Schuldner vorgenommene Kündigung meist in Form eines während der Laufzeit abnehmenden Rückzahlungsagios entschädigt. Sind regelmässige Rückzahlungen vorgesehen, so werden die zu tilgenden Obligationen entweder durch das Los bestimmt oder auf dem

---

1 Es handelt sich deshalb um eine statische Berechnung, weil das Agio gleichmässig auf die Laufzeit verteilt wird (1% auf 10 Jahre verteilt ergibt 0,1% Minderbelastung pro Jahr). Bei einer dynamischen Betrachtung würde berücksichtigt, dass das Agio bereits zu Beginn der Laufzeit dem Unternehmen zur Verfügung steht und damit die Verzinsung effektiv noch tiefer wäre. (Zur Problematik effektiver Zinssätze vgl. die Methoden der dynamischen Investitionsrechnung in Teil 3, Kapitel 2 «Investitionsrechenverfahren».)

Markt über die Börse zurückgekauft. Das letztere Vorgehen kommt dann in Frage, wenn der Börsenkurs tiefer als der Nennwert liegt.

Erfolgt die Umwandlung einer bestehenden, aber auslaufenden Anleihe in eine neue, so spricht man von einer **Konversion**. Eine solche wird vorgenommen, wenn

- die Laufzeit zu Ende ist und der Schuldner das Geld weiterhin benötigt, um seinen Kapitalbedarf zu decken, oder
- sich die Marktverhältnisse geändert haben, sodass der Schuldner die neue Anleihe zu günstigeren Bedingungen aufnehmen und er die alte kündigen kann.

Der Obligationär kann natürlich selber darüber entscheiden, ob er eine Barauszahlung vorzieht oder die neuen Obligationen zeichnen will.

4.4.2.2	Wandelanleihen

Zusätzlich zu den üblichen Bedingungen der gewöhnlichen Obligation (feste Verzinsung, Rückzahlung des Kapitals) kommt dem Obligationär einer Wandelanleihe das Recht zu, während einer bestimmten Zeit sowie zu einem im voraus festgelegten Verhältnis eine Obligation in Beteiligungspapiere des Schuldners umzuwandeln. Daraus wird ersichtlich, dass die Wandelobligation kein reines Fremdkapital darstellt. Dies ist bei der Ausgabe zwar noch der Fall, doch sobald der Obligationär von seinem Wandelrecht Gebrauch macht, wird er zum Aktionär und für das Unternehmen ergibt sich eine Umwandlung des Fremdkapitals in Eigenkapital.

Für das Unternehmen resultiert ein zweifacher Vorteil durch die Ausgabe einer Wandelanleihe, wobei je nach Ausgestaltung der Obligationen- und Wandelbedingungen der eine oder andere Punkt im Vordergrund steht:

1. Das Unternehmen kann sein Aktienkapital durch Ausgabe von Aktien erhöhen, deren Ausgabepreis sich in der Regel über dem Börsenkurs bewegt.
2. Wandelanleihen können mit einem tieferen Zinssatz als vergleichbare gewöhnliche Obligationenanleihen versehen werden. Dadurch, dass der Obligationär zusätzlich an Kurssteigerungen der Aktien über eine indirekte Beteiligung teilhaben kann, nimmt er einen tieferen Zinssatz in Kauf.

Auch für den Wandelobligationär ergeben sich verschiedene Vorteile, die die Beliebtheit dieser Anlageform unterstreichen:

- Der Obligationär erzielt einen regelmässigen Zins.
- Das Wandelrecht ermöglicht eine indirekte Beteiligung am Unternehmen.
- Das Risiko des Obligationärs ist kleiner als bei einer direkten Aktienbeteiligung.

Die Bedingungen einer Wandelanleihe (insbesondere Wandelpreis, Zinssatz) hängen sehr stark von den allgemeinen Kapitalmarktbedingungen sowie von der Bonität des Schuldners ab. In einer guten Börsenverfassung kann die Verzinsung bis 2% unter derjenigen von gewöhnlichen Obligationen liegen und der Wandelpreis kann mit dem aktuellen Börsenkurs nahezu übereinstimmen.

Im Zusammenhang mit der Ausgabe einer Wandelanleihe gehört – neben der Festlegung des Emissionszeitpunktes – die Bestimmung der Wandelbedingungen zu den wichtigsten Entscheidungen. Sie umfassen insbesondere:

- **Wandlungsverhältnis**: Dieses gibt an, wie viele Beteiligungspapiere mit einer Obligation eines bestimmten Nennwertes bezogen werden können. Es hat eine Zu- oder Teilrückzahlung zu erfolgen, wenn der Nennwert nicht dem Preis für die bezogenen Aktien entspricht.

- **Wandelpreis**: Der Wandelpreis ist der Preis für eine Aktie, die bezogen wird. Dieser kann sich während der Wandelfrist erhöhen.

- **Wandlungs-** oder **Umtauschfrist**: Diese gibt an, während welcher Zeitdauer der Obligationär von seinem Wandelrecht Gebrauch machen kann.

- **Verwässerungsschutzklausel**: Führt das Unternehmen während der Wandelfrist eine Kapitalerhöhung durch, so ergibt sich für den Wandelobligationär, der noch nicht gewandelt hat, eine indirekte Kapitalverwässerung. Diese wiegt um so schwerer, als der Aktionär über das Bezugsrecht für eine Kapitalverwässerung entschädigt wird. Dem Anleger kann ein Schutz gegeben werden, wenn eine sogenannte Verwässerungsschutzklausel in die Anleihebedingungen eingebaut wird, die den Wandelpreis der Kapitalerhöhung entsprechend anpasst. Die Berechnung der Verminderung des Wandelpreises kann in Analogie zur Bezugsrechtsformel nach folgender Formel vorgenommen werden:

$$R = \frac{(W - E)}{(a + n)} \, n$$

wobei: R = Reduktion des Wandelpreises
W = Wandelpreis
E = Emissionspreis der neu auszugebenden Aktien
a = Anzahl der Aktien vor Kapitalerhöhung
n = Anzahl der neu auszugebenden Aktien

4.4.2.3	Optionsanleihen

Die Optionsanleihe ist der Wandelanleihe sehr verwandt. Ein bedeutender Unterschied besteht aber darin, dass das Wahl- oder Optionsrecht bei der Optionsanleihe in einem separaten Wertpapier, dem **Optionsschein** oder **Warrant,** verkörpert ist.[1] Dies führt dazu, dass dieser Optionsschein allein (ohne Anleihe) gehandelt werden kann und sich somit drei verschiedene Börsennotierungen ergeben:

1. Kurs der ursprünglichen Anleihe, also inklusive («cum») Optionsschein.
2. Kurs der Anleihe ohne («ex») Optionsschein. Diese Situation entspricht einer gewöhnlichen Obligation, was sich unter anderem darin zeigt, dass sich die beiden Kurse entsprechen.
3. Kurs für den Optionsschein.

Bei der Festlegung der Bedingungen der Optionsanleihe stellen sich die gleichen Probleme wie bei der Wandelanleihe. Aus der Sicht der Obligationäre ist zusätzlich hervorzuheben, dass ein Engagement in Optionsanleihen vielfach ein höheres Risiko in sich birgt, da die Optionsscheine oft grossen Schwankungen ausgesetzt sind, was sich entsprechend im Kurs der Anleihe inkl. Optionsschein niederschlägt. Besonders gross ist das Risiko natürlich dann, wenn die Optionsscheine allein erworben werden. Diesem Risiko, das im Verlust des gesamten eingesetzten Betrags für die Optionen bestehen kann, steht aber ein überproportionaler Gewinn bei einer Kurssteigerung der Aktie gegenüber. Man spricht deshalb von einem Leverage-Effekt (Hebeleffekt)[2] des Optionsscheins (▶ Abb. 69).

Optionsbedingungen	1 Optionsschein berechtigt zum Bezug einer Aktie Optio AG bis zum 1.4.2003 zum Preis von 500,– Fr.		
Kursentwicklung		1.4.2002	1.7.2002
	■ Kurs Aktie Optio AG	500,–	600,–
	■ Kurs Optionsschein	100,–	160,–
	■ Optionsprämie	20%	10%
Leverage-Effekt	■ Kurssteigerung auf Aktie Optio AG:	20%	
	■ Kurssteigerung auf Optionsschein:	60%	

▲ Abb. 69   Beispiel Optionsprämie und Leverage-Effekt

---

1   Zu den Optionen vgl. auch Kapitel 6, Abschnitt 6.2.2 «Optionen».
2   Der Leverage-Effekt wird im Zusammenhang mit der optimalen Kapitalstruktur dargestellt (vgl. Kapitel 5 «Optimale Finanzierung»).

Optionsanleihe 4$^1/_2$ % Balo-Holding 1999–2007	
Konditionen	■ *Anzahl Optionsscheine:* Je 6000,– Fr. sind mit 10 Optionsscheinen ausgestattet ■ *Optionsfrist:* bis 14.11.2003 ■ *Bezugspreis:* 1760,– Fr. pro Partizipationsschein ■ *Bezugsverhältnis:* 5 Optionsscheine berechtigen zum Bezug eines Partizipationsscheins
Kursnotierungen am 13. Februar 2000	■ Partizipationsschein Balo-Holding: 1900,– Fr. ■ Optionsanleihe inklusive Optionsschein: 102,50 % ■ Optionsanleihe exklusive Optionsschein: 87,75 % ■ Optionsschein: 91,50 Fr.
Optionsprämie	$$\dfrac{\dfrac{5 \cdot 91{,}50 \text{ Fr.}}{1} + 1760 \text{ Fr.} - 1900 \text{ Fr.}}{1900 \text{ Fr.}} = 16{,}7\,\%$$

▲ Abb. 70   Beispiel Optionsanleihe

Als (absolute) **Optionsprämie** O_p (Aufgeld) bezeichnet man die Differenz zwischen dem aktuellen Börsenkurs und dem Preis, den man für eine Aktie beim Bezug über den Optionsschein (= Preis des Optionsscheins + Bezugspreis der Aktie) bezahlen müsste (◄ Abb. 70). Die prozentuale Optionsprämie O_p in Abhängigkeit vom aktuellen Aktienkurs lässt sich somit anhand folgender Formeln berechnen:

$$\blacksquare\ \ O_p = \frac{\dfrac{\text{Kurs Optionsschein}}{\text{Anzahl Aktien/Optionsschein}} + \text{Bezugspreis} - \text{Aktienkurs}}{\text{Aktienkurs}} \cdot 100$$

oder

$$\blacksquare\ \ O_p = \frac{\dfrac{\text{Kurs Optionsschein}}{\text{Anzahl Aktien/Optionsschein}} + \text{Bezugspreis}}{\text{Aktienkurs}} \cdot 100 - 100$$

Die Optionsprämie ist von verschiedenen Faktoren abhängig wie beispielsweise der Börsenverfassung, dem Erfolg des Unternehmens, den Zukunftsaussichten der Branche oder den Kapitalmarktbedingungen. In der Praxis stellen sich meistens Prämien zwischen 0 und 30 % ein, wobei im Ausnahmefall auch negative Prämien zu beobachten sind.

4.5	**Leasing**
4.5.1	**Begriff und Arten des Leasings**

> Unter **Leasing** versteht man die Überlassung des Gebrauchs oder die Nutzung einer beweglichen oder unbeweglichen Sache unter Übertragung des Besitzes auf bestimmte oder unbestimmte Zeit gegen ein periodisch zu entrichtendes fixes Entgelt. Je nach Situation sind noch zusätzliche Vereinbarungen damit verbunden.

Aus dieser Umschreibung wird deutlich, dass Leasing keine Finanzierung im eigent lichen Sinn, d. h. Beschaffung finanzieller Mittel, bedeutet. Betriebswirtschaftlich kommt das Leasing einer Kreditfinanzierung jedoch sehr nahe. Sowohl der Fremdkapitalgeber als auch der Leasinggeber ermöglichen die Beschaffung und Nutzung von Gütern. Während im einen Fall zuerst die finanziellen Mittel zufliessen, die zur Beschaffung von Potentialfaktoren dienen, werden im anderen Fall die Potentialfaktoren direkt zur Verfügung gestellt. Beiden Formen ist aber gemeinsam, dass während der Nutzungsdauer meistens regelmässig finanzielle Mittel abfliessen, sei es als Zinszahlungen oder als Leasinggebühren.

Während das Leasinggeschäft in den USA auf eine lange Tradition zurückblikken kann (was unter anderem in den vielen englischen Ausdrücken im Zusammenhang mit dem Leasinggeschäft zum Ausdruck kommt), fasste es in Europa und auch in der Schweiz erst in den sechziger Jahren des 20. Jahrhunderts Fuss. Da das Leasinggeschäft nicht ausdrücklich im Schweizer Recht geregelt ist, wird es entweder als Gebrauchsüberlassungsvertrag oder als Mietvertrag mit verschiedenen zusätzlichen Vertragselementen betrachtet.

Aufgrund der verschiedenen Erscheinungsformen in der Praxis kann das Leasing nach folgenden Kriterien gegliedert werden:

1. **Leasingobjekt**
   - **Konsumgüterleasing:** Vermietung höherwertiger Konsumgüter wie Autos, Kühlschränke, Fernsehgeräte und Waschmaschinen. Im Vertrag eingeschlossen ist meist ein Wartungs- und Reparaturdienst.
   - **Investitionsgüterleasing:**
     - **Equipment-Leasing:** Vermietung beweglicher Anlagegüter wie Werkzeuge, Maschinen, Computer und Fahrzeuge. Die Laufzeit des Leasingvertrages beträgt ungefähr 3 bis 6 Jahre.
     - **Immobilien-Leasing** (auch Anlagenpacht, Property-Leasing oder Plant-Leasing genannt): Vermietung von unbeweglichem Anlagevermögen wie ganzen Industrieanlagen und Verwaltungsgebäuden. Die Laufzeit beträgt zwischen 10 und 30 Jahren. Immobilien-Leasingverträge sind häufig so-

genannte Sale-and-lease-back-Verträge, bei denen Gebäude und Anlagen an eine Leasing-Gesellschaft verkauft und von dieser gleich wieder an die ursprüngliche Eigentümerin zurückvermietet werden.

2. **Stellung des Leasinggebers**
   - **Händlerorientiertes Leasing:** Diese Leasingart wird auch als unmittelbares oder direktes Leasing bezeichnet, da keine Leasinggesellschaft zwischen Hersteller oder Händler einerseits und Mieter andererseits geschaltet wird. Eine betriebsinterne Abteilung des Produzenten – in diesem Fall wird auch von **Hersteller-Leasing** gesprochen – oder Händlers schliesst die Leasingverträge ab, es treten somit nur zwei Partner auf. Solche Leasingverträge sind oft mit Service- oder anderen Dienstleistungen verbunden, weshalb man auch von **Maintenance-Leasing** spricht.
   - **Leasing-Gesellschaften:** Der Leasinggeber kauft das Leasingobjekt beim Produzenten und gibt es an den Leasingnehmer weiter. Zu unterscheiden ist:
     - **Objektorientiertes Leasing,** bei dem nur Objekte einer bestimmten Art vermietet werden. Bekannt ist das Auto- bzw. Fahrzeug-Leasing, welches das Leasing von einzelnen (Single Leasing) oder von mehreren Fahrzeugen (Flotten-Leasing) umfasst.
     - **Universell tätige Leasinggesellschaften:** Diese Gesellschaften tätigen Geschäfte mit Objekten jeglicher Art, wobei sie beim Hersteller oder Händler vom Leasingnehmer ausgewählte Güter einkaufen, um diese an den Auftraggeber (Leasingnehmer) zu vermieten. Da die beteiligten Parteien in einem Dreiecksverhältnis stehen, spricht man vom einem mittelbaren oder indirekten Leasing (▶ Abb. 71).

3. **Kündbarkeit des Leasingvertrags**
   - **Operating-Leasing:** Kurzfristiges (z.B. 6 Monate), in der Regel jederzeit kündbares Mietverhältnis. Oft mit gewissen Serviceleistungen verbunden. Der Vermieter trägt ein sehr hohes Risiko, da das Leasingobjekt während der ersten Grundmietzeit nicht amortisiert werden kann. Eine rechtliche Abgrenzung des Operating-Leasing von gewöhnlichen Mietverträgen ist oft schwierig.
   - **Financial-Leasing:** Der Mieter übernimmt in einem langfristigen und unkündbaren Leasingvertrag das Investitionsobjekt (z.B. Flugzeug). Dieses wird während der Dauer des Leasingvertrages vollständig amortisiert, das Investitionsrisiko trägt in erster Linie der Leasingnehmer.

4. **Rückzahlungsumfang**
   - **Vollamortisationsverträge:** Bei dieser für die Schweiz bei mobilen Investitionsgütern üblichen Form «amortisiert» der Vermieter während der Leasingperiode die Anschaffungs- oder Herstellkosten, die Beschaffungs-, Ver-

triebs- und Finanzierungskosten, die Steuern sowie einen angemessenen
Gewinn vollständig.

■ **Teilamortisationsverträge:** Leasingverträge mit relativ langer, unkündbarer
Grundmietzeit, während deren Dauer das Leasingobjekt nur teilweise amor-
tisiert wird. Nach Vertragsablauf hat der Leasingnehmer drei Möglichkeiten:
  □ Kauf des Leasingobjekts zum Restwert,
  □ Miete des Leasingobjekts zu stark reduzierten Sätzen,
  □ Rückgabe des Leasingobjekts an die Leasinggesellschaft.

4.5.2	**Abwicklung des Leasings**

Wegen seiner grossen Bedeutung für das Unternehmen wird im folgenden das
Financial-Leasing für Anlagegüter betrachtet. Diese Form des Leasinggeschäfts
wickelt sich zwischen folgenden Parteien ab:

1. Der **Leasingnehmer** wählt die für ihn geeigneten Ausrüstungsgegenstände aus
   und übergibt diese Liste dem Leasinggeber.

2. Der **Leasinggeber** bestellt und/oder kauft die vom Leasingnehmer gewünschten
   Leasinggegenstände und schliesst mit dem Leasingnehmer einen Vertrag ab.
   Darin werden primär geregelt:
   ■ die Nutzungsdauer,
   ■ die monatlichen Leasingraten, die sich aus folgenden Komponenten zusam-
     mensetzen:
     □ Zins für die Finanzierung des Leasingobjekts,
     □ Abschreibung des Leasingobjekts,
     □ Verwaltungskosten,
     □ Risikokosten im Falle einer Insolvenz des Leasingnehmers,
     □ Wartungs- und Reparaturkosten, falls diese im Leasingvertrag einge-
       schlossen wurden,
     □ Gewinnanteil zugunsten der Leasinggesellschaft,
   ■ die einmalige Leasinggebühr bei Vertragsabschluss (0,5 bis 5 % des Kauf-
     preises),
   ■ die Möglichkeiten am Ende der Vertragsdauer (Kauf oder Rückgabe des
     Leasingobjekts).

Indirekt beteiligt sind somit der **Produzent** der Leasingobjekte, wobei beim Hersteller-Leasing Identität zwischen Produzent und Leasinggesellschaft besteht,
sowie die **Finanzierungsinstitutionen** (Banken, Versicherungen), bei denen sich die
Leasinggesellschaften refinanzieren. ▶ Abb. 71 bringt die Vorgänge beim Leasing
schematisch zum Ausdruck.

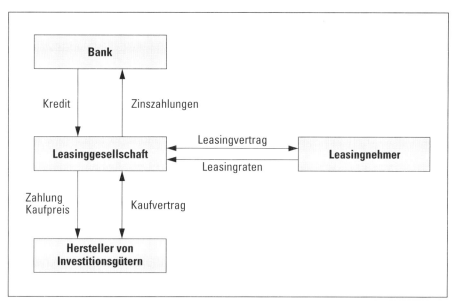

▲ Abb. 71   Abwicklung des indirekten Leasinggeschäftes

4.5.3	Betriebswirtschaftliche Beurteilung des Leasings

Nicht selten wird der Einsatz des Leasings pauschal als gut oder schlecht bzw. vorteilhaft oder nicht vorteilhaft bewertet. Im Vordergrund stehen dabei oft reine Kostenüberlegungen. Bei einer Beurteilung des Leasings müssen aber verschiedene Aspekte miteinbezogen werden, welche die spezifische Situation des Unternehmens berücksichtigen.[1] Boemle (2002, S. 462f.) führt folgende Gründe auf, die für das Leasing sprechen:

1. Das Leasing ermöglicht eine fast hundertprozentige Objekt-Fremdfinanzierung auf Vertragsbeginn.
2. Die Kostenplanung wird erleichtert. Dem Leasingnehmer sind dank der Fixierung der Leasingrate die Kosten genau bekannt, sofern keine Zinsanpassungsklausel besteht, d. h. das Zinserhöhungsrisiko bei der Leasinggesellschaft liegt.
3. Leasing ist für rasch expandierende kleinere und mittlere Unternehmen mit begrenzten Verschuldungsmöglichkeiten (Borrowing Power) oft die einzig echte Finanzierungsalternative. Fester Zins und feste Kreditdauer lassen die Leasing-Finanzierung mit einer Finanzierung durch Obligationenanleihen ver-

---

1   Vgl. dazu die ausführliche Beurteilung bei Volkart 1998a, S. 167ff.

gleichen, so dass Leasing auch als «Obligationenanleihe der kleinen Firmen» bezeichnet wurde.

4. Der Leasingnehmer erspart sich die Umtriebe, welche mit dem Verkauf nicht mehr benötigter Anlagegüter im allgemeinen verbunden sind.

5. Ist die Unternehmensleitung wohl für einmalige grössere Anschaffungen, aber nicht für periodische Aufwendungen an die Zustimmung von übergeordneten Instanzen (z.B. Verwaltungsrat, bei Tochtergesellschaften Holding) gebunden, so kann sie auf das Leasing ausweichen, ohne das vorgegebene Investitionsbudget zu belasten oder zu überschreiten.

6. Der Abschluss eines Leasingvertrages ist im allgemeinen leichter zu bewerkstelligen als die Aufnahme eines entsprechenden Kredites. Dank Leasing kann ein Investitionsentscheid unter Umständen rascher gefällt werden.

Kapitel 5

Optimale Finanzierung

5.1 Einleitung

Sobald das Unternehmen den für den güterwirtschaftlichen Prozess notwendigen Kapitalbedarf berechnet hat, geht es in einer nächsten Phase um die Bestimmung der Kapitalart, die zur Deckung dieses Kapitalbedarfs herangezogen werden soll. Wie in den bisherigen Kapiteln dargestellt, steht grundsätzlich eine Finanzierung über Eigenkapital oder Fremdkapital offen. Es ist das Ziel der folgenden Ausführungen zu zeigen, nach welchen Kriterien eine **optimale Vermögens- und Kapitalstruktur** gebildet werden kann. Dabei geht es um

- die Frage des Verhältnisses zwischen Fremd- und Eigenkapital,
- die Bestimmung der konkreten Kapitalform innerhalb dieser beiden Kapitalarten (z.B. Aktienkapital oder Partizipationsscheinkapital, Bankkredite oder Anleihen), sowie
- den Einsatz (Verwendung) dieses Kapitals.

Eine optimale Kapitalstruktur hängt primär von den Unternehmenszielen ab, nach denen sich die Kapitalentscheidungen auszurichten haben. Es wurde bereits dargelegt, dass die Erzielung eines Gewinnes sowie die Sicherung der Liquidität von grosser Bedeutung sind.

■ Die Erzielung eines **Gewinns** bedeutet, dass das Unternehmen nicht nur seine Kosten deckt, sondern darüber hinaus einen Gewinn erwirtschaftet, der ein Entgelt für das eingegangene unternehmerische Risiko darstellt, ein Zeugnis für ein erfolgreiches Management ausstellt sowie über die Selbstfinanzierung einen Beitrag zur weiteren Unternehmensentwicklung leistet.

■ Die Sicherung der **Liquidität** ist demgegenüber darauf ausgerichtet, dass das Unternehmen jederzeit über genügend liquide Mittel verfügt, um einerseits bestehende Verpflichtungen rechtzeitig erfüllen und andererseits neue eingehen zu können.

■ Sowohl die Gewinnerzielung als auch die Liquiditätsbewahrung dienen letztlich der langfristigen **Sicherheit** des Unternehmens. Diese schliesst sowohl die Existenzsicherung des Unternehmens selbst als auch die Sicherheit der Gläubiger mit ein.

Ein Unternehmen hat deshalb seinen Kapitalbedarf so zu decken, dass

■ durch die finanzwirtschaftlichen Entscheide die Gewinnerzielung unterstützt wird (Rentabilität),
■ es jederzeit seinen finanziellen Verpflichtungen nachkommen kann (Liquidität),
■ das Unternehmensvermögen ausreicht, die Verpflichtungen gegenüber den Fremdkapitalgebern erfüllen zu können (Garantie).[1]

Neben diesen Haupt- oder Unternehmenszielen gibt es eine Reihe weiterer Finanzierungsgrundsätze und -regeln, die beim Fällen finanzwirtschaftlicher Entscheidungen eine Rolle spielen können. Diese beziehen sich entweder auf die Kapitalausstattung oder die Kapitalverwendung. Letztere berücksichtigen im Prinzip alle Vermögensteile, wobei Sachanlagen[2] und Finanzinvestitionen (Beteiligungen an anderen Firmen) aufgrund ihrer Bedeutung im Vordergrund stehen. Aber auch bezüglich des Umlaufvermögens (z.B. flüssige Mittel, Debitoren, Materialvorräte) können Grundsätze aufgestellt werden, die je nach Branche (z.B. Handel) sogar noch eine grössere Bedeutung haben können.

Im folgenden stehen die Zielsetzungen bezogen auf die Kapitalausstattung im Vordergrund. Es werden die Auswirkungen auf die Kapitalstruktur untersucht, die sich unter Berücksichtigung des Gewinns (Rentabilität) und der Liquidität sowie der Unabhängigkeit, der Flexibilität, des Risikos und der Public Relations ergeben. Gleichzeitig sollen die wichtigsten Finanzierungsregeln aus Theorie und Praxis dargestellt werden.

---

1   Wenn das Vermögen die Passiven nicht mehr voll deckt, so liegt eine **Unterbilanz** vor. Bei Eintreten von Verlusten, die grösser sind als das gesamte Eigenkapital, spricht man von einer **Überschuldung.** Das ganze Umlauf- und Anlagevermögen reicht somit nicht mehr aus, um die eingegangenen Schuldverpflichtungen abzudecken (vgl. dazu Art. 725 OR).

2   Die Investitionen in Sachanlagegüter werden in Teil 3 «Investition» behandelt.

5.2	Ausrichtung auf die Rentabilität
5.2.1	Kostenoptimale Kapitalstruktur

Bei der Gestaltung der Kapitalstruktur nach dem Rentabilitätskriterium geht man davon aus, dass die Rentabilität auf dem gesamten eingesetzten Kapital (Eigen- und Fremdkapital) in der Regel ungleich der Verzinsung des Fremdkapitals ist. Daraus ergibt sich, falls die Gesamtkapitalrentabilität grösser ist als die Fremd-kapitalverzinsung, dass durch die Beschaffung von zusätzlichem Fremdkapital ein höherer Gewinn auf dem Eigenkapital erzielt werden kann. Man spricht in diesem Zusammenhang von der Hebelwirkung des Fremdkapitals zugunsten der Eigenkapitalrentabilität, dem sogenannten **Leverage-Effekt** (▶ Abb. 72).

Ausgangslage	Gesamtkapital: 1 000 000 Fr.
	Fremdkapitalzinssatz: 5 %
	Gesamtkapitalrendite: 10 %
	Eigenkapital Variante 1: 80 %
	Eigenkapital Variante 2: 40 %

| Frage | Wie gross ist die Eigenkapitalrentabilität in Variante 1 und 2? |

Berechnungen		Variante 1	Variante 2
	Eigenkapital	800 000	400 000
	Fremdkapital	200 000	600 000
	Gesamtkapital	1 000 000	1 000 000
	Gewinn vor Abzug FK-Zinsen	100 000	100 000
	FK-Zinsen	10 000	30 000
	Gewinn nach Abzug FK-Zinsen (Reingewinn)	90 000	70 000

- Eigenkapitalrentabilität $\dfrac{90\,000}{800\,000} \cdot 100 = 11{,}25\,\%$ $\dfrac{70\,000}{400\,000} \cdot 100 = 17{,}5\,\%$

Die gleichen Resultate ergeben sich bei Verwendung der Formel (4):

- $r_{e1} = 0{,}1 + \dfrac{200\,000}{800\,000}\,(0{,}1 - 0{,}05) = 0{,}1125$

- $r_{e2} = 0{,}1 + \dfrac{600\,000}{400\,000}\,(0{,}1 - 0{,}05) = 0{,}175$

▲ Abb. 72   Beispiel Leverage-Effekt

Der Leverage-Effekt kann mathematisch unter Verwendung der nachstehenden Abkürzungen hergeleitet werden:

GK = Gesamtkapital
EK = Eigenkapital
FK = Fremdkapital
r_g = Gesamtkapitalrendite
r_e = Eigenkapitalrendite
r_f = Fremdkapitalzinssatz bzw. -kostensatz

$$(1)\quad r_g\, GK = r_e\, EK + r_f\, FK$$

$$(2)\quad r_e\, EK = r_g\, GK - r_f\, FK$$

$$(3)\quad r_e = \frac{r_g\, GK - r_f\, FK}{EK} = \frac{r_g(EK + FK) - r_f\, FK}{EK} = r_g \frac{EK}{EK} + \frac{r_g\, FK - r_f\, FK}{EK}$$

Daraus ergibt sich folgende Formel:

$$(4)\quad r_e = r_g + \frac{FK}{EK}(r_g - r_f)$$

Aus Formel (4) wird ersichtlich, dass die Eigenkapitalrendite durch die Beschaffung von zusätzlichem Fremdkapital angehoben werden kann, solange die Gesamtkapitalrentabilität r_g grösser ist als der Fremdkapitalzinssatz r_f. Umgekehrt verschlechtert sich die Eigenkapitalrentabilität schlagartig, sobald die Gesamtkapitalrentabilität r_g kleiner wird als die Fremdkapitalverzinsung.

FK:EK / r_g	Fremdkapitalzins durchschnittlich 5 %			Fremdkapitalzins durchschnittlich 3 %		
	1 : 9	1 : 1	9 : 1	1 : 9	1 : 1	9 : 1
20	r_e = 21,7	r_e = 35	r_e = 155	r_e = 21,9	r_e = 37	r_e = 173
10	10,6	15	55	10,8	17	73
7	7,2	9	5	7,4	11	43
5	5,0	5	5	5,2	7	23
3	2,8	1	−15	3,0	3	3
0	−0,6	−5	−45	−0,3	−3	−27
−2	−2,8	−9	−65	−2,6	−7	−47
−5	−6,1	−15	−95	−5,9	−13	−77
Formel	$r_e = \dfrac{10\,r_g - 5}{9}$	$r_e = 2\,r_g - 5$	$r_e = 10\,r_g - 45$	$r_e = \dfrac{10\,r_g - 3}{9}$	$r_e = 2\,r_g - 3$	$r_e = 10\,r_g - 27$

▲ Abb. 73   Eigenkapitalrentabilität und Verschuldungsgrad

In ◄ Abb. 73 wird die Eigenkapitalrentabilität r_e in Abhängigkeit von verschiedenen Finanzierungsverhältnissen bei einem gegebenen (durchschnittlichen) FK-Zinssatz dargestellt. Dabei wird deutlich, dass der Leverage-Effekt um so grösser ist, je tiefer der FK-Zinssatz r_f und je höher der Verschuldungsgrad ist. Zudem zeigt sich, dass die Risiken, die mit dem Leverage-Effekt verbunden sind, um so kleiner sind, je tiefer der FK-Zinssatz und je kleiner der Verschuldungsgrad ist.

Vernachlässigt wurden in den bisherigen Betrachtungen des Leverage-Effektes die zu zahlenden Steuern, d.h. der Gewinn wurde ohne Abzug der Steuern eingesetzt. Es ist jedoch leicht einzusehen, dass der Gewinn durch Verrechnung der Steuern kleiner wird, die EK-Rendite somit sinkt und der Leverage-Effekt abgeschwächt wird. Geht man vom Bruttogewinn x (ohne Abzug der Fremdkapitalzinsen) und einem pauschalen Gewinnsteuersatz s aus, so betragen die Steuern S

(5) $S = s(x - r_f FK)$

und die Eigenkapitalrentabilität r_e unter Berücksichtigung von Steuern berechnet sich neu

(6) $r_e = \dfrac{x - r_f FK - s(x - r_f FK)}{EK} = \dfrac{(x - r_f FK)(1 - s)}{EK}$

In ► Abb. 74 ist ein Vergleich der Eigenkapitalrenditen ohne (r_{e1}) und mit (r_{e2}) Berücksichtigung der Steuern dargestellt, wobei die Zahlen auf dem ursprünglichen Beispiel in ◄ Abb. 72 beruhen und ein Gewinnsteuersatz von 40% angenommen wird.

Aufgrund der Gefahren und Chancen, die mit diesem Leverage-Effekt verbunden sind, ist das Unternehmen daran interessiert zu wissen, bei welchem Gewinn – bei gegebenem FK-Zinssatz – die verschiedenen Finanzierungsvarianten die gleiche Eigenkapitalrentabilität aufweisen bzw. ab welcher Gewinngrösse die eine oder die andere Variante die höhere Rendite abwirft. Liegen zwei Varianten A und B vor, so führt eine sogenannte **Break-even-Analyse** zum gewünschten Resultat. Diese geht von folgender Grundgleichung aus:

(7) $r_{eA} = r_{eB}$

Stellt x den Gewinn vor Abzug der Fremdkapitalzinsen dar, so ergibt sich

(8) $\dfrac{x - r_f FK_A}{EK_A} = \dfrac{x - r_f FK_B}{EK_B}$

bzw. mit Berücksichtigung der Steuern

(9) $\dfrac{(x - r_f FK_A)(1 - s)}{EK_A} = \dfrac{(x - r_f FK_B)(1 - s)}{EK_B}$

Variante A:
- EK = 800
- FK = 200
- r_f = 5 %
- s = 40 %

	0	10	20	30	40	50	60	70	80	90	100
Gewinn (brutto)	0	10	20	30	40	50	60	70	80	90	100
Zinsen	10	10	10	10	10	10	10	10	10	10	10
Gewinn nach Zinsen	-10	0	10	20	30	40	50	60	70	80	90
r_{e1}	-1,25	0	1,25	2,5	3,75	5	6,25	7,5	8,75	10	11,25
Steuern	10	0	4	8	12	16	20	24	28	32	36
Gewinn nach Zinsen und Steuern	-10	0	6	12	18	24	30	36	42	48	54
r_{e2}	-1,25	0	0,75	1,5	2,25	3	3,75	4,5	5,25	6	6,75

Variante B:
- EK = 400
- FK = 600
- r_f = 5 %
- s = 40 %

	0	10	20	30	40	50	60	70	80	90	100
Gewinn (brutto)	0	10	20	30	40	50	60	70	80	90	100
Zinsen	30	30	30	30	30	30	30	30	30	30	30
Gewinn nach Zinsen	-30	-20	-10	0	10	20	30	40	50	60	70
r_{e1}	-7,5	-5	-2,5	0	2,5	5	7,5	10	12,5	15	17,5
Steuern	0	0	0	0	4	8	12	16	20	24	28
Gewinn nach Zinsen und Steuern	-30	-20	-10	0	6	12	18	24	30	36	42
r_{e2}	-7,5	-5	-2,5	0	1,5	3	4,5	6	7,5	9	10,5

▲ Abb. 74   Eigenkapitalrenditen vor und nach Abzug der Steuern

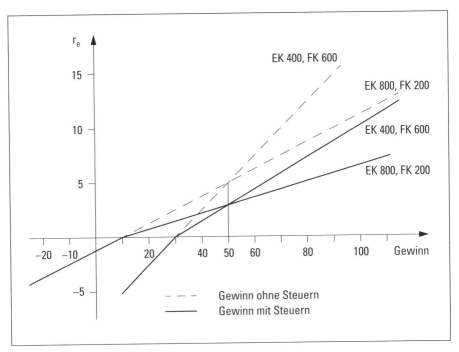

▲ Abb. 75   Break-even-Analyse

Da der Steuersatz keinen Einfluss auf den Break-even-Punkt hat, sondern nur auf die Höhe der Eigenkapitalverzinsung, ergibt die Auflösung nach x

$$(10) \quad x = \frac{r_f(FK_B \, EK_A - FK_A \, EK_B)}{EK_A - EK_B}$$

Im Beispiel von ◄ Abb. 74 ist die Eigenkapitalrentabilität bei einem Gewinn vor Steuern von 50 000,– Fr. für beide Finanzierungsvarianten identisch. Graphisch ist die Break-even-Analyse in ◄ Abb. 75 festgehalten. Daraus kann abgelesen werden, dass bei einem Gewinn grösser als 50 000,– Fr. Variante B zu einer grösseren Eigenkapitalrentabilität führt, bei einem Gewinn kleiner als 50 000,– Fr. Variante A.

Eine Darstellung in dieser Form ermöglicht dem Unternehmen, das Risiko einer Fremdkapitalfinanzierung besser abzuschätzen. Je nach bisheriger und erwarteter zukünftiger Gewinnentwicklung wird es sich für die eine oder die andere Variante entscheiden. Je höher der Gewinn über Fr. 50 000,– liegt (auch in Zukunft), um so kleiner ist das Risiko einer unerwünschten Auswirkung des Leverage-Effektes und um so eher wird sich das Unternehmen fremdfinanzieren.

Die maximale Ausnutzung des Leverage-Effektes stösst allerdings an verschiedene Grenzen. Vorerst ist einmal die Annahme konstanter Fremdkapitalzinsen zu erwähnen. Die Fremdkapitalzinsen sind oft sehr starken Schwankungen ausgesetzt. Es ist daher leicht einzusehen, dass bei einem Anstieg des allgemeinen Zinsniveaus auch die Fremdkapitalzinsen und somit die Fremdkapitalkosten ansteigen werden. Wird aus diesem Grund die Differenz zwischen Gesamtkapitalrendite und Fremdkapitalzins klein, so besteht für das Unternehmen ein erhöhtes Risiko, indem der positive Leverage-Effekt sehr rasch in einen negativen umschlagen kann. Dies würde bedeuten, dass die Hebelwirkung zuungunsten der Eigenkapitalrentabilität wirken würde, welche ohne den Einsatz des Fremdkapitals viel grösser wäre. Zweitens geht man davon aus, dass das Fremdkapital in beliebigem Ausmass beschafft werden kann. In der Praxis zeigt sich aber immer wieder, dass das Ausmass der Kreditfähigkeit[1] sehr stark von der Höhe des Eigenkapitals beeinflusst wird. Je stärker der Kreditnehmer verschuldet ist, um so grösser ist die Gefahr einer Überschuldung. Der Fremdkapitalgeber wird deshalb nicht oder nur zu steigenden Zinssätzen bereit sein, zusätzliche Kredite zu gewähren.

Bei einer Finanzierung mit Fremdkapital muss vor Augen gehalten werden, dass eine Fremdkapitalaufnahme mit laufenden Zinszahlungen und einer Rückzahlung oder sogar mehreren Teilrückzahlungen verbunden ist. Diese Zahlungen können die Liquidität erheblich belasten. Es handelt sich dabei um den klassischen Zielkonflikt zwischen Gewinn- und Sicherheitsstreben, der mit dem Satz «der Siedepunkt der Rentabilität ist der Gefrierpunkt der Liquidität» wiedergegeben werden kann.

Betriebswirtschaftlich betrachtet müssten bei einer Bestimmung kostenoptimaler Kapitalstrukturen nicht nur die Kosten für das Fremdkapital, sondern auch die Kosten für das Eigenkapital berücksichtigt werden. Es ist dabei nicht entscheidend, ob den Eigenkapitalkosten eine entsprechende Auszahlung gegenübersteht (z.B. Dividende) oder nicht, sondern lediglich die Entstehung (Verursachung) dieser Kosten ist ausschlaggebend.[2]

---

1 **Kreditfähig** sind Unternehmen, die aufgrund ihres Eigenkapitals und ihrer erwirtschafteten Rentabilität als Kreditnehmer in Frage kommen. **Kreditwürdig** dagegen sind solche Unternehmen, deren Geschäftsleiter durch ihre privaten und beruflichen Charaktereigenschaften als Kreditnehmer das Vertrauen verdienen. Die Gewährung eines Kredites hängt in der Regel sowohl von der Kreditwürdigkeit als auch der Kreditfähigkeit ab, die zusammengefasst als **Bonität** eines Schuldners bezeichnet werden.

2 In der Betriebsbuchhaltung spricht man von **kalkulatorischen Zinskosten** (vgl. dazu Teil 1, Kapitel 8, Abschnitt 8.2.1 «Aufgaben der Kostenartenrechnung»). Während die Entstehung dieser Kosten bei einer wertmässigen Betrachtungsweise des Kostenbegriffs zu wenig Diskussionen Anlass gibt, gehen die Meinungen bei der Bestimmung der Höhe dieser Kosten auseinander.

Oft ist nicht eine Gesamtbetrachtung, sondern nur eine Grenzbetrachtung sinnvoll. Betrachtet man lediglich die Kosten für das zusätzlich zu beschaffende Kapital, so ist es möglich, dass die Kosten für die Beschaffung von Eigenkapital kleiner sind als für die Beschaffung von Fremdkapital. Dies ist zum Beispiel dann der Fall, wenn bei einer guten Börsenverfassung neue Aktien mit einem hohen Agio nahe dem Börsenkurs ausgegeben werden können.

Abschliessend kann festgehalten werden, dass es in der Praxis sehr schwierig ist, aufgrund reiner Kostenüberlegungen ein optimales Verhältnis zwischen Fremd- und Eigenkapital zu finden. Dies nicht zuletzt deshalb, weil – abgesehen von anderen Kriterien, die noch behandelt werden sollen – die Substituierbarkeit nur innerhalb gewisser Grenzen möglich ist. Zudem geht eine Analyse meist von einer statischen, d. h. zeitpunktbezogenen Betrachtung (z. B. konstante Zinsen) aus.

5.2.2	**Modelle zur kostenoptimalen Kapitalstruktur**
5.2.2.1	Voraussetzungen

Es existieren verschiedene Modelle, welche die Bestimmung des optimalen Verschuldungsgrades mit Hilfe von Kostenüberlegungen zum Gegenstand haben. (Volkart 1998a, S. 68ff.). Die meisten stammen aus der amerikanischen Finanzierungsliteratur und sind deshalb von den dortigen Kapitalmarktgegebenheiten geprägt. Für die zu betrachtenden Modelle gilt die folgende Ausgangslage:

1. Das **Kapital** muss so strukturiert werden, dass der Unternehmenswert möglichst gross wird. Da diese «Maximierung» aus der Sicht des Eigenkapitalgebers vorgenommen wird, handelt es sich beim Unternehmenswert um den Marktwert, der sich aus dem jeweiligen Aktienkurs ableiten lässt.

2. Entscheidend für die Höhe des Unternehmenswertes ist die Erwartung bezüglich der **zukünftigen Gewinne.** Dabei wird unterstellt, dass diese konstant sind und über eine unendliche Lebensdauer anfallen.

3. Die **Kapitalkosten** werden direkt aus den Renditeforderungen der Eigen- und Fremdkapitalgeber abgeleitet. Den Berechnungen dieser Renditeforderungen liegen aber nicht – wie sonst üblich bei Renditeberechnungen aus der Sicht des Aktionärs – die effektiv ausgeschütteten Gewinnanteile zugrunde, sondern der gesamte erzielte Gewinn. Die Höhe der Kapitalkostensätze hängt von den alternativen Anlagemöglichkeiten sowie von den Risiken, die mit einer Kapitalüberlassung verbunden sind, ab. Die Kapitalkosten können wie folgt berechnet werden:

W = Marktwert des Gesamtkapitals
EK = Marktwert des Eigenkapitals
FK = Marktwert des Fremdkapitals
G = Bruttogewinn (vor Abzug der Fremdkapitalzinsen)
Z = Fremdkapitalzinsen
k_g = durchschnittlicher Kapitalkostensatz
k_e = effektive Rendite des Eigenkapitalgebers
k_f = effektive Rendite des Fremdkapitalgebers.

$$(1) \quad k_e = \frac{(G-Z)}{EK} \cdot 100$$

$$(2) \quad k_f = \frac{Z}{FK} \cdot 100$$

Der durchschnittliche Kapitalkostensatz k_g ergibt sich als gewogener Durchschnitt der Kosten aus Fremd- und Eigenkapital:

$$(3) \quad k_g = \frac{k_f \, FK + k_e \, EK}{W}$$

4. Der **Unternehmenswert** wird durch Diskontierung der zukünftig anfallenden Gewinne berechnet.[1] Als Zinssatz zur Diskontierung dieser Gewinne wird der Kapitalkostensatz k_g gewählt. Da die Gewinne unendlich lang anfallen, gelangt die Formel für die «ewige Rente» zur Anwendung:

$$(4) \quad W = \frac{G}{k_g} \cdot 100$$

Daraus wird ersichtlich, dass unter der Annahme konstanter Gewinne eine Maximierung des Unternehmenswertes nur über eine Minimierung der Kapitalkosten möglich ist.

| 5.2.2.2 | Traditionelles Modell |

Ein erstes Modell versucht, aufgrund des tatsächlich beobachteten Kapitalverhaltens die Zusammenhänge zwischen Kapitalkosten und deren Einflussfaktoren aufzuzeigen. Ausgangspunkt ist die Formel

---

1 Vgl. dazu auch Teil 4, Kapitel 1, Abschnitt 1.2.2 «Ertragswert».

$$(5) \quad k_g = \frac{G}{W} \cdot 100$$

Werden die zukünftig anfallenden Gewinne wiederum als konstant angenommen, so können die Kapitalkosten k_g nur über eine Erhöhung des Marktwertes W gesenkt werden. Dieser setzt sich aus den Marktwerten des Eigen- und Fremdkapitals zusammen, wobei davon ausgegangen werden kann, dass der Nominalwert des Fremdkapitals dem Marktwert entspricht. Weiter wird angenommen, dass die von den Aktionären und Gläubigern geforderte Rendite von verschiedenen Risiken abhängt. Zu nennen wären das gesamtwirtschaftliche Risiko und das Branchenrisiko, das Risiko bezüglich tatsächlicher Erfolgsentwicklung des Unternehmens und das finanzielle Risiko. Letzteres wird direkt aus dem Finanzierungsverhältnis[1] (FK:EK) abgeleitet. Da alle anderen Risiken als konstant unterstellt werden bzw. nur Unternehmen betrachtet werden, die einer in sich homogenen Risikoklasse angehören, ergibt sich folgende funktionale Beziehung:

$$(6) \quad k_e = f\left(\frac{FK}{EK}\right)$$

$$(7) \quad k_f = g\left(\frac{FK}{EK}\right)$$

Das Modell versucht, den optimalen Verschuldungsgrad zu bestimmen, bei dem der durchschnittliche Kapitalkostensatz ein Minimum bildet bzw. der Marktwert des Unternehmens maximal ist. ▶ Abb. 76 zeigt die Verläufe der verschiedenen Kapitalkostensätze bei unterschiedlichen Verschuldungsgraden.

Aus ▶ Abb. 76 wird ersichtlich, dass der Verschuldungsgrad vorerst keinen Einfluss auf die effektive Rendite sowohl der Fremdkapital- als auch der Eigenkapitalgeber hat. Allerdings ist die geforderte Rendite der Eigenkapitalgeber höher, da diese auch ein höheres Risiko tragen. Mit zunehmendem Verschuldungsgrad wächst aber das finanzielle Risiko, das sich zuerst in einer steigenden Eigenkapitalrendite k_e, bei einem noch höheren Verschuldungsgrad auch in einer höheren Fremdkapitalrendite k_f niederschlägt. Der Verlauf des durchschnittlichen Kapitalkostensatzes k_g ist vorerst sinkend, weil durch die Substitution von Eigenkapital durch Fremdkapital billigeres Kapital zugeführt wird. Die durchschnittliche Kapitalkostenkurve hat dort ihr Minimum, wo sich der positive Rentabilitätsbeitrag des (billigeren) Fremdkapitals und der Kostenanstieg des Eigenkapitals aufgrund der gestiegenen finanziellen Risikobefürchtungen der Eigenkapitalgeber

---

1   Im folgenden wird das Finanzierungsverhältnis FK:EK als Verschuldungsgrad bezeichnet, wie dies bei der Darstellung dieses Modells üblich ist. Der Verschuldungsgrad wird in der Regel als FK:GK definiert. Vgl. Teil 1, Kapitel 6, Abschnitt 6.2.2.1 «Analyse des Fremdkapitals».

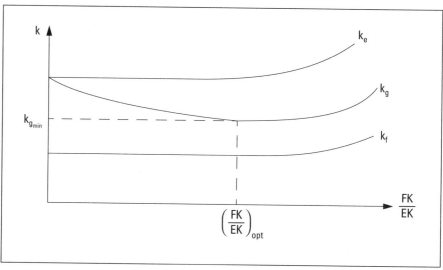

▲ Abb. 76   Kostenoptimaler Verschuldungsgrad

gerade ausgleichen. Bei einem höheren Verschuldungsgrad wird der Rentabilitätsbeitrag des (billigeren) Fremdkapitals durch die noch mehr gestiegene Eigenkapitalrendite überkompensiert. Zudem verlangt auch der Fremdkapitalgeber eine
höhere Rendite, wenn sein finanzielles Risiko, d.h. das Risiko einer Überschuldung, gewachsen ist.

5.2.2.3   Modigliani/Miller-Modell

Das oben beschriebene traditionelle Modell, das lange Zeit in der Finanzierungsliteratur vorherrschte, wurde Ende der 50er Jahre von Modigliani/Miller in Frage
gestellt. Sie verneinten einen Zusammenhang zwischen Kapitalkosten und Verschuldungsgrad und entwickelten ein neues Modell, das zum Teil ebenfalls auf
empirischen Untersuchungen beruhte, zum Teil aber auch deduktiv hergeleitet
wurde.

Modigliani/Miller (1958) unterstellen, dass der Kapitalkostensatz unabhängig
vom Verschuldungsgrad linear und konstant verläuft. Die geforderte Rendite der
Fremdkapitalgeber ist ebenfalls linear und konstant, so dass daraus eine steigende
Eigenkapitalrentabilität folgt. Diese wird dadurch begründet, dass der Eigenkapitalgeber bei zunehmendem Verschuldungsgrad für das finanzielle Risiko entschädigt wird.

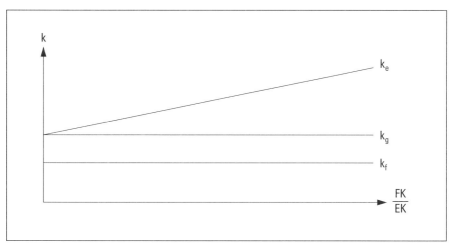

▲ Abb. 77   Kapitalkostenverläufe im Modigliani/Miller-Modell

In ◄ Abb. 77 wird deutlich, dass sich der optimale Verschuldungsgrad aufgrund der Kostenverläufe nicht bestimmen lässt. Unternehmen mit gleichen Gewinnerwartungen und gleichen Unsicherheitsrisiken haben unabhängig vom Verschuldungsgrad die gleichen Kapitalkosten und somit auch den gleichen Unternehmenswert.

5.2.2.4	Beurteilung der theoretischen Modelle

Ein Modell stellt immer eine vereinfachte Abbildung der Wirklichkeit dar. Modelle können deshalb weder alle Fälle erfassen noch den einzelnen Fall ganz genau umschreiben. Es kann sich lediglich um Denkmodelle handeln, die gewisse Prinzipien und Sachverhalte zu veranschaulichen vermögen. So konnte sowohl das traditionelle als auch das Modell von Modigliani/Miller nie empirisch ausreichend bestätigt werden. Insbesondere letzteres war überwiegend der Kritik ausgesetzt. Dagegen kann in der Praxis beobachtet werden, dass zumindest ein bestimmter Verschuldungsbereich existiert, in welchem sich eine optimale Verschuldung in bezug auf die Kapitalkosten einstellt.

5.3	**Ausrichtung auf die Liquidität**
5.3.1	**Liquidität und Illiquidität**

Die Liquidität ist für die Sicherheit und Existenz des Unternehmens eine unbedingte Notwendigkeit. Auf den Zusammenhang zwischen Rentabilität und Liquidität wurde bereits an anderen Stellen eingegangen. Kurzfristig ist die Liquidität der Rentabilität übergeordnet, da ein Unternehmen während einer kurzen Dauer mit Verlust arbeiten kann, falls es über genügend flüssige Mittel verfügt, um seinen Verbindlichkeiten nachkommen zu können. Andererseits kann es aber nicht überleben, wenn es über längere Zeit keinen Gewinn erwirtschaftet.

In der Literatur wird die Liquidität sehr unterschiedlich definiert.[1] Zweckmässig erscheint eine Differenzierung in eine mehr umweltorientierte, nach aussen sichtbare Liquidität, und in eine auf die Unternehmenstätigkeiten gerichtete Liquidität. Erstere bedeutet, dass ein Unternehmen jederzeit liquide sein muss, um seinen Zahlungsverpflichtungen fristgerecht nachkommen zu können. Finanzielle Mittel müssen bereitstehen, um ausstehende Rechnungen für Repetier- und Potentialfaktoren, die Löhne der Mitarbeiter, Zinszahlungen oder fällige Kredite bezahlen zu können. Wenn diese Zahlungsverpflichtungen nicht mehr oder nur teilweise erfüllt werden können, wird das Unternehmen als illiquid betrachtet. Dies führt zu einer Schädigung des Rufes des Unternehmens, was seine Finanzierungsmöglichkeiten zur Überbrückung der Illiquidität noch stärker einschränkt. Es wird damit für die bestehenden und potentiellen Gläubiger kreditunfähig. Das Ziel der mehr auf die Geschäftsaktivitäten bezogenen Liquidität ist dagegen nicht in erster Linie die fristgerechte Erfüllung der Verbindlichkeiten, sondern die ausreichende Versorgung mit liquiden Mitteln, die für die Aufrechterhaltung oder insbesondere Ausweitung des güter- und finanzwirtschaftlichen Umsatzprozesses notwendig sind.

Die Ursachen einer Illiquidität sind nicht immer genau zu eruieren. Liquiditätsprobleme treten in der Praxis auf, wenn

- die notwendigen finanziellen Mittel nicht beschafft werden können (z.B. Ausfall vorgesehener Finanzierungsquellen),
- der Unternehmenserfolg ausbleibt (z.B. können die hergestellten Produkte aufgrund ausgebliebener Nachfrage nicht verkauft werden und müssen auf Lager gelegt werden),
- die Finanzplanung die Einzahlungs- und Auszahlungsströme falsch berechnet hat oder
- die Finanzkontrolle versagt hat, rechtzeitig Fehlbeträge festzustellen und Massnahmen zu ergreifen, um diese Lücken zu schliessen.

---

1 Vgl. auch Teil 1, Kapitel 6, Abschnitt 6.2.3 «Analyse der Liquidität», sowie in diesem Teil Kapitel 1, Abschnitt 1.4.1.3 «Kurzfristige Finanzpläne».

Aus diesen Punkten wird ersichtlich, dass eine sorgfältige Finanzplanung und -kontrolle sehr bedeutsam ist. Die Berechnung des Kapitalbedarfs und seiner Deckung unter Berücksichtigung des unternehmerischen Risikos (Unsicherheit) stehen dabei im Vordergrund. Eine laufende Überwachung erlaubt das frühzeitige Erkennen von Abweichungen vom Finanzplan. Zu beachten ist in diesem Zusammenhang die Tatsache, dass nicht nur die effektiv vorhandene Liquidität, sondern die potentiell mögliche Liquidität über zugesicherte, aber noch nicht in Anspruch genommene Kredite ausschlaggebend ist. Diese äussert sich darin, dass ein Unternehmen jederzeit in der Lage ist, aufgrund seiner Kreditwürdigkeit und Kreditfähigkeit zusätzliches Kapital aufzunehmen.

5.3.2   Finanzierungsregeln

Wegen der grossen Bedeutung der Liquidität sowohl für die Existenz des Unternehmens als auch für die Sicherheit der Gläubiger sind in der Praxis verschiedene Finanzierungsregeln entwickelt worden. Diese beziehen sich entweder auf

- das Verhältnis zwischen Fremd- und Eigenkapital bzw. zwischen den verschiedenen Fremdkapital- und Eigenkapitalarten (vertikale Finanzierungsregeln) oder
- die Beziehungen zwischen Vermögen und Kapital (horizontale Finanzierungsregeln).

5.3.2.1   Verhältnis Fremdkapital zu Eigenkapital

Bezüglich der Ausgestaltung des Verhältnisses zwischen Fremd- und Eigenkapital werden unterschiedliche Relationen genannt, wobei oft ein Verhältnis von 1:1 oder 2:1 gefordert wird. Diese Verhältnisse geben allerdings noch keinen direkten Hinweis auf die tatsächliche Liquidität, da sie weder in einem Zusammenhang mit den vorhandenen Vermögensstrukturen stehen noch die zukünftigen Ein- und Auszahlungsströme berücksichtigen. Indirekt können aber immerhin auf die Liquidität gewisse Rückschlüsse gezogen oder zumindest Vermutungen angestellt werden. Je grösser beispielsweise der Verschuldungsgrad ist, um so grösser werden in der Regel liquiditätsbelastende Auszahlungen erfolgen, um so weniger wird aber auch die Möglichkeit einer zusätzlichen Verschuldung bestehen.

| 5.3.2.2 | Verhältnis Vermögen zu Kapital |

> Die **goldene** oder **klassische Finanzierungsregel** besagt, dass zwischen der Dauer der Bindung der Vermögensteile und somit der Dauer der einzelnen Kapitalbedürfnisse und der Dauer, während welcher das zur Deckung der Kapitalbedürfnisse herangezogene Kapital zur Verfügung steht, Übereinstimmung bestehen muss.

Diese Regel beruht auf dem Prinzip der **Fristenparallelität** oder **Fristenkongruenz** zwischen Vermögen und Kapital. Die Befolgung dieser Finanzierungsregel gibt allerdings noch keine Sicherheit für eine ausreichende Liquidität. Sie berücksichtigt lediglich die zu einem bestimmten Zeitpunkt vorhandenen Fristen ohne Beachtung des finanz- und güterwirtschaftlichen Prozesses. Werden beispielsweise durch den Verkauf aus Gütern und Dienstleistungen finanzielle Mittel freigesetzt, so stehen diese in der Regel nicht oder nur teilweise zur Rückzahlung von Kapital zur Verfügung, sondern müssen erneut in den Produktionsprozess investiert werden.

In der Praxis wird dieses Prinzip vor allem bei der Kreditgewährung durch Banken beachtet. Dieses kommt in der sogenannten **goldenen Bilanzregel** zum Ausdruck. Diese besagt, dass langfristig gebundenes Vermögen mit langfristigem Kapital, idealerweise mit Eigenkapital, finanziert werden soll. Damit ergäbe sich folgende Beziehung zwischen Kapital- und Vermögensstruktur:

Anlagevermögen und eiserner Bestand	←→	EK und langfristiges FK
Umlaufvermögen	←→	kurz- und mittelfristiges FK

Bei der goldenen Bilanzregel können die gleichen Einwendungen wie bei der allgemein gehaltenen goldenen Finanzierungsregel gemacht werden. Zusätzlich ist zu ergänzen, dass die aus der Bilanz ersichtlichen Fristen vielfach nicht mit den effektiven übereinstimmen. Die dieser Finanzierungsregel zugrundeliegende bilanztechnische oder rechtliche Betrachtungsweise vernachlässigt, dass kurz- oder mittelfristig ausgeliehenes Fremdkapital oft langfristig zur Verfügung steht (z. B. Kontokorrentkredit).

| **5.4** | **Weitere Finanzierungskriterien** |
| **5.4.1** | **Risikogerechte Finanzierung** |

> Der **Grundsatz der risikoangepassten Finanzierung** besagt, dass der Eigenfinanzierungsgrad um so höher sein muss, je risikoreicher die Geschäftstätigkeit des Unternehmens ist.

Damit kann im Falle eines Verlustes eine Überschuldung verhindert werden, da dieser Verlust durch Eigenkapital aufgefangen werden kann. Angesprochen ist damit in erster Linie das Unternehmer-Risiko, das sich aufgrund der Unsicherheit der gesamtwirtschaftlichen Entwicklung und der Branche ergibt.

Dieser Grundsatz findet in den gesetzlichen Vorschriften über die Eigenkapitalausstattung der Banken ihren Niederschlag. Die Höhe des Eigenkapitals muss auf die Art und den Umfang der einzelnen Aktiven sowie der Eventualverpflichtungen ausgerichtet werden. Die risikogerechte Anpassung berücksichtigt somit in erster Linie die Sicherheit der Gläubiger. Dies kommt auch darin zum Ausdruck, dass der Fremdkapitalgeber über den Zinssatz für das Eingehen eines solchen Risikos entschädigt wird. Je höher das Risiko eingestuft wird, desto höher wird der Zinssatz sein.

| **5.4.2** | **Flexibilitätsorientierte Finanzierung** |

> Der **Grundsatz der flexiblen Finanzierung** besagt, dass ein Unternehmen fähig sein sollte, sich jederzeit an seine schwankenden Kapitalbedürfnisse sowie an die sich dauernd ändernden Bedingungen des Geld- und Kapitalmarktes anpassen zu können.

Dieser Grundsatz beruht auf einer dynamischen, zukunftsorientierten Betrachtungsweise und fordert konkret, dass das Unternehmen

- jederzeit die Möglichkeit hat, zusätzliches Eigen- und Fremdkapital aufzunehmen,
- über eine genügende Liquiditätsreserve verfügt, um unvorhergesehene Liquiditätslücken schliessen zu können,
- günstige Kapitalmarktbedingungen (hohe Aktienkurse, tiefe Zinsen) jederzeit ausnutzen kann, um seine Gesamtkapitalkosten möglichst tief zu halten.

Die Flexibilität stösst meistens bei der Rentabilität an ihre Grenzen. Eine hohe Flexibilität erfordert eine hohe Liquidität, welche wiederum die Rentabilität beeinträchtigt. Es zeigt sich jedoch auch, dass die Flexibilität um so grösser ist, je höher die Kreditwürdigkeit und -fähigkeit sind. Diese erlauben dem Unternehmen, ohne Probleme in kurzer Zeit zusätzliche Mittel zu beschaffen. Sie bedeuten eine grosse Liquiditätsreserve, ohne damit die Rentabilität zu belasten. Im Gegenteil, sie steigern indirekt die Rentabilität, weil die Mittel in bezug auf den Zeitpunkt – unter Berücksichtigung des effektiven Kapitalbedarfs – und auf die Finanzierungsform kostenoptimal gewählt werden können.

5.4.3	**Bewahrung der Verfügungsmacht**

Mit der Ausgestaltung der Kapitalstruktur wird meistens auch ein Entscheid über die Unabhängigkeit des Unternehmens gefällt. Mit der Art und dem Umfang der Kapitalbeteiligung wird entschieden, wie gross der Einfluss auf das Unternehmen ist. Dieser bezieht sich in erster Linie auf die Unternehmensführung in wichtigen Fragen.

Kleinere und mittlere Personenunternehmen und Familienaktiengesellschaften versuchen, sich fremden Einflüssen durch eine hohe Eigenfinanzierung zu entziehen. In einer expansiven Phase (beispielsweise bei wesentlicher Zunahme des Geschäftsumfangs) sehen sich aber diese Unternehmen ebenso wie grössere Publikumsgesellschaften gezwungen, neue Kapitalgeber zu suchen, die dieses Wachstum mitfinanzieren.

In bezug auf das Eigenkapital stehen verschiedene Möglichkeiten offen, sich fremden Einflüssen zu entziehen. Es wurden bereits im Zusammenhang mit der Ausgestaltung der Aktien (Inhaber-, Namen-, Stimmrechtsaktien) sowie mit der Ausgabe von Partizipationsscheinen einige Möglichkeiten gezeigt.[1] In der Praxis trifft man auch auf sogenannte **Aktionärbindungsverträge,** welche gesetzlich aber nirgends geregelt sind. In einem solchen Vertrag finden sich Vereinbarungen, welche die Ausübung von Aktionärsrechten regeln. Boemle (2002, S. 340) unterscheidet folgende Formen:

- **Stimmbindungsverträge** oder Abstimmungsvereinbarungen: Die Vertragspartner verpflichten sich, ihr Stimmrecht nach den vereinbarten Normen auszuüben.
- **Verträge betreffend die Verfügung von Aktien:** Gegenstand dieser Vereinbarung bildet meistens eine Beschränkung des Rechts auf Veräusserung, Verpfändung oder Einräumung einer Nutzniessung. Sie kommen häufig in Form der sogenannten Sperrkonsortien vor. Die Aktionäre verpflichten sich, ihre Titel während der Vertragsdauer nicht zu veräussern. Diese Verpflichtung wird meistens durch Hinterlegung der Titel bei einem Treuhänder gesichert. Solche Einschränkungen in den Verfügungsrechten erfüllen eine ähnliche Aufgabe wie die statutarische Vinkulierung von Aktien.

---

1 Vgl. Kapitel 2 «Beteiligungsfinanzierung».

- **Verträge über die Ausübung von Bezugsrechten:** Aktionäre, welche bei einer Kapitalerhöhung von den ihnen zustehenden Bezugsrechten keinen Gebrauch machen, verpflichten sich, ihre Bezugsrechte nur den Vertragspartnern anzubieten.
- **Verträge über die Dividendenpoolung:** Die Vertragspartner legen die ihnen zufallenden Dividenden zusammen und verteilen sie nach einem bestimmten Schlüssel.
- **Verträge über die Teilnahme an der Generalversammlung:** Die vertragsschliessenden Aktionäre verpflichten sich, ihre Rechte nicht persönlich, sondern durch einen gemeinsamen Vertreter auszuüben.

Auch bei den verschiedenen Formen der Kreditfinanzierung ist eine Einflussnahme der Kapitalgeber auf die Geschäftsführung, sei es in Form aktiver Mitentscheidung oder bestimmter Kontrollfunktionen, nicht ausgeschlossen. Der Grad des Einflusses hängt dabei vielfach von der Kreditfähigkeit des Schuldners ab. Je stärker das Vertrauen in die Führungsfähigkeiten des Managements, je grösser der gegenwärtige und erwartete Unternehmenserfolg und je weniger die Gesellschaft bereits verschuldet ist, desto kleiner wird das Interesse einer Einflussnahme sein. Dies zeigt sich besonders bei Sanierungen, wo die kreditgebenden Banken meistens einen oder mehrere Sitze im Verwaltungsrat der notleidenden Gesellschaft einnehmen. Je anonymer hingegen ein Schuldverhältnis ist (z.B. Obligationenanleihe), desto geringer ist der Fremdeinfluss.

5.4.4 Finanzimage

Ein gutes Finanzbild stellt für grössere Publikumsaktiengesellschaften, die – abgesehen vom Geschäftsbericht – in Inseraten oder Pressekonferenzen über ihre finanzielle Lage berichten, ein wirksames Public Relations-Instrument dar. Dies gilt aber ebenso für Familienaktiengesellschaften, die einen Teil ihrer Aktien einem breiteren Anleger-Publikum anbieten wollen. Aus den veröffentlichten Zahlen, auch wenn sie nicht genau den unternehmensinternen Daten entsprechen, werden Schlüsse auf Rentabilität, Liquidität und Sicherheit sowie auf die zukünftige Entwicklung gezogen. Sie sind zum Teil entscheidend für die Entwicklung des Aktienkurses und somit für die Bewertung des Unternehmens. Für das Unternehmen selbst wiederum ist weniger sein Marktwert von Interesse als vielmehr das Vertrauen der bestehenden und zukünftigen Kapitalgeber, welches es durch die veröffentlichten Informationen gewinnt. Dies äussert sich nicht zuletzt in einer Beteiligungs- und Kreditfinanzierung zu günstigen Konditionen.

5.5 Zusammenfassung

Die Betrachtung der verschiedenen Finanzierungsregeln und Finanzierungsgrundsätze hat gezeigt, dass jeweils ein bestimmter Aspekt in den Vordergrund gerückt wird und die anderen vernachlässigt werden. Eine optimale Kapitalstruktur hat aber verschiedenen Grundsätzen gerecht zu werden und aus den verschiedenen zur Verfügung stehenden Finanzierungsformen sozusagen einen optimalen Finanzierungsmix zu bilden. Das Resultat äussert sich im Bilanzbild des Unternehmens, welches für dessen Image von grosser Bedeutung ist.

Neben den besprochenen Finanzierungsgrundsätzen gibt es noch weitere Gründe, die für das Zustandekommen einer bestimmten Kapitalstruktur verantwortlich sein können. Neben betriebswirtschaftlichen Aspekten spielen auch emotionale, kulturelle und historische Gründe eine Rolle. In diesem Zusammenhang wäre beispielsweise zu erwähnen, dass in den USA tendenziell eine grössere Fremdfinanzierung als in der Schweiz beobachtet werden kann.

Könnte man zur Deckung des Kapitalbedarfs eine Kapitalart bestimmen, die die verschiedenen Anforderungen aufgrund der Finanzierungsgrundsätze am besten erfüllt, so würde die Wahl wohl eindeutig auf das nicht an der Gewinnverteilung partizipierende und nicht mitentscheidungsberechtigte Eigenkapital in Form von offenen und stillen Reserven, d.h. auf das selbsterarbeitete Eigenkapital fallen. Nach Boemle (2002, S. 111) kommen diesem nämlich folgende Vorteile zu:

- Keine periodischen Zinszahlungen.
- Keine Rückzahlungsverpflichtungen.
- Hervorragende Eignung als Risikoträger.
- Der Eigenfinanzierungsgrad wird erhöht und somit gleichzeitig auch die Kreditfähigkeit des Unternehmens.
- Nimmt der Kapitalbedarf ab, so kann das erarbeitete Eigenkapital ohne besondere Formalitäten durch Ausschüttung an die Eigenkapitalgeber verteilt werden.
- Das erarbeitete Eigenkapital wird von einem rückläufigen Zinsniveau oder sinkenden Unternehmensgewinnen nicht berührt, da die (kalkulatorischen) Kosten unverändert bleiben.
- Das Unternehmen kann über das erarbeitete Eigenkapital frei verfügen.
- Wird das erarbeitete Eigenkapital in Form von offenen Reserven ausgewiesen, so verbessert es wegen des guten Bilanzbildes das Finanzimage des Unternehmens; in Form von stillen Reserven kann es jederzeit in offene umgewandelt werden, sofern dies zur Verbesserung des Finanzimages notwendig erscheint.

Kapitel 6

Derivative Finanzinstrumente

Hansjörg Herzog · Jürg Roth

6.1	Einführung
6.1.1	Begriff Derivat

Die Bezeichnung Derivat ist nicht nur im Finanzmarkt anzutreffen. Auf der Suche nach der Bedeutung dieses Begriffs trägt bereits ein Blick in den Fremdwörter-duden wesentlich zur Entmystifizierung bei. Ein Derivat ist zum Beispiel eine chemische Verbindung, die aus einer anderen entstanden ist, etwa Benzin aus Erdöl durch Destillation. In der Sprachwissenschaft nennt man ein Wort, das aus einem anderen abgeleitet wird, zum Beispiel Schönheit aus schön, ebenfalls ein Derivat.

> Ein **Finanzmarkt-Derivat** ist dementsprechend ein Instrument, das von anderen Finanzmarktprodukten wie Aktien, Obligationen, Devisen usw. abgeleitet ist. Diese Anlageformen, die einem Derivat zugrundeliegen, werden **Basiswert** genannt.

Auch Derivate selbst können als Basiswert dienen und zur Ableitung eines weite-ren Finanzmarktinstrumentes herangezogen werden. Ein Derivat ist folglich nie etwas komplett Neues und kann im Prinzip stets mit seinem Basiswert repliziert werden, d.h. dass das Preis- und das Risikoverhalten des Derivats durch eine ent-sprechende Position im Basiswert nachgeahmt werden kann. Der Hauptnutzen von Derivaten besteht darin, die Risiken der Basiswerte zu kontrollieren, indem diese Risiken zwischen Investoren transferiert werden können.

| 6.1.2 | **Entwicklungsgeschichte der Finanzmarktderivate** |

Derivate sind keine Erfindung des 20. Jahrhunderts. Verschiedenste Quellen zeugen von der Existenz von Termingeschäften und Optionen im Altertum. Bereits im 17. Jahrhundert wurden in Holland Derivate auf Tulpen gehandelt und 1848 wurde in Chicago mit dem standardisierten Terminhandel auf Warenlieferungen begonnen. Das Bedürfnis der Landwirte, die Preise bzw. Erlöse ihrer Agrarprodukte abzusichern, stand so am Anfang einer immer rasanteren Bedeutungszunahme von derivativen Instrumenten.

Im Finanzmarktbereich manifestierte sich die grosse Nachfrage nach Derivaten verstärkt ab etwa 1970. Die Aufhebung des Systems der fixierten Wechselkurse führte zu höheren Devisenkursschwankungen. Die Turbulenzen an den Kapitalmärkten als Folge aufkeimender Inflationsbefürchtungen verstärkten die Sensibilisierung für unerwartete Preisveränderungen von Zinssatzinstrumenten und für die schon besser bekannte Aktienkurs-Volatilität.

Einen immer stärkeren Niederschlag fand diese stetige Bedeutungszunahme des Derivathandels auch in der Theorie. Ein erster Impuls zur intensiveren Auseinandersetzung mit Risiken im Anlageprozess ging von der **«Modern Portfolio Theory»** aus.[1] Deren Wurzeln liegen in den 50er Jahren, als Markowitz (1959), Sharpe (1964), Tobin (1958) und andere die Zusammenhänge zwischen Rendite und Risiko aufzeigten und unter anderem darlegten, dass bestimmte Risiken nicht kostenlos durch Diversifikation eliminiert, sondern lediglich gegen eine Entschädigung von risikoaversen zu risikofreudigen Investoren umverteilt werden können. Um 1973 wurden schliesslich die bahnbrechenden Arbeiten auf dem Gebiet der Optionspreisbewertung durch Fischer Black, Myron Scholes (Black/Scholes 1973) und Robert C. Merton (1973) publiziert.[2] Erstmals wurden Zusammenhänge aufgedeckt, die es erlaubten, unter relativ plausiblen Annahmen den theoretisch korrekten, «fairen» Preis einer Option aufgrund von beobachtbaren Grössen zu bestimmen.[3]

Alle diese Erkenntnisse weckten einerseits noch mehr den Bedarf nach Instrumenten, die eine gezieltere und kostengünstigere Bewirtschaftung der Finanzmarktrisiken erlaubten. Anderseits stimulierte das rasch zunehmende theoretische Wissen auch die Anbieter von Derivaten. Laufend öffneten neue Derivatbörsen ihre Tore und wurden zu selbstverständlichen Bestandteilen der Infrastruktur jedes international bedeutenden Finanzplatzes. Aber auch der ausserbörsliche Telefonhandel nahm rasant an Bedeutung zu. Die grossen Fortschritte im Bereich der Informatik lassen zudem die Anwendung von sehr rechenintensiven Derivat-

---

1   Vgl. unter anderem Copeland/Weston (1992), Sharpe/Alexander/Bailey (1999).
2   Vgl. auch Cox/Rubinstein (1979).
3   Vgl. dazu Abschnitt 6.2.2 «Optionen».

Bewertungsprogrammen zu, so dass mit immer komplexeren Instrumenten die Bedürfnisse der Endanwender möglichst gezielt und effizient befriedigt werden können.

6.2	**Grundtypen derivativer Instrumente**

Grundsätzlich ist zwischen Instrumenten mit symmetrischem und solchen mit asymmetrischem Charakter zu unterscheiden.

- Bei einem **symmetrischen Instrument** steht dem Gewinn- ein gleich hohes Verlustpotential gegenüber. Futures, Forwards und Swaps sind Vertreter dieser Gattung, die unter dem Begriff «Termingeschäft» zusammengefasst werden.
- Eine **asymmetrische** Verteilung der Gewinn- und Verlustchancen ist demgegenüber charakteristisch für sämtliche Arten von Optionen.

In den folgenden Abschnitten werden zuerst diese Grundtypen mit ihren besonderen Merkmalen vorgestellt. Ein Abriss über ihren Nutzen und ihre Anwendungsmöglichkeiten wird in den nachfolgenden Kapiteln gegeben.

6.2.1	**Termingeschäfte**
6.2.1.1	Grundstruktur

Bei **Termingeschäften** verpflichten sich zwei Parteien, zu einem zukünftigen Zeitpunkt eine bestimmte Menge eines Basiswertes zu einem bestimmten Preis (Terminkurs) zu kaufen bzw. zu verkaufen (▶ Abb. 78). Der Vertragsabschluss (Kauf/Verkauf) wird heute getätigt. Lediglich die eigentliche Erfüllung (Lieferung/Zahlung) erfolgt in der Zukunft.

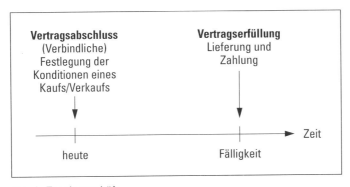

▲ Abb. 78   Prinzip Termingeschäft

Auf diese Weise lässt sich der Investitionsentscheid unabhängig von der momentan vorhandenen Liquidität fällen. Obwohl die Lieferung bzw. Bezahlung erst am Fälligkeitstag erfolgt, ist bereits ab dem Zeitpunkt des Abschlusses des Termingeschäftes jede Kursveränderung des Basiswertes mit einer entsprechenden Änderung des Terminkurses verbunden. Steigt zum Beispiel bei einem Aktientermingeschäft der Kurs des Basiswertes um 1%, so wird in der Regel auch der Terminkurs um ungefähr 1% steigen. Da bei Abschluss des Termingeschäftes keine bzw. nur eine geringe Liquidität als Sicherheit (Marge) benötigt wird und man trotzdem voll am Gewinn- und Verlustpotential des Basiswertes partizipiert, ermöglicht dieses Instrument eine sogenannte Hebelwirkung.

Da beide Parteien, der Käufer und der Verkäufer, eine Verpflichtung auf die zukünftige Erfüllung des Vertrages eingegangen sind, liegt eine symmetrische Struktur der Gewinn- und Verlustmöglichkeiten vor (▶ Abb. 79). Jeder Franken Kursanstieg der zugrundeliegenden Aktie bedeutet für den Käufer des Aktien-

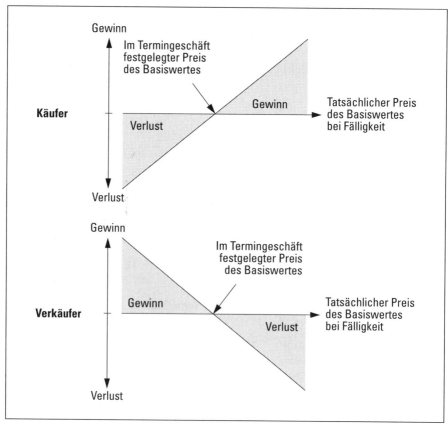

▲ Abb. 79   Gewinn-/Verlustdiagramm von Termingeschäften

termingeschäftes einen Gewinn von einem Franken und für den Verkäufer einen gleich grossen Verlust; bei einem Franken Kursverlust des Basiswertes gilt das Umgekehrte (= Nullsummen-Spiel).

Der heute festgelegte Preis für die künftige Lieferung, **Terminkurs** genannt, bildet sich im Markt aufgrund von Angebot und Nachfrage, steht aber immer in einer engen Beziehung zum Kurs des Basiswertes (auch Spot- bzw. Kassakurs genannt). Je höher der kurzfristige Zinssatz (Refinanzierungskosten) und je tiefer die Ausschüttungen (z.B. Dividenden) auf dem Basiswert, desto höher liegt der Terminkurs. Darin widerspiegelt sich die Tatsache, dass ein Terminkauf einem sofortigen, vollständig fremdfinanzierten Kauf entspricht. Die genau gleichen Rendite/Risiko-Charakteristiken können deshalb auch erreicht werden, indem – anstelle des Terminkontraktes – ein Kredit aufgenommen wird und damit der Basiswert gekauft wird. Dieses **Replikationsprinzip,** auch Arbitrage genannt, stellt

Ausgangslage		
Basiswert: 10 000 Finanz AG (Finag) Kassakurs: 108,– Fr.		
15.6.: Vertragsabschluss Termingeschäft		
	Partei A	**Partei B**
Geldfluss (exklusive Spesen)	Kauf mit Fälligkeit 31.8. zu 110,– 0	Verkauf mit Fälligkeit 31.8. zu 110,– 0
31.8.: Vertragserfüllung Termingeschäft		
Variante 1: Annahme: Kassakurs Finag: 130,–		
Transaktion	Zahlung an B von 10 000 × 110 = 1 100 000	Lieferung an A von 10 000 Finag
Gewinn/Verlust im Vergleich zu Kassageschäft	10 000 × (130 – 110) = +200 000 Fr.	10 000 × (110 – 130) = –200 000 Fr.
Variante 2: Annahme: Kassakurs Finag: 95,–		
Transaktion	Zahlung an B von 10 000 × 110 = 1 100 000	Lieferung an A von 10 000 Finag
Gewinn/Verlust im Vergleich zu Kassageschäft	10 000 × (95 – 110) = –150 000 Fr.	10 000 × (110 – 95) = +150 000 Fr.

▲ Abb. 80   Beispiel eines Aktien-Termingeschäfts

in der Praxis die Basis für den Handel durch die professionellen Marktteilnehmer und die Banken dar.

In ◄ Abb. 80 wird anhand eines Beispiels die Wirkung eines Termingeschäftes dargestellt.

Für den praktischen Einsatz ist es von grosser Bedeutung, dass ein Termingeschäft nicht zwingend bis zur Fälligkeit behalten werden muss. So kann man sich gegen Bezahlung des aktuellen Terminkurses vor dem Ende der Laufzeit von den Verpflichtungen des Termingeschäftes lösen. Dieses Schliessen des Terminkontraktes (auch Glattstellung genannt) führt zur Realisierung des aufgelaufenen Gewinnes oder Verlustes. Auch ist nicht immer bei Fälligkeit eine physische Lieferung vorgesehen. Vor allem bei abstrakten Basiswerten wie zum Beispiel Aktienindices erfolgt ein sogenannter Barausgleich («Cash Settlement»), d.h. zwischen dem Käufer und dem Verkäufer wird nur der aufgelaufene Gewinn oder Verlust transferiert.

| 6.2.1.2 | **Swaps** |

> Unter einem **Swap** wird der Austausch von zukünftigen Zahlungsströmen verstanden. Ein Swap entspricht grundsätzlich einem Paket von Termingeschäften und ist ebenfalls ein symmetrisches Instrument.

Entsprechend der Vielfalt von Basiswerten, die Gegenstand von Termingeschäften sein können, ist auch der Anwendungsbereich von Swaps beinahe unbegrenzt. In der Praxis dominieren folgende Typen von Swaptransaktionen:

- **Zinssatz-Swap:** Austausch von variablen gegen fixe Zinszahlungen (► Abb. 81 für ein Zahlenbeispiel).
- **Währungs-Swap:** Austausch einer festverzinslichen Verbindlichkeit in Währung X gegen eine festverzinsliche Verbindlichkeit in Währung Y. Partei A zahlt dabei an B die Zinsen und den Nominalwert am Ende der Laufzeit in Währung X, während B an A die Zinsen und den Nominalwert in Währung Y überweist. Die Höhe der Zinszahlungen und der Nominalwerte – und damit auch der Wechselkurs zwischen den beiden Währungen – werden bei Vertragsabschluss festgelegt.
- **Asset Swap:** Austausch der Renditen von zwei Basiswerten; zum Beispiel zahlt Partei A an B in einem Jahr die Rendite auf einem Aktienindex während dieser Laufzeit, während B an A den Zins für ein einjähriges Festgeld überweist. Der Nominalwert auf dem die beiden Renditen berechnet werden, wird nicht zwischen den beiden Parteien ausgetauscht.

	Partei A	**Partei B**
Kontrakt mit Nominalwert 50 Mio.	verpflichtet sich, während 3 Jahren, **jährlich** an B einen **fixen** Zinssatz von 5 % zu zahlen	verpflichtet sich, während 3 Jahren, **halbjährlich** an A einen **variablen** Zinssatz (LIBOR*) zu zahlen
Zahlungsverpflichtung	3 × 5 % × 50 000 000 (Nominalwert selbst wird nicht ausgetauscht)	6 × LIBOR × 50 000 000 (Nominalwert selbst wird nicht ausgetauscht)
Chance	**Zinsanstieg,** so dass A einen gleichbleibenden Zins bezahlt und einen immer höheren Zins erhält	**Zinsrückgang,** so dass B einen immer tieferen Zins bezahlt und einen gleichbleibenden Zins erhält
Risiko	**Zinsrückgang,** so dass A einen gleichbleibenden Zins bezahlt und einen immer tieferen Zins erhält	**Zinsanstieg,** so dass B einen immer höheren Zins bezahlt und einen gleichbleibenden Zins erhält

* LIBOR (London Interbank Offered Rate): Zinssatz der bei Geschäften zwischen erstklassigen Banken zur Anwendung kommt

▲ Abb. 81   Beispiel eines Zinssatz-Swaps

6.2.2 | Optionen

Bei Optionen ist die Position des Käufers von derjenigen des Verkäufers (auch Schreiber oder Stillhalter genannt) zu unterscheiden.

- Der **Käufer** einer Option hat gegen Bezahlung einer Prämie (auch Optionspreis genannt) das **Recht**, eine bestimmte Menge eines Basiswertes, zu einem fixierten Preis (Ausübungs- oder Strikepreis genannt) zu kaufen (= Call-Option) oder zu verkaufen (= Put-Option). Bei einer Option im europäischen Stil gilt dieses Recht genau an einem bei Geschäftsabschluss fixierten Verfalltag, im Gegensatz zu einer Option im amerikanischen Stil, wo während der ganzen Laufzeit von diesem Recht Gebrauch gemacht werden kann.
- Der Options**verkäufer** geht gegen Erhalt einer Prämie (Optionspreis) die **Verpflichtung** ein, eine bestimmte Menge eines Basiswertes zu einem fixierten Preis zu liefern (= Call-Option) oder zu übernehmen (= Put-Option). Wiederum gilt diese Verpflichtung für europäische Optionen nur am Verfalltag und für amerikanische Optionen während der ganzen Laufzeit.

Optionsart Einflussfaktoren	Call-Option	Put-Option
Kurs des Basiswertes	↑	↓
Ausübungspreis	↓	↑
Ausschüttung auf Basiswert	↓	↑
Laufzeit	↑	↑
kurzfristiger Zinssatz	↑	↓
Volatilität des Basiswertes	↑	↑
↑ (positiver Zusammenhang):	Je grösser/kleiner der Einflussfaktor, desto höher/tiefer ist der Optionspreis	
↓ (negativer Zusammenhang):	Je grösser/kleiner der Einflussfaktor, desto tiefer/höher ist der Optionspreis	

▲ Abb. 82   Einflussfaktoren auf Optionspreis

Die Höhe des Optionspreises ergibt sich am Markt aufgrund von Angebot und Nachfrage. Mit Hilfe von theoretischen Preismodellen können die Optionen bewertet werden, d.h. theoretisch korrekte («faire») Optionspreise berechnet werden. Folgende Faktoren spielen dabei eine Rolle:

- Kurs des Basiswertes,
- Ausübungspreis,
- Ausschüttungen auf dem Basiswert (Marchzinsen, Dividenden usw.),
- Laufzeit der Option,
- kurzfristiger Refinanzierungszinssatz
- und als wichtigster Aspekt die Volatilität (Schwankungsintensität) des Basiswertes.

In ◄ Abb. 82 ist die Wirkung der einzelnen Einflussfaktoren auf den Call- und den Put-Optionspreis zusammengestellt.

Eine wichtige Kennzahl im Zusammenhang mit dem Einsatz und der Bewertung einer Option ist das Delta.

Das **Options-Delta** beschreibt die absolute Veränderung des Optionspreises aufgrund einer Kursänderung des Basiswertes (z. B. Aktie, Index) um eine Geldeinheit.

Informationen	Fall 1 (Out-of-the-Money)	Fall 2 (At-the-Money)	Fall 3 (In-the-Money)
Kassakurs Basiswert	100	110	120
Ausübungspreis Option	110	110	110
Optionspreis	0,4	3,5	11
Delta	0,1	0,5	0,9
Veränderung Kassakurs Basiswert	+1	+1	+1
Neuer Optionspreis	0,5	4,0	11,9
Veränderung Kassakurs Basiswert	−1	−1	−1
Neuer Optionspreis	0,3	3,0	10,1

▲ Abb. 83   Beispiel Delta einer Call-Option (Δ_c)

Das Delta verändert sich somit gemäss den Schwankungen des Basiswertes.[1] Dabei kann das Delta folgende Werte annehmen:

- für Call-Optionen: 0 < Delta < 1,
- für Put-Optionen: −1 < Delta < 0.

Der Wert des Deltas ist davon abhängig, wie nahe der Ausübungspreis einer Option beim Kurs des Basiswertes ist. Allgemein gilt:

- In-the-Money-Optionen: Delta liegt nahe bei 1 (Call: +1; Put: −1);
- At-the-Money-Optionen: Delta liegt nahe um 0,5 (Call: +0,5; Put: −0.5);
- Out-of-the-Money-Optionen: Delta liegt nahe bei 0.

Das Beispiel in ◀ Abb. 83 veranschaulicht die Ausführungen zum Delta anhand einer Call-Option.

In ▶ Abb. 84 sind Beispiele der verschiedenen Optionstypen aus der Perspektive von Käufern und Verkäufern dargestellt. ▶ Abb. 85 zeigt die dazugehörigen Gewinn- und Verlustdiagramme.

Gut ersichtlich ist in ▶ Abb. 85 die Asymmetrie, die dadurch entsteht, dass der Käufer einer Option bei Fälligkeit von seinem Recht nur Gebrauch macht, wenn bei einer Call-Option der Erwerb des Basiswertes über die Optionsausübung billiger ist als der Kauf an der Börse bzw. wenn der Put-Besitzer seine Basiswerte über die Optionsausübung teurer veräussern kann als am Kassamarkt. Es muss dabei beachtet werden, dass im Gegensatz zum Termingeschäft die Position erst dann einen Gewinn abwirft, wenn der aktuelle Preis des Basiswertes mindestens

---

1 Diese Beziehungen können durch Optionspreisfunktionen zum Ausdruck gebracht werden. Mathematisch ist das Delta die erste Ableitung dieser Funktion nach dem Basiswert.

Kauf eines Calls

Der Aktienkurs der Industrie AG (Inag) liegt Anfang November bei 640. Der Anleger A erwartet in den nächsten Monaten einen Kursanstieg der betreffenden Aktie.

Kauf   1 Call Inag   Januar 650   zu 31

Motiv: Wenn der Aktienkurs steigt, wird auch der Optionspreis steigen. Der Anleger kann die Option mit Gewinn verkaufen. Er kann die Option auch ausüben und damit die Aktien zum günstigeren Ausübungspreis kaufen.

Kurs Inag am Verfalltag	Wert des Calls 650	Gewinn/Verlust pro Einheit der Option
620	0	−31
640	0	−31
650	0	−31
681	31	0
700	50	+19
720	70	+39

Der Call-Käufer erreicht die Gewinnzone, sobald der Kurs der Aktie die Summe aus Ausübungspreis und Optionspreis (681) übersteigt. Je mehr der Aktienkurs steigt, um so höher wird der Gewinn. Liegt der Kurs am Verfalltag unter 681, erleidet er einen Verlust, der auf maximal 31 (= Optionspreis) pro Kontrakteinheit limitiert ist.

Verkauf eines (ungedeckten) Calls

Der Aktienkurs der Inag liegt Anfang November bei 640. Die Anlegerin B geht davon aus, dass der Aktienkurs bis im Januar stagnieren wird oder eher rückläufig ist. Sie verkauft (schreibt) daher einen ungedeckten Call, d.h. sie ist nicht im Besitz von Inag-Aktien.

Verkauf   1 Call Inag   Januar 650   zu 31

Motiv: Fällt der Kurs der Industrie AG, wird die Option nicht ausgeübt. Die Anlegerin erzielt einen Gewinn in der Höhe des Optionspreises.

Kurs Inag am Verfalltag	Wertmässige Verpflichtung der Call-Verkäuferin	Gewinn/Verlust pro Einheit der Option
620	0	+31
640	0	+31
650	0	+31
681	−31	0
700	−50	−19
720	−70	−39

Die Anlegerin erzielt dann einen Gewinn, wenn der Aktienkurs am Verfalltag unter 681 (Ausübungspreis + Optionspreis) liegt. Der Gewinn beträgt maximal 31 (erhaltener Optionspreis) pro Kontrakteinheit, wenn der Aktienkurs unter 650 liegt. In diesem Fall wird der Call-Inhaber (Käufer) seine Option nicht ausüben. Steigt der Aktienkurs hingegen über 650, wird die Option ausgeübt werden. Die Anlegerin muss dann die Aktien zum Ausübungspreis von 650 liefern und erfährt dadurch einen Verlust, der um so grösser ist, je höher der Aktienkurs steigt.

▲ Abb. 84   Beispiel Kauf und Verkauf von Call- und Put-Optionen

Kauf eines Puts

Anfang November liegt der Aktienkurs der Industrie AG (Inag) bei 640. Die Anlegerin C erwartet, dass die Aktienkurse bis im Januar stark sinken werden.

Kauf 1 Put Inag Januar 625 zu 20

Motiv: Fällt der Kurs der Inag-Aktien, wird der Preis der Option steigen und die Anlegerin kann den Put mit Gewinn verkaufen oder die Aktie zum höheren Ausübungspreis verkaufen.

Kurs Inag am Verfalltag	Wert des Puts 625	Gewinn/Verlust pro Einheit der Option
560	65	+45
580	45	+25
605	20	0
625	0	−20
640	0	−20
660	0	−20

Die Anlegerin erzielt einen Gewinn, wenn der Aktienkurs am Verfalltag unter 605 (Ausübungspreis – Optionspreis) fällt. Der Gewinn ist um so höher, je tiefer der Aktienkurs sinkt. Liegt der Aktienkurs am Verfalltag bei 605 oder höher, kommt die Anlegerin in die Verlustzone. Ihr Verlust ist auf den bezahlten Optionspreis pro Kontrakteinheit beschränkt.

Verkauf eines Puts

Der Aktienkurs der Industrie AG liegt Anfang November bei 640. Der Anleger D erwartet stagnierende oder eher zunehmende Aktienkurse bis Mitte Januar.

Verkauf 1 Put Inag Januar 625 zu 20

Motiv: Stagniert oder steigt der Aktienkurs, dann wird der Put nicht ausgeübt. Der Anleger erzielt einen Gewinn in der Höhe der einkassierten Prämie.

Kurs Inag am Verfalltag	Wertmässige Verpflichtung des Put-Verkäufers	Gewinn/Verlust pro Einheit der Option
560	−65	−45
580	−45	−25
605	−20	0
625	0	+20
640	0	+20
660	0	+20

Der Anleger erzielt einen Gewinn, wenn der Aktienkurs am Verfalltag über 605 (Ausübungspreis – erhaltener Optionspreis) liegt. Der Gewinn ist auf den erhaltenen Optionspreis von 20 pro Kontrakteinheit begrenzt. Sinkt der Aktienkurs hingegen unter 625, wird die Option ausgeübt. Der Anleger ist dann verpflichtet, die Aktie zum Ausübungspreis von 625 zu übernehmen, obwohl der Kurs tiefer liegt. Sein Verlust ist um so grösser, je tiefer der Aktienkurs sinkt. Das theoretische Verlustrisiko beträgt 605 (Ausübungspreis – erhaltener Optionspreis), falls er am Kassamarkt wertlose Aktien zu 625 übernehmen müsste.

▲ Abb. 84   Beispiel Kauf und Verkauf von Call- und Put-Optionen (Forts.)

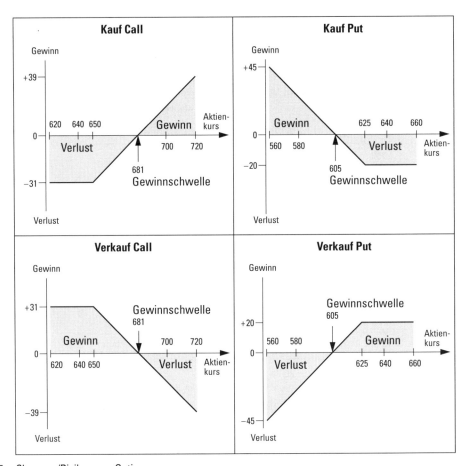

▲ Abb. 85   Chancen/Risiken von Optionen

im Ausmass der bezahlten Prämie über (bei der Call-Option) bzw. unter (bei der Put-Option) dem Ausübungspreis liegt. Dafür ist das Verlustpotential für den Optionskäufer im Falle einer falschen Einschätzung der Basiswertentwicklung auf die geleistete Prämie beschränkt. Genau umgekehrt verhält es sich für den Verkäufer der Option. Einem beschränkten Gewinnpotential (erhaltene Prämie) steht ein grundsätzlich unbeschränktes Verlustpotential gegenüber.

Wie Termingeschäfte können auch Optionen vor der Fälligkeit **geschlossen** werden, indem sie am Markt zurückgekauft bzw. -verkauft werden. Damit erlöschen die Rechte bzw. Verpflichtungen aus dem Optionsgeschäft.

Die konkrete Ausgestaltung von Optionen ist in der Praxis sehr unterschiedlich und kann zum Beispiel folgende Punkte betreffen:

- Es ist zwischen Optionskontrakten zu unterscheiden, die bei einer Ausübung eine physische Lieferung und solchen, die lediglich eine Barabgeltung des Gewinnes bzw. Verlustes verlangen.
- Optionen werden nicht nur als eigenständige Produkte am Markt gehandelt, sondern treten in vielfältiger Form auch versteckt in anderen Finanzinstrumenten auf. Zum Beispiel entspricht das Kündigungsrecht eines Emittenten einer Obligation nichts anderem als einer Call-Option des Schuldners auf die eigene Anleihe.
- Zudem existieren auch Optionen, deren Basiswerte schon Derivate sind. Typische Beispiele dafür sind Optionen auf Swaps (Swaptions) oder Optionen auf Zinssatz-Futures.

Schliesslich existieren Optionskontrakte unter anderem Namen auch ausserhalb des Kapitalmarktes. Ein Beispiel dafür ist die Feuerversicherung. Konzeptionell entspricht sie einer Put-Option auf ein Haus. Falls das Haus niederbrennt, wird die Option ausgeübt und die Versicherung übernimmt im übertragenen Sinn das Haus zum Ausübungspreis (Versicherungswert).

Jüngeren Datums ist die Tendenz, dass immer komplexere Derivate entwickelt werden. Diese sogenannten «exotischen» Optionen oder Swaps zeichnen sich dadurch aus, dass sie eine Vielzahl von zusätzlichen Kontraktbedingungen enthalten, die für den Anwender das Verständnis für die Funktionsweise des Produktes teilweise massiv erschweren. (Hull 2000, Parekh 1995) Beim Einsatz solcher Instrumente sollte immer sichergestellt sein, dass sie wirklich genau dem angestrebten Zweck dienen und dass die Wirkungsweise und das Verlustrisiko bekannt sind.

6.3 Derivatmärkte

Der Handel mit derivaten Finanzinstrumenten hat seit Ende der siebziger Jahre eine stürmische Entwicklung erlebt. Das rasante Wachstum dieser Produkte hat die Diskussion über die gesamtwirtschaftlichen Folgen nachhaltig belebt. Dabei wird es auch immer wichtiger, zwischen den verschiedenen Handelsarten zu differenzieren. In diesem Abschnitt wird deshalb der Unterschied zwischen standardisierten und massgeschneiderten Derivaten und der volkswirtschaftliche Nutzen dieser Instrumente diskutiert.

6.3.1	**Standardisierte und massgeschneiderte Produkte**
6.3.1.1	Standardisierte Produkte

Die verschiedenen standardisierten Produkte unterscheiden sich nur in Details der konkreten Ausgestaltung. Nach dem Ort, wo sie gehandelt werden, können zwei Typen von standardisierten Derivaten unterschieden werden:

- Traded Options und Futures,[1] die an speziellen **Derivatbörsen** gehandelt werden,
- Warrants, Stillhalteroptionen und Optionsscheine sowie Forwards,[2] die an **allgemeinen Wertpapierbörsen** kotiert sind.

Die Standardisierung bezieht sich auf die Kontraktspezifikationen und ermöglicht dadurch den Handel über eine Börse, was mit zahlreichen Vorteilen verbunden ist. Der Börsenhandel zeichnet sich durch seine Transparenz bezüglich Preisen und Umsätzen aus sowie durch eine Minimierung des Gegenparteienrisikos, da Börsenmitglieder erhöhte Anforderungen bezüglich der Bonität erfüllen müssen.

Bei Traded Options und Futures liegt ein zusätzlicher Vorteil darin, dass sämtlichen Marktteilnehmern die Möglichkeit offensteht, einerseits Optionen zu kaufen («long» zu gehen) oder aber – ohne bereits eine Position zu besitzen – direkt als Verkäufer aufzutreten («short» zu gehen). Folglich können grundsätzlich unendlich vielen Käufern ebensoviele Verkäufer gegenüberstehen. Dieser Umstand erhöht die Anzahl möglicher Geschäftsabschlüsse (hohe Marktliquidität) und die Flexibilität in der Positionsbewirtschaftung, d.h. dem Anpassen der Wertschriftenbestände an geänderte Erwartungen. Zudem garantiert ein sogenanntes **Clearing House** bei einer spezialisierten Derivatbörse die Einhaltung der Verpflichtungen für alle Marktteilnehmer. Effektive Gegenpartei bei allen Geschäften ist das Clearing House, was zu einer hohen Sicherheit des gesamten Systems führt. Als Gegenleistung müssen die Marktteilnehmer für jedes Geschäft eine Deckung (Marge) bei der Börse hinterlegen. Bei Futures wird zudem täglich der aufgelaufene Gewinn oder Verlust berechnet und bei den entsprechenden Marktteilnehmern verbucht («Mark-to-Market»).

Bei börsengehandelten Stillhalteroptionen, Warrants und Optionsscheinen tritt zu Beginn im Primärhandel nur ein Emittent auf, dem eine Vielzahl von Abnehmern gegenüberstehen. Im Sekundärhandel wiederum hat jeder Besitzer solcher Optionen die Möglichkeit, über die Börse seine Position auszubauen oder zu reduzieren.

---

1 Traded Options gehören zum Typ Option (vgl. Abschnitt 6.2.2 «Optionen»), Futures zum Typ Termingeschäft (vgl. Abschnitt 6.2.1 «Termingeschäfte»).

2 In der Praxis werden die Begriffe Warrants, Stillhalteroptionen und Optionsscheine oft synonym verwendet, da sie sich in ihren konkreten Ausprägungen nur im Detail unterscheiden. Bei allen drei Produkten handelt es sich um Optionen, bei Forwards um Termingeschäfte.

6.3.1.2	Massgeschneiderte Kontrakte (OTC)

Bei einem massgeschneiderten Kontrakt sind nur zwei Parteien involviert, die «over the counter» (OTC) die Spezifikationen ihres Geschäfts bezüglich Basiswert, Kontraktgrösse und Fälligkeit individuell festlegen. Der Fantasie sind dabei fast keine Grenzen gesetzt. Dementsprechend kann es mit zunehmender Komplexität der Konstruktion immer schwieriger werden, eine dritte Partei zu finden, die bereit ist, genau das gleiche Konstrukt zu einem fairen Preis zu handeln.

Der Hauptvorteil von massgeschneiderten Produkten liegt in ihrer Flexibilität. Der Anwender kann ein Instrument erwerben, das genau seinen Ansprüchen entspricht. Dieser Individualität steht aber der Nachteil gegenüber, dass aufgrund des fehlenden Clearing Houses das Gegenpartei-Risiko eine viel grössere Rolle spielt. Zudem ist die Transparenz des OTC-Geschäfts viel kleiner, da die bilateral vereinbarten Geschäfte nicht weitergemeldet und somit nicht der Öffentlichkeit bekanntgegeben werden. Der aktuelle Preis eines OTC-Derivats ist deshalb meistens auf keinem Informationssystem abrufbar, sondern muss beim entsprechenden Händler angefragt werden.

6.3.2	**Volkswirtschaftlicher Nutzen von Finanzmarktderivaten**

Finanzmarktrisiken können selbst durch optimale Diversifikation nicht vollständig eliminiert werden. Bewusst oder unbewusst werden die verbleibenden, als systematisch bezeichneten Risiken immer von jemandem getragen. Für die Übernahme dieser Risiken wird man längerfristig durch eine höhere Rendite im Vergleich zu einer Investition in ein risikofreies Festgeld entschädigt.

Die spezielle Bedeutung von derivativen Instrumenten liegt aus volkswirtschaftlicher Sicht nun darin, dass sie eine gezielte Übernahme bzw. Weitergabe von Risiken ermöglichen. Dies kann theoretisch auch auf andere Arten erfolgen, doch sind derivative Instrumente diesen Alternativen bezüglich Effektivität und Transaktionskosten mehrheitlich überlegen. Im weiteren werden die Risiken durch Derivate unmittelbar bewertet. Durch den Derivathandel werden deshalb sehr schnell über die Preise neue Informationen an alle Marktteilnehmer weitergegeben, was zu einer effizienteren Kapitalallokation und damit allgemein zu einem effizienten Spar- und Investitionsprozess in einer Volkswirtschaft beiträgt.

Die grosse Bedeutung des Derivathandels mit den schnellen und zum Teil heftigen Preisreaktionen auf neue Informationen hat aber auch die Angst aufkommen lassen, dass Derivate zu einem beträchtlichen Systemrisiko werden. So ist wohl nie restlos auszuschliessen, dass ein grosser Derivatverlust eines wichtigen Marktteilnehmers andere Derivathändler beeinflusst (Domino-Effekt) und so das gesamte Finanzsystem destabilisiert. Auch wird häufig dem Handel mit Derivaten vorgeworfen, dass er die Volatilität in den Basiswerten erhöht. Wissenschaftliche Untersuchungen haben dafür bisher allerdings kaum Evidenz gefunden.[1]

6.4	Anwendungen von Finanzmarktderivaten
6.4.1	Übersicht über die Anwendungsmöglichkeiten

Im Zentrum des Einsatzes steht aus betriebswirtschaftlicher Sicht die Optimierung des Finanzmanagements, wobei die folgenden fünf Anwendungen den Einsatz von Optionen und Termingeschäften begründen:

1. **Steuerung der spezifischen Rendite-/Risikocharakteristik des Portfolios:** Insbesondere Optionen ermöglichen auf effiziente Art die Realisierung von spezifischen Gewinn/Verlust-Strukturen. Wieviel Verlustrisiko und/oder wieviel Gewinnpotential in welchem Basiswert getragen werden soll, kann so genau festgelegt werden. Zum Beispiel lässt sich mit dem Kauf von Put-Optionen auf Aktien erreichen, dass das Verlustrisiko auf maximal 5% beschränkt ist bei gleichzeitiger Beibehaltung eines theoretisch unbeschränkten Gewinnpotentials.

2. **Trennung des Anlageentscheids von den Liquiditätsfolgen:** Im Unterschied zu physischen Produkten (Aktien, Obligationen usw.) erfordern Derivate für das Eingehen eines Engagements mit den genau gleichen Gewinnchancen und Verlustrisiken wesentlich weniger Liquidität. Der Entscheid für eine Investition in einen Basiswert kann somit weitgehend unabhängig vom aktuellen Vorhandensein der Liquidität gefällt werden. Dies kann vor allem dann von Bedeutung sein, wenn die Liquidität erst in einem späteren Zeitpunkt zur Verfügung stehen wird, aber bereits heute ein Engagement in einem Titel oder Markt angestrebt wird. Natürlich kann diese Hebelwirkung auch «spekulativ» eingesetzt werden, um Positionen einzugehen, deren Gewinnchancen und Verlustrisiken die tatsächlich vorhandenen Vermögenswerte um ein Mehrfaches übersteigen.

3. **Entscheidungsunabhängigkeit zwischen taktischer Asset Allocation und Umsetzung:** Die Unabhängigkeit des Anlageentscheides von den Liquiditätsfolgen lässt auch eine optimale Trennung der Anlagetätigkeit auf unterschiedliche Entscheidungsstufen zu. Insbesondere erlangen sogenannte «Overlay-Strategien» eine immer grössere Bedeutung im Portfolio Management. So kann zum

---

1 Vgl. Tanner/Zimmermann (1993) und die dort zitierte Literatur.

Beispiel eine Investorin die Portefeuille-Verwaltung an Banken delegieren, die für die konkrete Titelselektion verantwortlich sind. Gleichzeitig steuert die Investorin die taktische Asset Allocation, d.h. die mittelfristige Struktur des Portefeuilles, indem sie mittels Futures interessante Märkte übergewichtet und Märkte mit schlechten Aussichten untergewichtet, ohne dass sie in die Tätigkeit der Portfolio Manager der Banken eingreifen muss.

4. **Ausnützen von erwarteten Seitwärtsbewegungen:** Wenn die Instrumentenauswahl auf die Basiswerte beschränkt ist, sind die Kauf- und Verkaufsentscheide vor allem von den erwarteten Auf- oder Abwärtsbewegungen abhängig. Durch den Verkauf von Optionen eröffnet sich zusätzlich die Möglichkeit, richtig prognostizierte Seitwärtsbewegungen (Kursbewegungen in einer sehr engen Bandbreite) gewinnbringend auszunutzen. Dem auf die Prämieneinnahmen beschränkten Zusatzertrag steht jedoch bei falschen Erwartungen ein unbeschränktes Verlustpotential gegenüber.

5. **«Derivat-Picking»:** Schliesslich kann der Derivathandel auch als Selbstzweck dienen, indem durch den systematischen Kauf von zu billigen und dem Verkauf zu teurer Derivate ein Handelsgewinn erwirtschaftet werden soll. Dafür existieren spezielle Strategien, insbesondere das Ausnützen von Arbitrage-Möglichkeiten. Die Praxis zeigt, dass diese Geschäftätigkeit aber meistens nur von professionellen Marktteilnehmern (Banken, Market Maker) mit Erfolg umgesetzt werden kann.

6.4.2	Risikomanagement mit derivativen Instrumenten
6.4.2.1	Einbindung in Finanzstrategie

Die Anwendungsmöglichkeiten in Abschnitt 6.4.1 «Übersicht über die Anwendungsmöglichkeiten» zeigen, dass Derivate keine eigenständigen Kapitalbeschaffungs- bzw. Geldanlageinstrumente sind. Sie haben vielmehr die Funktion, die Chancen und Risiken der Basiswerte zu steuern. Derivate als effiziente und effektive Instrumente des Risikomanagements sind deshalb strikte in die übergeordnete Strategie einer Finanzabteilung oder eines institutionellen Anlegers einzubinden. Vor einem Derivateinsatz empfiehlt es sich, die Ausgangslage strukturiert darzulegen und die Erwartungen durch die Formulierung und Bewertung entsprechender Szenarien zu veranschaulichen. Die Beantwortung folgender Fragen mag dabei hilfreich sein:

- Welche Verluste sind (in einem bestimmten Zeithorizont) maximal tragbar? Wie hoch ist die absolute Risikofähigkeit bzw. -bereitschaft? Die Antwort auf diese Frage hängt stark vom Zweck und den Anforderungen der Finanztätigkeit ab. Eine Firma, die für das kurzfristige operative Geschäft Kapital benötigt, wird eine andere Risikotoleranz aufweisen als eine Pensionskasse, die die längerfristigen Leistungsverpflichtungen ihrer Versicherten sicherstellen muss.

- Welche Risiken will man nicht tragen? Die Anlage in eine Fremdwährungsanleihe beispielsweise beinhaltet mindestens drei Risiken: Das Zinssatzrisiko der Anlagewährung, das Bonitätsrisiko der Anleihe und das Wechselkursrisiko. Es ist in der Realität kaum möglich, für jeden Risikotyp bzw. für jeden Markt überdurchschnittliche Prognosefähigkeiten zu besitzen. Als logische Konsequenz drängt es sich auf, nur diejenigen Risiken zu tragen, bei denen diese Voraussetzung erfüllt sind ist und die anderen zu vermeiden.
- Welche Chancen will man bis zu welchem Ausmass wahrnehmen? Erwartet man von einem gewissen Kursniveau an keine weiteren Preissteigerungen mehr, kann durch den Verkauf von Optionen ein zusätzlicher Ertrag erwirtschaftet werden. Diese Chancen sind allerdings gegen die Opportunitätskosten in Form von verpassten Kursanstiegen abzuwägen.
- Welche Liquiditätsanforderungen bestehen? Wieviel Liquidität wird wann benötigt bzw. steht wann zur Verfügung? Wie verhält es sich mit den angestrebten Finanzierungs- bzw. Anlageaktionen?

6.4.2.2	Anwendungsgrundsätze bei Derivaten

Für die Entscheidungsfindung ist die Ausformulierung von Erwartungen über die zukünftige Entwicklung an den Finanzmärkten unabdingbar. Können neben den Basiswerten auch Derivate eingesetzt werden, gewinnen neben der blossen Erwartungsbildung über die Richtung der Kursentwicklung andere Überlegungen stark an Gewicht. Insbesondere die zukünftige Kursvolatilität stellt einen wichtigen Entscheidungsfaktor dar. Einen ähnlichen Einfluss haben die Prognosesicherheit, die man der Kurserwartung beimisst und die Risikobereitschaft bzw. -fähigkeit im Zusammenhang mit einer Finanztransaktion. Letzteres ergibt sich primär aus der Anlagestrategie und dem Anlagezweck und kann mit Hilfe der Fragen in Abschnitt 6.4.2.1 «Einbindung in Finanzstrategie» bestimmt werden. Volatilitätserwartungen, Prognosesicherheit bzw. Risikotoleranz bestimmen weitgehend, ob symmetrische oder asymmetrische Instrumente eingesetzt werden sollen und wie die Derivatkonstruktion konkret auszugestalten ist.

Die Entscheidungsmatrix in Form einer grundsätzlichen Checkliste in ▶ Abb. 86 zeigt auf, welche Grundinstrumente in welcher Situation optimal einzusetzen sind. Dabei ist zu beachten, dass die Entscheidungsfaktoren «erwartete Volatilität» und «Risikofähigkeit/-bereitschaft» nicht zwingend in der in ▶ Abb. 86 aufgezeig-

Entscheidungs-faktoren / Erwarteter Kurstrend des Titels	erwartete Volatilität: tief / Risikofähigkeit/-bereit-schaft: hoch	erwartete Volatilität: hoch / Risikofähigkeit/-bereitschaft: tief
stark positiv	Kauf Titel Kauf Futures	Kauf Call-Option
schwach posititv	Verkauf Put-Option Kauf Futures/Titel	Kauf Call-Option (+ Verkauf Call-Option)
schwach negativ	Verkauf Call-Option Verkauf Futures/Titel	Kauf Put-Option (+ Verkauf Put-Option)
stark negativ	Verkauf Titel Verkauf Futures	Kauf Put-Option

▲ Abb. 86   Checkliste: Instrumenteneinsatz

ten Kombination (hoch/tief) auftreten müssen. In der Praxis zeigt sich aber, dass für die Investoren häufig einer der beiden Faktoren in der Entscheidungsfindung eine viel grössere Bedeutung hat. Die Checkliste zeigt unter anderem auch auf, dass vom Risikoprofil her kein Unterschied zwischen einem Termingeschäft und einem physischen Kauf oder Verkauf des Titels im Kassamarkt besteht. Eine substantielle Differenz liegt einzig im Liquiditätsfluss beim Geschäftsabschluss: Der Kauf oder Verkauf eines Titels hat unmittelbar volle Liquiditätsfolge, während der Abschluss eines Termingeschäfts keine Liquiditätsfolge hat.

Der enge Zusammenhang zwischen dem Basiswert und den Derivaten verlangt auch, dass die einzelnen Finanzinstrumente innerhalb einer Strategie immer zusammen als Paket zu betrachten sind. Der Erfolg kann nur insgesamt und nicht auf den einzelnen Produkten beurteilt werden. Soll zum Beispiel ein bestehender Basiswert mit einem Termingeschäft abgesichert werden («Hedging»), so wird auf einem der beiden Instrumente immer ein Verlust auftreten, der durch einen entsprechenden Gewinn auf dem anderen kompensiert werden sollte. Ein «Denken in Töpfen», also eine separate Erfolgsanalyse für jedes Instrument, hätte in diesem Fall die wenig sinnvolle Auswirkung, dass einem der beiden Produkte ein Verlust zugeordnet wird, obwohl vielleicht die Absicherung perfekt funktioniert hat, d.h. die Volatilität des Portefeuilles nahezu vollständig reduziert wurde. Es sollten deshalb immer nur Aussagen über den Einsatz des relevanten Pakets von Instrumenten gemacht werden.

Neben den grundsätzlichen Anforderungen an einen optimalen Derivateinsatz sind auch im konkreten Einsatz auf der operativen Stufe wichtige **Voraussetzungen** zu erfüllen:

- **Übersicht über den Ist-Zustand des Portefeuilles:** Mit einem geeigneten Reporting-System ist sicherzustellen, dass als Entscheidungsgrundlage jederzeit der aktuelle Stand der bestehenden Positionen und somit deren aktuelle Risikocharakteristik bekannt sind.
- **Derivat-Produkteverständnis:** Die Kontraktspezifikationen und deren Besonderheiten müssen bekannt sein, damit das optimale Produkt ausgewählt wird.
- **Anwendungsverständnis:** Der Derivateinsatz zur Steuerung der Risiken eines Basiswertes oder eines ganzen Portefeuilles bedarf der Kenntnisse über das Verhalten und die gegenseitigen Abhängigkeiten von Portefeuille und Derivat. Insbesondere die Korrelation zum Basiswert ist bei der Bestimmung der Menge und des Typs des Derivats von grosser Bedeutung.
- **Sensitivitätsanalyse:** Um zu entscheiden, ob sich der Einsatz eines Derivates lohnt, sind die Chancen und Risiken zu quantifizieren. Besonders Sensitivitätsanalysen können aufzeigen, wie sich der Portefeuille-Wert bei bestimmten Kursentwicklungen verändert. Eine Mindestanalyse jedes Derivateinsatzes beinhaltet die Quantifizierung des maximal möglichen Verlustes, des maximal möglichen Gewinnes und desjenigen Kurses des Basiswertes, bei dem die Gewinnschwelle («Break-Even») erreicht wird.
- **Optimaler Handel:** Schliesslich ist der Kauf oder Verkauf auch zu einem möglichst günstigen Kurs und zu möglichst tiefen Transaktionskosten durchzuführen. Gerade der Limitenfestlegung ist bei volatilen Derivatpreisen die nötige Beachtung zu schenken. Ebenso entscheidend ist die Marktliquidität. Dabei ist immer auch zu prüfen, ob nicht nur bei der Positionseröffnung, sondern auch bei einem späteren Schliessen des Derivatkontraktes die gewünschte Menge problemlos gehandelt werden kann.

6.4.2.3	Anwendungsbeispiele

In ▶ Abb. 87 werden einige exemplarische Anwendungsbeispiele von Finanzderivaten diskutiert. Es soll dabei ein besonderes Augenmerk auf die Ausgangslage und die konkreten Markterwartungen gelegt werden. Diese beiden Aspekte entscheiden grundsätzlich, ob und wenn ja, welches derivative Instrument eingesetzt werden sollte.

Anwendungsbeispiel 1: Swap	
Ausgangslage	Firma hat Anleihe von 100 Mio. Fr. ausstehend: 5 % Coupon, Restlaufzeit: 4 Jahre, aktuelles Renditeniveau: $5\frac{1}{4}$%
Markterwartung	Sinkendes Zinssatzniveau (hohe Wahrscheinlichkeit)
Risikobereitschaft	Tiefe Risikobereitschaft bezüglich der Opportunitätsverluste von tieferen Finanzierungskosten bzw. hohe Risikobereitschaft bezüglich variabler Finanzierungskosten
Ziel	Fixe Finanzierungskosten in variable tauschen, die von einem Zinsrückgang profitieren würden
Instrument	Zinssatz-Swap über 100 Mio. Fr. mit 4 Jahren Restlaufzeit, receive fix – pay float, d.h. die Firma erhält gegen Bezahlung eines variablen Zinssatzes fixe Zinssatzzahlungen
Auswirkungen	Firma zahlt variable, kurzfristige Zinsen (anstelle des fixen Coupons) ■ Zinssätze sinken: tiefere Finanzierungskosten ■ Zinssätze unverändert: keine/wenig Auswirkungen ■ Zinssätze steigen: höhere Finanzierungskosten
Anwendungsbeispiel 2: Short Forward	
Ausgangslage	Erwerb von Technology Inc. (Tec) Aktien für 10 Mio. US-Dollar (USD)
Markterwartung	Steigender Kurs der Technology Inc. in USD, sinkender USD gegen Fr. (hohe Wahrscheinlichkeit)
Risikobereitschaft	Tiefe Risikobereitschaft bezüglich Währungseinfluss bzw. hohe Risikobereitschaft bezüglich Opportunitätsverlusten durch Währungs-Hedging
Ziel	Auf den Tec-Aktien nur das Aktien-, nicht aber das Währungsrisiko tragen
Instrument	Devisen-Forward: Verkauf von 10 Mio. USD gegen Schweizer Franken auf Termin
Auswirkungen	Der zukünftige Aktienkurs kann zum heute fixierten Wechselkurs in Fr. umgerechnet werden. ■ USD sinkt: Gewinn aus Forward kompensiert Währungsverluste ■ USD unverändert: keine/wenig Auswirkungen ■ USD steigt: Verlust aus Forward kompensiert Währungsgewinne

▲ Abb. 87   Anwendungsbeispiele

Anwendungsbeispiel 3: Long Put	
Ausgangslage	Portefeuille von Schweizer Aktien
Markterwartung	Kurskorrektur, volatiler Markt
Risikobereitschaft	Relativ tiefe Risikobereitschaft bezüglich Kursverlusten; an evtl. Kursanstiegen will man trotzdem partizipieren
Ziel	(Asymmetrische) Absicherung des Portefeuilles
Instrument	Kauf Put-Option auf den Schweizer Aktienindex (SMI)
Auswirkungen	Hohe Partizipation an der Aktienkursentwicklung bei gleichzeitiger Beschränkung des Verlustrisikos ■ Aktien steigen: Verlust der Prämie, ansonsten volle Partizipation an Kursgewinnen ■ Aktien unverändert: Verlust der Prämie ■ Aktien sinken: Gewinn auf Put kompensiert weitgehend (ohne die Prämienkosten) die Aktienkursverluste
Anwendungsbeispiel 4: Long Call	
Ausgangslage	Firma hat Anleihe ausstehend mit Restlaufzeit von 2 Jahren; wegen des tiefen Zinssatzniveaus wird neue Anleihe aufgenommen, die in 2 Jahren zur Konversion der alten Anleihe dient
Markterwartung	Leicht ansteigendes Zinssatzniveau, steigende Aktienkurse
Risikobereitschaft	Sehr tief; in 2 Jahren muss Gegenwert der ausstehenden Anleihe sicher zur Verfügung stehen
Ziel	Risikofreie Anlage des Nominalwertes, risikobeschränktes Engagement in Aktien
Instrument	Kauf Call-Option auf den Schweizer Aktienindex (SMI) plus Festgeldanlage
Auswirkungen	Maximales Verlustrisiko im Ausmass des Festgeld*zinses* der zum Erwerb der Option eingesetzt wurde, Partizipation am Aktienkursanstieg ■ Aktien steigen: höhere Rendite auf Festgeldanlage dank Partizipation am Aktienkursanstieg ■ Aktien unverändert: tiefere Rendite auf Festgeld wegen Verlust der Prämie ■ Aktien sinken: tiefere Rendite auf Festgeld wegen Verlust der Prämie

▲ Abb. 87   Anwendungsbeispiele (Forts.)

Anwendungsbeispiel 5: Short Call	
Ausgangslage	Bestand an Aktien Pharma AG (Phamag)
Markterwartung	Seitwärtsbewegung der Aktie mit wenig Volatilität
Risikobereitschaft	Hoch bezüglich Kursverlusten und bezüglich Opportunitätsverlusten bei starken Kursanstiegen
Ziel	Generierung eines Zusatzertrages
Instrument	Verkauf Call-Option auf Aktien der Pharma AG
Auswirkungen	Hohe Partizipation an der Aktienkursentwicklung bei gleichzeitiger Beschränkung des Gewinnpotentials ■ Aktien steigen: Verkauf der Phamag-Aktien zum Ausübungspreis, Opportunitätskosten in Form eines entgangenen Kursgewinnes ■ Aktien unverändert: Zusatzertrag durch Prämie ■ Aktien sinken: volle Partizipation am Kursverlust reduziert um die (fixe) Prämie
Anwendungsbeispiel 6: Short Put	
Ausgangslage	Firma benötigt aus operativem Geschäft in einem halben Jahr US-Dollar (USD)
Markterwartung	Seitwärtsbewegung des USD-Wechselkurses mit wenig Volatilität
Risikobereitschaft	Hoch bezüglich Kursverlusten und bezüglich Opportunitätstätsverlusten bei USD-Anstieg
Ziel	Generierung eines Zusatzertrages
Instrument	Verkauf Put-Option auf den USD/CHF-Wechselkurs
Auswirkungen	Erhalt einer Prämie, keine Partizipation an USD-Kursrückgängen unter den Ausübungspreis ■ USD steigt: volle Partizipation an den höheren Wechselkurskosten reduziert um die (fixe) Prämie ■ USD unverändert: Zusatzertrag durch Prämie ■ USD sinkt: Erwerb der USD zum Ausübungspreis, Opportunitätskosten in Form eines entgangenen Kursgewinnes

▲ Abb. 87   Anwendungsbeispiele (Forts.)

Anwendungsbeispiel 7: Long Futures («Spekulation»)	
Ausgangslage	Wenig Vermögen, Hoffnung auf raschen, grossen Gewinn
Markterwartung	Steigende Aktienkurse (hohe Wahrscheinlichkeit)
Risikobereitschaft	Sehr hoch
Ziel	Ausnützung des Hebels, trotz eines kleinen Vermögens ein grosses bzw. spekulatives Engagement eingehen
Instrument	Kauf Futures auf Schweizer Aktienindex (SMI)
Auswirkungen	Im Vergleich zum Vermögen sehr hohe Partizipation an der Aktienkursentwicklung ■ Aktien steigen: überproportionaler Gewinn ■ Aktien unverändert: keine/wenig Auswirkung ■ Aktien sinken: überproportionaler Verlust

▲ Abb. 87   Anwendungsbeispiele (Forts.)

6.5   Zusammenfassung und Beurteilung

Derivate sind Instrumente, die ein sehr effizientes Risikomanagement ermöglichen. Ihre Bedeutung hat dementsprechend seit Anfang der 70er Jahre rasch zugenommen. Auch wenn sie auf den ersten Blick manchmal kompliziert wirken und gefährliche, schwierig zu kontrollierende Risiken zu beinhalten scheinen, sind sie eigentlich keine speziellen, neuen Instrumente. Sie sind immer von den ihnen zugrundeliegenden Basiswerten abgeleitet und können durch diese repliziert werden. Das Komplexe an Derivaten aus theoretischer Sicht ist deshalb «lediglich» die Modellierung der Prozesse, welche diese Replikationen beschreiben. Und das Gefährliche aus praktischer Sicht ist die Tatsache, dass jedes Derivat implizit eine Liquiditäts-Gegenposition beinhaltet. So kann mit Derivaten ein kreditfinanziertes Engagement in einem Basiswert eingegangen werden, ohne dass der Fremdkapitalanteil, bzw. der Hebel oder Leverage, offen zutage tritt. Damit ist auch gesagt, dass Derivate keine neuartigen Risiken begründen, denn Kreditrisiken bestanden im Finanzmarkt schon immer. Um so wichtiger ist aber, dass der Derivateinsatz von einer geeigneten Controlling- und Reportingtätigkeit begleitet wird. Die publik gewordenen Derivatverluste von einzelnen Marktteilnehmern werden sicher dazu führen, dass in den nächsten Jahren der Risikokontrolle von Derivaten eine immer grössere Bedeutung beigemessen wird und die Reportingfähigkeit eine absolut notwendige Voraussetzung für den Derivateinsatz darstellt.

Wie im Abschnitt 6.4 «Anwendungen von Finanzmarktderivaten» gezeigt wird, gibt es eine Vielfalt von sinnvollen Anwendungsmöglichkeiten für derivative Finanzinstrumente. Entscheidend für einen erfolgreichen Einsatz wird immer sein, dass die Derivate umfassend in den übergeordneten Anlagezweck eingebunden werden. Derivatgeschäfte als Selbstzweck oder die mechanische Anwendung von vermeintlich immer gültigen Regeln können bei mangelhaftem Verständnis für die Charakteristik von Derivaten gefährlich sein. Ebenso unergiebig ist es, wertend zwischen Derivateinsätzen zur «Spekulation» und «Absicherung» zu unterschieden. Derivate sind weder für die eine noch die andere Anwendung prädestiniert. Es empfiehlt sich stattdessen, sie als das anzusehen, was sie aus finanzökonomischer Sicht sind: ein effizientes und häufig sehr günstiges Instrument für das Management der Chancen und Risiken der ihnen zugrundeliegenden Finanzinstrumente.

6.6   Glossarium

Amerikanische Option	Eine **Option,** die jederzeit vor der **Fälligkeit** ausgeübt werden kann
Arbitrage	Erreichen eines (risikolosen) Gewinnes durch das Eingehen einer Position in einem Instrument und einer entgegengesetzten, die Kursbewegungen neutralisierenden Position in einem anderen Instrument (vgl. **Replikation)**
At-the-Money	Eine **Option,** deren **Ausübungspreis** gleich hoch ist wie der Kurs des Basiswertes
Ausübungspreis	Der Preis, zu welchem der **Basiswert** bei Ausübung einer **Option** bezogen oder geliefert wird
Barausgleich	Spezielle Art der Durchführung des Kaufes bzw. Verkaufes des **Basiswertes** aus einem **Derivat**-Geschäft, in dem nicht eine effektive Lieferung des Titels erfolgt, sondern lediglich die Überweisung des Gewinnes bzw. Verlustes
Basiswert	Dem **Derivat** zugrundeliegender Titel, Index oder anderes Finanzinstrument
Call(-Option)	Ein **Options**-Kontrakt, der den Käufer berechtigt, den zugrundeliegenden **Basiswert** zu kaufen und den Verkäufer verpflichtet, den Basiswert zu verkaufen
Clearing House	Institution einer **Derivat**-Börse, die zwischen die beiden Parteien eines **Derivat**-Geschäftes tritt und damit die Einhaltung der Verpflichtungen garantiert

Delta-Faktor	Der Betrag, um den sich der Optionspreis ändert, falls sich der **Basiswert** um einen Punkt verändert
Derivat	Ein von einem anderen Instrument **(Basiswert)** abgeleitetes Finanzmarktprodukt
Europäische Option	Eine **Option,** die erst am letzten Handelstag ausgeübt werden kann
Exposure	Durch ein **Derivat** effektiv in einem **Basiswert** eingegangenes Engagement; kann damit als Mass für das eingegangene Risiko verwendet werden
Fälligkeit	Laufzeitende eines **Derivates;** Zeitpunkt, an dem das vereinbarte Geschäft durchgeführt wird oder bei einer **Option** eventuell als wertlos verfällt
Forward	Nicht standardisiertes, **OTC**-gehandeltes **Termingeschäft**
Futures	Standardisiertes, an einer Derivatbörse gehandeltes **Termingeschäft**
Glattstellung	Rückgängigmachung der Verpflichtungen aus einem **Derivat**-Geschäft vor der **Fälligkeit,** indem das **Derivat** am Markt zurückgekauft oder -verkauft wird; wird auch «Schliessen der Position» genannt
Hebelwirkung	Ermöglicht durch den Einsatz von **Derivaten,** mit einem geringeren Geldbetrag eine im Verhältnis viel grössere Position in einem **Basiswert** einzugehen
Hedge	Anwendung einer Strategie zum Schutz eines Portefeuilles gegen nachteilige Preisänderungen; auch Absicherung genannt
In-the-Money	Eine **Call-Option,** bei welcher der Kurs des **Basiswertes** über dem **Ausübungspreis** liegt, oder eine **Put-Option,** bei welcher der Kurs des **Basiswertes** unter dem **Ausübungspreis** liegt
«long» (gehen)	Aufbau eines Bestandes in einem **Basiswert** oder einem **Derivat**
Marge	Sicherheitsleistung, die als Deckung für die Kontrakterfüllung hinterlegt werden muss
Mark-to-Market	Tägliche Neubewertung gewisser **Derivat**-Kontrakte zur Berechnung der täglichen Gewinne bzw. Verluste
Option	Typ eines **Derivates,** bei dem eine Partei das Recht hat, vom heute abgemachten Kauf bzw. Verkauf eines **Basiswertes** vor oder bei der **Fälligkeit** wieder zurückzutreten
Optionspreis	(Markt-)Preis einer **Option,** auch (Options-)Prämie[1] genannt
OTC	«over the counter»; nicht über eine Börse, sondern über das Telefon bilateral zwischen zwei Parteien durchgeführter Handel

---

1   Als Optionsprämie wird auch die (prozentuale) Differenz zwischen dem aktuellen Börsenkurs und dem Preis, den man bei Bezug einer Aktie über die Option bezahlen müsste, verstanden (vgl. Kapitel 4, Abschnitt 4.4.2.3 «Optionsanleihen»).

Out-of-the-Money	Eine **Call-Option,** bei welcher der Kurs des **Basiswertes** niedriger ist als der **Ausübungspreis,** oder eine **Put-Option,** bei welcher der Kurs des **Basiswertes** über dem **Ausübungspreis** liegt
Put(-Option)	Ein **Options**-Kontrakt, der den Käufer berechtigt, den zugrundeliegenden **Basiswert** zu verkaufen und den Verkäufer verpflichtet, den Basiswert zu kaufen
Replikation	Vorgang, mit dem das Verhalten eines **Derivates** durch einen oder mehrere **Basiswerte** nachgeahmt wird. Dadurch kann ein **Derivat** «künstlich» hergestellt werden (vgl. **Arbitrage)**
«short» (gehen)	Aufbau eines Minus-Bestandes in einem **Basiswert** oder einem **Derivat**
Swap	Spezielle Art eines **Termingeschäftes,** bei dem zwei Parteien während einer zukünftigen Zeitperiode den Austausch von Zahlungen, die vom Verhalten eines oder mehrerer **Basiswerte** abhängen, vereinbaren
Swaption	**Options**-Kontrakt, dessen **Basiswert** ein **Swap** ist
Termingeschäft	Typ eines **Derivates,** bei dem alle Bedingungen eines Kaufes bzw. Verkaufes eines **Basiswertes** heute festgelegt, die Bezahlung bzw. die Lieferung aber erst in der Zukunft ausgeführt wird
Value-at-Risk	Bei einem bestimmten, vorgegebenen Szenario zu erwartender Verlust aus den eingegangenen Positionen; kann damit als Mass für das Risiko eines Portefeuilles verwendet werden
Volatilität	Schwankungsintensität (von Kursen); wird in der Regel gemessen mit der Standardabweichung

Literaturhinweise

Achleitner, Ann-Kristin (Hrsg.): Handbuch Investment Banking. 2., überarbeitete und erweiterte Auflage, Wiesbaden 2000

Achleitner, A.-K./Thoma, G. F. (Hrsg.): Handbuch Corporate Finance. Köln 1997

Albisetti, Emilio et al. (Hrsg.): Handbuch des Geld-, Bank- und Börsenwesens der Schweiz. 4. Auflage, Thun 1995

Betsch, O./Groh, A./Lohmann, L.: Corporate Finance. München 1998

Boemle, Max: Unternehmungsfinanzierung. 13., neu bearbeitete Auflage, Zürich 2002

Drukarczyk, Jochen: Finanzierung. Eine Einführung. 5., neu bearbeitete Auflage, Stuttgart 1999

Perridon, L./Steiner, M.: Finanzwirtschaft der Unternehmung. 10., überarbeitete Auflage, München 1999

Seiler, Armin: Financial Management. BWL in der Praxis II. Zürich 1999

Spremann, Klaus: Investition und Finanzierung. 5., verbesserte Auflage, München/Wien 1996

Volkart, Rudolf: Finanzmanagement. Beiträge zu Theorie und Praxis. Band 1 und 2, 7., erweiterte Auflage, Zürich 1998a/b

Volkart, Rudolf: Unternehmensfinanzierung und Kreditpolitik. Zürich 2000

Volkart, Rudolf: Kapitalkosten und Risiko. Cost of Capital als zentrales Element der betrieblichen Finanzpolitik. Zürich 2001a

Volkart, Rudolf: Rechnungswesen und Informationspolitik. Zürich 2001b

Volkart, Rudolf: Strategische Finanzpolitik. 3., aktualisierte und erweiterte Auflage, Zürich 2001c

Zimmermann, Hugo: Total Börse! Machen Sie mehr aus Ihrem Geld. 3., aktualisierte und erweiterte Auflage, Zürich 1999

Zimmermann, Hugo: Geld, Bank, Börse. Lexikon der Kapitalanlage. Zürich 2002

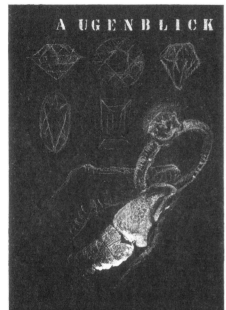
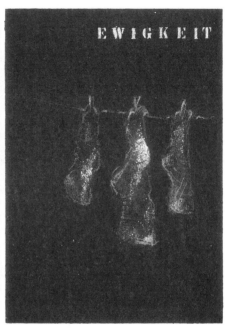

Teil 3

Investition

Inhalt

Kapitel 1

Grundlagen

1.1	Einleitung
1.1.1	Begriff

Ausgehend vom güter- und finanzwirtschaftlichen Umsatzprozess bedeutet «investieren» – wie das vom lateinischen «investire» (einkleiden) abgeleitete Wort selbst zum Ausdruck bringt – das Einkleiden des Unternehmens mit Vermögenswerten. Die Investitionsvorgänge stellen damit die der Finanzierung unmittelbar folgende Phase dar.

> **«Investition** ist die Umwandlung der durch Finanzierung oder aus Umsätzen stammenden flüssigen Mittel des Unternehmens in Sachgüter, Dienstleistungen und Forderungen.» (Käfer 1974, S. 5)

Je nach Umfang der betrachteten Investitionsobjekte können dabei zwei verschieden weit gefasste Begriffe unterschieden werden:

- **Investition im weiteren Sinn:** In einem sehr weiten Sinn umfassen die Vermögenswerte, in welche investiert wird, sämtliche Unternehmensbereiche, und zwar unabhängig von ihrer bilanziellen Erfassung oder Erfassbarkeit. Zu denken ist beispielsweise an
    - das Umlaufvermögen (z. B. Vorräte, Forderungen),
    - das materielle (z. B. Maschinen, Grundstücke), immaterielle (z. B. Patente, Lizenzen) und finanzielle (z. B. Beteiligungen) Anlagevermögen,

□ Informationen (z.B. Informationssysteme des Rechnungswesens),

□ das Humanvermögen oder Human Capital (z.B. Ausbildung von Mitarbeitern) und

□ das Know-how (z.B. Forschung und Entwicklung).

Es handelt sich somit um alle Investitionen, die ein Leistungspotential, d.h. einen erwarteten zukünftigen Nutzenzugang, darstellen.[1]

■ **Investition im engeren Sinn:** Beschränkt man sich dagegen auf einen ganz bestimmten Unternehmensbereich oder eine bestimmte Art von Gütern, in die investiert wird, so handelt es sich um eine enge Fassung des Investitionsbegriffes. Insbesondere versteht man darunter den Einsatz finanzieller Mittel in das materielle Anlagevermögen.

Den folgenden Ausführungen liegt ein enger Investitionsbegriff zugrunde, wobei die Produktionsanlagen (Maschinen und Maschinenkomplexe) von Industriebetrieben im Vordergrund stehen werden. Die Aussagen können aber mit kleinen Einschränkungen[2] auch auf das finanzielle und immaterielle Anlagevermögen übertragen werden.

| 1.1.2 | **Arten von Investitionen** |

In Anlehnung an die vorhergehende Abgrenzung des Investitionsbegriffes kann bezüglich des **Investitionsobjekts** zwischen Sachinvestitionen (materiell oder immateriell) und Finanzinvestitionen unterschieden werden.

Nach dem **zeitlichen Ablauf** lassen sich Gründungsinvestitionen (auch Anfangs- oder Errichtungsinvestitionen genannt) und laufende Investitionen unterscheiden. Letztere lassen sich je nach **Investitionszweck** bzw. Investitionsmotiv einteilen in:

1. **Ersatzinvestitionen:** Ersatz der alten defekten oder verbrauchten Anlage durch eine neue gleiche oder zumindest gleichartige Anlage.

2. **Rationalisierungsinvestitionen:** Auswechslung noch funktionierender und einsetzbarer Anlagen mit dem Zweck,

   ■ Kosten zu sparen,

   ■ qualitativ bessere Produkte herzustellen und damit höhere Verkaufspreise zu erzielen,

   ■ die Kostenstruktur zu verändern (z.B. energiesparende Anlagen).

---

1 Vgl. dazu Teil 1, Kapitel 3, Abschnitt 3.1.1 «Betriebswirtschaftliche Interpretation von Aktiven und Passiven».

2 Ist das Investitionsobjekt beispielsweise ein Grundstück, so ist zu beachten, dass sich dieses in der Regel nicht entwertet (wie dies bei Maschinen der Fall ist), sondern im Gegenteil an Wert zunehmen kann.

3. **Erweiterungsinvestitionen:** Beschaffung zusätzlicher Anlagen, um das bereits vorhandene Leistungspotential in quantitativer Hinsicht zu vergrössern.

4. **Umstellungsinvestitionen:** Ersatz der alten Maschinen durch neue, um anstelle der bisherigen Erzeugnisse neue Produkte herzustellen.

5. **Diversifikationsinvestitionen:** Zusätzlich zu den bisherigen Leistungen werden neue erbracht, die in das bestehende Produktionsprogramm passen (horizontale oder vertikale Diversifikation) oder die keinen sachlichen Zusammenhang zu den bisherigen Gütern haben (laterale Diversifikation).

In der betrieblichen Praxis lassen sich die einzelnen Investitionszwecke nicht immer genau abgrenzen oder es spielen mehrere Motive gleichzeitig eine Rolle. Vielfach ist beim Ersatz einer älteren Anlage auch zu beobachten, dass aufgrund des technischen Fortschrittes selten eine quantitativ und/oder qualitativ gleichwertige Anlage wiederbeschafft werden kann. Schliesslich sind noch weitere Motive zu erwähnen, die in der Praxis neben den bereits genannten eine wesentliche Rolle spielen können:

■ Einhaltung gesetzlicher Vorschriften (z.B. im Zusammenhang mit Umweltschutzmassnahmen),

■ soziale Anliegen zur Verbesserung der Arbeitsqualität der Mitarbeiter (z.B. Betriebssicherheit).

1.1.3	**Hauptprobleme bei Investitionen**

Den Investitionen kommen in der betrieblichen Praxis eine grosse Bedeutung zu, was vor allem die folgenden Sachverhalte belegen:

1. **Langfristiger Zeithorizont:** Investitionsentscheide haben in der Regel langfristige Auswirkungen. Dies hat unter anderem folgende Konsequenzen:
   ■ Langfristige Kapitalbindung, verbunden mit fixen Belastungen wie Abschreibungen und Zinsen.
   ■ Starre Kostenstruktur.
   ■ Grosses Risiko: Je langfristiger die Auswirkungen, um so weniger genau können die für eine Investition relevanten Daten (z.B. Absatzmenge, Entwicklung neuer Maschinen, Liquidationswert) vorausgesagt werden, um so grösser wird damit die Gefahr einer falschen Prognose.
   Zusammenfassend ergibt sich daraus eine erhebliche Einschränkung der unternehmerischen Flexibilität.

2. **Knappheit des Kapitals:** Grundsätzlich ist davon auszugehen, dass das Kapital nicht beliebig zur Verfügung steht. Oder mit anderen Worten: Es stehen mehr

Merkmale erfolgreicher Investitionspolitik	Begründung
Die erfolgreichen Unternehmen **investieren ständig mehr** als die weniger erfolgreichen Unternehmen	Die Bruttoinvestitionsquote der erfolgreichen Unternehmen war höher als bei den weniger erfolgreichen Unternehmen. Dies ist eine Folge des hohen Wachstums und der hohen Rentabilität. Zudem haben die erfolgreichen Unternehmen ständig höhere Abschreibungen vorgenommen als die schlechten Unternehmen. Auf diese Weise konnte der Buchwert des Sachanlagevermögens gesenkt werden.
Die erfolgreichen Unternehmen **investieren relativ weniger in Sachanlagen** als die weniger erfolgreichen Unternehmen.	Es ist den erfolgreichen Unternehmen gelungen, eine Investitionspolitik zu betreiben, die zu niedrigen Kapitalbindungsdauern führte.
Die erfolgreichen Unternehmen haben ein durchschnittlich **jüngeres Anlagevermögen** als die weniger erfolgreichen Unternehmen.	Die erfolgreichen Unternehmen haben auch während der Rezession ihre Anlagen nicht veralten lassen. Aus der Untersuchung von Albach (1987, S. 636ff.) ist ersichtlich, dass 44 % der maschinellen Ausstattung bei den erfolgreichen Unternehmen jünger als 5 Jahre alt sind. Bei den Krisenunternehmen beträgt dieser Prozentsatz 37 %.
Die erfolgreichen Unternehmen **reagieren flexibler** auf Investitionschancen als die weniger erfolgreichen Unternehmen.	Bei den Investitionschancen ist es von Bedeutung, wie rasch ein Unternehmen sie erkennt und wie schnell die Investitionschancen tatsächlich genutzt werden. Dies ist abhängig vom Zugang zu Kapital und von der Flexibilität in der Personalanpassung. Bei beiden Faktoren wiesen die erfolgreichen Unternehmen einen Vorsprung auf. Sie waren bevorzugt bei der Kapitalbeschaffung. Es ist ihnen aber auch gelungen, innerhalb kurzer Zeit Personal für die neuen Kapazitäten einzustellen und auszubilden. Die grössere Flexibilität der Investitionspolitik erfolgreicher Unternehmen führte somit zu höheren Renditen des Eigenkapitals.
Die erfolgreichen Unternehmen **investieren risikobewusster** als die weniger erfolgreichen Unternehmen.	Es ist den erfolgreichen Unternehmen gelungen, risikobewusster zu investieren. Sie haben in den 20 untersuchten Jahren durchwegs höhere Gewinne bei niedrigerem Risiko erzielt. Dies bedeutet nicht, dass die erfolgreichen Unternehmen Investitionen in risikoreiche Märkte und Prozesse unterlassen hätten. Sie konnten jedoch gleichzeitig Finanzinvestitionen tätigen, die bei Rückschlägen als Sicherheiten dienten.

▲ Abb. 88   Erfolgreiche Unternehmen (Staehelin 1993, S. 37)

Investitionsprojekte zur Auswahl als finanziert werden können. Dies führt dazu, dass eine Auswahl bzw. eine Ablehnung von Investitionsprojekten vorgenommen werden muss. Ein Hauptproblem besteht dabei in der Festlegung der Beurteilungskriterien.

3. **Komplexität:** Investitionen stehen nicht nur im Bereich der Finanzwirtschaft im Zentrum, sondern zeigen in allen Unternehmensbereichen erhebliche Auswirkungen. Speziell davon betroffen sind das Personalwesen, das Marketing, die Materialwirtschaft und der Produktionsbereich.

4. **Datenmenge:** Es fallen eine Vielzahl von Daten an, die für einen Investitionsentscheid relevant sind. Neben innerbetrieblichen Informationen ist vor allem auch die Umwelt des Unternehmens einzubeziehen, insbesondere Informationen über den Markt, die Konkurrenz, die Technologie, die Gesamtwirtschaft und die politische Situation.

5. **Erfolg des Unternehmens:** Zusammenfassend kann festgestellt werden, dass Investitionen einen massgeblichen Einfluss auf den Gesamterfolg (Gewinn) und sogar auf das Bestehen eines Unternehmens haben. ◄ Abb. 88 zeigt die Investitionspolitik erfolgreicher Unternehmen, wobei der Erfolg mit Hilfe der beiden Kriterien «Rendite des Eigenkapitals» und «Wachstum des Unternehmens» gemessen wurde.

Aufgrund dieser Sachverhalte wird verständlich, warum dem Problemlösungsprozess der Investition und dessen Steuerung besondere Aufmerksamkeit geschenkt wird. Im folgenden soll dieser Problemlösungsprozess dargestellt werden.

1.2 Problemlösungsprozess der Investition

Auch im Investitionsbereich kann ein Problemlösungsprozess festgehalten werden,[1] aus dem sich die unternehmerischen Aufgaben der Investition ableiten lassen. Die einzelnen Phasen lassen sich wie folgt beschreiben:

1. **Analyse der Ausgangslage:** In der Ausgangslage geht es darum, die sich aufgrund der veränderten Umwelt (z.B. Technologie, rechtliche Vorschriften, Kundenbedürfnisse) oder neuer Unternehmensbedingungen (z.B. neue Zielformulierung, neue Unternehmensstrategie) ergebenden Probleme für den Investitionsbereich zu erkennen, zu erfassen und einer ersten groben Analyse zu unterziehen.

---

1 Vgl. dazu Teil 2, Abschnitt 1.3 «Problemlösungsprozess der Finanzierung».

2. **Festlegen der Investitionsziele:** Aus den allgemeinen Unternehmenszielen und unter Berücksichtigung der Analyse der Ausgangslage lassen sich die spezifischen Investitionsziele herleiten. Wie im Rahmen der Finanzierung bereits dargelegt, geht es grundsätzlich um die optimale Kapitalverwendung. Im Vordergrund stehen die drei Zielkategorien **technische, wirtschaftliche** und **soziale Ziele.** Aus diesen lassen sich die Kriterien ableiten, nach denen die Beurteilung eines Investitionsvorhabens vorgenommen werden kann.

3. **Festlegen der Investitionsmassnahmen:** Sind die Investitionsziele umschrieben, so lassen sich die Massnahmen zur Zielerreichung bestimmen. Ausgehend von den verschiedenen Investitionsarten können Massnahmen unterschieden werden, die

   ■ auf die Ersetzung (bei ausgedienten Maschinen) oder die Erweiterung (bei Erhöhung des Umsatzes) der bisherigen Anlagen abzielen,

   ■ auf eine effizientere Herstellung der Produkte (z.B. neue Fertigungstechnik, neue Ablauforganisation) ausgerichtet sind,

   ■ bestehende Anlagen veränderten Marktverhältnissen anpassen wollen,

   ■ die Arbeitssicherheit der Mitarbeiter erhöhen sollen (z.B. Vollautomatisierung gefährlicher Arbeitsgänge, Lärmdämpfungsmassnahmen),

   ■ einen besseren Schutz der Umwelt beabsichtigen (z.B. neues Abwassersystem, Alarmanlage).

4. **Festlegen der Investitionsmittel:** Die Bestimmung der zur Realisierung der vorgeschlagenen Massnahmen notwendigen Ressourcen beinhaltet in erster Linie den Entscheid über die finanziellen Mittel, die eingesetzt werden sollen.

Fasst man die finanziellen Mittel zusammen, die für sämtliche Investitionsvorhaben während einer Planperiode (z.B. ein Jahr) zur Verfügung stehen, so erhält man das **Investitionsbudget.**

Da das Investitionsbudget meistens vorgegeben wird, stellt sich in der Praxis das Problem, wie diese Mittel auf die verschiedenen Investitionsprojekte aufgeteilt werden sollen.

5. **Durchführung:** Diese Phase umfasst die Umsetzung der Ziele und Massnahmen in konkrete Investitionen unter Berücksichtigung des Investitionsbudgets. Die Gestaltung des Investitionsablaufs bei der Beschaffung und Inbetriebnahme von Investitionen wird in Abschnitt 1.3 «Ablauf des Investitionsentscheidungsprozesses» dargestellt.

6. **Evaluation der Resultate:** Investitionen zeigen vielfach direkt messbare Resultate, die über den Zielerreichungsgrad sowie die Zweckmässigkeit der Massnahmen und des Mitteleinsatzes Auskunft geben.

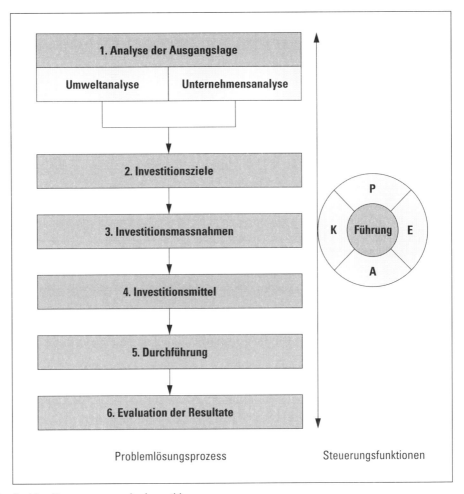

▲ Abb. 89   Problemlösungsprozess der Investition

Sind die Investitionsziele (z.B. betriebssichere und umweltschonende Investitionen, welche ein durchschnittliches jährliches Wachstum von 5% gewährleisten), die vorgeschlagenen Massnahmen (z.B. Ausbau der bestehenden Produktionsanlagen unter Berücksichtigung neuer Fertigungstechniken) genehmigt und die zu investierenden Mittel (in Form eines Investitionsbudgets) festgelegt, so bilden diese Ziele, Massnahmen und Mittel zusammen die **Investitionspolitik.** Sie bringt das Investitionsverhalten eines Unternehmens zum Ausdruck.

Wie aus ◄ Abb. 89 ersichtlich, treten die vier Steuerungsfunktionen Planung, Entscheidung, Anordnung und Kontrolle, wenn auch in unterschiedlichem Umfang und in unterschiedlicher Bedeutung, in allen Phasen des Problemlösungsprozesses auf.[1] So müssen beispielsweise die Investitionsziele geplant werden, es muss über sie entschieden werden, sie müssen durchgesetzt und schliesslich kontrolliert werden.

1.3 Ablauf des Investitionsentscheidungsprozesses

Betrachtet man den Ablauf bei der Beschaffung und Inbetriebnahme eines Investitionsobjekts, so zeigt sich in der Praxis, dass in Anlehnung an die allgemeinen Führungsfunktionen folgende Phasen unterschieden werden können: Investitionsplanung, -entscheidung, -realisierung und -kontrolle.

1.3.1 Investitionsplanung

Der Planungsphase kommt insofern eine grosse Bedeutung zu, als sie – als Ausgangspunkt des Investitionsentscheidungsprozesses – die Grundlagen für die nachfolgenden Phasen, d.h. für die Investitionsentscheidung, -realisierung und -kontrolle schafft. Die Investitionsplanung kann ihrerseits in mehrere Teilphasen gegliedert werden:

1. **Anregungsphase:** In einer ersten Phase wird es darum gehen, konkrete Investitionsmöglichkeiten zu ermitteln. Dazu sind Anregungen zu sammeln, die sich wie folgt ergeben (Siegwart/Kunz 1982, S. 21 ff.):
   - Erkennen von neuen Investitionsmöglichkeiten aufgrund systematischer Suche.
   - Vorschläge aufgrund der Erfahrung bei der täglichen Arbeit, wie sie beispielsweise das betriebliche Vorschlagswesen ermöglicht.
   - Investitionshinweise aufgrund von Abweichungsanalysen. Diese können folgende Diskrepanzen zum Vorschein bringen:
     □ Die Kapazität genügt nicht.
     □ Die Ist-Qualität entspricht nicht der Soll-Qualität.
     □ Die Durchlaufzeit ist zu lang.
     □ Konstruktiv geänderte Teile können mit bestehenden Maschinen nicht mehr hergestellt werden.
     □ Ein neues Produkt lässt sich mit den bestehenden Anlagen nicht oder nicht wirtschaftlich herstellen.

---

1 Zu den Steuerungs- bzw. Managementfunktionen vgl. Thommen 2002b, S. 47 ff.

□ Die Herstellungskosten werden durch den erzielbaren Marktpreis nicht mehr voll gedeckt.

□ Die Kosten der Instandhaltung einer Anlage sind überdurchschnittlich hoch.

□ Die Kostensteigerung bei der bisher verwendeten Energie ist so stark, dass Substitutionsmassnahmen angezeigt erscheinen.

□ Ersatzteile sind nicht mehr erhältlich.

2. **Abklärung der Realisierbarkeit:** Liegen Anregungen vor, so müssen die Auswirkungen einer Investition sowie deren Vorteilhaftigkeit überprüft werden. Aufgrund der bestehenden Investitionsziele lassen sich spezifische Bewertungskriterien ableiten, wie sie die Übersicht in ▶ Abb. 90 zeigt. Darauf aufbauend können folgende Analysen vorgenommen werden:

- **Technische Prüfung:** Ausarbeitung eines technischen Anforderungskataloges für das Investitionsobjekt und Vergleich mit den technischen Möglichkeiten der in Frage kommenden Investitionsobjekte.

- **Wirtschaftliche Prüfung:** Abklärung der wirtschaftlichen Aspekte und Auswirkungen von Investitionsvorhaben, insbesondere

  □ die Ermittlung des Kapitalbedarfs,

  □ die Schätzung der Kosten und Erlöse sowie

  □ die Bestimmung der wirtschaftlichen Nutzungsdauer.

  Aus betriebswirtschaftlicher Sicht steht die wirtschaftliche Analyse im Vordergrund. Mit Hilfe von Investitionsrechnungen (vgl. dazu Kapitel 2 «Investitionsrechenverfahren») lässt sich eine quantitative Analyse durchführen.

- **Soziale Prüfung:** Betrachtung der Auswirkungen einer Investition auf die unmittelbar betroffenen Mitarbeiter (z. B. Lärm) oder die Umwelt des Unternehmens (z. B. Abfälle).

Neben den rein quantitativen Merkmalen von Investitionsvorhaben spielen in der Praxis auch die wertmässig nicht oder nur schlecht quantifizierbaren Einflussfaktoren eine nicht unbedeutende Rolle. Sie werden als **Imponderabilien** bezeichnet, d. h. seitens des Entscheidungsträgers «unwägbare» Faktoren. Diese können sowohl technische und wirtschaftliche als auch soziale oder ökologische Sachverhalte umfassen:

- Einfachheit und Unfallsicherheit bei der Bedienung von Maschinen,
- Hitze-, Lärm- und Staubbelästigung,
- Arbeitsgenauigkeit,
- Absatzsteigerung infolge geringfügiger Qualitätsverbesserung,
- Einhaltung von Lieferterminen,
- Zuverlässigkeit des Lieferanten,
- Beeinträchtigung des Landschaftsbildes.

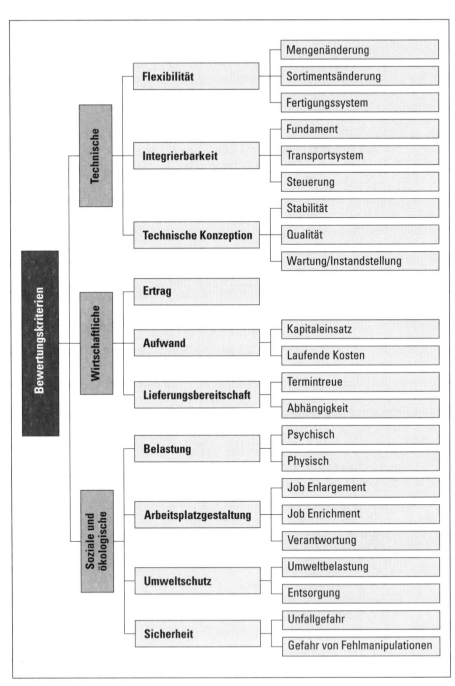

▲ Abb. 90   Zielbewertungskriterien (Siegwart/Kunz 1982, S. 55)

Bei der Beurteilung spielen vielfach auch **psychologische Einflussfaktoren** eine grosse Rolle. Als solche sind beispielsweise die Risikofreudigkeit, der Expansionszwang, das Prestige sowie die soziale Einstellung zu nennen.

Wegen der Unsicherheit der Daten und nur schlecht einschätzbarer Einflussfaktoren werden häufig mehrere Investitionsvarianten aufgestellt und miteinander verglichen. Als Hilfsmittel dient dazu die **Nutzwertanalyse**.[1] Sie ermöglicht, sowohl technische und wirtschaftliche als auch soziale Faktoren zu bewerten.

3. **Investitionsantrag:** Hat sich aufgrund der Investitionsanalyse eine Variante ergeben, die den Zielvorstellungen des Antragsstellers entspricht, so ist ein Investitionsantrag an den oder die Entscheidungsträger einzureichen. Dieser muss alle entscheidungsrelevanten Informationen enthalten, damit sich derjenige, der über die Investition zu entscheiden hat, ein genaues Bild vom eingereichten Vorschlag machen kann. Deshalb ist es in der Regel unumgänglich, dass die meist umfangreiche Datenmenge auf die wesentlichen Informationen reduziert wird.

1.3.2	**Investitionsentscheidung**

Meistens stehen mehrere Investitionsvorschläge zur Auswahl, aus denen unter Berücksichtigung des Investitionsbudgets die vorteilhaftesten Anträge ausgewählt werden müssen. Vorteilhaft heisst in diesem Falle, dass die aus der Investitionspolitik vorgegebenen Zielkriterien am besten erfüllt werden. Dabei entsteht regelmässig das Problem, dass aufgrund mehrerer Ziele und den daraus resultierenden Zielkonflikten Entscheide mit Kompromissen getroffen werden müssen. Nicht selten werden für einzelne Vorhaben Varianten berechnet, die sich aufgrund einer wahrscheinlichen, optimistischen oder pessimistischen Zukunftsbeurteilung ergeben. Dadurch kann nicht zuletzt das Risiko, das mit der Wahl eines bestimmten Investitionsprojektes eingegangen wird, besser abgeschätzt werden.

Wird schliesslich ein Entscheid gefällt, so stellt sich in der Praxis die Frage der Übertragung der Entscheidungskompetenzen auf die Entscheidungsträger (Stellen). Je nach Grösse des Unternehmens und Höhe der Investitionssumme erfolgt eine differenzierte Regelung. So können beispielsweise dem Verwaltungsrat oder dem Verwaltungsratsausschuss einer grösseren Publikumsgesellschaft die Kompetenzen über das gesamte Investitionsbudget sowie über einzelne grössere Investitionsprojekte (z.B. über 1 Mio. Fr.) vorbehalten sein, während der Generaldirektion Entscheidungen über mittelgrosse Investitionsbeträge (z.B. 100 000 bis 1 Mio. Fr.) übertragen und Entscheidungen über kleinere Investitionen direkt von den betroffenen Abteilungs- und Bereichsleitern getroffen werden können.

---

1 Zur Nutzwertanalyse vgl. Thommen 2002a, S. 99 ff.

| 1.3.3 | **Realisierung von Investitionen** |

Ist der Entscheid zugunsten eines Projektes gefallen, so müssen entsprechende **Anordnungen** getroffen werden, um das Investitionsvorhaben zu realisieren. Je nachdem, ob es sich um eine Eigenherstellung oder um einen Fremdbezug handelt, stellen sich unterschiedliche Probleme. Werden die Anlagen auf einem Markt mit mehreren Anbietern beschafft, so ergibt sich der in ▶ Abb. 91 schematisch aufgezeichnete Realisierungsablauf. Bei grösseren Investitionsprojekten wird die Realisierung geplanter Investitionsvorhaben eine längere Zeitperiode in Anspruch nehmen und schrittweise vollzogen. Dabei muss darauf geachtet werden, dass die Termine aufeinander abgestimmt sind und den direkt Betroffenen eindeutig mitgeteilt werden. Als Instrument eignet sich dazu der Netzplan.[1] Bei kleineren oder regelmässigen Investitionen handelt es sich hingegen meist um routinemässige Abwicklungen.

Neben den Anordnungen, die in unmittelbarem Zusammenhang mit der Beschaffung eines Investitionsobjekts stehen, müssen weitere Vorbereitungen getroffen werden, die verschiedene Unternehmensbereiche betreffen. Zu erwähnen sind beispielsweise:

- Bereitstellen des Kapitals in Form liquider Mittel (Wahl der Finanzierungsform),
- Bereitstellen der notwendigen Räumlichkeiten (evtl. Bau neuer Gebäude),
- Schulung der Mitarbeiter,
- Bedienungsmanual schreiben,
- Marketingmassnahmen bei neueren Produkten, Orientierung der Verkaufsorganisation,
- Beschaffung von Repetierfaktoren,
- Einstellen neuer Mitarbeiter.

---

1 Zur Netzplantechnik vgl. Hässig 2000, S. 234 ff.

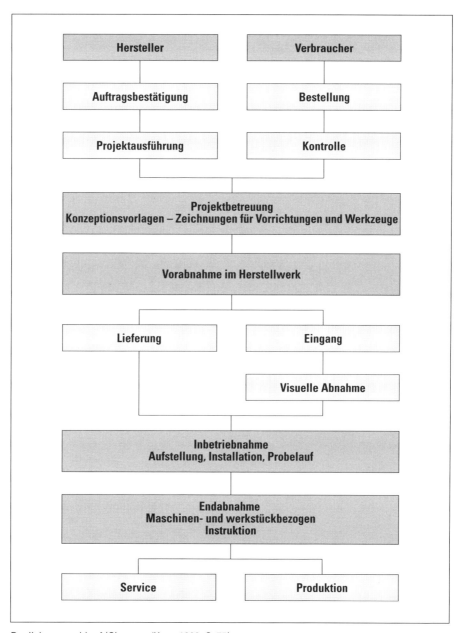

▲ Abb. 91   Realisierungsablauf (Siegwart/Kunz 1982, S. 75)

| 1.3.4 | Investitionskontrolle |

Die **Kontrolle** als letztes Element der Steuerung des Investitionsentscheidungs-prozesses erfüllt verschiedene Funktionen (▶ Abb. 92). Grundsätzlich kann zwischen einer

- **Ausführungskontrolle,** d.h. der Kontrolle der mit der Investition verbundenen Tätigkeiten, und einer
- **Ergebniskontrolle,** d.h. der Kontrolle der aus der Investition resultierenden Ergebnisse, unterschieden werden.

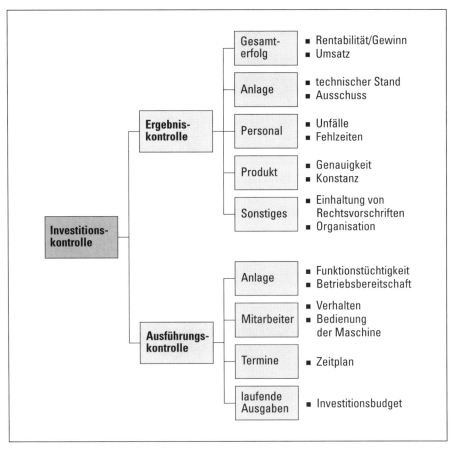

▲ Abb. 92   Kontrollfunktionen

Grundlage einer **Wirtschaftlichkeitskontrolle** bildet die Investitionsplanung. Diese Daten, insbesondere diejenigen der Investitionsrechnungen, sind Vorgabewerte, mit denen die effektiven Zahlen verglichen und allfällige Abweichungen interpretiert werden können. Die Investitionskontrolle dient somit in erster Linie einer Soll-Ist-Analyse. Daneben dient sie aber auch als Grundlage für zukünftige Investitionsplanungen und -entscheidungen.

Die Ausgestaltung der Investitionskontrolle wird je nach Grösse und Bedeutung des Investitionsprojektes verschieden ausfallen. Insbesondere muss entschieden werden über

- die Stelle, welche die Kontrolle durchführt (z. B. Geschäftsleitung, Rechnungswesen, Finanz- oder Produktionsabteilung),
- den Zeitpunkt und die Intensität der Kontrolle. Je nach Zweck der Kontrolle wird diese in sehr kurzen Zeitabschnitten (z. B. tägliche Kontrolle der Betriebsbereitschaft einer Anlage) oder in grösseren Zeitabständen (z. B. Erfolgskontrolle in Form der Rentabilität) stattfinden.

Kapitel 2

Investitionsrechenverfahren

2.1 Überblick über die Verfahren der Investitionsrechnung

Mit Hilfe von Investitionsrechnungen ist es möglich, die quantitativen Aspekte einer Investition oder eines Investitionsprojektes zu erfassen und zu bewerten. Sie bilden damit ein wesentliches Instrument zur Planung und Kontrolle eines rationalen Investitionsentscheides, der sich auf die wirtschaftliche Vorteilhaftigkeit einer Investition abstützen will. In der betriebswirtschaftlichen Theorie und unternehmerischen Praxis wurden verschiedene Verfahren entwickelt, die sich gemäss ▶ Abb. 93 in drei Gruppen einteilen lassen:

1. Die **statischen** Verfahren sind dadurch gekennzeichnet, dass sie die Unterschiede des zeitlichen Anfalls der jeweiligen Rechnungsgrössen nicht berücksichtigen und damit auf ein Ab- oder Aufzinsen verzichten. Den Rechnungen liegt in der Regel lediglich eine Periode zugrunde, da für alle Perioden die gleichen Werte angenommen werden. Dies bedeutet, dass man sich mit Durchschnittswerten zufrieden geben muss. Es handelt sich somit um relativ einfache Rechnungen, welche sich aus den Informationen des betrieblichen Rechnungswesens ableiten lassen. Sie finden aber – gerade wegen ihrer Einfachheit und Übersichtlichkeit – in der Praxis häufig Anwendung.

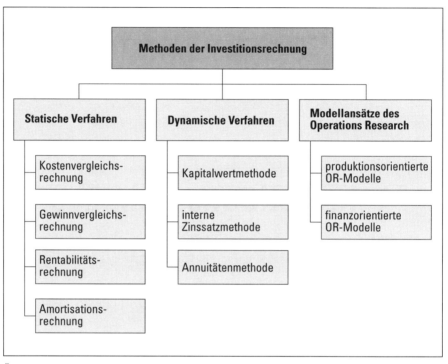

▲ Abb. 93   Übersicht über die Investitionsrechenverfahren

2. Die **dynamischen** Verfahren zeichnen sich demgegenüber dadurch aus, dass sie die zeitlich unterschiedlich anfallenden Zahlungsströme während der gesamten Nutzungsdauer zu erfassen versuchen. Dies hat zur Folge, dass an die Stelle von Kosten- und Nutzengrössen Auszahlungen und Einzahlungen treten und damit bestimmte Notwendigkeiten der buchhalterischen Abgrenzung (z.B. bei Abschreibungen) entfallen. Die Vergleichbarkeit dieser zeitlich unterschiedlich anfallenden Einzahlungs- und Auszahlungsströme wird dadurch erreicht, dass diese auf einen bestimmten Zeitpunkt abgezinst werden.

3. Die **Modellansätze des Operations Research** schliesslich versuchen, mit umfassenden Entscheidungsmodellen die Interdependenzen zwischen verschiedenen Funktionsbereichen wie Absatz, Produktion, Finanzierung und Investition zu berücksichtigen. Sie weisen in der Regel ein hohes Abstraktionsniveau auf und eignen sich aufgrund ihrer allgemein theoretischen Ausrichtung noch wenig für konkrete Anwendungen. Im folgenden sollen deshalb nur die Verfahren der statischen und dynamischen Investitionsrechnung dargestellt und beurteilt werden.

2.2	Statische Verfahren der Investitionsrechnung
2.2.1	Kostenvergleichsrechnung

> Die **Kostenvergleichsrechnung** ermittelt die Kosten von zwei oder mehreren Investitionsprojekten und stellt sie einander gegenüber.

Kriterium für die Vorteilhaftigkeit einer Investition ist somit die Kostengrösse. Man entscheidet sich für jene Investitionsvariante, bei der die Kosten am kleinsten sind. Grundsätzlich kann dabei mit

- den Kosten pro **Rechnungsperiode** (z.B. ein Jahr) oder
- den Kosten pro **Leistungseinheit**

gerechnet werden. Letztere bieten sich als Massgrösse vor allem dann an, wenn die zu vergleichenden Alternativen unterschiedliche Kapazitäten aufweisen und sich in der jährlichen Produktionsmenge unterscheiden. Der Erlös bleibt unberücksichtigt, da man davon ausgeht, dass der Erlös

- für alle betrachteten Investitionsvorhaben gleich gross ist,
- nicht auf eine einzelne Investition zugerechnet werden kann,
- überhaupt nicht gemessen werden kann.

In die Kostenvergleichsrechnung gehen grundsätzlich nur jene Kosten ein, die durch das jeweilige Investitionsprojekt verursacht werden. Vernachlässigt werden allerdings jene Kosten, die für alle Investitionsvarianten in gleicher Höhe anfallen. Entscheidungsrelevant sind damit die folgenden Kosten:

1. Die **Betriebskosten** (K_b), die als Kosten der laufenden Fertigung ausbringungsabhängig anfallen (variable Kosten), d.h. im wesentlichen Lohn-, Material-, Instandhaltungs-, Energie- sowie Werkzeugkosten.[1]

2. Die **Kapitalkosten,** die ausbringungsunabhängig anfallen (fixe Kosten). Diese setzen sich zusammen aus
   - den Abschreibungen (K_a) pro Zeitperiode und
   - den Zinskosten (K_z) auf dem durchschnittlich gebundenen Kapital.

---

1 Bei einer weiteren Differenzierung können noch ausbringungsunabhängige Kosten (fixe Kosten) der Betriebsbereitschaft unterschieden werden wie zum Beispiel Versicherungs- oder Raumkosten. Vielfach handelt es sich dabei um sprungfixe Kosten.

Bei Annahme eines kontinuierlichen Nutzungsverlaufs und somit linearer Abschreibungen können die Kosten unter Verwendung der nachstehenden Abkürzungen wie folgt berechnet werden:

I   = Investitionsbetrag (Kapitaleinsatz)
L   = Liquidationserlös des Investitionsobjekts am Ende der Nutzungsdauer
n   = Laufzeit des Investitionsprojektes

p   = Zinssatz (in Prozenten/Jahr) $\left(i = \dfrac{p}{100} \right)$

(1) $K = K_b + K_a + K_z$

(2) $K_a = \dfrac{(I - L)}{n}$

(3) $K_z = \left(L + \dfrac{(I - L)}{2} \right) \cdot \dfrac{p}{100} = \dfrac{(I + L)}{2} \cdot \dfrac{p}{100}$

Somit ergeben sich die gesamten Periodenkosten K als

(4) $K = K_b + \dfrac{(I - L)}{n} + \dfrac{(I + L)}{2} \cdot \dfrac{p}{100}$

und die Kosten pro Leistungseinheit (k) bei einer hergestellten Menge x als

(5) $k = \dfrac{K}{x}$

Wie das Beispiel der Kostenvergleichsrechnung in ▶ Abb. 94 zeigt, sind bei einer Investitionsentscheidung nicht nur die Ermittlung der Kosten für eine bestimmte Kapazitätsauslastung von Bedeutung, sondern auch die Kosten bei alternativen Kapazitätsauslastungen.

Für den Entscheidungsträger ist von Interesse, bei welcher Ausbringungsmenge zwei Alternativen die gleiche Kostenhöhe aufweisen. Dieser als kritische Menge bezeichnete Output x_{krit} kann mit Hilfe einer **Break-even-Analyse** ermittelt werden:

(6) $K_1 = K_2$

(7) $K_{z1} + K_{a1} + k_{b1} x_{krit} = K_{z2} + K_{a2} + k_{b2} x_{krit}$

(8) $x_{krit} = \dfrac{K_{z2} + K_{a2} - K_{z1} - K_{a1}}{k_{b1} - k_{b2}}$

A. Kosten pro Jahr	Anlage 1		Anlage 2	
■ **Ausgangsdaten**	260 000		190 000	
▫ Anschaffungskosten	5		6	
▫ Nutzungsdauer	10 000		10 000	
▫ Liquidationserlös	12 000		10 000	
▫ Kapazität/Periode	10 000		10 000	
▫ Auslastung/Periode				
■ **Kapitalkosten/Jahr**				
▫ Abschreibungen	50 000		30 000	
▫ Zinsen (10 %)	13 500	63 500	10 000	40 000
■ **Betriebskosten/Jahr**				
▫ Lohnkosten	30 000		40 000	
▫ Materialkosten	25 000		26 000	
▫ Unterhaltskosten	10 000		12 000	
▫ Energiekosten	4 000		6 000	
▫ sonstige Betriebskosten	15 000	84 000	18 000	102 000
■ **Gesamtkosten/Jahr**		147 500		142 000

B. Kosten pro Leistungseinheit	Anlage 1		Anlage 2
■ **Ausgangsdaten** wie A, aber Auslastung/Periode	10 000	12 000	10 000
■ **Kapitalkosten/Leistungseinheit**	6,35	5,29	4,00
■ **Betriebskosten/Leistungseinheit**	8,40	8,40	10,20
■ **Kosten/Leistungseinheit**	14,75	13,69	14,20

▲ Abb. 94   Beispiel Kostenvergleichsrechnung

Die graphische Darstellung der Break-even-Analyse (allgemeiner Fall, d. h. beide Maschinen haben die gleiche Kapazität) in ▶ Abb. 95 zeigt, dass Maschine 1 vorteilhafter arbeitet, solange die effektiv hergestellte Menge kleiner ist als die kritische Menge x_{krit}. Sobald die kritische Menge aber überschritten wird, erweist sich eine Bevorzugung von Maschine 2 als vorteilhaft. Bei der vergleichenden Beurteilung von zwei Maschinen muss somit nicht nur von den vorhandenen Kapazitäten, sondern auch von der effektiven, wahrscheinlich eintreffenden Auslastung ausgegangen werden. Je höher oder je tiefer die geschätzte Produktionsmenge über bzw. unter dem kritischen Punkt liegt, desto kleiner ist das Risiko eines Fehlentscheids.

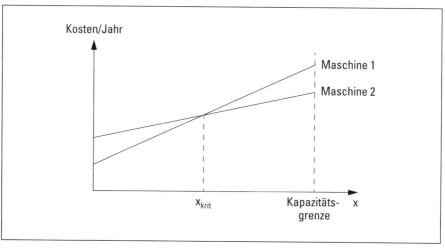

▲ Abb. 95   Break-even-Analyse

Eine **Beurteilung** der Kostenvergleichsrechnung ergibt, dass dem Vorteil eines in der Praxis einfach zu handhabenden Verfahrens einige schwerwiegende Mängel gegenüberstehen:

- Die Erlösseite wird nicht in die Berechnungen miteinbezogen.
- Es wird keine Beziehung zur Höhe des eingesetzten Kapitals hergestellt.
- Die Kostenstruktur bleibt unbeachtet.
- Veränderungen der Kosteneinflussgrössen (z.B. Änderung der Lohnkosten, der Rohstoffpreise) werden nicht berücksichtigt.

2.2.2   Gewinnvergleichsrechnung

Im Gegensatz zur Kostenvergleichsrechnung zieht die Gewinnvergleichsrechnung die Erlösseite mit in die Überlegungen ein. Dieses Verfahren empfiehlt sich somit immer dann, wenn die zur Auswahl stehenden Investitionsprojekte unterschiedliche Erlöse aufweisen, die sich aufgrund unterschiedlicher quantitativer und/oder qualitativer Absatzmengen ergeben können.

> Bei der **Gewinnvergleichsrechnung** wird aus mehreren Investitionsmöglichkeiten jene Variante ausgewählt, die den grössten Gewinnbeitrag verspricht.

Die Gewinnvergleichsrechnung eignet sich neben einfachen Ersatzinvestitionen hauptsächlich für **Erweiterungsinvestitionen,** bei denen mehrere Investitionsmöglichkeiten mit unterschiedlichen Gewinnerwartungen zur Verfügung stehen.

Auch wenn die Gewinnvergleichsrechnung mit der Berücksichtigung der Erlöse einen wichtigen Mangel der Kostenvergleichsrechnung zu beheben vermag, können bei diesen beiden statischen Investitionsrechenverfahren grundsätzlich die gleichen Nachteile aufgeführt werden. Zusätzlich ist zu erwähnen, dass der Gewinn zwar eine aussagefähigere ökonomische Grösse als die Kosten darstellt, andererseits aber die Ermittlung dieses Gewinnes in der Regel auf Schwierigkeiten stösst. Unproblematisch ist die Zurechnung eines Gewinnes nur dann, wenn mit einer einzigen Anlage, nämlich der zu beurteilenden, das vollständige Produkt hergestellt wird. Der aus dem Verkauf dieses Produkts erzielte Gewinn steht dann in direktem ursächlichem Zusammenhang mit der Anlage. In der betrieblichen Realität durchlaufen die Endprodukte jedoch mehrere Produktionsstufen, so dass eine Zurechnung des Gewinns auf einen bestimmten Teil des gesamten Anlagenkomplexes schwierig wird. Eine solche Verteilung des Gewinns wird zusätzlich dadurch erschwert, dass umgekehrt auf einer einzelnen Maschine vielfach mehrere Produkte (Halbfabrikate) hergestellt werden. Schliesslich ist zu beachten, dass die Schätzung des Gewinns auch deshalb schwieriger ist als diejenige der Kosten, da fixe Kosten (wie beispielsweise die Kapitalkosten), die einen wesentlichen Bestandteil der Gesamtkosten ausmachen, fest vorgegeben sind. Der Absatz und somit der Gewinn hängen dagegen von vielen ausserbetrieblichen Faktoren ab, so dass das Risiko der Fehleinschätzung eines Investitionsvorhabens auf der Grundlage einer Gewinnvergleichsrechnung erhöht wird.

Weisen die zur Diskussion stehenden Varianten eine unterschiedliche Nutzungsdauer oder unterschiedlich hohe durchschnittliche Kapitaleinsätze auf, so sind weitere Überlegungen in die Gewinnvergleichsrechnung einzubeziehen. Vorerst ist zu untersuchen, wie die nicht verwendeten finanziellen Mittel anderweitig eingesetzt werden können und welchen Gewinn sie dabei abwerfen. Man spricht in diesem Zusammenhang von Differenzinvestitionen.

> **Differenzinvestitionen** sind definiert als Investitionen, die aus dem Einsatz derjenigen finanziellen Mittel getätigt werden, die sich aufgrund unterschiedlicher Laufzeiten und Kapitaleinsätze beim Vergleich mehrerer Investitionsvorhaben ergeben.

Um das Problem unterschiedlicher Laufzeiten zu mildern, kann anstelle einer Perioden- eine Gesamtgewinnvergleichsrechnung erstellt werden, wie dies im Beispiel in ▶ Abb. 96 gemacht wird. Bezüglich des unterschiedlichen Kapitaleinsatzes muss abgeklärt werden, ob überhaupt genügend liquide Mittel zur Verfügung stehen oder ob diese nicht ausreichend vorhanden sind und somit eine Restriktion darstellen. Ist dies nicht der Fall, so wird das Investitionsvorhaben mit dem absolut grössten Gewinnbeitrag gewählt. Sind die finanziellen Mittel hingegen beschränkt, müssen weitere Kriterien zur Abklärung der Vorteilhaftigkeit

1. Ausgangsdaten	Anlage 1	Anlage 2
▪ Anschaffungskosten	100 000	50 000
▪ Nutzungsdauer in Jahren	10	8
▪ Liquidationserlös	10 000	10 000
▪ Kapazität/Jahr	10 000	8 000
▪ Erlös/Leistungseinheit	2,50	2,00
▪ variable Betriebskosten/Leistungseinheit	0,40	0,50
▪ fixe Betriebskosten	2 000	1 000
▪ Zinssatz	10 %	10 %
2. Kostenvergleich	**Anlage 1**	**Anlage 2**
a) Fixe Kosten		
▫ Abschreibungen	9 000	5 000
▫ Zinsen	5 500	3 000
▫ Sonstige	2 000	1 000
Total fixe Kosten/Jahr	16 500	9 000
b) Variable Kosten/Jahr	4 000	4 000
c) Gesamtkosten/Jahr	20 500	13 000
d) Stückkosten	2,05	1,625
3. Gewinnvergleich	**Anlage 1**	**Anlage 2**
a) Erlös pro Periode	25 000	16 000
b) Gewinn pro Periode	4 500	3 000
c) Gewinn pro Stück	0,45	0,375
d) Projektgewinn (ganze Nutzungsdauer)	45 000	24 000
4. Zusatzanalysen	**Anlage 1**	**Anlage 2**
a) Deckungsbeitrag/Leistungseinheit	2,10	1,50
b) Deckungsbeitrag/Periode	21 000	12 000
c) Gewinnschwelle		
▫ absolut	7 857	6 000
▫ in % der Kapazität	78,57 %	75 %
d) Sicherheitskoeffizient	21,43 %	25 %
e) Deckungsbeitragsquote	84 %	75 %

▲ Abb. 96   Beispiel Gewinnvergleichsrechnung

eines Investitionsvorhabens herbeigezogen werden. Als zweckmässig erweist sich dabei eine Ergänzung durch eine Rentabilitätsrechnung.[1]

Wie bereits bei der Kostenvergleichsrechnung dargelegt, können sich zusätzliche Untersuchungen aufdrängen, um weitere Informationen und Entscheidungs-

---

1   Vgl. dazu Abschnitt 2.2.3 «Rentabilitätsrechnung».

unterlagen zu erhalten. Vorerst kann mit Hilfe einer **Break-even-Analyse** abgeklärt werden, bei welcher kritischen Ausbringungsmenge die Gewinne von zwei Investitionsalternativen gleich gross, d.h. $G_1 = G_2$, sind. Diese berechnet sich analog zur Kostenvergleichsrechnung:

(1) $p_1 \, x - (K_{z1} + K_{a1} + k_{b1} \, x) = p_2 \, x - (K_{z2} + K_{a2} + k_{b2} \, x)$

(2) $x_{krit} = \dfrac{(K_{z1} + K_{a1} - K_{z2} - K_{a2})}{(p_1 - k_{b1} - p_2 + k_{b2})}$

wobei: x = Ausbringungsmenge
       p = Erlös pro verkaufte Leistungseinheit
       K_z = Zinskosten pro Periode
       K_a = Abschreibungen pro Periode
       k_b = Betriebskosten pro Leistungseinheit

Um sich ferner über die Gewinnstruktur der verschiedenen Investitionsprojekte ein genaueres Bild machen zu können, lassen sich die folgenden Kennzahlen berechnen:

- Gewinnschwelle $= \dfrac{\text{Fixe Kosten}}{\text{Deckungsbeitrag/Leistungseinheit}}$

- Deckungsbeitragsquote $= \dfrac{\text{Deckungsbeitrag/Leistungseinheit}}{\text{Erlös/Leistungseinheit}} \cdot 100$

- Sicherheitskoeffizient $= \dfrac{\text{Gewinn/Periode}}{\text{Deckungsbeitrag/Periode}} \cdot 100$

Die **Gewinnschwelle,** auch Break-even-Punkt genannt, gibt an, ab welcher Ausbringungsmenge x die betrachtete Investitionsvariante in die Gewinnzone tritt. Die **Deckungsbeitragsquote** zeigt, wieviel der prozentuale Deckungsbeitrag pro produzierte Leistungseinheit[1] beträgt, während der **Sicherheitskoeffizient** angibt, um wieviel Prozent der Erlös pro Periode sinken kann, bevor Verluste eintreten. Ein Investitionsprojekt ist unter Berücksichtigung dieser drei Kennzahlen um so vorteilhafter,

- je tiefer die Gewinnschwelle,
- je höher die Deckungsbeitragsquote und
- je höher der Sicherheitskoeffizient ist.

---

1 Der (absolute) Deckungsbeitrag als Differenz zwischen Erlös/Leistungseinheit und variablen Betriebskosten/Leistungseinheit wird auch als **Deckungsspanne** bezeichnet.

| 2.2.3 | **Rentabilitätsrechnung** |

Benötigen die betrachteten Investitionsvorhaben unterschiedliche Kapitaleinsätze, so ist es sinnvoll, die Rentabilitäten bei der Beurteilung zu berücksichtigen.
Ausgehend von der Kosten- und Gewinnvergleichsrechnung setzt die Rentabilitätsrechnung den durchschnittlich erzielten Jahresgewinn in Beziehung zum
durchschnittlich eingesetzten Kapital.[1] Somit ergibt sich:

■ $\text{Rentabilität} = \dfrac{\text{Gewinn/Periode}}{\varnothing \text{ eingesetztes Kapital}} \cdot 100 = \dfrac{G}{\dfrac{(I+L)}{2}} \cdot 100$

Mit Hilfe der Rentabilitätsrechnung können sowohl mehrere Investitionsmöglichkeiten als auch ein einzelnes Projekt beurteilt werden. Stehen mehrere Varianten zur Auswahl, so wird man sich für jene mit der höchsten Rentabilität entscheiden. Geht es hingegen um die Beurteilung eines einzigen Vorhabens, so erweist
sich jenes als vorteilhaft, das eine bestimmte, als Zielgrösse vorgegebene
Mindestrendite übersteigt. Die Rentabilitätsrechnung eignet sich nicht nur für Er-
weiterungs-, sondern auch für Rationalisierungsinvestitionen. Im letzteren Fall
muss obige Formel wie folgt modifiziert werden:

■ $\text{Rentabilität} = \dfrac{\text{Kostenersparnis/Periode}}{\text{zusätzlicher } \varnothing \text{ Kapitaleinsatz}} \cdot 100$

Bei der Beurteilung der Rentabilitätsrechnung können ähnliche Argumente vorge-
bracht werden wie bei den beiden bereits besprochenen Verfahren. Hervorzuheben ist allerdings, dass sich die Rentabilitätsrechnung durch Einbezug des
eingesetzten Kapitals an einem Wirtschaftlichkeitskriterium orientiert. Obschon
der Kapitalbezug gemacht wird, bleibt unberücksichtigt,

■ wie lange das Kapital gebunden bleibt,
■ ob die Kapitaldifferenzen anderweitig eingesetzt bzw.
■ zu welchen Konditionen sie angelegt werden können.

Um aufgrund von Rentabilitätsrechnungen genauere Informationen zu erhalten,
kann die Rentabilität durch Einbezug des Umsatzes in die **Umsatzrendite** und den
Kapitalumschlag zerlegt werden. Diese als **Return on Investment (ROI)** bezeichnete
Grösse lautet somit:

---

1   Zur Rentabilität vgl. Teil 1, Kapitel 6, Abschnitt 6.2.4.3 «Rentabilität».

$$\blacksquare \quad \text{ROI} = \frac{\text{Gewinn}}{\text{Umsatz}} \cdot \frac{\text{Umsatz}}{\text{ø eingesetztes Kapital}} \cdot 100$$

Rein rechnerisch ändert sich am Endergebnis nichts, die einzelnen Faktoren erlauben jedoch detailliertere und aussagestärkere Informationen über das Zustandekommen der Rentabilität. Diese Zerlegung lässt sich noch weiterführen, indem zusätzliche Grössen aus Bilanz und Erfolgsrechnung einbezogen werden. Bekannt ist vor allem das sogenannte **Du Pont-Schema,** das vom amerikanischen Chemiekonzern Du Pont de Nemours & Co entwickelt worden ist.[1]

2.2.4	**Amortisationsrechnung**

> Bei der Amortisationsrechnung – auch als **Pay-back-** oder **Pay-off-Methode** bezeichnet – wird die Zeitdauer (z) ermittelt, die bis zur Rückzahlung des Investitionsbetrages (I) durch die Einzahlungsüberschüsse verstreicht.

Die Einzahlungsüberschüsse[2] ergeben sich grundsätzlich aus Einzahlungen abzüglich Auszahlungen pro Periode, wobei sie der Einfachheit halber aus den Grössen der Gewinn- und Kostenvergleichsrechnung wie folgt berechnet werden:

■ Erweiterungsinvestitionen: Gewinn/Periode + Abschreibungen

■ Rationalisierungsinvestitionen: Kostenersparnis/Periode + Abschreibungen

Die **Wiedergewinnungszeit** z, auch Rückflussfrist oder Amortisationszeit genannt, kann mit zwei Methoden berechnet werden (▶ Abb. 97):

1. **Kumulationsrechnung:** Die Einzahlungsüberschüsse jeder Periode werden so lange addiert, bis die Summe der kumulierten Werte dem ursprünglichen Investitionsbetrag entspricht. Dieses Vorgehen ist immer dann anwendbar und sogar notwendig, wenn der Gewinn pro Periode nicht konstant ist oder sich die Abschreibungen nicht linear berechnen lassen. Sind diese Prämissen jedoch erfüllt, so empfiehlt sich wegen der Vereinfachung der Berechnung die Durchschnittsmethode.

---

1   Vgl. Teil 1, Kapitel 6, Abschnitt 6.2.5 «Du Pont-Kennzahlensystem der Unternehmensanalyse».

2   Diese Einzahlungsüberschüsse werden auch als «Cash-flow» bezeichnet, wobei dieser objektbezogene Cash-flow nicht mit dem periodenbezogenen Cash-flow verwechselt werden darf, wie er im Rahmen der Kapitalflussrechnung besprochen wird. Vgl. dazu insbesondere Teil 1, Kapitel 7, Abschnitt 7.3.5 «Cash-flow».

A. Durchschnittsrechnung	Anlage 1	Anlage 2	Anlage 3
■ Anschaffungskosten	100	80	80
■ Nutzungsdauer in Jahren	8	8	5
■ Abschreibungen/Jahr	12,5	10	16
■ Gewinn/Jahr	7,5	7,5	9
■ Rückfluss/Jahr	20	17,5	25
■ Amortisationszeit (in Jahren)	5	4,57	3,2
B. Kumulationsrechnung	**Anlage 1**	**Anlage 2**	**Anlage 3**
■ Anschaffungskosten	50	50	50
■ Nutzungsdauer	5	5	5
■ Abschreibungen			
1. Jahr	10	5	10
2. Jahr	10	10	20
3. Jahr	10	20	10
4. Jahr	10	10	5
5. Jahr	10	5	5
■ Gewinn			
1. Jahr	4	2	4
2. Jahr	4	4	8
3. Jahr	4	8	4
4. Jahr	4	4	2
5. Jahr	4	2	2
■ Rückflüsse kumuliert			
1. Jahr	14	7	14
2. Jahr	28	21	42
3. Jahr	42	49	56
4. Jahr	56	63	63
5. Jahr	70	70	70
■ Amortisationszeit (in Jahren)	3,57	3,07	2,57

▲ Abb. 97   Beispiel Amortisationsrechnung (in 1000 Fr.)

2. **Durchschnittsmethode:** Bei dieser Methode wird der Investitionsbetrag durch die regelmässig anfallenden und gleichbleibenden Rückflüsse dividiert. Dies ergibt folgende Formeln:

- $z = \dfrac{\text{Kapitaleinsatz}}{\text{Gewinn} + \text{Abschreibungen}}$

- $z = \dfrac{\text{Kapitaleinsatz}}{\text{Kostenersparnis} + \text{Abschreibungen}}$

Die Vorteilhaftigkeit eines Investitionsvorhabens ist somit dann gegeben, wenn entweder

- die als Ziel vorgegebene Amortisationszeit (Soll-Zeit) grösser ist als die effektiv berechnete Amortisationszeit (Ist-Zeit) oder
- ein bestimmtes Investitionsprojekt im Vergleich zu anderen Projekten die kleinste Amortisationszeit aufweist.

Die Amortisationsrechnung weist gegenüber den bisher betrachteten Verfahren einige **Vorzüge** auf:

- Erstens beruht das Verfahren auf liquiditätsorientierten Überlegungen.
- Zweitens wird dem Risiko Rechnung getragen: Je länger die Wiedergewinnungszeit, um so grösser ist das Risiko, dass sich die Investition nicht bezahlt macht. Denn je langfristiger die Planung, um so grösser ist auch die Wahrscheinlichkeit unvorhergesehener bzw. unvorhersehbarer Ereignisse, welche die vorausgesagten Werte wesentlich verändern können.

Diesem einfach anwendbaren Verfahren stehen aber auch einige spezifische **Nachteile** gegenüber:

- So sagt die Rückflussfrist (z) nichts über die zu erwartende Rentabilität aus.
- Probleme ergeben sich auch dann, wenn die Investitionsprojekte eine unterschiedliche Nutzungsdauer aufweisen, da die Höhe der jährlichen Abschreibungen die Amortisationsdauer wesentlich beeinflusst. Deshalb sind in der Regel weitere Rechnungen und Analysen nötig, die neben dem Sicherheits- und Liquiditätsdenken weitere Aspekte (z.B. Rentabilität) einbeziehen.

| 2.2.5 | **Beurteilung der statischen Verfahren** |

Zusammenfassend kann festgehalten werden, dass sich die statischen Investitionsrechenverfahren durch ihre grosse Praktikabilität auszeichnen. Es handelt sich um einfache Verfahren mit leicht zu verstehenden Berechnungen und betriebswirtschaftlich verständlichen Basisdaten. Allerdings weisen sie auch einige grundlegende Nachteile auf, die nochmals kurz dargestellt werden sollen:

- Zeitliche Unterschiede in bezug auf effektive Ein- und Auszahlungen bleiben weitgehend unberücksichtigt. Für ein Unternehmen spielt dieser Aspekt nicht nur bezüglich der Liquidität, sondern auch wegen der Rentabilität eine Rolle. Je weiter der Einzahlungsüberschuss in der Zukunft liegt, um so kleiner wird die Rentabilität, weil das Geld zur Reinvestition erst in einem späteren Zeitpunkt zur Verfügung steht.

- Die Betrachtung einer einzigen Periode und somit die Rechnung mit Durchschnittswerten ist eine grobe Vereinfachung, die nicht der betrieblichen Wirklichkeit entspricht.
- Die unterschiedliche Zusammensetzung der Kosten wird nicht untersucht und in die Rechnungen einbezogen. Substitutionsmöglichkeiten (z.B. beim Ersetzen von Mitarbeitern durch eine hochwertige, kapitalintensive Anlage werden Löhne durch Abschreibungen und Zinsen auf dem eingesetzten Kapital substituiert), welche im Hinblick auf Beschaffungsrestriktionen bedeutsam sein können, werden vernachlässigt.
- Die Zurechnung von Kosten und Gewinnen auf einzelne Investitionsvorhaben ist in der betrieblichen Praxis äusserst schwierig.
- Die effektive Nutzungsdauer bleibt unberücksichtigt. Damit besteht die Gefahr, dass längerfristige Investitionsprojekte unterbewertet werden. Dies wird besonders deutlich bei Anwendung der Pay back-Methode.
- Innerbetriebliche Interdependenzen werden nicht in die Betrachtung einbezogen. Schon bestehende – seien es bereits realisierte oder erst genehmigte – Investitionsprojekte bleiben beispielsweise unberücksichtigt.
- Restriktionen anderer Unternehmensbereiche (z.B. Finanzen, Personal, Materialwirtschaft), die vom Investitionsprojekt betroffen sind, werden nicht beachtet.

Die statischen Investitionsrechnungen können somit vor allem dann eingesetzt werden, wenn die zu beurteilenden Investitionsobjekte nicht durch schwankende, voneinander unterschiedliche Zahlungsströme gekennzeichnet sind. Sie eignen sich zudem als Entscheidungsgrundlage für kleinere Investitionen, die wenig innerbetriebliche Abhängigkeiten aufweisen.

2.3	**Dynamische Methoden der Investitionsrechnung**
2.3.1	**Einleitung**

Die dynamischen Investitionsrechenverfahren versuchen, einige Schwächen der statischen Methoden zu beseitigen. Dies geschieht im wesentlichen in zweifacher Hinsicht:

1. Es wird nicht mit Durchschnittswerten (Ein-Periodenbetrachtung) gerechnet, sondern mit **Zahlungsströmen,** die während der ganzen Nutzungsdauer der Investition auftreten.
2. Der **zeitlich unterschiedliche Anfall** der Einzahlungen und Auszahlungen wird berücksichtigt.

Aus letzterem Punkt ergibt sich, dass sämtliche zukünftigen Ein- und Auszahlungen auf den Zeitpunkt diskontiert (abgezinst) werden müssen, auf den die erste

Zahlung erfolgt. Der für diese Diskontierung bzw. Abzinsung benötigte **Diskontie-
rungs-** bzw. **Abzinsungsfaktor (v)** lautet:

$$(1) \quad v = \frac{1}{(1+i)^t}$$

wobei: $\quad i = \dfrac{p}{100} \quad (= \text{Diskontierungszinssatz})$

$\qquad\quad t = \text{Jahr, in dem die Zahlung anfällt } (t = 1, 2, \dots, n)$

Soll der **Barwert Z_0** einer zukünftigen Zahlung Z_t in t Jahren auf den heutigen Zeitpunkt t_0 berechnet werden, so ergibt sich

$$(2) \quad Z_0 = Z_t \cdot v = Z_t \frac{1}{(1+i)^t}$$

Die Diskontierungsfaktoren muss man in der Regel nicht jedesmal neu berechnen,
sondern man kann sie üblicherweise den Abzinsungstabellen entnehmen, in welchen sie für eine bestimmte Anzahl Jahre und für verschiedene Zinssätze
zusammengestellt sind (▶ Abb. 98, Tabelle A).

Beispiel Diskontierungsfaktor

$p \quad = \quad 10\,\%$
$Z_5 \quad = \quad \text{Fr. 5000,--}$

$Z_0 \quad = \quad 5000 \, \dfrac{1}{(1+0,1)^5} \; = \; 5000 \, \dfrac{1}{1,611} \; = \; 5000 \cdot 0,621 \; = \; 3105 \; [\text{Fr.}]$

Einen Spezialfall stellt die Berechnung des Barwertes Z_0 dar, wenn während n
Jahren eine Zahlung Ende Jahr fällig wird, die in ihrer Höhe konstant bleibt. In
diesem Fall erhält man Z_0 durch Addition der diskontierten Jahreszahlungen:

$$(3) \quad Z_0 = \frac{Z}{(1+i)^1} + \frac{Z}{(1+i)^2} + \dots + \frac{Z}{(1+i)^n} = Z v_1 + Z v_2 + \dots + Z v_n$$

Da die rechte Seite der Gleichung (3) einer geometrischen Reihe entspricht (d.h.
der Quotient von zwei aufeinanderfolgenden Gliedern ist konstant), kann die folgende Summenformel einer solchen Reihe für die Berechnung des Barwerts Z_0
genommen werden:

$$(4) \quad a_{\overline{n}|} = \sum_{t=1}^{n} v_t = \frac{(1+i)^n - 1}{i(1+i)^n}$$

Tabelle A: Abzinsungsfaktor $v = \dfrac{1}{(1+i)^t} = (1+i)^{-t}$

Zinssatz p (%)

Jahre	1	2	3	4	5	6	7	8	9	10	12	14	16	18	20	22	24	26	28	30
1	0,990	0,980	0,971	0,962	0,952	0,943	0,935	0,926	0,917	0,909	0,893	0,877	0,862	0,847	0,833	0,820	0,806	0,794	0,781	0,769
2	0,980	0,961	0,943	0,925	0,907	0,890	0,873	0,857	0,842	0,826	0,797	0,769	0,743	0,718	0,694	0,672	0,650	0,630	0,610	0,592
3	0,971	0,942	0,915	0,889	0,864	0,840	0,816	0,794	0,772	0,751	0,712	0,675	0,641	0,609	0,579	0,551	0,524	0,500	0,477	0,455
4	0,961	0,924	0,888	0,855	0,823	0,792	0,763	0,735	0,708	0,683	0,636	0,592	0,552	0,516	0,482	0,451	0,423	0,397	0,373	0,350
5	0,951	0,906	0,863	0,822	0,784	0,747	0,713	0,681	0,650	0,621	0,567	0,519	0,476	0,437	0,402	0,370	0,341	0,315	0,291	0,269
6	0,942	0,888	0,837	0,790	0,746	0,705	0,666	0,630	0,596	0,564	0,507	0,456	0,410	0,370	0,335	0,303	0,275	0,250	0,227	0,207
7	0,933	0,871	0,813	0,760	0,711	0,665	0,623	0,583	0,547	0,513	0,452	0,400	0,354	0,314	0,279	0,249	0,222	0,198	0,178	0,159
8	0,923	0,853	0,789	0,731	0,677	0,627	0,582	0,540	0,502	0,467	0,404	0,351	0,305	0,266	0,233	0,204	0,179	0,157	0,139	0,123
9	0,914	0,837	0,766	0,703	0,645	0,592	0,544	0,500	0,460	0,424	0,361	0,308	0,263	0,225	0,194	0,167	0,144	0,125	0,108	0,094
10	0,905	0,820	0,744	0,676	0,614	0,558	0,508	0,463	0,422	0,386	0,322	0,270	0,227	0,191	0,162	0,137	0,116	0,099	0,085	0,073
11	0,896	0,804	0,722	0,650	0,585	0,527	0,475	0,429	0,388	0,350	0,287	0,237	0,195	0,162	0,135	0,112	0,094	0,079	0,066	0,056
12	0,887	0,788	0,701	0,625	0,557	0,497	0,444	0,397	0,356	0,319	0,257	0,208	0,168	0,137	0,112	0,092	0,076	0,062	0,052	0,043
13	0,879	0,773	0,681	0,601	0,530	0,469	0,415	0,368	0,326	0,290	0,229	0,182	0,145	0,116	0,093	0,075	0,061	0,050	0,040	0,033
14	0,870	0,758	0,661	0,577	0,505	0,442	0,388	0,340	0,299	0,263	0,205	0,160	0,125	0,099	0,078	0,062	0,049	0,039	0,032	0,025
15	0,861	0,743	0,642	0,555	0,481	0,417	0,362	0,315	0,275	0,239	0,183	0,140	0,108	0,084	0,065	0,051	0,040	0,031	0,025	0,020

Tabelle B: Abzinsungssummenfaktor $a_{\overline{n}} = \displaystyle\sum_{t=1}^{n} \dfrac{1}{(1+i)^t} = \dfrac{(1+i)^n - 1}{i(1+i)^n}$

Jahre	1	2	3	4	5	6	7	8	9	10	12	14	16	18	20	22	24	26	28	30
1	0,990	0,980	0,971	0,962	0,952	0,943	0,935	0,926	0,917	0,909	0,893	0,877	0,862	0,847	0,833	0,820	0,806	0,794	0,781	0,769
2	1,970	1,942	1,913	1,886	1,859	1,833	1,808	1,783	1,759	1,736	1,690	1,647	1,605	1,566	1,528	1,492	1,457	1,424	1,392	1,361
3	2,941	2,884	2,829	2,775	2,723	2,673	2,624	2,577	2,531	2,487	2,402	2,322	2,246	2,174	2,106	2,042	1,981	1,923	1,868	1,816
4	3,902	3,808	3,717	3,630	3,546	3,465	3,387	3,312	3,240	3,170	3,037	2,914	2,798	2,690	2,589	2,494	2,404	2,320	2,241	2,166
5	4,853	4,713	4,580	4,452	4,329	4,212	4,100	3,993	3,890	3,791	3,605	3,433	3,274	3,127	2,991	2,864	2,745	2,635	2,532	2,436
6	5,795	5,601	5,417	5,242	5,076	4,917	4,767	4,623	4,486	4,355	4,111	3,889	3,685	3,498	3,326	3,167	3,020	2,885	2,759	2,643
7	6,728	6,472	6,230	6,002	5,786	5,582	5,389	5,206	5,033	4,868	4,564	4,288	4,039	3,812	3,605	3,416	3,242	3,083	2,937	2,802
8	7,652	7,325	7,020	6,733	6,463	6,210	5,971	5,747	5,535	5,335	4,968	4,639	4,344	4,078	3,837	3,619	3,421	3,241	3,076	2,925
9	8,566	8,162	7,786	7,435	7,108	6,802	6,515	6,247	5,995	5,759	5,328	4,946	4,607	4,303	4,031	3,786	3,566	3,366	3,184	3,019
10	9,471	8,983	8,530	8,111	7,722	7,360	7,024	6,710	6,418	6,145	5,650	5,216	4,833	4,494	4,192	3,923	3,682	3,465	3,269	3,092
11	10,368	9,787	9,253	8,760	8,306	7,887	7,499	7,139	6,805	6,495	5,938	5,453	5,029	4,656	4,327	4,035	3,776	3,543	3,335	3,147
12	11,255	10,575	9,954	9,385	8,863	8,384	7,943	7,536	7,161	6,814	6,194	5,660	5,197	4,793	4,439	4,127	3,851	3,606	3,387	3,190
13	12,134	11,348	10,635	9,986	9,394	8,853	8,358	7,904	7,487	7,103	6,424	5,842	5,342	4,910	4,533	4,203	3,912	3,656	3,427	3,223
14	13,004	12,106	11,296	10,563	9,899	9,295	8,745	8,244	7,786	7,367	6,628	6,002	5,468	5,008	4,611	4,265	3,962	3,695	3,459	3,249
15	13,865	12,849	11,938	11,118	10,380	9,712	9,108	8,559	8,061	7,606	6,811	6,142	5,575	5,092	4,675	4,315	4,001	3,726	3,483	3,268

▲ Abb. 98   Abzinsungsfaktoren und Rentenbarwertfaktoren

Damit ergibt sich der Barwert wie folgt:

$$(5)\ Z_0\ =\ a_{\overline{n}}Z\ =\ Z\left(\frac{(1+i)^n - 1}{i(1+i)^n}\right)$$

Der Abzinsungssummenfaktor $a_{\overline{n}}$ wird auch als Kapitalisierungs- oder Barwert-faktor bezeichnet. Er kann üblicherweise – wie der Abzinsungsfaktor – für ver-schiedene Jahre und Zinssätze den entsprechenden Tabellen entnommen werden (◄ Abb. 98, Tabelle B). Da es sich bei der Zahlung Z um eine während n Jahren jährlich anfallende, nachschüssige (d.h. Ende Jahr fällige) Rente handelt, nennt man den Barwert Z_0 auch den **Rentenbarwert** oder **Kapitalwert**.

Beispiel Rentenbarwert
p = 10 % Z = Fr. 1000.– n = 5 Z_0 = 1000 · 3,791 = 3791 [Fr.]

2.3.2   Kapitalwertmethode (Net Present Value Method)

Bei der Kapitalwertmethode werden alle durch eine Investition verursachten Ein-zahlungen und Auszahlungen auf einen bestimmten Zeitpunkt abgezinst.

> Die Differenz aus den abgezinsten Einzahlungen und Auszahlungen bezeichnet man als **Kapitalwert** oder **Net Present Value** (NPV) einer Investition.

Zur Berechnung des Kapitalwertes ist die Kenntnis folgender Grössen erforder-lich:

t = Zeitindex, wobei t = 1, 2, …, n.

n = Nutzungsdauer der Investition in Jahren.

i = Diskontierungszinssatz (Kalkulationszinssatz).

I_0 = Auszahlungen im Zusammenhang mit der Beschaffung des Investitionsob-jekts, zum Beispiel Kaufpreis einer Maschine, Auszahlungen für Transport und Installation oder Kosten für das Anlernen der Mitarbeiter.

a_t = Auszahlungen während der Nutzungsdauer, fällig am Ende der jeweiligen Zeitperiode t wie zum Beispiel Zahlungen für Repetierfaktoren, Löhne, Re-paraturen.

e_t = Einzahlungen während der Nutzungsdauer, fällig am Ende der jeweiligen Zeitperiode t. Diese beinhalten in erster Linie die Erlöse aus dem Verkauf der erstellten Leistungen.

g_t = Einzahlungsüberschuss, also $e_t - a_t$.

L_n = Liquidationserlös am Ende der Nutzungsdauer.

Der Kapitalwert K_0 ergibt sich aus der Differenz sämtlicher diskontierter Einzahlungen E_0 und Auszahlungen A_0:

(1) $K_0 = E_0 - A_0$

(2) $E_0 = \sum_{t=1}^{n} \dfrac{e_t}{(1+i)^t} + \dfrac{L_n}{(1+i)^n}$

(3) $A_0 = \sum_{t=1}^{n} \dfrac{a_t}{(1+i)^t} + I_0$

(4) $K_0 = \sum_{t=1}^{n} \dfrac{e_t - a_t}{(1+i)^t} + \dfrac{L_n}{(1+i)^n} - I_0$

Fallen die Einzahlungsüberschüsse g_t gleichmässig über die gesamte Nutzungsdauer an, so kann mit Hilfe der Rentenbarwertrechnung die Formel wie folgt vereinfacht werden:

(5) $K_0 = a_{\overline{n}|}\, g + \dfrac{L_n}{(1+i)^n} - I_0$

Beispiel Kapitalwertmethode

I_0 = Fr. 60 000.–
L_n = Fr. 10 000.–
p = 10 %
t = 3

a) g_1 = Fr. 20 000.–
g_2 = Fr. 30 000.–
g_3 = Fr. 25 000.–

$K_0 = 0{,}909 \cdot 20\,000 + 0{,}826 \cdot 30\,000 + 0{,}751\,(25\,000 + 10\,000) - 60\,000 = 9245\ [\text{Fr.}]$

b) $g_1 = g_2 = g_3 = 25\,000.–$

$K_0 = 2{,}487 \cdot 25\,000 + 0{,}751 \cdot 10\,000 - 60\,000 = 9685\ [\text{Fr.}]$

Aus der Kapitalwertformel und den Zahlenbeispielen wird deutlich, dass die Höhe des Kapitalwertes durch die folgenden Faktoren bestimmt wird:

- Höhe und zeitliche Verteilung der jährlichen Auszahlungen und Einzahlungen,
- Kalkulationszinssatz.

Daraus wird ersichtlich, dass der Wahl des Kalkulationszinssatzes ein besonderes Gewicht zukommt. Grundsätzlich stehen drei Möglichkeiten offen, diesen Zinssatz zu bestimmen:

1. Man legt die **Finanzierungskosten** zugrunde und geht davon aus, dass die Investition mindestens eine Rendite erzielen müsste, welche für das eingesetzte Kapital bezahlt werden muss oder müsste.
2. Man nimmt die Rendite, die auf **alternativen Anlagemöglichkeiten** erzielt werden könnte, sei dies bei sachähnlichen oder sachfremden Investitionsprojekten.
3. Man gibt eine **Zielrendite** vor, die man unter Berücksichtigung verschiedener Faktoren (z.B. Marktchancen, Risiko) erreichen möchte.

Wie aus ▶ Abb. 99 ersichtlich ist, bestehen zwischen Kalkulationszinssatz und Kapitalwert enge Beziehungen. Je höher der Kalkulationszinssatz, desto kleiner der Kapitalwert und umgekehrt. (Die Darstellung beruht auf den Zahlen des Beispiels zur Kapitalwertberechnung.)

Die Vorteilhaftigkeit einer einzelnen Investition ergibt sich immer dann, wenn der Kapitalwert positiv ist. Dieser zeigt an, dass über die geforderte Mindestver-

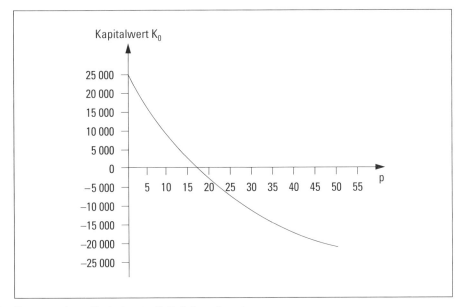

▲ Abb. 99 Zusammenhang Kapitalwert – Kalkulationszinssatz

zinsung in Form des Kalkulationszinssatzes i sowie die Rückzahlung des eingesetzten Kapitals ein Überschuss erwirtschaftet worden ist. Wird die geforderte
Mindestverzinsung dagegen nicht erreicht, d.h. ist der Kapitalwert negativ, so
genügt die Investition den Anforderungen nicht. Bei einem Vergleich zwischen
mehreren Investitionsprojekten wird man sich demzufolge für jenes entscheiden,
das den grössten Kapitalwert aufweist.

| 2.3.3 | **Methode des internen Zinssatzes (Internal Rate of Return Method)** |

Die Methode des internen Zinssatzes lässt sich auf einfache Weise aus der Kapitalwertmethode ableiten.

> Der **interne Zinssatz** oder Internal Rate of Return (IRR) ist derjenige Zinssatz, bei
> dem sich gerade ein Kapitalwert von K = 0 ergibt.

Dieser Zinssatz stellt somit die interne oder effektive Verzinsung einer Investition
dar. Die Formel dafür lautet, abgeleitet aus (4):

$$(6) \quad I_0 = \sum_{t=1}^{n} \frac{e_t - a_t}{(1+i)^t} + \frac{L_n}{(1+i)^n}$$

Zur Ermittlung des internen Zinssatzes i muss die obige Gleichung nach i aufgelöst werden. Bei Investitionsprojekten mit mehr als zwei Nutzungsperioden ergeben sich dabei erhebliche mathematische Lösungsschwierigkeiten, so dass mit
Näherungslösungen gearbeitet werden muss. Man geht dabei wie folgt vor:

1. Man bestimmt einen Kalkulationszinssatz, bei dem der damit berechnete Kapitalwert möglichst nahe bei Null liegt, aber noch positiv ist.
2. Man wählt einen zweiten Kalkulationszinssatz, bei dem sich ebenfalls ein Wert
   nahe bei Null, allerdings ein negativer ergibt.
3. Man nimmt die beiden ermittelten Werte und berechnet mit Hilfe der Inter-
   polation den Zinssatz, bei dem der Kapitalwert gerade Null wird.

Eine Vereinfachung ergibt sich allerdings dann, wenn – wie beim Kapitalwert
bereits als Spezialfall erwähnt – mit konstanten Rückflüssen gerechnet werden
kann. Dann vereinfacht sich Formel (6) zu:

$$(7) \quad a_{\overline{n}|} = \frac{I_0}{e - a} \quad \text{wobei } L_n = 0$$

Der interne Zinssatz stellt die Rentabilität (vor Abzug der Zinsen) dar, mit der sich
der jeweils noch nicht zurückgeflossene Kapitaleinsatz jährlich verzinst. Man

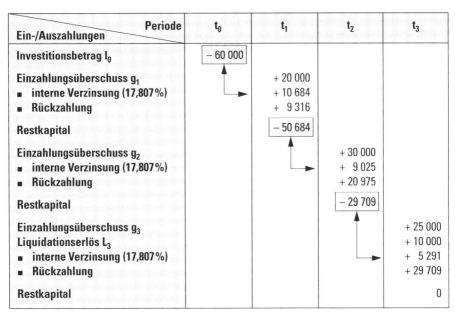

Ein-/Auszahlungen \ Periode	t_0	t_1	t_2	t_3
Investitionsbetrag I_0	– 60 000			
Einzahlungsüberschuss g_1		+ 20 000		
▪ interne Verzinsung (17,807 %)		+ 10 684		
▪ Rückzahlung		+ 9 316		
Restkapital		– 50 684		
Einzahlungsüberschuss g_2			+ 30 000	
▪ interne Verzinsung (17,807 %)			+ 9 025	
▪ Rückzahlung			+ 20 975	
Restkapital			– 29 709	
Einzahlungsüberschuss g_3				+ 25 000
Liquidationserlös L_3				+ 10 000
▪ interne Verzinsung (17,807 %)				+ 5 291
▪ Rückzahlung				+ 29 709
Restkapital				0

▲ Abb. 100 Beispiel interner Zinssatz

geht also davon aus, dass die jährlichen Rückflüsse, die über die interne Verzinsung hinausgehen, zur Rückzahlung des Investitionsbetrages I_0 benützt werden.

Die Darstellung in ◄ Abb. 100, beruhend auf dem Beispiel zur Kapitalwertberechnung in Abschnitt 2.3.2 «Kapitalwertmethode (Net Present Value Method)», soll diese Aussage verdeutlichen (der interne Zinssatz beträgt 17,8 %). Erfolgen hingegen keine Rückzahlungen während der Investitionsperiode (sondern erst am Ende), so wird der Kapitaleinsatz I_0 nur dann zum internen Zinssatz verzinst, wenn die über die Verzinsung mit dem internen Zinssatz hinausgehenden Rückflüsse genau zu diesem Zinssatz wieder angelegt werden können.

Die Vorteilhaftigkeit eines Investitionsprojektes ergibt sich immer dann, wenn der interne Zinssatz über dem geforderten Mindestzinssatz liegt. Werden mehrere Investitionsprojekte miteinander verglichen, so wird jenes mit dem höchsten internen Zinssatz gewählt.

2.3.4 Annuitätenmethode

Die Annuitätenmethode stellt – wie die Methode des internen Zinssatzes – eine Modifikation der Kapitalwertmethode dar. Während bei der Kapitalwertmethode der Kapitalwert die Einzahlungen und Auszahlungen über sämtliche Perioden der Investitionsdauer wiedergibt, wandelt die Annuitätenmethode diesen Kapitalwert in gleich grosse jährliche Einzahlungsüberschüsse um. Diese bezeichnet man als Annuität. Damit wird eine Periodisierung des Kapitalwerts auf die gesamte Investitionsdauer unter Verrechnung von Zinseszinsen erreicht:

$$(8) \quad K_0 = \sum_{t=1}^{n} A \frac{1}{(1+i)^t} = A \sum_{t=1}^{n} \frac{1}{(1+i)^t} = A\ a_{\overline{n}|} \quad (A = \text{Annuität})$$

Die Berechnung der Annuität erfolgt in zwei Schritten. Zuerst wird der Kapitalwert K_0 berechnet:

$$(9) \quad K_0 = \sum_{t=1}^{n} \frac{g_t}{(1+i)^t} + \frac{L_n}{(1+i)^n} - I_0$$

Anschliessend wird der Kapitalwert mit dem sogenannten **Wiedergewinnungsfaktor** multipliziert:

$$(10) \quad A = \frac{1}{a_{\overline{n}|}} K_0$$

Der Wiedergewinnungsfaktor stellt nichts anderes als den Kehrwert des Rentenbarwertfaktors $a_{\overline{n}|}$ dar, der aus der entsprechenden Zinstabelle entnommen werden kann.

Ein Investitionsprojekt erweist sich dann als vorteilhaft, wenn seine Annuität grösser Null ist. Aus mehreren Projekten wird jenes mit der grössten Annuität gewählt. Da sich die Methode prinzipiell nicht von der Kapitalwertmethode unterscheidet, gelten die gleichen Bemerkungen wie sie zur Kapitalwertmethode gemacht worden sind.

2.3.5	**Beurteilung der dynamischen Investitionsrechenverfahren**

Die Vorteile der dynamischen Verfahren ergeben sich in erster Linie daraus, dass sie den zeitlichen Ablauf eines Investitionsprojektes berücksichtigen und damit einen höheren Realitätsbezug aufweisen. Das bedeutet insbesondere, dass

- sämtliche Daten über alle Perioden der Nutzungsdauer einzeln erfasst werden und
- der zeitlich unterschiedliche Anfall aller relevanten Zahlungsgrössen auf der Grundlage der Zinseszinsrechnung berücksichtigt wird.

Trotzdem vermögen die dynamischen Verfahren nicht alle Nachteile der statischen zu beheben. Als Mängel lassen sich anführen:

- **Annahme vollkommener Informationen**: Die zukünftigen Daten können nur geschätzt werden, da diese unsicher sind. Das Risiko, aufgrund falsch geschätzter Daten zu einer Fehlentscheidung zu kommen, kann durch folgende Massnahmen verkleinert werden (ohne die Methode zu wechseln):
  - Wahl eines grösseren Kalkulationszinssatzes.
  - Verkleinern der Einzahlungsströme oder Vergrössern der Auszahlungsströme.
  - Verkürzung der Nutzungsdauer.

  Man spricht in diesem Zusammenhang auch von einer **Sensitivitätsanalyse**. Diese ermittelt auf systematische Weise die «Empfindlichkeit» der Investitionsresultate auf Änderungen der Eingabedaten wie Absatzmenge, Investitionssumme, Kalkulationszinssatz oder Lebensdauer.

- **Zurechnung** von Einzahlungs- und Auszahlungsströmen auf einzelne Investitionsobjekte. Dies ist nur möglich, wenn keine
  - **zeitlich-horizontalen** Interdependenzen, d.h. Verflechtung mit den bestehenden Unternehmens- und Marktstrukturen, sowie keine
  - **zeitlich-vertikalen** Interdependenzen, d.h. Abhängigkeit von zukünftigen Investitionsprojekten, vorhanden sind.

- **Wiederanlage** der Einzahlungsüberschüsse: Es wird unterstellt, dass sämtliche Einzahlungsüberschüsse zum vorgegebenen Kalkulationszinssatz (Kapitalwertmethode) oder internen Zinssatz reinvestiert werden können.

- Annahme der **Differenzinvestition**: Stehen verschiedene Investitionsprojekte zur Auswahl, die sich insbesondere durch eine unterschiedliche Nutzungsdauer und Investitionssumme auszeichnen, so entsteht das Problem der Verwendungsmöglichkeiten der Differenz zwischen den verschiedenen Kapitaleinsätzen und/oder der zeitlichen Verfügbarkeit des Kapitals. Deshalb geht man davon aus, dass
  - bei unterschiedlicher Lebensdauer Nachfolge- oder Anschlussinvestitionen und
  - bei unterschiedlichen Kapitaleinsätzen und/oder Rückflussdifferenzen Ergänzungsinvestitionen

  vorgenommen werden können, die in bezug auf die betrachteten Merkmale die gleichen Strukturen aufweisen.

2.3.6	**Praxisbezug von Investitionsrechenverfahren**

Eine Umfrage bei 45 bedeutenden Schweizer Gesellschaften über die Anwendung von Investitionsrechenverfahren in der betrieblichen Praxis ergab die Resultate, wie sie in ▸ Abb. 101 zusammengestellt sind.

Statische Investitionsrechnungen	
Kostenvergleichsrechnung	52%
Einfache Gewinnrechnung	30%
Einfache Renditeberechnung	50%
Einfache Pay back-Methode	68%
Nutzwertanalyse	20%
Dynamische Investitionsrechnungen	
Kapitalwertmethode	39%
Annuitätenmethode	23%
Interner Zinssatz	77%
Dynamisierter Pay back	16%
Anwendung von Mehrfachkriterien	
Siebenfachkriterium	7%
Sechsfachkriterium	7%
Fünffachkriterium	18%
Vierfachkriterium	20%
Dreifachkriterium	30%
Zweifachkriterium	9%
Einfachkriterium	9%

▲ Abb. 101 Einsatz der Investitionsrechenverfahren (Volkart 1998a, S. 310ff.)

Die Untersuchung zeigt die grosse Bedeutung der statischen Pay back-Methode, die von fast drei Viertel der Unternehmen angewandt wird, im Rahmen von Risiko- und Liquiditätsüberlegungen. Die Praxisrelevanz der Kostenvergleichsrechnung erklärt sich aus dem bedeutenden Anteil von Ersatzinvestitionen an den Gesamtinvestitionen. Im Rahmen der dynamischen Investitionsrechnungen fällt die Dominanz der Methode des internen Zinssatzes auf, womit verdeutlicht wird, dass in der betrieblichen Realität die finanziellen Mittel knapp sind und deshalb Renditeüberlegungen absoluten Gewinnbetrachtungen vorgezogen werden müssen. Ein Blick auf die Anwendung der einfachen Gewinnvergleichsrechnung und der einfachen Renditeberechnung bei den statischen Investitionsrechnungen unterstreicht diese Tatsache.

Über 80% der Unternehmen wenden mindestens drei Kriterien zur Beurteilung von Investitionen an, was eine bessere Fundierung des Investitionsentscheides erlaubt und durch den vermehrten PC-Einsatz unterstützt wird.

Literaturhinweise

Grob, Heinz Lothar: Einführung in die Investitionsrechnung. 3., vollständig überarbeitete und erweiterte Auflage, München 1999

Leimgruber, J./Prochinig, U.: Investitionsrechnung. 5. Auflage, Zürich 2001

Lücke, Wolfgang (Hrsg.): Investitionslexikon. 2., völlig neu bearbeitete und erweiterte Auflage, München 1991

Müller-Hedrich, Bernd W.: Betriebliche Investitionswirtschaft. Systematische Planung, Entscheidung und Kontrolle von Investitionen. 6. Auflage, Stuttgart 1992

Olfert, Klaus: Investition. 8., überarbeitete und erweiterte Auflage, Ludwigshafen 2001

Staehelin, Erwin: Investitionsrechnung. Konzept und Vergleich der Investitionsrechnungsmethoden. Berücksichtigung der Inflation und Steuern. 40 Aufgaben. 8., erweiterte Auflage, Chur/Zürich 1993

Trossmann, Ernst: Investition. Stuttgart 1998

Volkart, Rudolf: Finanzmanagement. Beiträge zu Theorie und Praxis. Band 1 und 2, 7., erweiterte Auflage, Zürich 1998a/b

WAY DOWN

HIGH ABOVE

Teil 4

Unternehmensbewertung

Inhalt

Kapitel 1

Grundlagen

1.1 Einleitung

Bei der Bewertung eines Unternehmens als Ganzes oder von Teilen eines Unternehmens (z.B. Tochtergesellschaften) handelt es sich um das gleiche Problem wie bei der Beurteilung eines einzelnen Investitionsobjekts (z.B. Maschine). Beide Problemstellungen gehen im Prinzip von der Frage aus: Wie gross ist der zukünftige Nutzen, den man durch den Einsatz von Kapital für eine bestimmte Investition erhält? Trotzdem ergeben sich aufgrund spezifischer Merkmale einige Unterschiede, die sich auch auf die Rechenverfahren auswirken. Die Verfahren der Investitionsrechnung (für einzelne Vorhaben) und diejenigen der Unternehmensbewertung unterscheiden sich insbesondere in folgenden Punkten:

- **Investitionsobjekt:** Unternehmen oder Unternehmensteile auf der einen, einzelne Produktionsfaktoren oder abgrenzbare Investitionsprojekte auf der anderen Seite.

- Zur Verfügung stehende **Daten:** Bei den Investitionsrechnungen sind die Anschaffungskosten I_0 des Investitionsobjekts in der Regel bekannt, während bei der Unternehmensbewertung diese Kosten zuerst berechnet werden müssen.

- Unterschiedliche **Fragestellung:**
  - ☐ Unternehmensbewertung: Wie gross ist der Wert eines Unternehmens aufgrund des zukünftigen Nutzenzuganges?
  - ☐ Investitionsrechnungen: Lohnt sich eine Investition aufgrund des zukünftigen Nutzenzuganges?

- **Anzahl** der betrachteten Objekte: Bei der Unternehmensbewertung handelt es sich um ein einziges Objekt, während bei den allgemeinen Investitionsrechenverfahren vielfach mehrere Objekte miteinander verglichen werden.

Im folgenden sollen unter Berücksichtigung der Gemeinsamkeiten und Unterschiede in der Bewertung ganzer Unternehmen und einzelner Investitionsobjekte die Erkenntnisse der allgemeinen Investitionsrechenverfahren auf die Methoden der Unternehmensbewertung angewandt werden. Die Bewertung eines ganzen Unternehmens verursacht vor allem deshalb grosse Probleme, weil der gesamte Unternehmenswert in der Regel grösser ist als die Summe der einzelnen **Vermögensteile.** Sie unterscheidet sich dadurch wesentlich von der Beurteilung einzelner Investitionsvorhaben, die genau abgegrenzt werden können.[1] Diese Tatsache wird schon daraus ersichtlich, dass Unternehmen der gleichen Branche mit gleichen oder zumindest ähnlichen Produktionsfaktoren eine unterschiedliche Rentabilität erzielen können. Deshalb sind die zukünftigen **Erfolge,** die auf verschiedenen nicht oder nur schlecht erfass- oder messbaren Faktoren beruhen (z.B. gute Organisation, qualifiziertes Personal), zu berücksichtigen. Gerade die Ermittlung des Wertes solcher immateriellen Faktoren, deren Gesamtheit als **Goodwill** bezeichnet wird, stellt in der Praxis ein schwer lösbares Problem dar.

Die **Anlässe** für eine Unternehmensbewertung können sehr unterschiedlicher Natur sein. Nach Helbling (1998, S. 31 f.) werden Unternehmensbewertungen in folgenden Zusammenhängen vorgenommen:

- Kauf bzw. Verkauf ganzer Unternehmen oder Unternehmensanteile.
- Fusion, Entflechtung, Umwandlung – verbunden mit einer Handänderung von Anteilen.
- Aufnahme oder Ausscheiden von Gesellschaftern.
- Teilungen nach Erbrecht oder ehelichem Güterrecht (Ehescheidungen).
- Analyse eines Unternehmens im Hinblick auf Strukturänderungen (Reorganisation, Sanierung, Umfinanzierung, Liquidation usw.) und andere Managemententscheidungen.
- Aufnahme, Erhöhung oder Verlängerung von Krediten (z.B. Nachweis der Bonität zuhanden von Banken) usw.

---

1 Es ist bereits bei der Beurteilung der statischen wie auch der dynamischen Methoden der Investitionsrechnung darauf hingewiesen worden, dass zeitlich-horizontale Interdependenzen nicht berücksichtigt werden. Je nach Situation ergäbe sich dadurch ein Zusatznutzen oder ein Minderwert.

- Gerichtliche oder schiedsgerichtliche Auseinandersetzungen, bei denen der Wert des Unternehmens eine Rolle spielt.
- Festsetzung des Vermögenssteuerwertes (durch den Fiskus), andere steuerliche Anlässe (Umwandlungen usw.).
- Enteignung (Expropriation), Nationalisierung usw.

In der Literatur taucht immer wieder die Frage nach dem «richtigen» Unternehmenswert auf. Aus der sich daraus ergebenden Diskussion kann zusammenfassend festgehalten werden, dass es den absolut richtigen Wert nicht gibt bzw. nicht geben kann. Bewertungen beruhen immer auf subjektiven Werten von Menschen. So existieren auch in der Betriebswirtschaftslehre keine allgemein anerkannten objektiven Bewertungskriterien. Zu weit gehen die Wertvorstellungen auseinander, zu verschieden sind die Interessen der beteiligten Personen im Zusammenhang mit einer Unternehmensbewertung. Allerdings lässt sich insofern eine Objektivierung des Wertes erreichen, indem der Zweck bzw. die Funktion einer Unternehmensbewertung berücksichtigt wird und der Wert in bezug auf das Ziel einer Unternehmensbewertung betrachtet wird. Helbling (1998, S. 43 ff.) unterscheidet drei funktionsspezifische Bereiche der Unternehmensbewertung:

1. **Vermittlung** oder **Konfliktlösung:** Der Unternehmenswert ist ein **Schiedswert,** der möglichst unparteiisch, losgelöst von den beteiligten Parteien, ermittelt werden soll. Er beruht auf angemessenen betriebswirtschaftlichen Daten. Beispiele:
   - Auftrag an einen Sachverständigen, eine unabhängige Gerichtsexpertise zu erstellen.
   - Bestimmung des Aktienaustauschverhältnisses durch einen Fachmann im Zusammenhang mit einer Fusion.
   - Ermittlung eines verbindlichen Wertes bei Abgeltung eines Minderheitsgesellschafters gemäss Statuten oder Vertrag.

2. **Beratungsfunktion:** Bei der Beratungsfunktion spricht man vom **Entscheidungswert.** Er beruht auf der Erkenntnis, dass zukünftige Situationen, wenn überhaupt, nur mit subjektiven Wahrscheinlichkeiten vorausgesagt werden können. Der Entscheidungswert berücksichtigt diese subjektiv gewichteten Daten und vertritt somit – im Gegensatz zum Schiedswert – die Meinung und das Interesse einer bestimmten Partei. Der Zweck seiner Ermittlung ist das Bereitstellen einer Entscheidungsgrundlage. Beispiele:
   - Bei Verhandlungen über den Kauf eines Unternehmens gibt der Entscheidungswert den Höchstpreis an, den man gewillt ist zu bezahlen.
   - Ein Mehrheitsaktionär überlegt sich, wieviel das Unternehmen wert ist und bei welchem Preis er sein Aktienpaket verkaufen würde.
   - Ein Konzern lässt ein Gutachten erstellen, um zu prüfen, ob ein geforderter Unternehmenspreis im Rahmen der Konzernbeteiligungspolitik akzeptiert werden solle.

3. **Argumentationsfunktion:** Der **Argumentationswert** ist in dem Sinn ein partei-
ischer Wert, als er nur bestimmte, bewusst ausgewählte Kriterien berücksichtigt oder in den Vordergrund schiebt. Er wird bei Verhandlungen als Kommuni-
kationsmittel und Beeinflussungsinstrument eingesetzt. Beispiele:

- Eine Gesellschaft will sich einer nicht erwünschten Übernahme (sog.
  Unfriendly Takeover) entziehen und versucht unter anderem zu beweisen,
  dass der Kaufpreis viel zu niedrig angesetzt ist.
- Bei einer Expropriation überlegt sich der Verkäufer, wie er einen höheren
  Verkaufspreis geltend machen könnte.
- Der Verkäufer eines Mehrheitsaktienpaketes sucht einen Berater, der ihm die
  Begründungen für einen möglichst hohen Wert seines Anteils liefert.

Die oben angeführten Beispiele deuten an, dass der Wert eines Unternehmens
nicht nur von seiner Funktion und somit vom Ziel der Unternehmensbewertung
abhängt, sondern ebenso von der Institution oder Person, die diese Berechnung
durchführt. Grundsätzlich kann dabei zwischen interessenunabhängigen Personen, die als externe Experten oder Berater ein Gutachten verfassen, und internen
Personen des Unternehmens selbst, welche einen Unternehmenswert bestimmen,
unterschieden werden. Während letztere nur für die Ermittlung des Entschei-
dungs- und Argumentationswertes in Frage kommen, können externe Stellen im
Rahmen aller Funktionen eingesetzt werden. Allerdings ist darauf zu achten, dass
ein von einem aussenstehenden, «unabhängigen» Berater aufgestellter Argumentationswert in Verhandlungen nicht durch Vortäuschung eines objektiven Schieds-
wertes missbraucht wird.

Als letztes ist schliesslich die Unternehmensbewertungsmethode zu nennen,
die den Unternehmenswert massgeblich beeinflusst. Theoretisch sollte zwar jedes
Verfahren zum gleichen Wert führen, da ein Unternehmen nicht verschiedene
Werte haben kann! Praktisch unterscheiden sich die Verfahren jedoch zum Teil
ziemlich stark, so dass dabei unterschiedliche Ergebnisse resultieren. Im folgenden sollen zuerst die einzelnen Elemente und Informationsgrundlagen dieser
Unternehmensbewertungsverfahren besprochen werden. In einem anschliessen-
den Abschnitt werden die einzelnen Verfahren, wie sie in der Praxis angewendet
werden, dargestellt und bewertet.

| **1.2** | **Grundlagen der Bewertungsmethoden** |
| **1.2.1** | **Substanzwert** |

> Als **Substanzwert** bezeichnet man die Summe der Vermögensteile, welche sich in der Regel aufgrund der in der Bilanz aufgeführten Posten des Umlauf- und Anlagevermögens (unter Berücksichtigung von stillen Reserven) berechnen lässt.

Dabei stellt sich die Frage, welche Wertgrösse man bei der Bestimmung dieses Wertes zugrunde legen soll. Grundsätzlich stehen folgende Möglichkeiten zur Auswahl:

1. **Anschaffungs-** oder **Herstellungskosten:** Wählt man die Anschaffungskosten (die sich im wesentlichen aus dem Kaufpreis ergeben) oder die Herstellungskosten (die auf den effektiv angefallenen Kostenwerten bei einer Eigenproduktion beruhen) als Ausgangspunkt, so müssen diese Werte um die Wertverminderung, die dem bereits erfolgten Nutzenabgang entspricht, korrigiert werden.

2. **Reproduktions-** oder **Wiederbeschaffungskosten:** Dieser Wert beruht auf den Kosten, die entstehen würden, wenn ein Unternehmen mit der gleichen technischen Leistungsfähigkeit wie das zu bewertende Unternehmen aufgebaut werden müsste. Ebenso wie beim Anschaffungs- und Herstellungswert müssten die den technischen und wirtschaftlichen Wertverminderungen entsprechenden Abschreibungen abgezogen werden, um den gegenwärtigen Unternehmenswert zu erhalten.

   Obschon dieser Wert gegenüber dem Anschaffungs- oder Herstellungswert Vorteile aufweist (Problem der stillen Reserven fällt weg), ist es oft schwierig, einen Wiederbeschaffungswert zu ermitteln. Unmöglich ist dies zum Beispiel bei Spezialmaschinen, die in Einzelfertigung hergestellt worden sind. Schwierigkeiten entstehen aber auch bei serienmässig hergestellten Gütern, da die Leistungsfähigkeit einer neuen Serie nicht mit derjenigen der alten zu vergleichen ist. Dies deshalb, weil aufgrund des technischen Fortschritts der Wiederbeschaffungswert einer Maschine mit gleicher Leistungsfähigkeit kleiner oder bei gleichem Wiederbeschaffungswert die Leistungsfähigkeit grösser ist. Umgekehrt ist aber zu erwähnen, dass in Ausnahmefällen infolge der Geldentwertung der Wiederbeschaffungswert grösser sein kann als der Anschaffungswert. Unmöglich ist schliesslich die Bewertung eines allfälligen Goodwills auf der Grundlage von Wiederbeschaffungswerten.

   Unter Berücksichtigung der Geldentwertung und des technischen Fortschrittes kann der Wiederbeschaffungswert oder Reproduktionskostenwert auf der

Grundlage des Anschaffungswerts (mit linearer Abschreibung) und unter Verwendung der nachstehenden Symbole mit folgender Formel berechnet werden:

$$(1) \quad R = A \left(1 + \frac{g}{100} - \frac{f}{100}\right) \cdot \frac{D_r}{D}$$

wobei: R = Reproduktionskostenwert
        A = Anschaffungskosten
        g = inflationsbedingter Teuerungsfaktor/Jahr
        f = Wertverminderungsfaktor infolge technischen Fortschritts
        D = Gesamtnutzungsdauer
        D_r = Restnutzungsdauer

Beispiel Substanzwert

A = 1 Mio. Fr.   D = 8
g = 5 % D_r = 2
f = 2 %

$$R = 1\,000\,000 \left(1 + \frac{5}{100} - \frac{2}{100}\right) \cdot \frac{2}{8} = 257\,000 \text{ [Fr.]}$$

---

3. **Liquidationswert:** Der Liquidationserlös ergibt sich aus dem voraussichtlichen Verkaufspreis, den man bei Veräusserung der einzelnen Vermögensteile eines Unternehmens lösen könnte. Damit eignet sich dieser Wert als Bewertungsgrundlage nur für jene Unternehmen, die nicht mehr weitergeführt werden.

4. **Börsenkurswert:** Bei Publikumsgesellschaften, deren Aktien an der Börse kotiert sind, lässt sich der Gesamtwert des Unternehmens durch Multiplikation der Anzahl ausgegebener Aktien mit dem Börsenkurs berechnen. Dieser Gesamtwert eignet sich jedoch nur für spezifische Zwecke (z.B. bei Fusionen, um das Austauschverhältnis zwischen zwei Unternehmen festzulegen), da der Börsenkurs und somit auch der Unternehmenswert starken Schwankungen unterliegt, obschon sich die zugrundeliegenden betriebswirtschaftlichen Sachverhalte nicht geändert haben. Dies deshalb, weil der Börsenkurs auch Einflussfaktoren ausgesetzt ist, die sich nicht oder nur teilweise rational erklären lassen und nicht mit den betriebswirtschaftlichen Gegebenheiten übereinstimmen müssen.

1.2.2	Ertragswert

Während der Substanzwert von vergangenheits- oder gegenwartsorientierten Werten ausgeht, versucht der Ertragswert, zukünftige Daten den Berechnungen zugrundezulegen. In Anlehnung an die Investitionstheorie, insbesondere die dynamische Methode der Kapitalwertberechnung, betrachtet man sämtliche zukünftige Ein- und Auszahlungen.

> Der **Ertragswert** berechnet sich aus dem gesamten Einzahlungsüberschuss, der einem Investor aus dem Investitionsobjekt (d.h. einem Unternehmen als Ganzes) in Zukunft zufliesst.

Daraus ergibt sich die folgende Grundformel:

$$(2) \quad E_0 = \sum_{t=0}^{\infty} NE_t \frac{1}{(1+i)^t}$$

wobei:　E_0　= Unternehmenswert im Zeitpunkt t_0
　　　　NE = zukünftige Einzahlungsüberschüsse (Netto-Einzahlungen)
　　　　t　= Zeitindex
　　　　i　= Diskontierungszinssatz

Der Einzahlungsüberschuss setzt sich dabei für den Investor im wesentlichen aus folgenden Elementen zusammen:

- Ausschüttungen A des Unternehmens an den Investor (insbesondere Dividenden).
- Kapitalrückzahlungen KR (Kapitalrückzüge, Veräusserungserlöse, inkl. Bezugsrechte, Liquidationserlöse).
- Kapitaleinzahlungen KE (Einlagen des Gesellschafters).
- Zusätzliche Zahlungen Z, die sich indirekt im Verkehr mit Dritten aus dem Eigentum am Unternehmen ergeben (z.B. Abgeltung für ein Verwaltungsratsmandat in einem anderen Unternehmen).

Damit kann Formel (2) wie folgt erweitert werden:

$$(3) \quad E_0 = \sum_{t=0}^{\infty} A_t \frac{1}{(1+i)^t} + \sum_{t=0}^{\infty} KR_t \frac{1}{(1+i)^t} - \sum_{t=0}^{\infty} KE_t \frac{1}{(1+i)^t} + \sum_{t=0}^{\infty} Z \frac{1}{(1+i)^t}$$

Diese Formel ist betriebswirtschaftlich als die einzig korrekte zu bezeichnen. Allerdings ist es in der Praxis unmöglich, diese Formel anzuwenden, so dass auf vereinfachte Verfahren zurückgegriffen werden muss, wie sie im Abschnitt 2.2 «Ertragswertmethode» dargestellt werden. Ähnlich wie bei der Kapitalwertmethode ergeben sich die folgenden Probleme:

- Bei einer unendlichen oder zumindest sehr langen Nutzungsperiode ist es unmöglich, sämtliche zukünftigen Ein- und Auszahlungen vorherzusagen. Die Prognosen beruhen auf **unvollkommenen Informationen,** die zukünftigen Resultate können nur unter Berücksichtigung von Wahrscheinlichkeiten berechnet werden.

- Der Unternehmenswert hängt in starkem Masse von der Höhe des **Diskontierungszinssatzes** ab. Unter der Annahme von sicheren Daten wird der Unternehmenswert um so grösser, je kleiner der Zinssatz gewählt wird. Grundsätzlich stehen bei der Wahl des Zinssatzes folgende Möglichkeiten zur Verfügung:
  - Zinssatz, zu dem der Investitionsbetrag anderweitig angelegt werden könnte (Opportunitätsprinzip),
  - Zinssatz, welcher der Rendite entspricht, die man erreichen will (Zielkriterium),
  - Zinssatz, welcher der Rendite entspricht, die von Unternehmen der gleichen Branche erzielt werden (Vergleichsprinzip).

- Die Formel berücksichtigt ausschliesslich **monetäre Aspekte.** Ein Investor kann aber auch nichtmonetäre Ziele verfolgen, deren Erreichung ihm einen Nutzen verschafft. Die Erfassung und Bewertung dieses Zusatznutzens ist aber derart subjektiven Einflüssen ausgesetzt, dass ein Einbezug dieser Determinanten nicht sinnvoll wäre.

1.2.3	Goodwill

Die Berechnung des Unternehmenswertes aufgrund des Substanzwertes scheitert daran, dass die Summe der einzelnen Vermögenswerte eines Unternehmens nicht dem Gesamtwert entsprechen kann, da der Substanzwert nur eine beschränkte Zahl der für den Unternehmenswert relevanten Einflussfaktoren berücksichtigt. Nicht berücksichtigt werden beispielsweise qualifizierte Mitarbeiter, eine gute Absatzorganisation oder ein in der Forschung aufgebautes Know-how. Diese Faktoren kommen jedoch indirekt im Ertragswert zum Ausdruck, da sie die zukünftigen Erfolge des Unternehmens massgeblich beeinflussen können.

> Ist der Ertragswert grösser als der Substanzwert, so wird die Differenz als **Goodwill** bezeichnet. Dieser beinhaltet sämtliche immateriellen Vermögenswerte, die nicht bilanziert oder nicht bilanzierungsfähig sind.

Geht man davon aus, dass

- der Goodwill ebenfalls als Teil des Substanzwertes berücksichtigt werden sollte, und dass
- der Ertragswert und Substanzwert gleich gross sein müssen, da verschiedene Verfahren nicht zu einem unterschiedlichen Unternehmenswert führen können,[1] ergeben sich folgende Zusammenhänge:

> Teilsubstanzwert
> (= materielle und immaterielle Güter, die bilanzierungsfähig sind)
> + Goodwill
> ───
> = Vollsubstanzwert = Ertragswert = Unternehmenswert

Dieser Goodwill, in der Literatur auch Geschäftsmehrwert oder unglücklicherweise Firmenwert genannt, wird durch eine Vielzahl von Faktoren beeinflusst, die sich vorerst in zwei Gruppen einteilen lassen:

1. Der **personenbezogene Goodwill** beruht auf persönlichen, subjektiv bedingten Faktoren wie beispielsweise eine gute Qualität des Managements, ein gutes Image des Unternehmens in der Öffentlichkeit oder gute Beziehungen zu Lieferanten und Kapitalgebern.
2. Der **sachbezogene Goodwill** wird durch sachliche, objektgebundene Faktoren beeinflusst wie zum Beispiel durch einen guten Standort (bezüglich Kunden, Arbeitskräften), eine gute Unternehmensorganisation oder eine führende Marktstellung.

Eine weitere Unterscheidung, die vor allem für die Bilanzierung des Goodwill von Bedeutung ist, beruht auf dessen Entstehungsart:

1. **Derivativer Goodwill:** Bei dieser Grösse handelt es sich um den käuflich erworbenen Goodwill. Dieser kann in der Bilanz aufgeführt werden, sollte aber möglichst rasch abgeschrieben werden, weil der Käufer nicht mit Sicherheit sagen kann, wie lange der durch die Übernahme des Unternehmens geschaffene Goodwill erhalten bleibt. Insbesondere für den personenbezogenen Goodwill wird eine Abschreibungsdauer von 3 Jahren genannt, während der sachbzogene

---

1 Nach Käfer (1969, S. 346) sind Substanzwert und Ertragswert ohnehin gleich gross, denn es bestehen enge Zusammenhänge zwischen diesen beiden Grössen: Substanz ist Vorrat an Ertrag, Ertrag ist fliessende Substanz.

Goodwill innert 5 bis 8 Jahren abgeschrieben werden sollte. Bei der direkten Bundessteuer trägt man diesem Umstand mit dem Gestatten einer jährlichen Abschreibung von 25 % Rechnung.

2. **Originärer Goodwill:** Dieser Wert stellt den selbstgeschaffenen Goodwill dar, der nicht bilanziert werden darf, da sonst ein nicht realisierter Gewinn ausgewiesen würde.

Falls der Ertragswert kleiner ist als der Substanzwert, so entsteht ein negativer Goodwill, den die Amerikaner auch als «Badwill» bezeichnen. Es handelt sich dabei um einen Unternehmensminderwert, der analog zum Geschäftsmehrwert auf einer schlechten Organisation, unqualifiziertem Personal oder schlechter Marktstellung beruhen kann.

Kapitel 2

Unternehmensbewertungs-
verfahren der Praxis

2.1 Substanzwertmethode

> Bei der **Substanzwertmethode** berechnet man den Wert des materiellen und imma-
> teriellen Unternehmensvermögens, das zur Leistungserstellung benötigt wird.

Immaterielle Vermögenswerte (z. B. Patente, Lizenzen) werden nur dann dem
Substanzwert zugerechnet, wenn sie losgelöst vom Unternehmen einen realisierbaren Wert darstellen. Ist dies nicht der Fall, werden diese zum Goodwill gerechnet. Für die Bewertung der Vorräte ist der aktuelle Tageswert, für das materielle
Anlagevermögen, das für die Leistungserstellung eingesetzt wird, der Reproduk-
tionswert massgebend. Nicht betriebsnotwendige Vemögensteile werden zum
Marktpreis (Verkehrswert) eingesetzt.

Je nachdem, ob man den Substanzwert vor oder nach Abzug des Fremdkapitals
berechnet, handelt es sich um einen **Brutto-** oder **Nettosubstanzwert**. In Theorie
und Praxis ist man sich nicht einig, welchen Wert man bevorzugen soll. Nach
Helbling (1998, S. 78 f.) ist die Netto-Methode bei Unternehmen, deren Finanzierung fest gegeben ist und nicht leicht geändert werden kann (Grossunternehmen,
Konzerne), einfacher anzuwenden. Bei Klein- und Mittelbetrieben (Einzelfirmen,

Familiengesellschaften) hingegen scheint die Brutto-Methode übersichtlicher zu sein. Je nach Wahl des Substanzwertes ist auch der Ertragswert entsprechend vor oder nach Abzug der Fremdkapitalzinsen zu bestimmen.

2.2 Ertragswertmethode

Wie im Abschnitt 1.2.2 «Ertragswert» angedeutet, eignet sich die Berechnung des Ertragswertes aufgrund der Nettoauszahlungen nicht für die Praxis. Anstelle der Ausschüttungen wird deshalb auf den betriebswirtschaftlichen Begriff des Gewinnes zurückgegriffen. ▶ Abb. 102 zeigt die Gegenüberstellung der beiden Bewertungsverfahren, beruhend auf Zahlungsströmen einerseits und Gewinngrösse andererseits.

Unter der Annahme, dass der zukünftige Gewinn mit genügender Sicherheit vorausgesagt werden kann, es sich bei diesem um den nachhaltig erzielbaren Gewinn handelt und zudem seine Höhe konstant bleibt, kann der Ertragswert mit folgender Formel berechnet werden:

$$(4) \quad E = \frac{Gewinn}{i}$$

Unter der Annahme einer begrenzten Lebensdauer n muss die Formel um den Liquidationswert L ergänzt werden:

a) mit **gleichbleibenden** jährlichen Gewinnen:

$$(5) \quad E = a_{\overline{n}|} G + \frac{L_n}{(1+i)^n}$$

b) bei jährlich **schwankenden** Gewinnen:

$$(6) \quad E = \sum_{t=1}^{n} \frac{G_t}{(1+i)^t} + \frac{L_n}{(1+i)^n}$$

Als Diskontierungszinssatz i wird oft der landesübliche Zinssatz für langfristiges Kapital genommen, der durch einen Zuschlag für das eingegangene Unternehmerrisiko erhöht werden kann. Andere Möglichkeiten wären eine Branchenrendite, die der durchschnittlichen Gesamtkapitalrentabilität aller Unternehmen einer Branche entspricht, oder die Aktienrendite branchengleicher Unternehmen.[1]

---

1 Für eine ausführliche Liste der Bestimmungsfaktoren des Diskontierungszinssatzes vgl. Teil 1, Kapitel 6, Abschnitt 6.2.4.3 «Rentabilität».

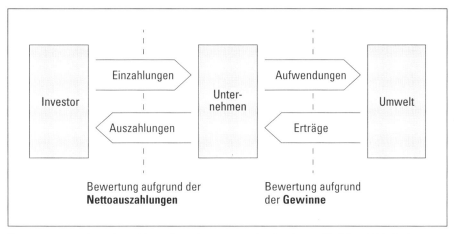

▲ Abb. 102 Bewertungen aufgrund von Netto-Ausschüttungen oder Gewinnen (Helbling 1982, S. 1)

Der theoretisch adäquate Zinssatz zur Kapitalisierung der Ertragsüberschüsse ist der interne Zinssatz der nächstbesten Alternativinvestition. Dieser Vergleich ist jedoch nur dann sinnvoll, wenn die betrachtete Alternativinvestition und das zu bewertende Unternehmen dem gleichen Ertragsrisiko (z.B. konjunktureller Art) unterliegen. Um dies zu gewährleisten, wird in der modernen Bewertungstheorie auf die Verwendung eines Sicherheitsäquivalentes zurückgegriffen, das mit dem Zinssatz (Basiszinssatz) einer quasi-sicheren (risikolosen) langfristigen Kapitalanlage zu diskontieren ist. Alternativ bietet sich die Möglichkeit, die tatsächlich zu erwartenden Zahlungsüberschüsse mit dem – um einen Risikozuschlag korrigierten Basiszinssatz – zu diskontieren. Insbesondere die Bewertungspraxis bedient sich vorzugsweise des letzteren Verfahrens, was bei korrekter Anwendung grundsätzlich zum gleichen Ergebnis führen sollte. Der Kapitalisierungszinssatz entspricht in dieser Anwendung dem Basiszinssatz, adjustiert um Zuschläge, unter anderem für erschwerte Veräusserbarkeit, unternehmensspezifische Faktoren, Branchen- und allgemeine Umweltrisiken aller Art sowie Abschläge, zum Beispiel bedingt durch den Inflationsschutz.

Auch wenn ein Zuschlag zum Basiszinssatz die gleiche Wirkung wie ein Abschlag vom erzielbaren Unternehmensergebnis bewirkt und damit einen kompensatorischen Effekt ausübt, ist die Zuordnung von Abschlägen oder Zuschlägen im Hinblick auf den Ertragswert nur von methodischer Bedeutung. Die Auswirkung und Bedeutung dieser Zu- bzw. Abschläge lassen sich mit ▶ Abb. 103 verdeutlichen.

Trotz der weiten Verbreitung des Ertragswertverfahrens in der Praxis stellt die zugrunde liegende Risikoberücksichtigung einen der Hauptkritikpunkte an diesem Verfahren dar. So besteht kein vorgegebenes Berechnungsschema zur Risikoberücksichtigung, mit der Folge, dass rein subjektive Einschätzungen der Ent-

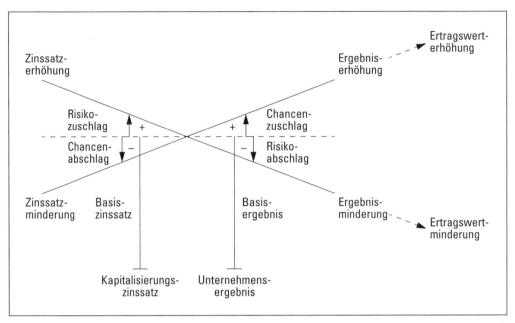

▲ Abb. 103   Risikoberücksichtigung beim Ertragswertverfahren (Institut der Wirtschaftsprüfer 1992, S. 100)

scheidungssubjekte in die Entscheidung einfliessen. Bei diesem Verfahren scheint nahezu jeder Kapitalisierungszins vertretbar, was die Transparenz und die Vergleichbarkeit des Verfahrens erschwert.

2.3   Mittelwertverfahren

Das Mittelwertverfahren, auch Praktikermethode genannt, stellt eine Kombination zwischen dem reinen Ertragswertverfahren und der Berechnung des Substanzwertes dar. Die von Schmalenbach begründete Methode beruht auf folgenden Überlegungen: Der Vollsubstanzwert ist zwar der korrekte Wert, doch lässt er sich in der Praxis nur schwer ermitteln, im Gegensatz etwa zum Teilsubstanzwert oder zum Ertragswert. Obschon der Ertragswert korrekt wäre, da nur die zukünftigen Ereignisse für die Bewertung ausschlaggebend sind, ist eine alleinige Berücksichtigung des Ertragswertes nicht zulässig. Je höher dieser nämlich über dem (Teil-)Substanzwert liegt, um so grösser ist die Gefahr, dass dadurch Konkurrenzunternehmen angelockt werden, die den zukünftigen Gewinn schmälern würden. Somit muss der Ertragswert um das sogenannte Konkurrenzrisiko verkleinert werden, wobei Schmalenbach folgende Formel zur Berechnung des Unternehmenswertes U_M vorschlägt:

(7) $U_M = \dfrac{\text{Ertragswert} + \text{Substanzwert}}{2}$

Je nachdem welche Bedeutung dem Ertragswert zugesprochen oder wie gross das Konkurrenzrisiko eingeschätzt wird, kann man eine andere Gewichtung vornehmen. Häufig wird der Ertragswert doppelt gewertet. Allgemein lautet die Formel unter Berücksichtigung der beiden Gewichtungsfaktoren a und b:

(8) $U_M = \dfrac{a\,E + b\,S}{a + b}$

Ist der Ertragswert kleiner als der Substanzwert, so wird in der Praxis nicht die Mittelwertmethode angewendet, sondern man stützt sich allein auf den Ertragswert als massgebende Grösse.

2.4   Übergewinnverfahren

Die Übergewinnverfahren bestimmen den Unternehmenswert aus dem Substanzwert plus einer Anzahl sogenannter Übergewinne.

> Unter **Übergewinn** wird jener Teil des Gewinns verstanden, der über eine normale Kapitalverzinsung hinausgeht.

Der Übergewinn stellt nichts anderes als den Goodwill dar. Es wird dabei unterstellt, dass diese Übergewinne nur für eine bestimmte Dauer anfallen und demzufolge nur für eine bestimmte Zeitdauer in den Berechnungen berücksichtigt werden müssen. Dieses Verfahren wird deshalb auch **Methode der verkürzten Goodwillrentendauer** genannt. Formal lässt sich der Unternehmenswert U_G wie folgt herleiten:

(9) $U_G = S + n\,(G - i \cdot S)$

wobei: n = Übergewinndauer
            S = Substanzwert
            G = effektiver (geschätzter) Gewinn
            i = Normalrendite

dabei bedeutet: $i \cdot S$ = Normalverzinsung oder Normalgewinn
                   $n\,(G - i \cdot S)$ = Übergewinn

Unter Berücksichtigung der Zinseszinsrechnung (Abzinsung) ergibt sich schliesslich:

(10) $U_G = S + a_{\overline{n}}(G - i \cdot S)$

Beispiel Übergewinnverfahren
S   = Fr. 1 000 000,–
n   = 5 Jahre
i   = 0,08
G   = Fr. 150 000,–
U_G = 1 000 000 + 3,993 · (150 000 – 0,08 · 1 000 000) = 1 279 510 [Fr.]

Auch bei dieser Methode wird vorgeschlagen, den Ertragswert allein zu berücksichtigen, falls der Substanzwert grösser ist. Als besonders schwer lösbares Problem (neben den bereits bei den anderen Verfahren genannten Problemen) erweist sich bei dieser Methode die Bestimmung der Übergewinndauer. Da der Übergewinn einen Goodwill darstellt, ist die Art des Goodwills zu untersuchen. Je nachdem ob es sich dabei um einen sach- oder personenbezogenen Goodwill handelt, ist die Dauer kürzer oder länger.

2.5   Discounted Cash-flow-Methode

Im Zusammenhang mit der Verbreitung der Konzepte zur wertorientierten Unternehmensführung[1] und infolge verstärkt auftretender grenzüberschreitender Unternehmenskäufe scheint das Ertragswertverfahren seine vorherrschende Stellung als Bewertungsverfahren langsam zu verlieren. Vor allem Unternehmensberatungsgesellschaften und Investmentbanken bedienen sich der in den USA seit langem gängigen Discounted-Cash-flow-Methode (DCF-Methode).

> Mit der **DCF-Methode** ermittelt man den Grenzpreis für ein Unternehmen als Differenz aus den Werten des Gesamtkapitals und des Fremdkapitals des Unternehmens.

Der Unternehmenswert wird errechnet, indem die entziehbaren Einzahlungsüberschüsse, die für Zahlungen an Eigen- und Fremdkapitalgeber des Unternehmens zur Verfügung stehen, mit dem gewichteten durchschnittlichen Kapitalkostensatz (Weighted Average Cost of Capital = WACC) des Unternehmens diskontiert wer-

---

1   Vgl. dazu die Bewertungsanleitungen von Rappaport 1999 und Copeland/Koller/Murrin 1994.

den. Aufgrund der indirekten Herleitung des Unternehmenswertes über den Unternehmensgesamtwert wird der hier vorgestellte Ansatz der DCF-Methode auch als sogenanntes Entity-Konzept bezeichnet, das in der Praxis bisher die weiteste Verbreitung findet.[1]

Das Bewertungsmodell der DCF-Methode nach dem Entity-Konzept ist grundsätzlich zweistufig:

1. Ermittlung des Unternehmensgesamtwertes auf folgende Weise:
   - Die für Zahlungen an die Eigen- und Fremdkapitalgeber entziehbaren Einzahlungsüberschüsse (Free Cash-flow) werden bei unterstellter vollständiger Eigenfinanzierung ermittelt und
   - mit den gewichteten durchschnittlichen Kapitalkosten (WACC) kapitalisiert.

2. Ermittlung des Wertes des Eigenkapitals, indem der Unternehmensgesamtwert um den Wert des Fremdkapitals reduziert wird.

Die künftig zu erwartenden Free Cash-flows werden in der Regel retrograd aus der Plan-Gewinn- und Verlustrechnung des Unternehmens ermittelt. Der Cash-flow ist dabei als Zahlungsüberschuss vor Zinsen und nach Unternehmenssteuern zu verstehen, der einem unverschuldeten Unternehmen zur Verfügung stünde. Ausgangspunkt für die Ermittlung des Free Cash-flow ist das operative Ergebnis vor Zinsen und Unternehmenssteuern (▶ Abb. 104). Davon sind die bei den Anteilseignern nicht anrechenbaren Unternehmenssteuern abzuziehen. Zu dem so

DCF-Methode: Ableitung des Free Cash-flow	
×	Operatives Ergebnis vor Zinsen und Steuern (1 – Grenzsteuersatz)
=	Operatives Ergebnis nach Steuern
+	Abschreibungen
=	Brutto-Cash-flow
+/–	Abnahme bzw. Zunahme des Net Working Capital[1]
–	Investitionsausgaben für Anlagevermögen
+/–	Veränderung sonstiger Vermögensgegenstände
=	Operativer Free Cash-flow
+	Nicht-operativer Cash-flow
=	Free Cash-flow
1	Net Working Capital = Umlaufvermögen (soweit innerhalb eines Jahres liquidierbar) abzüglich kurzfristiges Fremdkapital

▲ Abb. 104 Ableitung des Free Cash-flow

1 Vgl. Abschnitt 2.9 «Anwendung der Verfahren zur Unternehmensbewertung».

ermittelten operativen Ergebnis nach (fiktiven) Steuern werden die Abschreibungen – als im Unternehmen gebundenes liquides Eigenkapital – addiert, so dass man den Brutto-Cash-flow erhält. Von diesem werden dann die Gesamtinvestitionen subtrahiert sowie mögliche nicht-operative Cash-flows hinzugerechnet, um schliesslich den Free Cash-flow zu erhalten. Bei dieser Berechnung wird eine vollständige Eigenfinanzierung unterstellt, da alle Investitionen aus dem operativen Ergebnis und den Abschreibungen getätigt werden. Der so ermittelte Cash-flow steht als entziehbare Grösse zum Beispiel für Dividenden-, Zins- und Tilgungszahlungen zur Verfügung.

▶ Abb. 105 zeigt die Bestimmung des Unternehmenswertes auf Basis des Free Cash-flows anhand eines einfachen fiktiven Beispiels.

Bei der Ermittlung des Kapitalisierungszinssatzes betrachtet die DCF-Methode im Gegensatz zur Ertragswertmethode nicht die nächstbeste Alternativinvestition, sondern die dem jeweiligen Unternehmen zugrunde liegenden Kapitalkosten. Berücksichtigt man, dass die in der Praxis vorzufindenden Steuersysteme nicht

	Jahr 1	Jahr 2	Jahr 3	Jahr 4	Jahr 5	Folge-jahre
■ Gewinn vor Zinsen	48,0	50,0	52,0	58,0	65,0	70,0
■ Abschreibungen	36,0	38,0	38,0	40,0	40,0	40,0
■ Veränderung des operativen Nettoumlaufvermögens	−4,0	−5,0	−6,0	−6,0	−5,0	0,0
■ Investitionen im Anlagevermögen	−40,0	−33,0	−54,0	−32,0	−30,0	−40,0
Free Cash-flows [FCF]	**40,0**	**50,0**	**30,0**	**60,0**	**70,0**	**70,0**
FCF-Barwerte Jahre 1–5 [20 %]	**33,33**	**34,72**	**17,36**	**28,94**	**28,13**	**350,00[1]**
FCF-Barwerte Jahre 6ff. [20 %]						**140,66[2]**
Barwertsumme (FCF Jahr 1–5)	142,4					
Residualwert Jahr 5	140,7					
Unternehmenswert brutto	**283,1**					
– Wert Fremdkapital	**−120,0**					
Unternehmenswert (netto)	**163,1**					
Annahmen: ■ Kapitalkosten 20 % ■ Fremdkapital im Jahr 0 beträgt 120						
1 Dies ist der Barwert der Folgejahre zu Beginn des Jahres 6 2 Dies ist der Barwert der Folgejahre auf das Jahr 0 abgezinst						

▲ Abb. 105 Beispiel Discounted Cash-flow-Methode (Zahlen in Mio. US-$) (Volkart 2001c, S. 35)

finanzierungsneutral sind, d.h. Fremdkapitalzinsen gewöhnlich steuerlich abzugsfähig sind und Fremdkapital damit gegenüber Eigenkapital begünstigt wird, so hat die von der Unternehmensleitung gewählte Kapitalstruktur – bei Vernachlässigung von Insolvenzkosten – einen erheblichen Einfluss auf den Unternehmenswert. Die Kapitalkosten des Unternehmens werden in mehreren Schritten ermittelt. Da der Free Cash-flow den für Zahlungen an alle Kapitalgeber verfügbaren Betrag darstellt, wird der Gesamtkapitalkostensatz als gewogenes Mittel der (Mindest-)Renditeforderungen aller Kapitalgebergruppen ermittelt. Als Gewichtungsfaktoren dienen die Anteile der auf die jeweiligen Kapitalgeber entfallenden Marktwerte am Unternehmensgesamtwert.

$$(11) \quad \text{WACC} = r_{EK} \cdot \frac{\text{EK}}{\text{GK}} + r_{FK} \cdot (1 - s) \cdot \frac{\text{FK}}{\text{GK}}$$

Die Fremdkapitalkosten (r_{FK}) lassen sich vergleichsweise einfach aus den Renditen von Schuldverschreibungen oder Bankverbindlichkeiten ableiten. Die Höhe der steuerlichen Begünstigung des Fremdkapitals wird bei der Berechnung der Fremdkapitalkosten durch multiplikative Verknüpfung mit dem Term $1 - s$ (mit s = Grenzsteuersatz) berücksichtigt.

Die Eigenkapitalkosten (r_{EK}) werden aus empirischen Kapitalmarktdaten mit Hilfe des Capital Asset Pricing Models (CAPM) abgeleitet.[1] Das CAPM geht davon aus, dass Investoren nur für nicht «wegdiversifizierbare» Risiken (sogenanntes «systematisches Risiko») entlohnt werden. ▶ Abb. 106 zeigt die Komponenten des Eigenkapitalkostensatzes auf. Der «risikofreie» Nominalzins wird wie beim Ertragswertverfahren mit der Rendite von langfristigen risikolosen Schuldverschreibungen gleichgesetzt. Dieser Wert wird um einen Risikozuschlag erhöht, um das allgemeine systematische Risiko des Marktes für den Investor zu entschädigen. Die Marktrisikoprämie als Differenz zwischen der erwarteten Marktrendite und dem risikofreien Zins hat das mit dem Eingehen einer Unternehmensbeteiligung allgemein einhergehende höhere Risiko gegenüber risikofreien Schuldverschreibungen abzugelten. Die Marktrisikoprämie wird multipliziert mit dem unternehmensspezifischen «systematischen» Risiko, das im CAPM als Beta bezeichnet wird. Dieser sogenannte Beta-Koeffizient gibt an, um wieviel stärker oder schwächer die Rendite eines Unternehmens schwankt als die Rendite der

---

1 Die wesentliche Aussage dieses Modells ist, dass sich Unternehmen in Gruppen gleicher Risikoklassen einteilen lassen und die Rendite eines Wertpapiers sich in linearer Abhängigkeit von der Marktrendite aller verfügbaren Wertpapiere und dem Risikozuschlag der relevanten Risikoklasse ableiten lässt.

Eine eingehende Darstellung des CAPM wäre an dieser Stelle zu weitgehend. Interessierte Leser finden eine gelungene Einführung unter anderem bei Brealey/Myers 1996, S. 173 ff., oder bei Perridon/Steiner 1999, S. 261 ff.

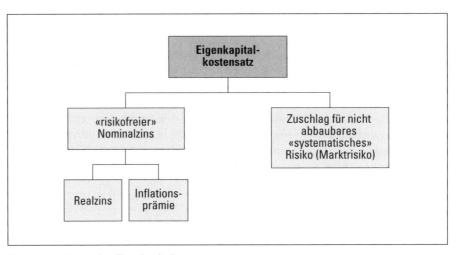

▲ Abb. 106   Zusammensetzung des Eigenkapitalkostensatzes

Gesamtheit aller Beteiligungstitel (Marktportefeuille). Die risikolose Kapitalanlage hat ein Beta von null; das Marktportefeuille besitzt definitionsgemäss ein
Beta von eins. Je grösser der Wert von Beta als Kenngrösse für das unsystema-
tische Risiko eines Unternehmens ist, um so höher fallen die Renditeforderungen
der Investoren entsprechend dem linearen Zusammenhang des CAPM aus.

Unter Verwendung des CAPM lassen sich die Eigenkapitalkosten somit wie
folgt ermitteln:

(12) Eigenkapitalkosten = Risikofreier Nominalzins + (Beta · Marktrisikoprämie)

Mit dem ermittelten Kapitalkostensatz WACC werden die prognostizierten Cash-
flows auf den Bewertungszeitpunkt abgezinst.

$$(13) \quad U = EK = GK - FK = \sum_{t=1}^{T} \frac{FCF_t}{(1 + WACC)^t} - FK$$

wobei: FCF_t =   Free Cash-flow zum Zeitpunkt t
        EK   =   Marktwert des Eigenkapitals
        FK   =   Marktwert des Fremdkapitals
        GK   =   EK + FK = Marktwert des Unternehmens
        U   =   Unternehmenswert
        WACC   =   Weighted Average Cost of Capital

Zu beachten ist, dass nicht die bilanziellen Werte, sondern die Marktwerte des
Eigen- und Fremdkapitals relevant sind, die es jedoch gerade zu ermitteln gilt.
Dadurch entsteht ein Zirkularitätsproblem, da diese Werte erst errechnet werden

können, wenn der WACC bekannt ist. Zur Bewältigung dieser Problematik kommen grundsätzlich zwei Lösungen in Frage:

- Es wird statt der empirischen Kapitalstruktur eine Zielkapitalstruktur verwendet. Diese Zielkapitalstruktur, die das Management oder der potenzielle Käufer dem Unternehmen vorgeben könnte, ist im Zeitablauf prinzipiell exakt zu realisieren, wenn das Ergebnis methodisch korrekt sein soll. Dieses kann jedoch zu Änderungen der Cash-flows führen. So wird zum Beispiel durch die Senkung der Fremdkapitalquote durch Tilgung bestehender Verbindlichkeiten auch die Höhe des ausschüttbaren Free Cash-flow reduziert.
- Das methodisch richtige Vorgehen ist, das Zirkularitätsproblem von WACC und Kapitalwerten mathematisch durch Iteration zu lösen. Dabei wird der Marktwert des Fremdkapitals geschätzt und solange variiert, bis der WACC und der Marktwert des Fremdkapitals konsistent sind.

Wie jede andere zukunftsorientierte Bewertung erfordert auch die DCF-Methode einen erheblichen Aufwand, um den zu erwartenden Free Cash-flow prognostizieren zu können. Für die ersten 5 bis 10 Jahre versucht man, die Free Cash-flows möglichst genau für jedes Jahr zu schätzen, danach beschränkt man sich aus Gründen der Vereinfachung auf eine konstante Grösse.

Wesentliche Kritikpunkte an den übrigen gängigen Bewertungsverfahren, wie beispielsweise pauschale Ergebnis-Abschläge oder eine intersubjektiv nicht nachvollziehbare Ableitung des Kalkulationszinssatzes, entfallen bei der DCF-Methode. Allerdings kann die DCF-Methode den Anspruch, die subjektiven Unsicherheiten der Ertragswertmethode (hinsichtlich des Risiokozuschlages) zu beseitigen, nicht ganz einlösen, da das CAPM empirisch nicht nachweisbar ist. Zudem erfordert der Rückgriff auf den WACC-Ansatz eine konstante Kapitalstruktur, wodurch der Nutzen der Entity-Methode erheblich eingeschränkt wird. So können Verschiebungen der Zinsstrukturkurve, Änderungen im Steuersystem oder die Veränderung von operativen Risiken erheblichen Einfluss auf die Gestaltung der Kapitalstruktur eines Unternehmens haben. Je komplexer darüber hinaus die Steuersysteme und die Kapitalstruktur des jeweiligen Unternehmens sind, desto ungenauer werden die mit dieser Methode erzielten Ergebnisse.[1]

---

1 Abhilfe kann die sogenannte Adjusted Present Value-Methode (APV-Methode) schaffen, die zur Lösung komplexer Bewertungsprobleme eine komponenten- und schrittweise Vorgehensweise anbietet sowie einen im Vergleich zur Entity-Methode deutlich höheren Grad an Anpassungsfähigkeit an unterschiedliche und im Zeitablauf wechselnde Bedingungen der Kapitalstrukturgestaltung aufweist. Die APV-Methode unterstellt im ersten Schritt eine Eigenfinanzierung aller operativen Tätigkeiten und ermittelt einen Wert der Investitionsstrategien, der losgelöst ist von den Einflüssen der Kapitalstruktur. Im zweiten Schritt werden die Wertbeiträge der vom Unternehmen gewählten Kapitalstruktur ermittelt. Die Summe aus den beiden Schritten ergibt den Unternehmensgesamtwert. Durch Abzug der Ansprüche von Fremdkapitalgebern und Pensionszahlungsberechtigten ergibt sich schliesslich der Wert des Eigenkapitals. Zur Darstellung und Beurteilung der Leistungsfähigkeit dieser Methode vgl. die Ausführungen bei Drukarczyk 1999.

Obwohl die Modellaussagen des CAPM plausibel sind, haben sie insbesondere aufgrund empirischer Testergebnisse an Überzeugungskraft hinsichtlich der Ermittlung von Risikoprämien eingebüsst. Herauszustellen ist allerdings der konzeptionelle Wert der DCF-Methode, der zur internationalen Vergleichbarkeit beiträgt. Die Vorteile liegen aber nicht darin, schneller zu «besseren» Ergebnissen zu gelangen, sondern in der höheren Transparenz des Weges zum Bewertungsergebnis und dem daraus resultierenden Zwang, die einzelnen Bewertungsparameter stichhaltiger zu begründen.

2.6 Economic Value Added

Der Economic Value Added (EVA) ist ein Residualgewinnkonzept, der sich vom DCF-Verfahren durch eine unterschiedliche Erfolgsgrösse auszeichnet.

> Beim **Economic Value Added (EVA)** wird anstatt des Free Cash-flows ein korrigierter Jahresüberschuss **(Net Operating Profit After Tax = NOPAT)** als Berechnungsgrundlage verwendet und um die Kapitalkosten des Unternehmens vermindert (▶ Abb. 107).

Eine Wertsteigerung wird demzufolge dann realisiert, wenn ein positiver Spread aus Rendite auf das eingesetzte Kapital (NOPAT/IK) und Kapitalkosten (r) erzielt wird. Ein positiver EVA bedeutet, dass in der Periode Wert geschaffen wurde (die erzielte Rendite überstieg die Kapitalkosten).

$$(14) \quad \text{EVA}_t = \left(\frac{\text{NOPAT}_t}{\text{IK}_{\text{EVA}}} - r \right) \text{IK}_{\text{EVA}}$$

Da es sich beim EVA um eine jährliche Erfolgsgrösse handelt, die sich insbesondere für die Messung von Shareholder Value im Rahmen einer wertorientierten Unternehmensführung eignet, ist eine dem DCF-Verfahren vergleichbare Barwertermittlung der zugrunde gelegten zukünftigen Erfolgsgrössen nötig. Der **Market Value Added (MVA)** stellt den Barwert aller zukünftigen EVA dar und kann als Unternehmenswert interpretiert werden:

$$(15) \quad \text{MVA} = \sum_{t=1}^{n} \frac{\text{EVA}_t}{(1 + \text{WACC})^t}$$

Der MVA bezeichnet den Marktwert für Fremdkapital und Eigenkapital, der über die gesamte Laufzeit des Unternehmens geschaffen wurde. Um nach dem EVA-Konzept den Gesamtwert aus Anteilseignersicht zu ermitteln, ist das Investierte

Net Operating Profit after Tax (NOPAT)	WACC (k)	Investiertes Kapital (IK)
Operatives Ergebnis vor Zinsen und Steuern (EBIT) + Aufwandsaktivierung – Abschreibung auf Aufwandsaktivierung + Zinsanteil für Pensionsrückstellungen + Ergebnis aus nicht operativem Vermögen – Steuern = **Operatives Ergebnis vor Zinsen und nach Steuern**	**Gewichteter durchschnittlicher Gesamtkapitalkostensatz für Fremd- und Eigenkapital**	Bilanzsumme – Operative Verbindlichkeiten (z.B. Lieferungen und Leistungen, Rückstellungen) + Kumulierte Aufwandsaktivierung ./. Abschreibungen (deriv. Firmenwerte, Miet- und Leasing F&E) + Pensionsrückstellungen – nicht operatives Vermögen = **Investiertes Kpital**

▲ Abb. 107 NOPAT, Kapitalkosten und Investiertes Kapital

Kapital der Betrachtungsperiode zum MVA zu addieren und der Marktwert des Fremdkapitals, vergleichbar mit dem DCF-Modell, abzuziehen.

In der abschliessenden Beurteilung eignet sich der EVA insbesondere für die periodenbezogene Performance-Beurteilung von Managern und kann für vergangenheits- und zukunftsorientierte Betrachtungen herangezogen werden. Zudem ist es möglich, einen EVA-Wert/Periode oder eine Zeitreihe von EVA-Werten als Totalerfolgsgrösse vorzugeben und mit dem jeweiligen realisierten Wert zu vergleichen.

2.7 Cash-flow Return On Investment

> Der **Cash-flow Return On Investment (CFROI)** gibt an, wie viele finanzielle Überschüsse pro eingesetzte Investitionseinheit ins Unternehmen zurückfliessen.

Der CFROI basiert auf dem Konzept des internen Zinssatzes und legt als Erfolgsgrösse den **operativen Cash-flow (OCF)** zugrunde. Dieser stellt die Einzahlungsüberschüsse über die betrieblichen Auszahlungen, Ersatzinvestitionen und Steuern pro Periode dar und wird zum **Bruttobetriebsvermögen (BBV),** nach Abzug der Abschreibungen (AB), ins Verhältnis gesetzt.

Das Bruttobetriebsvermögen umfasst das betriebsnotwendige Sachanlage-, das sonstige Anlage- und das Nettoumlaufvermögen. Diese Daten sind der Bilanz des Unternehmens zu entnehmen. Die Abschreibungen beinhalten eine konstante periodische Zahlung, die bei Zinseffekten am Ende der Nutzungsdauer die ursprüngliche Investitionsauszahlung erbringt. Weiterhin ist zur Ermittlung des CFROI ein Restwert zum operativen Cash-flow der letzten Periode zu addieren und ebenfalls auf den Bewertungsstichtag abzuzinsen. Unter dem Restwert ist das betriebsnotwendige Vermögen zu Restbuchwerten zu verstehen. Als Diskontierungszinssatz wird ebenfalls der gewichtete Kapitalkostensatz verwendet.

Diese Variante zur Ermittlung des Unternehmenswertes aus Eigenkapitalgebersicht signalisiert einen Wertzuwachs, wenn der interne Zinssatz die Kapitalkosten (WACC) übersteigt und lässt sich ebenfalls als Steuerungsgrösse in der wertorientierten Unternehmensführung einsetzen. Somit erhält man folgende Formel:

$$(16) \quad \text{CFROI} = \frac{\text{OCF} - \text{AB}_{\text{CFROI}}}{\text{BBV}}$$

Um jedoch eine den oben beschriebenen Ansätzen vergleichbare Residualgewinngrösse zu erhalten, ist nach dem CFROI-Ansatz der **Cash Value Added (CVA)** relevant. Dieser ergibt sich als Differenz aus CFROI und WACC, multipliziert mit dem Bruttobetriebsvermögen:

$$(17) \quad \text{CVA} = (\text{CFROI} - \widetilde{\text{WACC}}) \, \text{BBV}$$

Der CFROI-Ansatz unterliegt aufgrund der Orientierung an Cash-flows und dem BBV nur eingeschränkten buchhalterischen Manipulationsspielräumen. Während die Cash-flows um nicht zahlungswirksame Aufwandspositionen bereinigt werden, handelt es sich bei den im BBV enthaltenen Daten um bilanzielle Grössen, so dass die bilanzpolitische Ausnutzung von Ermessensspielräumen zwar eingeschränkt, aber nicht vollständig ausgeschlossen werden kann. Der CFROI-Ansatz berücksichtigt zudem neben der tatsächlichen wirtschaftlichen Nutzungsdauer einzelner Projekte (Abschreibungen) auch fiktive Zahlungsgrössen.

Als Nachteil des CFROI sind vor allem Probleme in der Anwendung des internen Zinssatzes sowie die Annahme konstanter zukünftiger Cash-flows anzuführen. Der interne Zinssatz gibt den Zinssatz an, der zu einem Barwert der zu diskontierenden Erfolgsgrössen von Null führt. Die Mängel der internen Zinssatzmethode ergeben sich vor allem dann, sobald schwankende Periodenerfolge auftreten. In diesem Fall ist keine Ableitung eindeutiger Ergebnisse möglich. Zudem bestehen Probleme in der Prognose genauer Zahlungsreihen sowie in der Wiederanlageprämisse der Zahlungsüberschüsse zum internen Zinssatz. Diese Prämisse unterstellt, dass die zukünftigen Erfolge zum angenommenen Zinssatz wieder angelegt werden können.

2.8 Multiplikatormodelle

In der Praxis der Unternehmensbewertung werden häufig erste wertbestimmende Anhaltspunkte mit Hilfe von Multiplikatoren gesucht. Die Bewertung eines Unternehmens auf Basis eines Vergleichs mit börsennotierten Unternehmen unterstellt, dass die Marktteilnehmer eine «richtige» Bewertung vornehmen. Bewertungsgrundlage bilden die Börsenpreise für die Unternehmensanteile einer Gruppe von Vergleichsunternehmen, die zu aktuellen oder geplanten Bilanz- und Erfolgsgrössen des zu bewertenden Unternehmens ins Verhältnis gesetzt werden. Durch die Berücksichtigung aktueller Börsenbewertungen orientiert sich die Methode an beobachtbaren Marktpreisen und schliesst damit aktuelle wertrelevante Informationen mit ein (Absatzprognosen, allgemeine Wirtschaftsdaten u.a.). Das Ergebnis einer solchen Analyse kann zum Beispiel sein, dass der Börsenwert des Eigenkapitals des Vergleichsunternehmens dem Fünffachen des Jahresüberschusses oder dem Zehnfachen des Vorsteuerergebnisses entspricht. Wendet man diese Multiplikatoren auf die Bezugsgrössen des Zielunternehmens an, so ergibt sich eine Bewertungsbandbreite. Als relevante Kenngrössen kommen unter anderem in Frage:

- Umsatz,
- verschiedene Formen des Cash-flow,
- Jahresüberschuss vor Steuern,
- bilanzieller Buchwert des Eigenkapitals,
- Netto-Finanzverbindlichkeiten.

Diese Kenngrössen werden üblicherweise zum Marktwert des Eigenkapitals und dem des Gesamtkapitals in Beziehung gesetzt, da beide Kapitalgrössen zu verschiedenen Erfolgsgrössen des Unternehmens in bestimmter Beziehung stehen. Um die Vergleichbarkeit der Unternehmen zu erreichen, ist es darüber hinaus erforderlich, Kennzahlen zur operativen Effizienz, zur Kapitalstruktur, zum Unternehmenswachstum usw. zu erheben. So wird zum Beispiel ein stark wachsendes Unternehmen in der Regel mit höheren Multiplikatoren des Jahresüberschusses am Markt bewertet als ein Unternehmen mit stagnierendem Umsatz oder Jahresergebnis.

Die Anwendung von Multiplikatorenmodellen als alleiniges Instrument zur Bewertung von Unternehmen ist jedoch unter anderem aus folgenden Gründen bedenklich (Schröder/Tschöke 1997, S. 12):

- Vollkommen vergleichbare Unternehmen gibt es in der Regel nicht.
- Internationale Vergleiche werden durch divergierende Rechnungslegungsvorschriften erschwert.

- Die Börsenbewertung unterliegt unterschiedlichen Einflussfaktoren, zudem auch kurzfristigen Stimmungen, Markttrends und Zufallseinflüssen.
- Kontrollprämien oder Möglichkeiten der Wertsteigerung durch Ausnutzung von Synergieeffekten bei Erwerb einer Anteilsmehrheit und unternehmerischer Kooperation sind in der Bewertung nicht enthalten.

Allerdings ist dieses Verfahren, das einen vergleichsweise geringen Aufwand erfordert, in der Praxis beim Erwerb von Minderheitsbeteiligungen an Unternehmen derselben Branche durchaus geeignet, die Ergebnisse anderer Verfahren der Unternehmensbewertung auf ihre Plausibilität hin zu überprüfen.

2.9 Anwendung der Verfahren zur Unternehmensbewertung

Eine Erhebung zur Praxis der Unternehmensbewertung in Deutschland ergab die Resultate, wie sie in ▶ Abb. 108 dargestellt sind. Daraus wird deutlich, dass im wesentlichen zwei Verfahren der Unternehmensbewertung praktiziert werden. Deutliche Dominanz zeigen die ertragswertorientierten Verfahren. Während die DCF-Methode (33%) bei Unternehmensberatern und Investmentbanken den grössten Anklang findet, wird das Ertragswertverfahren (39%) vor allem von Wirtschaftsprüfern und M&A-Beratern, die ihre Bewertung hauptsächlich auf nationaler Ebene durchführen, eingesetzt. Liquidations- (2%) und Substanzwerte (4%) finden fast ausschliesslich in Verbindung mit dem Ertragswertverfahren zur Bestimmung der Wertuntergrenze Anwendung.

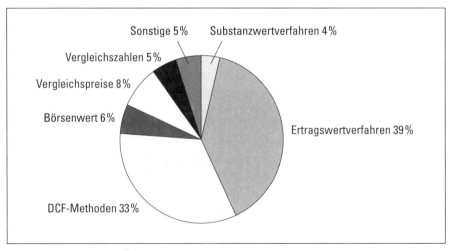

▲ Abb. 108 Bewertungsverfahren im Überblick (Peemöller/Bömelburg/Denkmann 1994, S. 742)

Zur Ermittlung eines Verhandlungs- bzw. Konsensbereichs im Rahmen einer Wertermittlung werden in der Praxis häufig mehrere Bewertungsmethoden nebeneinander eingesetzt. So kommt oft – insbesondere bei kapitalintensiven Branchen – das Mittelwertverfahren zur Anwendung, welches eine Kombination zwischen Ertrags- und Substanzwertverfahren darstellt. Investmentbanken verknüpfen dagegen meist die DCF-Methode mit Multiplikatorenmodellen und Informationen aus vergangenen Unternehmensverkäufen.

Literaturhinweise

Helbling, Carl: Unternehmensbewertung und Steuern. Unternehmensbewertung in Theorie und Praxis, insbesondere die Berücksichtigung der Steuern aufgrund der Verhältnisse in der Schweiz und in Deutschland. 9., nachgeführte Auflage, Düsseldorf und Zürich 1998

Volkart, Rudolf: Shareholder Value & Corporate Valuation. Finanzielle Wertorientierung im Wandel. Zürich 1998c

Volkart, Rudolf: Unternehmensbewertung und Akquisitionen. Zürich 1999

Volkart, Rudolf: Kapitalkosten und Risiko. Cost of Capital als zentrales Element der betrieblichen Finanzpolitik. Zürich 2001a

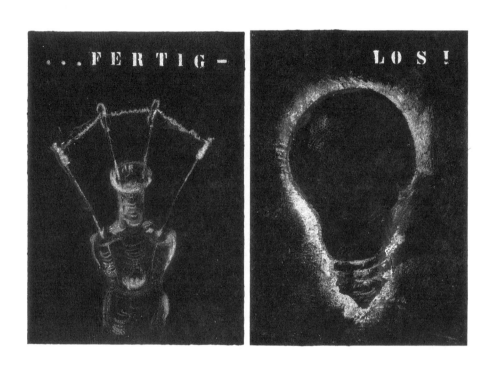

Literaturverzeichnis

Achleitner, Ann-Kristin (Hrsg.): Handbuch Investment Banking. 2., überarbeitete und erweiterte Auflage, Wiesbaden 2000

Achleitner, A.-K./Thoma, G. F. (Hrsg.): Handbuch Corporate Finance. Köln 1997

Albach, Horst: Investitionspolitik erfolgreicher Unternehmen. In: Zeitschrift für Betriebswirtschaft, Heft 7, 57. Jg., 1987, S. 636 ff.

Albisetti, Emilio et al. (Hrsg.): Handbuch des Geld-, Bank- und Börsenwesens der Schweiz. 4. Auflage, Thun 1995

Behr, Giorgio: Finanzielle Rechnungslegung I. Vorlesungsunterlagen der Hochschule St. Gallen für Wirtschafts-, Rechts- und Sozialwissenschaften, Wintersemester 1993/94

Betsch, O./Groh, A./Lohmann, L.: Corporate Finance. München 1998

BFS Bundesamt für Statistik: Buchhaltungsergebnisse schweizerischer Unternehmungen 1996/97. Neuchâtel 1999

Boemle, Max: Der Jahresabschluss. Bilanz, Erfolgsrechnung, Anhang. 3., neu bearbeitete Auflage, Zürich 1996

Boemle, Max: Unternehmungsfinanzierung. 13., neu bearbeitete Auflage, Zürich 2002

Botschaft des Bundesrats über die Revision des Aktienrechts vom 23. Februar 1983, Bundesblatt 1983 II, S. 745 ff. (zitiert nach Sonderdruck 83.015)

Brealey, R. A./Myers, S. C.: Principles of Corporate Finance. 5. Auflage, New York 1996

Copeland, T.E./Koller, T./Murrin, J.: Valuation – Measuring and Managing the Value of Companies. 2. Auflage, New York u.a. 1994

Copeland, T.E./Weston, J.F.: Financial Theory and Corporate Policy. 3., revidierte Auflage, Reading, Mass. u.a. 1992

Cox, J.C./Rubinstein, M.: Option Pricing: A Simplified Approach. In: Journal of Financial Economics, September 1979, S. 229–263

Dellmann, Klaus: Rechnungslegung: Bilanzierung nach neuem Aktienrecht. Bern/Stuttgart/Wien 1996

Dellmann, K./Franz, P. (Hrsg.): Neuere Entwicklungen im Kostenmanagement. Bern/Stuttgart/Wien 1994

Drukarczyk, Jochen: Finanzierung. Eine Einführung. 8., neu bearbeitete und erweiterte Auflage, Stuttgart 1999

Finanz AG: Die Forfaitierung. 6. Auflage, Zürich 1985

Geilinger, Ulrich: Der Business-Plan. Eine praxisorientierte Anleitung zur Erstellung eines Business-Plans. Zürich 1991

Grob, Heinz Lothar: Einführung in die Investitionsrechnung. 3., vollständig überarbeitete und erweiterte Auflage, München 1999

Hässig, Kurt: Prozessmanagement. Erfolgreich durch effiziente Strukturen. Zürich 2000

Hax, Karl: Karl Marx und Friedrich Engels über den «Kapazitätserweiterungs-Effekt». In: Zeitschrift für handelswissenschaftliche Forschung, Nr. 10, 1958, S. 222 ff.

Helbling, Carl: Verfahren der Unternehmungsbewertung. In: APROPOS, Nr. 25, November 1982

Helbling, Carl: Bilanz- und Erfolgsanalyse. Lehrbuch und Nachschlagewerk für die Praxis mit besonderer Berücksichtigung der Darstellung im Jahresabschluss- und Revisionsbericht. 10., nachgeführte Auflage, Bern/Stuttgart/Wien 1997

Helbling, Carl: Unternehmensbewertung und Steuern. Unternehmensbewertung in Theorie und Praxis, insbesondere die Berücksichtigung der Steuern aufgrund der Verhältnisse in der Schweiz und in Deutschland. 9., nachgeführte Auflage, Düsseldorf und Zürich 1998

Huguenin, C./Schellenberg, A.C.: Handels- und Buchführungsrecht. Lachen 2000

Hull, John C.: Options, Futures, and Other Derivative Securities. 3. Auflage, Englewood Cliffs, N.J. 2000

HWP Schweizer Handbuch der Wirtschaftsprüfung. Treuhandkammer (Hrsg.). Zürich 1998a/b/c/d

IAS International Accounting Standards Committee (Hrsg.): International Accounting Standards 1998 (deutsche Fassung: Stuttgart 1999)

Index. Fachmagazin Betriebswirtschaft: Der neue KMU-Kontenrahmen. 2/1996, S. 20–23

Institut der Wirtschaftsprüfer (Hrsg.): Wirtschaftsprüferhandbuch. Band 2, 10. Auflage, Düsseldorf 1992

Käfer, Karl: Substanz und Ertrag bei der Unternehmungsbewertung. In: Busse von Colbe, W./Sieben, G. (Hrsg.): Betriebswirtschaftliche Information, Entscheidung und Kontrolle, Festschrift Münstermann. Wiesbaden 1969, S. 298 ff.

Käfer, Karl: Investitionsrechnungen. 4., verbesserte Auflage, Zürich 1974

Käfer, Karl: Die Bilanz als Zukunftsrechnung. 3., verbesserte und ergänzte Auflage, Zürich 1976

Käfer, Karl: Die Erfolgsrechnung. Zürich 1977

Käfer, Karl: Berner Kommentar zum schweizerischen Privatrecht. Band VIII, Obligationenrecht, 2. Abteilung, Die kaufmännische Buchführung, 1. Teilband: Grundlagen und Kommentar zu Artikel 957 OR, 2. Teilband: Kommentar zu den Artikeln 958–964 OR. Bern 1981

Käfer, Karl: Kontenrahmen für Gewerbe-, Industrie- und Handelsbetriebe. 10. Auflage, Bern 1987

Kilger, Wolfgang: Einführung in die Kostenrechnung. Wiesbaden 1992

Klook, J./Sieben, G./Schildbach, Th.: Kosten- und Leistungsrechnung. Düsseldorf 1993

Leimgruber, J./Prochinig, U.: Bilanz- und Erfolgsanalyse. 4. Auflage, Zürich 1999

Leimgruber, J./Prochinig, U.: Investitionsrechnung. 5. Auflage, Zürich 2001

Lücke, Wolfgang (Hrsg.): Investitionslexikon. 2., völlig neu bearbeitete und erweiterte Auflage, München 1991

Meyer, Conrad: Konzernrechnung. Theorie und Praxis des konsolidierten Abschlusses. Zürich 1993

Meyer, Conrad: Betriebswirtschaftliches Rechnungswesen. Einführung in Wesen, Technik und Bedeutung des modernen Management Accounting. 2., ergänzte Auflage, Zürich 1996

Meyer, C./Moosmann, R. (Hrsg.): Kleiner Merkur. Band 1: Recht. 6., nachgeführte und erweiterte Auflage, Zürich 1995

Modigliani, F./Miller, M.H.: The cost of capital, corporation finance, and the theory of investment. In: American Economic Review, vol. 48, 1958, S. 261–297 (deutsche Übersetzung in: Hax, H./Laux, H. (Hrsg.): Die Finanzierung der Unternehmung, Köln 1975, S. 8–119)

Müller-Hedrich, Bernd W.: Betriebliche Investitionswirtschaft. Systematische Planung, Entscheidung und Kontrolle von Investitionen. 6. Auflage, Stuttgart 1992

Olfert, Klaus: Investition. 8., überarbeitete und erweiterte Auflage, Ludwigshafen 2001

Parekh, Naru (Hrsg.): The Financial Engineer. London 1995

Peemöller, V./Bömelburg, P./Denkmann, A.: Unternehmensbewertungen in Deutschland – Eine empirische Erhebung. In: Die Wirtschaftsprüfung, 47. Jg., 1994, Nr. 22, S. 741–749

Perridon, L./Steiner, M.: Finanzwirtschaft der Unternehmung. 10., überarbeitete Auflage, München 1999

Rappaport, Alfred: Shareholder Value. 2., vollständig überarbeitete und aktualisierte Auflage, aus dem Amerikanischen von Wolfgang Klien, Stuttgart 1999

Schär, Kurt F.: Die wirtschaftliche Funktionsweise des Factoring. In: Kramer, Ernst A. (Hrsg.): Neue Vertragsformen der Wirtschaft: Leasing, Factoring, Franchising. 2., überarbeitete und erweiterte Auflage, Bern/Stuttgart/Wien 1992, S. 275 ff.

Schellenberg, Aldo: Rechnungswesen. Grundlagen, Zusammenhänge, Interpretationen. 3., überarbeitete und erweiterte Auflage, Zürich 2000

Schierenbeck, Henner: Grundzüge der Betriebswirtschaftslehre. 12., überarbeitete Auflage, München 1995

Schröder, B. von/Tschöke, K.: Vergleich börsennotierter Unternehmen. In: Achleitner, A.-K./Thoma, G. F. (Hrsg.): Handbuch Corporate Finance. Köln 1997

Seiler, Armin: Accounting. BWL in der Praxis I. Zürich 1998

Seiler, Armin: Financial Management. BWL in der Praxis II. Zürich 1999

Sharpe, W.F./Alexander, G.J./Bailey, J.V.: Investments. 6. Auflage, Englewood Cliffs, N.J. 1999

Siegwart, H./Kunz, B.R.: Brevier der Investitionsplanung. Bern/Stuttgart 1982

Spremann, Klaus: Investition und Finanzierung. 5., verbesserte Auflage, München/Wien 1996

Staehelin, Erwin: Investitionsrechnung. Konzept und Vergleich der Investitionsrechnungsmethoden. Berücksichtigung der Inflation und Steuern. 40 Aufgaben. 8., erweiterte Auflage, Chur/Zürich 1993

Steiner, Frank: Finanzielle Führung in der Praxis des Klein- und Mittelbetriebes. 3., überarbeitete und aktualisierte Auflage, Bern 1988

Sterchi, Walter: Schweizer Kontenrahmen KMU. Zürich 1996

Tanner, M./Zimmermann, H.: Auswirkungen schweizerischer Stillhalteroptionen auf den Aktienmarkt. In: Finanzmarkt und Portfolio Management, Nr. 1, 1993, S. 46–72

Thommen, Jean-Paul: Betriebswirtschaftslehre. 5., überarbeitete und neukonzipierte Auflage, Zürich 2002a

Thommen, Jean-Paul: Management und Organisation. Konzepte, Instrumente, Umsetzung. Zürich 2002b

Trossmann, Ernst: Investition. Stuttgart 1998

Ulrich, H./Hill, W./Kunz, B.: Brevier des Rechnungswesens. 6., überarbeitete Auflage, Bern/Stuttgart 1985

Volkart, Rudolf: Finanzmanagement. Beiträge zu Theorie und Praxis. Band 1 und 2, 7., erweiterte Auflage, Zürich 1998a/b

Volkart, Rudolf: Shareholder Value & Corporate Valuation. Finanzielle Wertorientierung im Wandel. Zürich 1998c

Volkart, Rudolf: Unternehmensbewertung und Akquisitionen. Zürich 1999

Volkart, Rudolf: Unternehmensfinanzierung und Kreditpolitik. Zürich 2000

Volkart, Rudolf: Kapitalkosten und Risiko. Cost of Capital als zentrales Element der betrieblichen Finanzpolitik. Zürich 2001a

Volkart, Rudolf: Rechnungswesen und Informationspolitik. Zürich 2001b

Volkart, Rudolf: Strategische Finanzpolitik. 3., aktualisierte und erweiterte Auflage, Zürich 2001c

Weilenmann, Paul: Kapitalflussrechnung in der Praxis. Zürich 1985

Weilenmann, Paul: Grundlagen des betriebswirtschaftlichen Rechnungswesens. Zürich 1988

Wöhe, Günter: Einführung in die Allgemeine Betriebswirtschaftslehre. 16. Auflage, München 1986; 17., überarbeitete Auflage, München 1990; 18., überarbeitete und erweiterte Auflage, München 1993

Zimmermann, Hugo: Total Börse! Machen Sie mehr aus Ihrem Geld. 3., aktualisierte und erweiterte Auflage, Zürich 1999

Zimmermann, Hugo: Geld, Bank, Börse. Lexikon der Kapitalanlage. Zürich 2002

Stichwortverzeichnis

Autoren

Jean-Paul Thommen Dr. oec. publ., ist ordentlicher Professor für Betriebswirtschaftslehre, insbesondere Organisation und Personal, an der European Business School Schloss Reichartshausen (Deutschland) und Privatdozent an der Universität Zürich. Lehraufträge an verschiedenen Universitäten im In- und Ausland, Weiterbildungskurse für Firmen und Verbände. Forschungsschwerpunkte: Allgemeine Betriebswirtschaftslehre, Organisationales Lernen, Coaching, Unternehmensethik.

Aldo C. Schellenberg Dr. oec. publ., selbständiger Management Consultant und Trainer auf den Gebieten Strategisches Management und Rechnungswesen. Dozent an Universitäten, Fachhochschulen und in höheren Fachausbildungen.

Beiträge im Bereich Finanzierung von:

Hansjörg Herzog Dr. oec. HSG, Managing Director bei der Credit Suisse Asset Management (CSAM), CEO der CSAM Germany.

Jürg Roth Lic. oec. HSG, Director bei der Credit Suisse Asset Management (CSAM), Head Trading, Treasury, IT und Operations der CSAM Switzerland, Ausbildner in Finanzmarktfragen.

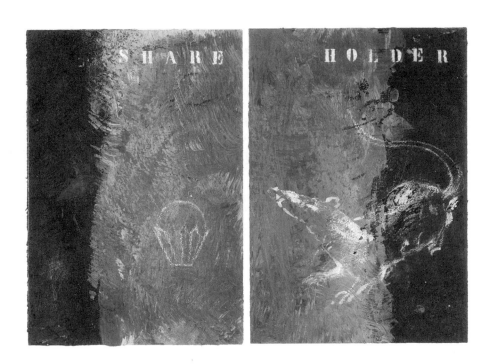

Die Künstlerin

Susanne Keller Die Malerin Susanne Keller lebt und arbeitet in Zürich. In ihrem Atelier entstehen vor allem grossformatige Bilder, die seit 1980 in zahlreichen Ausstellungen im In- und Ausland zu sehen waren.

«In der Auszeit» «Künstlerisch hat Susanne Keller längst jene Selbstsicherheit gewonnen, ohne die sich das heute für so unzeitgemäss geltende Metier der Malerei kaum mehr betreiben lässt. Persönlich hat sie sich eine Denkpause auferlegt. Sie hat sich ‹in die Auszeit› begeben, um ihr Verhältnis zum Kunst- und insbesondere zum Galeriebetrieb zu überdenken. Aber nichts da von Krise. Die Künstlerin strahlt neue Lebens- und Schaffenskraft aus, seit sie zu einer ungewöhnlichen, aber spontan einleuchtenden Form, ihre Malerei zu vermitteln, gefunden hat. In ihrem grosszügigen Atelier lädt sie regelmässig zum Open House und dazwischen, auf telefonische Anfrage, auch zum individuellen Besuch ein. Zu Grunde liegt der Einrichtung die Erfahrung, dass es nicht genügt, gute Kunst zu machen, sondern dass diese auch vermittelt werden will. Und das versteht Susanne Keller, die übrigens regelmässig Studierende bei sich empfängt, in bewundernswertem Masse. Was sie, zwischen Figuration und Abstraktion, aus der Intuition und aus spürbarer Emotion heraus geschaffen hat, interpretiert sie im Nachhinein klar und sachlich, aus nüchterner Distanz und mit viel Humor: Gerade weil die Kunst eine so furchtbar ernste Sache ist, darf man sie nicht zu ernst nehmen.»

Martin Kraft, Tages-Anzeiger, März 2000

Die Illustrationen Der vorliegende Band ist überschrieben mit dem Titel *Kohle*. Kohle als Rohstoff im Erdinnern, als Abfallprodukt nach Feuer. Aus Kohle, Druck und Zeit entstehen Diamanten. «Kohle» ist Geld. Das Prozesshafte, Vielgesichtige zeigt sich auf dem Umschlagbild als dunkler Farbwirbel, im Buchinnern in den kleinformatigen Zeichnungen und Begriffen, die das Thema assoziativ variieren. Assoziativ heisst: subjektiv, schräg, doppelbödig, unabhängig vom Buchinhalt. Weitere Themen, welche die Künstlerin für die Reihe «Wirtschaft + Management» vorsieht: *wings, dog days, soul, Obelix …*